The Economists' Hour

经济学家时刻

[美] 本雅明 · 阿佩尔鲍姆（Binyamin Appelbaum）_著

苏京春 王睦_译

中信出版集团 | 北京

图书在版编目（CIP）数据

经济学家时刻 / (美) 本雅明 · 阿佩尔鲍姆著 ; 苏京春 , 王睦译 . -- 北京 : 中信出版社 , 2021.1

书名原文 : The Economists’ Hour

ISBN 978-7-5217-2348-9

Ⅰ . ①经… Ⅱ . ①本… ②苏… ③王… Ⅲ . ①经济学—基本知识 Ⅳ . ① F0

中国版本图书馆 CIP 数据核字（2020）第 211074 号

经济学家时刻

著　　者：［美］本雅明・阿佩尔鲍姆

译　　者：苏京春　王　睦

出版发行：中信出版集团股份有限公司

（北京市朝阳区惠新东街甲 4 号富盛大厦 2 座　邮编　100029）

承 印 者：北京楠萍印刷有限公司

开　　本：880mm × 1230mm　1/32　　印　　张：14.75　　字　　数：430 千字

版　　次：2021 年 1 月第 1 版　　印　　次：2021 年 1 月第 1 次印刷

京权图字：01-2020-0763

书　　号：ISBN 978-7-5217-2348-9

定　　价：68.00 元

服务热线：400-600-8099

投稿邮箱：author@citicpub.com

献给我的父母

我的爱人

和我的孩子

译者导读

公共政策制定者不应该做什么

苏京春

中国财政科学研究院副研究员、硕士生导师

公共政策制定者往往容易成为吐槽对象。有的人在抱怨他们已经做的事，有的人在抱怨他们正在做的事，而有的人则在抱怨他们没做的事。然而即便如此，如本书这样对美国公共政策制定者的系统性“吐槽”，也并不多见。

那么，我们不禁好奇：公共政策制定者是否一定有必要做点什么？

本书作者用数字列举出一系列美国的事实——有时候，数字的作用恰恰在于它给予了我们一个日常很难关注到的结果：从寿命长短来看，1980—2010 年，美国最富有的 20% 人口平均预期寿命有所增长，但最贫穷的 20% 平均预期寿命却下降了，同期，美国贫困女性和富裕女性的平均预期寿命差距从 3.9 岁扩大到了 13.6 岁；从收入水平来看，1951 年出生的美国男性有 75% 的人在 30 岁时收入超过了父辈 30 岁时的收入，而 1978 年出生的美国男性则只有 45% 的人在 30 岁时收入超过了父辈 30 岁时的收入。而当阶层开始关乎寿命时，彰显了社会断裂的恶果，同时收入在代际递减，昭示前景晦暗，的确不能不说，美国社会进入了一种衰退。既然只依靠市场的力量无法实现，那么公共政策制定者显然应该发挥作用——是有必要做点儿什么。

接下来，我们进而好奇：既然如此，那么公共政策制定者到底应该做什么？

然而，如卡尔·波兰尼这般的智者都只是说，政府的一个关键作用应该是限制变革步伐。可见，想要系统性地回答这个应然问题，绝不容易。而大师如艺术般的启示，却似在以另一种方式告诉我们，公共政策制定者有时候应该做的，恰恰不是后面的事，而是首先找到真问题。的确如此。有时候，首要的恰不在于做了没有、做了多少，而在于是否需要做、做对了没有。如果是这样，那么本书就太有意义了。

它铿锵道来，只为回答我们另一个好奇：公共政策制定者不应该做什么？

话至此处，我也终于可以聊聊这本书为什么叫作《经济学家时刻》。如你所想，作者关注了历史长河当中一个较为特殊的公共政策制定者群体，即我们早已耳熟能详的经济学家们——从 1969 到 2008 这 40 年，经济学家始终被曝光在镁光灯下，经历着一场极其特殊的政策制定主宰者高光时刻。这些政策不仅涉及调控税收、控制公共支出、解除监管、推动全球化等，而且包括结束征兵制、放弃反垄断法、为人命制定价格等。20 世纪 50 年代中期到 20 世纪 70 年代末，美国政府雇用的经济学家人数从大约 2 000 人猛增至 6 000 余人，不可不说浩浩荡荡。而美国虽是这场知识分子布局的中心，却非唯一。英国、智利、印度尼西亚、法国等国家很快追随其后，我们亦是弄潮儿之一。

就这样，经济学家们塑造了我们所处的世界：数十亿人摆脱了赤贫；喀麦隆人可以观看同胞在 NBA（美国男子篮球职业联赛）中打篮球；印度儿童可以使用以色列药物来治疗疾病；美国人深度依赖着“中国制造”；中国人则可以吃到来自智利的深海鱼类……而如果不是放在历史长期又看上去有些无情的洪流之中，可能尚难发现这些市场经济所带来的短期繁荣有何不妥。实际上，短期繁荣总以长期为代价——现代市场多样性与原初丰裕社会相比，带来更多的可能是深度消耗，影响的是恐难再修复的可持续性。而经济学家立足于公共政策制定者的位置，仍然在不断推进短期繁荣，从他们通过统计学这一工具认为自己对短期建立起系统性认知开始。20 世纪下半叶的西方主流经济学已变得越来越像一个引领所有人拜倒在财富脚下的信仰，而它的教义通过一位位经济学家和一条条不断发展出来的经济学原理，以公共政策制定的方式，对全人类的经济以及政治、秩序、格局、社会、行为等影响深远。正如作者所言："米尔顿 · 弗里德曼像一个游离的电子一样，以一种颠覆性的方式举重若轻地搅动起一场思想意识的革命，他的影响贯穿整个 20 世纪，直到他轻轻地走了，留下了一个被他的思想重塑的世界。"

经济学家们首先让市场变得无处不在，接着便全然承包了政策制定者的角色，不间断地战斗在市场与政府之间关系的辩论场，基于为阶段性表现不佳的市场开出一个又一个药方。先是凯恩斯主义占据上风，可很快便从通胀加增长停滞的实践之中回归到市场自由主义，开出大幅减税的偏方，又随着里根减税政策的失败而告终。近年来，经济学家们在美国的公共政策制定中反对反垄断、反对监管、为生命定价、制造出一个都想作为核心的金融游戏，并不止于此，还热心于染指全球发展中国家的经济政策，以及欧洲发达国家的经济政策。而有趣的是，作者认为发展中国家多方面的不完善倒让局势变得"慢就是快"，而发达国家一飞冲天普遍落入一种难以控制的局面或许并非善缘，只能说事已至此，尤其是金融业野蛮又难自已的多样化发展。

公共政策制定者不应该把自己定位在经济学家群体，至少不应该仅仅定位在经济学家群体，无论他是坚定的市场自由主义追随者，还是温和的社会民主主义坚守者。我们所处的当下世界，虽然仍然秉承着市场经济这个人类伟大的发明，但是市场经济中的人相当鲜活：不仅可能生活在金字塔尖，还可能生活在金字塔底；不仅注重金钱，还注重机会；不仅要满足生存层面的数量要求，还要满足生活层面的质量要求；不仅受到数字激励，还受到心理影响；不仅拥有理性思维，还时不时受到感性支配。而这些，都游离在“经济人”假设之外，并以各种表现形式和不同力道拉扯着与“经济人”之间的纽带，既可能游刃有余，又可能一触即发。

然而，我们已经经历经济学家们作为公共政策制定者的高光时刻，人类已经被更加紧密而广泛地联系到一起，尽管仍然有不同的文化根基，但也已都在某种程度上更加倾向于认同经济学家所建立的各种通则。经济学的每一条原理，都很难不关乎全人类的抉择；每一次抉择，又很难不关乎全人类的命运。无论各地是否陷入了如本书作者基于美国事实所反思的那一种“经济学家时刻”——政策的转变加速了美国经济的发展，并将利益集中到少数富豪的口袋里面，辐射不同地缘的公共政策制定者们如果将自己置身于历史长河之中，都已难独善其身，更加难以“各人自扫门前雪”。一如新冠肺炎和埃博拉、一如厄尔尼诺和拉尼娜、一如冰山消融和物种减少，也一如贫富悬殊和代际差距、一如公共债务和通货膨胀、一如设租寻租和利益集团，都在不断地挑战着我们的想象力，同时又勾勒出人类命运共同体的细节。

《经济学家时刻》一针见血的 40 年故事，让我们立足于这个不断挑战人类想象极限却依然即将要过去的 2020 年，对西方经济学、对整个社会科学，对东方，更对整个世界，翘首以盼。

目　录

引　言

在现代科学出现之前，中世纪的基督教构建了一个完整而全面的系统来解释人和宇宙的奥秘，它是政府的基石，是和平的战争仲裁者，是知识和艺术的灵感来源，是财富的生产和分配背后的推动力——但这一切都无法阻止它走向衰落。

——米歇尔·乌洛贝克，《基本粒子》（1998）[1]

我能计算天体的运动，但却不能计算人的疯狂。

——艾萨克·牛顿（1720）

20 世纪 50 年代初，位于纽约的联邦储备银行深处有一间办公室，里面有一位年轻的经济学家在做一份充当人力计算器的工作，他的名字叫保罗·沃尔克。他的工作就是帮那些做决定的人处理数据，他告诉妻子，这份工作应该不会有什么晋升机会了。[2] 因为整个中央银行的领导层包括银行家和律师，甚至还有艾奥瓦州的养猪户，但没有一个是经济学家。[3] 美联储主席威廉·麦克切斯尼·马丁是一位股票经纪人，他对经济学家这个群体的评价很低。他跟一位访客说：“在美联储，有 50 名计量经济学家为我们工作，他们的办公区域在这栋楼的地下室里，而他们被安排在那里是有原因的。”“他们能有机会在这栋楼里工作，是因为他们提出了很好的问题。让他们在地下室里工作，是因为他们不知道自己的边界在哪里，他们对自己的分析过于自信，已经超出了我能担保的范围。”[4]

马丁对经济学家的这种厌恶在 20 世纪中期的美国精英中广泛存在。美国总统富兰克林·德拉诺·罗斯福曾私下里把同时代最有名的经济学家约翰·梅纳德·凯恩斯斥为不切实际的“数学家”。[5] 艾森豪威尔总统在他的告别演说中敦促美国人不要让技术专家或科技主义者掌权，并警告说“否则公共政策可能会成为科技精英的俘虏”。国会可能会允许经济学家发表证词，但通常不会认真对待证词的内容。国内政策方面的民主党领袖、威斯康星州参议员威廉·普罗克斯迈尔的助手在 20 世纪 60 年代初写道：“高层决策者，尤其是那些身处国会山的人，通常认为经济学是一个深奥难懂的领域，它并不能建立一座缩小差距或跨越鸿沟的桥梁，来解决一些我们关注的具体问题。”[6]

1963 年，当美国财政部长道格拉斯·狄龙被委任进行两项关于国际货币体系的改进方案的研究时，他非常明确地表示不会向学院派经济学家进行咨询。另一位官员解释说，他们的建议“对那些负责决策的人来说几乎毫无用处”。[7]

同年，最高法院对政府阻止两家费城银行合并的决定表示支持。虽然有证据表明合并会产生更多的经济效益，但是法院认为关于经济的证据无关紧要。[8]

但一场革命即将来临。相信市场力量和光辉的经济学家的影响力不断提升，他们改变了政府业务的内容，改变了企业管理的方式，并最终改变了每个人日常生活的方式。

随着第二次世界大战后 25 年的经济增长在 20 世纪 70 年代接近尾声，这些经济学家说服政治领导人减少政府在经济中的作用，相信自由市场会比官僚制度带来更好的结果。

经济学常被称为“悲观科学”或“沉闷科学”，因为它坚持认为，由于资源是有限的，所以必须要做出一些选择。但是经济学真正传达的信息以及它受欢迎的原因，是它能够帮助人类摆脱资源短缺的束缚。炼金术士会承诺他们能从铅块中提炼出金子，但经济学家说，只要制定一个更好的政策，他们就能够“无中生有”。

我把 1969—2008 年的 40 年称为“经济学家时刻”，借用历史学家托马斯·麦克劳的话来说，经济学家在控制税收和公共支出、解除对大型经济部门的监管，以及为全球化扫清障碍等方面发挥了主导作用。[9] 经济学家说服理查德·尼克松总统结束了征兵制；经济学家在很大程度上说服联邦司法部门放弃了反垄断法的实施；经济学家甚至说服政府给人的生命定下了一个价格（这个价格约相当于 2019 年的 1 000 万美元），用以确定某些监管的实施是否值得。

经济学家也成了政策制定者。1970 年，经济学家阿瑟·伯恩斯接替马丁担任美联储主席，他开创了一个由经济学家领导美联储的时代。还记得当年在地下室充当人力计算器的沃尔克吧，他也是其中一员。[10] 两年后，也就是 1972 年，乔治·舒尔茨成为第一位担任财政部长的经济学家，这个职位曾经由狄龙担任。[11] 美国政府雇用的经济学家人数也从 20 世纪 50 年代中期的大约 2 000 人增到 20 世纪 70 年代末的 6 000 多人。[12]

美国是知识分子骚动的中心，也是将思想转化为政策的主要实验基地，但将市场作为经济停滞的解药是一种全球现象，抓住了英国、智利和印度尼西亚等国家的政治家的想象力。美国在 20 世纪 70 年代中期开始取消政府价格管制。在 20 世纪末，法国有史以来第一次允许面包师自己决定法式长棍面包的售价。[13]

接下来，中国也加入了这场经济革命。八位著名的西方经济学家与参与制定中国经济政策的精英一起，乘着游船沿长江进行了为期一周的游览。这次游览中的讨论有助于说服新一代中国领导人对市场给予更大的信心，推动中国构建自己的市场经济。[14]

这本书是一部具有里程碑意义的传记。其中有一些相当知名的领军人物。比如，米尔顿·弗里德曼，他对美国人民生活的影响比他那个时代的任何一位经济学家都要伟大；阿瑟·拉弗，1974 年他在一张鸡尾酒餐巾纸上画了一条曲线（拉弗曲线），这条曲线使减税成为共和党经济政策的主要内容。还有一些人可能不那么为人所熟知：华特·欧伊，一位盲人经济学家，他通过口述让妻子和助手记录下他的一些计算结果，而这些计算结果说服了尼克松结束征兵制；阿尔弗雷德·卡恩，由于他的努力，对于航空旅行的限制被解除了，在那些商业航班拥挤不堪的机舱里，人们依旧欢欣鼓舞，这是他成功的证明；还有博弈论专家托马斯·谢林，他说服了肯尼迪政府安装一条能接通克里姆林宫的热线，并想出了一种用金钱衡量人类生命价值的方法。

这本书也是对这些成就的回顾和审视。

对市场经济模式的接纳与追捧，使全世界数十亿人摆脱了赤贫。商品、资金和思想的交流将各国联系在一起，世界上 77 亿人口中的大多数因此过上了更富裕、更健康、更幸福的生活。中国人吃来自智利的三文鱼；印度的儿童使用以色列生产的药物来治疗疾病；喀麦隆人观看他们的同胞在 NBA 打篮球。今天地球上每个国家的婴儿死亡率都远低于 1950 年。

当人们想要不同的东西时，市场让他们更容易得到他们想要的东西，这一优点在重视多样性和选择自由的多元化社会中尤为重要。经济学家利用市场为一些突出的问题提供了简单的解决方案，比如填补臭氧层空洞、增加可供移植的肾脏的供应等。

但在某些层面上，市场革命也有些失控了。在美国和其他一些发达国家，它以牺牲经济平等、牺牲自由民主以及牺牲子孙后代为代价。

经济学家指示政策制定者把注意力集中在经济增长的最大化上，而不考虑收益如何分配——就像只把注意力集中在整个蛋糕的大小上，而不考虑每一块要切多大。美国前总统吉米·卡特的经济顾问委员会主席查尔斯·L.舒尔茨说，经济学家应该争取制定最高效的政策，“即使这样做的结果是使某些群体的收入出现重大损失——这种情况几乎总是会发生”。[15] 英国前首相玛格丽特·撒切尔的首席顾问基思·约瑟夫宣称，英国需要更多的百万富翁，同时也需要更多的破产。他说：“如果我们要减轻这个国家的贫困状况，提高我们的生活水平，我们就需要比现在更多的不平等。”[16]

然而这剂药并不管用。在这本书所描述的半个世纪里，美国的经济增长在连续的每一个十年中都有所放缓，从 20 世纪 60 年代的年均 3.13% 降至 21 世纪初的 0.94%，这一数字结果是经通货膨胀和人口因素校正后得到的。[17]

少数人的富裕程度超出了富豪最大胆的想象，但中产阶级现在有理由预见他们的孩子过不上那么富裕的生活了。* 我父亲出生于 1951 年，在那一年出生的美国男性中，有 75% 的人在 30 岁时的收入多过他们的父辈在 30 岁时的收入。我出生于 1978 年，而在那一年出生的美国男性中，只有 45% 的人在 30 岁时的收入超过了我们的父辈。对我的孩子和他们这一代来说，前景更加暗淡。[18]

在追求效率的过程中，政策制定者还把美国人作为生产者的利益与他们作为消费者的利益结合起来，用高薪工作换取低成本的电子产品。这反过来又削弱了社会结构和地方政府的可持续性。本来，社区的存在能够缓解个人失业所带来的负面影响；而大规模裁员如此令人痛苦的原因之一，就是在这

---

* 整个发达世界的不平等现象有所增加，这反映了各种各样的影响因素，包括技术的进步和全球化的进程。本书认为，经济政策，尤其是美国的经济政策发挥了主要作用，既鼓励了这些趋势的发展，同时又没有改善其造成的后果。我同意经济历史学家卡尔·波兰尼的观点，即政府的一个关键作用应该是控制变革的步伐。

个过程中，社区自身也常常遭到破坏。许多小的痛苦因为社区的存在而叠加在了一起，演变成一场大的灾难。

现在，着眼于经济的快速增长是要以牺牲未来为代价的：减税带来了一场小规模的爆发式假性繁荣，却以牺牲教育和基础设施的支出为代价；对环境监管的限制保障了企业的利润，却忽略了对环境的保护。

然而，最能说明我们的经济政策失败的是，随着财富水平的不平等日益变成健康水平的不平等，美国人的平均预期寿命正在下降。1980—2010 年，美国最富有的 20% 人口的平均预期寿命有所增长。但在同一时期，最贫穷的 20% 的美国人的平均预期寿命却下降了。更令人震惊的是，美国贫困女性和富裕女性的平均预期寿命的差距在这段时间里从 3.9 岁扩大到了 13.6 岁。[19]

经济学作为一门学科，其起源与自由民主的兴起密切相关。民有、民治、民享的政府开始用说服代替强迫。西蒙·沙玛在他的关于 17 世纪荷兰共和国文化史的著作中描述了国家庆典上的一个显著变化："公开代替了隐秘，浮夸代替了魔幻，说教代替了幻想。"被卡尔·马克思称为"政治经济学奠基人"的英国经济学家威廉·配第通过努力使自己成了有用之才，首先是对英联邦，然后是对查理二世国王，他用衡量私人财富的方法来了解和证明国家对税收的日益依赖。[20]

党派人士开始依靠经济学的语言来表达观点，以赢得公众对他们的支持，进而改变政府的政策。1776 年出版的第一部伟大的经济学著作被称为"国富论"，因为作者亚当·斯密找到了让财富增长的良方，那就是自由市场和自由贸易。几十年后的 1817 年，经济学家大卫·李嘉图强化了这一观点，他认为，国家可以通过放弃某些商品的生产，专注于具有"相对优势"的领域来实现繁荣。其他东西可以依靠进口。英国有一部限制谷物进口的《谷物法》，而上述见解给《谷物法》反对者打了一剂强心针。* 他们使用一种新技术——邮票，来传播李嘉图的信条，它促进了新期刊《经济学人》的发行。[21] 1846 年，英国首相罗伯特·皮尔决定废除《谷物法》，这可能是第一个在经济学家的影响下对公共政策实行改变的重要案例。

随着数据的增加，经济学家的影响力也逐渐增强，就像缠绕在玉米秆上的豆藤一样。在现代的开端，各国政府对自己的国家知之甚少。他们对自己国家的人口、收入、财产，只有一个大致的概念。[22] 亚历克西·德·托克维尔曾在 1835 年出版的《论美国的民主》一书中，用整整一章的篇幅展开了一段令人难忘的论述，对那种可以将美国财富量化的想法嗤之以鼻。他写道，毕竟连欧洲国家都无法获得这样的信息。但事实上各国逐渐开始收集统计信息，“统计信息”最初指的就是关于国家的信息。1853 年，美国政府聘请国内最早的经济学教授詹姆斯·D.B. 德·鲍来分析十年间的人口普查结果，该次普查收集的数据比以往都要多，包括第一次详细地计算了耕地的面积。[23]

德·鲍的统计工作使关于奴隶制的政治辩论发生了转变。在 1857 年非常畅销且极具影响力的抨击著作《即将到来的南方危机》（*The Impending Crisis of the South*）中，一位名叫欣顿·黑尔珀的年轻南方人，用人口普查数据来证明奴隶制对南方是不利的。在黑尔珀看来，奴隶制度的关键问题不在于道德败坏，而在于效率低下。[24]

在接下来的 75 年里，政策制定者让信心重回市场。政府慢慢地扩大了在经济中的作用：先是创建了国家货币，随后建立了中央银行；建立联邦监管机构，首先是针对铁路行业，然后拓展到越来越多的其他行业；进而通过立法限制垄断。但对于市场来说，政府仍然是一个小小的外围角色。当经济陷入大萧条时，国会仍然缺乏关于经济的基本信息。1932 年，它被委托进

---

* 在英式英语中，“玉米”是谷物的统称。英国人吃小麦，不吃玉米。——译者注

行一次对经济活动衰退的评估；经济学家西蒙·库兹涅茨在 1934 年 1 月的报告中指出，1929—1932 年，美国国民收入下降了一半。虽然当时获得的数据已经是两年前的了，但它仍然值得重视。政府印制了 4 500 份报告，很快就全部卖掉了。[25]

20 世纪上半叶出现了一种政治共识，即在 20 世纪下半叶，政府应在经济管理方面发挥更大的作用。前几十年的过剩和不平等，以及后来 20 世纪三四十年代的灾难，使人们对市场失去了信心。经济曾被视为一把摇椅，可以前倾，也可以后仰，但总是能可靠地回到原点。针对这一观点，凯恩斯用一段标志性的言论来辩驳，他认为，经济更像是一把轮椅：在不可避免的混乱过后，需要政府的手来把椅子推回原处。经济繁荣时需要谨慎管理，以防止繁荣带来的不平等分配；经济不景气时同样需要谨慎管理，以减少痛苦的产生。那段时期保守派人士主张小幅增加政府监管和社会福利支出。

美国政府拓宽了对经济活动的监管范围。一个拥有州际商务委员会颁发的许可证的卡车司机可以运输曝光过的胶片，但他还需要另一张单独的许可证才能运输未曝光的新胶片。反垄断监管机构阻止中型企业合并，并试图拆分像美国铝业公司这样的行业主导企业。像美国电话电报公司这样的技术公司被要求与竞争对手共享科技成果。而被指责引发经济大萧条的银行业被判了“缓刑”。

政策制定者有意识地限制经济不平等。1946 年，国会通过了一部法律，要求政府将失业率降到最低。此外，国会还强制实行了累进所得税制度和其他征收项目，这些税收制度征收了最高收入人群一半以上的收入。在大萧条时期被政府合法化的劳工运动的兴起，有助于确保工人与股东一起致富。在 20 世纪 50 年代，超过 1/4 的美国工薪阶层加入了工会，其中包括一个名为罗纳德·里根的过气的电影明星，他后来担任美国演员工会的会长。

政府还试图通过确保人们有机会上升并接住那些下降的人，来减弱不平等造成的影响。1948—1968 年，联邦开支占全国经济总产出的比例大约翻了一番，从大约 10% 上升到 20%。美国建立了州际高速公路系统，资助了商用航空业的扩张，并为互联网的兴起奠定了基础。政府还在公共教育、公共医疗和公共养老金方面投入巨资：美国想要证明，它可以比它的对手为普通民众创造更好的生活。

在大约 25 年的时间里，美国人享受着繁荣昌盛的时代。虽然还存在很多问题，包括妇女和非裔美国人在法律、社会和经济上的从属地位等，但经济利益是广泛共享的。外国人这样评论美国社会的平等主义外表：老板和工人开着同样的车，穿着同样的衣服，坐在同样的长椅上。美国就像一个工业园区，华尔街是这个园区的一部分，在那里，收入微薄的人却在管理别人的巨额资产。每年大约有 1/5 的美国人搬新家，大多数美国人在他们的一生中都可以成功地顺着经济阶梯向上爬。在底特律，汽车制造业把一代工人带进了中产阶层，而汽车又载着他们驶向了城郊的富人区。

在罗斯福新政和第二次世界大战期间，大批经济学家开始进入政府工作。他们通过计算来帮助政府决定哪里应该修建道路和桥梁，以及哪些道路和桥梁应该被拆毁。经济学家阿诺德・哈伯格回忆说，他的一个朋友在第二次世界大战期间来到华盛顿，发现国家广场上到处都是匡塞特小屋*。“那是什么？”朋友问道。“噢，”哈伯格回答道，“那就是经济学家待过的地方。”[26]

当政策制定者和官员通过加强管理来应对联邦政府的快速扩张时，他们开始依赖经济学家来实行公共政策管理的合理化。渐渐地，经济学家也开始

---

* 匡塞特小屋(Quonset huts)是美国发明的一种由轻量级的预制波纹镀锌钢搭建的、有一个半圆形横截面结构的轻质建筑。设计来源于第二次世界大战期间由英国研制的尼森小屋。——译者注

对公共政策的目标产生影响。凯恩斯的信徒开始说服政策制定者，政府可以通过在经济中发挥更大的作用来促进繁荣。20 世纪 60 年代中期，在约翰·F. 肯尼迪和林登·B. 约翰逊总统的领导下，这种“激进经济学”的发展达到了顶峰。当时，他们采取减税和增加开支的激进举措，以刺激经济增长，同时减少贫困人口。

这一举措实施后的几年时间里，它所取得的效果是不可思议的。可在那之后，失业率和通货膨胀就开始同时上升。到 20 世纪 70 年代初，美国经济摇摇欲坠，日本和联邦德国开始复兴。“在汽车、钢铁或飞机的制造上我们无法与之抗衡，”尼克松总统烦恼地说，“所以以后我们只能生产卫生纸和牙膏了吗？”[27] 尼克松及其继任者杰拉尔德·福特和吉米·卡特一直在尝试凯恩斯主义者提出的干涉主义方案，直到其中一些凯恩斯主义者彻底绝望并最终放弃。曾任卡特政府商务部长的经济学家朱厄妮塔·克雷普斯在 1979 年卸任时告诉《华盛顿邮报》，她对凯恩斯主义经济学的信心严重地动摇了，因此她不打算重返杜克大学继续担任终身教授。“我不知道我要教些什么，”她说，“因为我对我曾信奉的教义失去了信心。”[28]

领导反对凯恩斯主义经济学革命的经济学家，高举着“我们相信市场”的旗帜展开游行。20 世纪 60 年代末，他们开始让政策制定者相信，市场经济中价格的自由浮动会带来比政府的管控更好的结果。他们表示，激进经济学的拥护者夸大了政府的影响力和他们自己的能力。他们说，想要通过管理资本主义来改善这个地球上人们的生活，最终只会使事情变得更糟。

欲成大事者一定要有不可一世的气概，但谦逊和稳重同样重要。这些发起革命的新一代经济学家并没有声称自己找到了解决问题的答案。事实上，他们表示不会给出答案。他们的主张是，政策制定者应该为市场经济让路，而不是一直试图做出正确的选择。政府应该尽量减少支出和税收，仅实行有限的监管，允许商品和资金自由跨境流动。那么哪些方面需要政策的干预呢？例如，在分配污染成本方面就需要，但政府也应尽可能地以近似市场运作的方式来进行管理。J.H. 戴尔斯在 1968 年写道："如果通过建立一个市场的方式来执行一项政策的做法是可行的，那么将没有任何一个政策制定者可以负担得起拒绝它的代价。"[29]

在 20 世纪的美国，这种对市场保持信心的呼吁得到了其他保守主义流派的支持，而这对于市场的发展非常关键。[30] 它深深地打动了"强硬的右翼"，后者一直以来坚持的立场就是反对共产主义，主张政府削减除国防以外的一切开支。20 世纪中叶，自由主义者将保守主义的复苏描述为一种对社会边缘的病态折磨。但历史学家丽莎·麦克格尔注意到，经济保守主义的温床在美国的阳光地带的城郊，那里靠联邦国防支出发了财，包括加利福尼亚州的奥兰治县、科罗拉多州的科罗拉多斯普林斯，还有佐治亚州的科布县。经济保守主义的拥护者是受过良好教育的、富裕的人，他们认为自己"十分有思想"。[31] 他们认为事态的发展非常好，如果政府停止胡作非为，这种情况就可以持续下去。（奥兰治县的牙医还是不承认他们依赖政府，尽管政府每年会向前来做清洁的承包商支付两次清洁费用。）

经济学可以说是一种肯定的宗教。早期的信仰对财富持悲观态度，因为人们普遍认为一个人的快乐是以他人的痛苦为代价的。在一个生产力几乎没有随时间而增长的世界里确实是这样的：中世纪的工会制度限制了人们向熟练技工的进步，因为鲁昂对面包的需求只有那么多。[32] 随着生产力的提高，财富可以通过扩大经济规模来积累。自私可能对每个人都有好处。值得强调的是，亚当·斯密并不认为自私总是对社会有益的。但经济学与其创始文献之间的关系，与世界上其他伟大的宗教大致相同。斯密的理论被微妙地总结为"贪婪是好事"，这句话已经成为一个征服全世界的信条，它的信徒既包括富人，也包括许多渴望变富的人。

对市场抱有信心的支持者还与企业精英建立了密切的关系，当回顾这段历史时，这种联系与合作看起来是不可避免的，然而当时并非如此。弗里德曼和他的密友乔治·斯蒂格勒等保守经济学家最先表达了对企业权力的恐惧，并认为限制企业集中度是政府为数不多的合法职能之一。至今还有少数保守的经济学家仍然这么认为，但更多的经济学家决定与企业共同反对政府权力。经济学家提供想法，企业提供资金，去资助研究，资助大学，资助美国国家经济研究局、美国企业研究所和斯坦福大学胡佛研究所等智库机构。

在 1972 年的一篇著名论文中，加州大学洛杉矶分校经济学家阿尔曼·阿尔钦和哈罗德·德姆塞茨将企业描述为资本主义的典范，是确保人们得到有效就业和公平报酬的最佳可能机制。其中一个脚注告诉读者，他们是在制药巨头礼来公司的资助下得出这些结论的。[33] 企业高管和那些美国富人非常乐意看到自己的信仰和利益被表述为科学真理。

经济保守派与“宗教右翼”的社会保守主义者以及少数族裔民权的反对者之间的关系更为复杂。市场经济的一些最重要的早期倡导者，尤其是弗里德曼，他在自己的学术生涯中曾是反犹太歧视的受害者，认为少数群体应该接受市场的转变，把它作为抵御多数主义迫害的最佳选择。[34] 市场使人们更容易适应不同的需求和偏好，抑制了除支付能力以外的任何基础上的歧视。弗里德曼和其他主要经济学家也表达了一些社会保守派难以接受的观点，包括支持移民、毒品合法化和同性恋权利。对于自由意志主义者巴里·戈德华特于 1964 年参加总统竞选活动这件事，许多社会保守主义者表现得非常犹豫，而 1968 年乔治·华莱士竞选总统时的种族主义议程令许多经济保守派感到痛苦。然而，到 20 世纪 70 年代，这两个阵营终于找到了共同点：担心自己的道德价值观的社会保守派和担心自己的财产价值的经济保守派都深深感受到政府权力扩张带来的威胁。包括奥兰治县加登格罗夫社区教堂牧师罗伯特·舒勒在内的宗教领袖将追求财富描述为一种道德事业，从而综合了两种保守主义。舒勒称他的教堂是“上帝的购物中心”，并告诉他的教众，“你们有上帝授予的致富权利”。一位教友告诉麦克格尔，她先前的牧师“总是谈论恺撒·查维斯和葡萄抵制运动，但当你走进教堂的时候，你想听的是福音，而不是这些”。[35]

保守主义是一个强大的联盟，在现实和想象的威胁面前捍卫现状。这种联合在为面向市场的政策提供充分的政治支持方面是至关重要的。然而，对于社会保守派来说，结果喜忧参半。向市场的转变使美国成为一个更加多样化和宽容的社会，但也限制了这些侵蚀的速度和规模。效率和经济增长的优先化为抵制再分配政策和福利计划提供了一个价值中立的理由。经济歧视不仅得到了容忍，而且受到了赞扬，它自身更是成了其他形式歧视的一个有力和持久的代表。历史学家丹尼尔·T. 罗杰斯注意到，经济学家开启了公共话语的转变，从群体之间的竞争变成了个人之间的交易。[36]经济学家把社会描绘成平等主义的沃土，公司和工人在这里处于平等的地位，并相互影响。人们被重新塑造成消息灵通、大权在握、掌握自己命运的人。经济学中最具代表性的是一个阐释供求关系的图表，它显示的是在没有历史或环境影响的条件下，一对呈 X 形相交的曲线。股票市场或许是课本上所描述的最接近现实世界的市场，它的突出作用是巩固人们对市场残酷但公平的普遍看法，这种刻板印象不利于减少现实世界中的不公平。如果一个黑人家庭申请了次级抵押贷款，市场的观点不会考虑到他的父母和祖父母无法积累财富，也不会考虑到主流放贷机构拒绝为附近区域的住户提供贷款，抑或是他们要找到并坚持做一份能拿到体面工资的工作有多么困难。市场的观点只是，借款人和贷款人之所以能够达成交易，是因为双方都希望从中获益。

经济学家是一个多元化的群体。任何一份公道的经济学家名单里都一定会有米尔顿·弗里德曼和卡尔·马克思的名字，也就是说，我们判定一个人能否被称为经济学家，不是以他们的政治立场来界定的。在谈到经济学家对公共政策的影响时，我描述了各个时代发生的变革，但我意识到，有一些经济学家强烈反对本书所写的这些内容。事实上，几乎没有（也可能有极少数的）经济学家支持本书所描述的所有变革。

然而，我认为可以把经济学家，尤其是 20 世纪下半叶的美国经济学家看作一个同质的群体。大多数美国经济学家，尤其是那些在公共政策辩论中有影响力的参与者，只占意识形态光谱的一小部分。

美国经济学家有时被分为两个阵营。据说其中一个阵营总部设在芝加哥，支持一切市场行为，而另一个阵营总部设在马萨诸塞州的剑桥，支持政府的高压手段。这两个阵营有时被称为“淡水学派”和“咸水学派”。然而这种区分太极端了：这两个学派的主要成员都赞同本书所描述的那些关键的转折点。然而就像自然界趋向于熵，他们都相信经济趋向于均衡。他们一致认为，经济政策的主要目标是增加美国经济产出的美元价值。他们对解决不平等的努力缺乏耐心。1979 年通过对美国经济协会成员的调查发现，98% 的人反对租金管制，97% 的人反对关税，95% 的人支持浮动汇率，90% 的人反对最低工资法。[37] 这些调查结果的差异是程度上的，虽然它们之间的差异很重要，并在这些文件中进行了详细的描述，但这些结果还显示了人们在某种程度上达成了共识，这些观点一致的程度也是至关重要的。对资本主义的批判一直是欧洲主流辩论的主题，但在美国却很少听到。政治学家乔纳森·施莱弗很好地总结了这种差异：“英国的剑桥认为资本主义天生就有问题，而马萨诸塞州的剑桥才刚刚开始意识到资本主义需要进行一点‘微调’。”[38]

随着时间的推移，美国的共识也改变了其他国家辩论的边界。

自由派和保守派在经济政策问题上的真正分歧，往往掩盖了民主党以及其他发达国家中主要的中间偏左党派对经济效率优先化的支持程度。保守派往往是最有效的改革者，其中最有推动力的保守党改革者本杰明·迪斯雷利的名言“托利党的人加上辉格党的措施”，就是对这一点的总结和概括。但近几十年来，随着改革朝着保守的方向推进，自由派常常带领人们朝着保守派无法达到的目标前进。在美国，减税始于肯尼迪政府时期，而减少监管始于卡特政府时期。在英国，工党首相詹姆斯·卡拉汉在 1976 年宣布凯恩斯主义思想已死。在法国，社会党总统弗朗索瓦·密特朗实施了财政紧缩，为与德国结成货币联盟做准备。

苏联的解体巩固了这种政治共识。共产主义社会和资本主义社会之间的世界划分是历史上伟大的自然实验之一，其结果似乎很清楚。1991 年，保守派专栏作家乔治·威尔兴奋地写道：“‘冷战’结束了，赢家是芝加哥大学。”[39] 20 世纪 90 年代上台的中间偏左党派领导人，如美国的比尔·克林顿和英国的托尼·布莱尔，基本上都延续了他们的保守派前辈的经济政策。资本主义在思想市场上变成了自鸣得意的垄断者，其后果可想而知：在缺乏其他选项的情况下，人们很难鼓起勇气来修补它的缺陷，即使这些缺点显而易见。

在 20 世纪的最后几年和 21 世纪的头 10 年，市场信任的革命到达了顶峰。对市场作用的政治和社会限制被搁置一边。政府放弃了对市场的监管、对未来繁荣的投资或对不平等现象进行限制的努力。经济增长的重要性已成为最接近美国精神的东西：正如乔治·W. 布什总统在“9·11”恐怖袭击后对全国人民所说的那样：“我们必须通过重新回到工作岗位来与恐怖主义斗争。”

自由市场经济取得了胜利，朝鲜半岛的夜间卫星图像就是最直观的证明——南半部的韩国全部由电灯照亮，而北半部的朝鲜漆黑一片，如同周围的海洋。这是一张非常有力的照片，但它的意义却经常被歪曲。和其他富裕国家一样，韩国也是通过谨慎的操控才一步步引导经济走向繁荣的。而接下来我要讲的就是当一些国家决定完全任由经济自由发展之后所发生的故事。

第一篇

第一章

市场无处不在

为了使长途运输中的鱼保持鲜活，船长常常把一条鳗鱼放进桶里。在经济学领域，米尔顿·弗里德曼就是那条鳗鱼。

——保罗·萨缪尔森（1969）[1]

1966 年末，在一次晚宴上，马丁·安德森，一位来自哥伦比亚大学的有自由意志主义倾向的经济学青年教授，发现自己的邻座就是理查德·尼克松律师事务所的一名律师。尼克松在第一次宣布退出政坛后就加入了这家纽约公司，他对记者说："你们再也不能把尼克松的名字在新闻里胡写一通了。"然而这名律师不喜欢尼克松，到晚宴结束时，他也开始讨厌安德森了。他告诉安德森："如果你持这样的观点，那你不应该为我工作，你应该为我的老板工作。"几天后，安德森接到了尼克松的公司合伙人兼私人顾问伦纳德·加门特的电话。加门特告诉安德森，他听说有一位哥伦比亚大学的教授发表了一些"疯狂"的言论，于是他决定邀请安德森过来聊一聊。不久，安德森就开始定期参加一个小团队举行的会议，而会议的内容就是策划尼克松在 1968 年总统大选中的政治复活。[2]

在 1967 年 3 月的一次会议上，尼克松团队把注意力转向了征兵。为了应对战争，美国在大多数主要的战役中都进行了征兵，但在第二次世界大战结束后，国会第一次批准了一项常年的持续征兵政策。这个国家肩负着全球的责任，没有人能确切地知道一场“冷战”需要多少名士兵。在接下来的 25 年里，政府每年都征召了成千上万名士兵。

到 20 世纪 60 年代，公众对征兵的支持力度开始减弱。虽然服兵役被描述为一项普遍义务，但只有不到一半的美国男性在军队服过役。随着越南战争愈演愈烈，对挑选一些人去服兵役或者说是去送死这一最基本的不公平政策的反对声音也一浪高过一浪。改革者提出了一些想法，如用全国抽签的方式取代地方征兵委员会，或是要求全部男性参加军事训练，但这些想法并没有从根本上解决不公平的问题。

“我有个主意。”安德森对尼克松团队的人说。他刚刚读了芝加哥大学经济学家米尔顿·弗里德曼的一篇文章，他认为政府应该结束征兵制，转而通过提供有竞争力的工资来招募完全自愿参军的人。“在结束征兵的同时加强我们的军事力量，这是件两全其美的事情，如果我能展示如何做到这一点的话，你们觉得这个主意怎么样？”安德森问团队成员们，“让我就此写一篇论文吧。”[3]

世界在不停地变化，并且很难用一个原因来解释。美国于 1973 年结束了征兵制。其中一个原因是在 20 世纪 50 年代，美国迎来了婴儿潮；另一个原因是那个名叫林登·贝恩斯·约翰逊的人太缺乏安全感，他因为担心会处于不利地位而加紧推行征兵，从而导致了大规模的反战运动；还有一个原因是要教新兵学习新军事技术越来越难，加之投票年龄降低到了 18 岁，而生活在日益繁荣的国家里的年轻人根本不想参加战斗。这些原因都非常重要，但不得不说，最重要的原因还是米尔顿·弗里德曼说服了安德森，而安德森又说服了最终赢得 1968 年总统大选的尼克松。

弗里德曼是一位令人敬畏的学者，他于 1976 年荣获诺贝尔经济学奖，他应该作为 20 世纪最具影响力的思想家之一而被后人铭记，他是这场保守派反革命运动最有说服力的预言者，这场反革命运动重新定义和塑造了美国甚至全世界人民的生活。

他在 1998 年的回忆录中写道，当政策制定者打开冰箱门时，经济学家会确保里面有充足的食物——“通过在危机时刻也能留有选择的余地”，来施加影响力。[4] 他在结束征兵制这项政策中所扮演的角色标志着他第一次成功地用自己的信仰扭转了政府政策的方向。此后，更多的胜利接踵而至，但是当弗里德曼的生命走到尽头时，他回忆说，他最为骄傲的仍然是他的第一场胜利。他说：“此后我所从事的所有公共政策活动都再也没有给我带来这么大的成就感。”[5]

米尔顿·弗里德曼像一个游离的电子一样，以一种颠覆性的方式举重若轻地搅动起一场思想意识的革命，他的影响贯穿整个 20 世纪，直到他轻轻地走了，留下了一个被他的思想重塑的世界。他个子矮小，戴着一副大大的眼镜，像一个天生的推销员一样有着孩童般的热情。伟大的科学家常常被描绘成极不善于与人交流，这一点甚至还被认为是他们有才华的一个标志。相比之下，伟大的经济学家往往是自己思想的推广者，而在这方面，几乎没有人能和弗里德曼媲美。他那有启发性的思想简单而又通俗：开放市场是人类最佳的管理体系，定然比传统的政府形式要好得多，而政府的权力应被控制在绝对的最低限度。他开玩笑地说，如果政府官员控制了撒哈拉，那么很快就会出现沙子短缺的情况。

1980 年，美国公共广播公司推出了一档节目，名为“自由选择”（Free to Choose），这个节目宣传的都是弗里德曼的思想和观点。节目中，弗里德曼举起了一支再普通不过的黄色铅笔，然后对这支铅笔的构造进行了想象和描述。“事实上，要有成千上万人的合作才能最终制作出这支铅笔。”弗里德曼这样告诉听众，他列出了提供木材、石墨、黄色和黑色油漆、橡皮擦以及金属箍圈的工人名单。“这些人说着不同的语言，有着不同的宗教信仰，如果他们遇到彼此还可能会仇视对方。但是什么把他们聚在了一起呢？”他用笔尖轻轻敲着桌面，“这就是价格体系的魔力。”

他还是一个犀利的辩手，这使一位同事发觉，要想辩驳弗里德曼的观点，最好选他不在场的时候。[6] 弗里德曼总是面带着柴郡猫似的微笑，安静地听对手将观点表达完，然后他就会娓娓道来，让对手明白为什么他们的观点是错的。

在职业生涯的前半部分，弗里德曼进行了大部分重要的学术研究。而在后半部分，用纽约参议员、公共知识分子丹尼尔·帕特里克·莫伊尼汉的话来说，他成了“我们这个时代最具创造力的社会政治思想家”。莫伊尼汉有资格评判弗里德曼，因为他们在同一阵线上工作。[7] 即使是那些不同意弗里德曼观点的人也发现自己无法忽视他的抨击。在 20 世纪 60 年代，自由主义经济学家罗伯特·索洛说：“虽然只有一小部分经济学家会被他的观点说服，但是在任何一场学术午餐的餐桌上，人们谈论的话题都更可能是关于米尔顿·弗里德曼，而不是其他经济学家。”[8]

半个世纪过去了，经济学家仍在谈论弗里德曼，但更多的人已经认同了他的观点。曾在克林顿政府和奥巴马政府时期担任高级官员的哈佛大学经济学家劳伦斯·H. 萨默斯在 2006 年写道，弗里德曼在年轻时是一个“妖魔化的形象”，但后来，他越来越钦佩弗里德曼。萨默斯写道：“他对当今世界经济政策的影响比任何其他现代人物都大。”[9] 他在哈佛大学的同事安德烈·施莱弗在 2009 年写道，1980—2005 年是“米尔顿·弗里德曼的时代”。[10]

米尔顿·弗里德曼的父母来自奥匈帝国的小城市贝雷格什，但他们相遇在布鲁克林，弗里德曼也于1912年7月31日在那里出生。他在新泽西州的拉维长大，他的家族在那里拥有一些小型企业，在不同时期分别开设过一家服装厂、一家纺织品商店和一家冰激凌店。16岁时，弗里德曼离开了家，进入了罗格斯大学，在那里他勉强服了兵役。在他入学后，学校要求学生参加后备军官训练团；弗里德曼完成了规定的两年训练，并退出了该训练项目。* 几年后，弗里德曼写道："我认为后备军官训练团是一个负担，它对于我自身和国家都没有任何显著的好处。"[11]

他开始学习数学，打算成为一名精算师。但在大萧条时期，他发现经济学更有趣，并且他的一位教授帮助他争取到了一个在芝加哥大学攻读博士学位的机会。[12] 于是，在1932年，弗里德曼在口袋里揣上他在读书期间赚到的一点钱，开始了西行的征途。在他读本科期间，校园里的新生被要求穿白袜子，戴绿领带。有经济头脑的弗里德曼和他的一个同学获得了罗格斯大学院长的许可，可以向学校里的新生出售这两样东西。[13] 很快他们就把业务扩展到出售二手课本，这引起了校园书店的抗议。对弗里德曼来说，幸运的是，院长的那封许可信并没有具体指定他们可以销售的物品种类和范围。

然而，这点钱不足以供弗里德曼读完研究生。1935年，弗里德曼和他的妻子——与他一同在芝加哥大学学习经济学的研究生罗斯·迪雷克托，搬到了华盛顿特区，在那里他们加入了受雇于联邦政府"新

---

* 根据1862年通过的《莫里尔法案》，政府向各州的大学捐赠联邦土地，条件是要求受资助的院校安排学生学习军事战术。1916年，后备军官训练团的建立就是为了使这项训练标准化。在许多接受赠地的学校，直到20世纪60年代，这项训练都是强制性的——这与过去认为服兵役是一种责任和义务的观点相一致。1960年，罗格斯大学是首批将强制性改为自愿性的学校之一。

政”项目的经济学家大军，彼时，这支队伍正在迅速壮大。“具有讽刺意味的是，新政对我们个人来说是一根救命稻草，”弗里德曼写道，“新的政府计划为经济学家创造了一个繁荣的市场，尤其是在华盛顿。如果没有新政，作为经济学家的我们能否找到工作就很难说。”[14]

罗斯于1910年或1911年出生于俄罗斯，第一次世界大战前夕与家人移居美国。她在俄勒冈州的波特兰长大，并在里德学院注册入学，之后转到芝加哥大学与她的哥哥团聚。她的哥哥亚伦·迪雷克托当时是一名经济学专业的研究生，后来他成了他们那一代人中最重要、最坚定的自由意志主义者之一。罗斯是在雅各布·维纳教授的经济理论研讨会上认识弗里德曼的；因为维纳教授按姓氏首字母来给学生座位排序，所以他们的座位刚好挨着。他们于1938年结婚。当罗斯写信给她的哥哥告诉他这个消息时，亚伦回复道：“告诉他，我不会因为他强烈的新政倾向而对他使用侮辱性的字眼。”[15]这是一场经济学家的联姻。米尔顿说：“我仍能回忆起我们一起度过的许多个愉快的夏夜，在熊熊的炉火前，我们一起讨论消费数据和经济学理论。”弗里德曼夫妇还用数字对他们会频繁产生争论的问题进行编号，因为这样更有效率。直到老年，他们还会用“数字二”这个代号来代替那句“我错了，你是对的”。[16]罗斯从来没有完成过一篇属于她自己的论文。在对公共政策问题进行研究时，她是弗里德曼的合作者；在他那些受欢迎的作品问世时，她是他的编辑，也是他的智囊。罗斯说，即使是在结婚半个世纪之后，她也永远不会原谅弗里德曼在20世纪40年代初作为一个年轻的财政部官员所做的事。当时，弗里德曼制定了雇主必须从工资中预扣税款的规定，从而促进了政府的发展。[17]

在战争年代，弗里德曼还在一家政府资助的智库工作过，该机构致力于应用数学来解决军事问题。例如，当一架战斗机可以拥有8支小型机枪或4支大型机枪时，哪种选择更好？[18]弗里德曼负责的项目之一是测试喷气发动机涡轮叶片的合金。弗里德曼发现了一条捷径：他分析了数据，想出了一种新的合金，并请麻省理工学院的一个实验室进行制作及测试。弗里德曼的计算表明，这种刀片应该可以使用200小时。可惜事实上它只坚持了两个小时。[19]弗里德曼后来说，这段经历使他终身都对复杂的公式和预测持怀疑态度。的确，他的公共政策指导原则的一个基本主旨是，政府应该在暗中运作，对大多数问题的恰当反应是少插手，即使插手也要稳步而缓慢地推进。他说，雄心勃勃的干预往往会让事情变得更糟。[20]

与他对未来的怀疑形成对比的是，他对过去有一种非常浪漫的看法，他总是把现代社会的衰落状况与一个更早的时代相比，他想象在那个时代里，人们能够照顾自己，并竭尽所能使社会变得兴旺繁荣。精英体制是一种对外部人才有深深的吸引力的理念，而弗里德曼选择看到个人主观能动性的作用，而不是有公众支持的背景。所以他认为应该得到赞美的是司机，至于道路修得好，那是理所应当的。

富有的资助者的支持贯穿了他的整个职业生涯，这些资助者渴望找到一个支持限制政府权力的知识分子来帮助维护他们的利益。美国国家经济研究局发表了弗里德曼的博士论文，后来还对他的一部在货币政策方面具有影响力的著作给予了支持。这一机构是弗里德曼的第一个也是最重要的支持者。它成立于1920年，目的是收集和发布经济数据。在政府接纳它成为一个扮演重要角色的国家机构之前，洛克菲勒家族和其他石油大亨曾出资支持它的工作。弗里德曼的论文对于要求医生必须拥有执业资格才能行医这一点进行了批评，他认为这是政府在帮助医生以病人的健康为代价来限制竞争。美国国家经济研究局认为他的这一观点有些过分。执业资格毕竟是被广泛认可的一种必要的质量控制手段，因此，美国国家经济研究局拒绝发表弗里德曼的这篇论文。直到后来他软化了措辞，研究局才同意公开这项研究。论文最终于1945年问世，弗里德曼也凭借这篇论文获得了博士学位。[21]

那一年，弗里德曼曾短暂地在明尼苏达大学任教，并与另一位年轻教授乔治·斯蒂格勒共用一间办公室。他们两个人第一次见面是在芝加哥读研究生时，他们为持自由论的经济学教育基金会合著了一篇对租金管制进行抨击的文章，调皮地取名为“屋顶还是天花板？”（Roofs or Ceilings？）。弗里德曼和斯蒂格勒首先描述了旧金山在1906年地震后的快速重建过程，那次地震摧毁了该市的大部分地区。然后，他们跨越40年，写到旧金山再一次需要一波新的建设来容纳不断增长的人口。但这一次，他们说，政府挡住了去路。他们认为，租金管制阻碍了新公寓的建设和现有公寓的维护。他们说，在限制房东的利润的同时，政府也损害了房客的利益。[22]

经济教育基金会反对弗里德曼和斯蒂格勒在文章中提到的观点——减少经济不平等是公共政策的一个合理目标，尽管他们补充说，控制租金是追求这一目标的错误方式。基金会在没有得到作者许可的情况下，插入了一段话，称连弗里德曼和斯蒂格勒这么软心肠的人都反对控制租金，以此作为噱头，让这一读本的内容更加令人信服。仅一个房地产经纪人行业组织就发放了50万份影印本。[23]

到1946年秋这个读本发行的时候，弗里德曼已经离开明尼苏达州，加入了芝加哥大学的经济学教授队伍。不久之后的1947年春天，他与亚伦·迪雷克托以及斯蒂格勒前往瑞士参加了朝圣山学会的第一次会议，朝圣山学会是一个由自由主义经济学家弗里德里希·哈耶克创立的组织，他把一群孤独的自由市场的传道者聚集在一起。在这群人原本的工作环境中，他们是被敌视的，因为他们的思想被广泛认为是危险且守旧的。“在欧洲，没有人相信美国的生活方式，也就是不信任私营企业，或者更确切地说，那些相信它的人，比英国在 1688 年后落败的詹姆士二世党还要没有未来和希望。”英国的政治评论家 A.J.P. 泰勒于 1945 年在一个英国广播公司的节目中说道。[24] 第二次世界大战后的一段时期，连找到一个相信美国生活方式的美国人都很难。

哈耶克 1899 年出生于奥地利，他的职业生涯在大萧条之前就已经开始扎根。他在自由市场信念中长大，从未放弃过这一信念。在他于 1944 年出版的那部最著名的著作《通往奴役之路》中，哈耶克抨击了与约翰·梅纳德·凯恩斯有关的干涉主义经济学。哈耶克认为，社会主义是不好的，政府扩大在经济管理中的作用会导致经济滑坡，最终会导致国家以进入社会主义而告终。

哈耶克对社会主义逻辑的攻击是强有力且持久的。他认为，在开放市场中，价格传递的信息远远超过任何官方机构能够收集的信息，而一场交易如果基于这些价格来配置资源，其效率将远远超过任何官方机构能够达到的水平。相比之下，他的滑坡理论（slippery-slope thesis）却是一种有缺陷的危言耸听：正如凯恩斯在一篇尖刻的反驳中所指出的，哈耶克承认某些政府职能的必要性，但几乎没有解释他偏爱的干预形式与会导致社会主义的干预形式之间的界限。凯恩斯认为，在市场和管理之间取得平衡不仅是可能的，而且是必要的。*

弗里德曼在朝圣山学会会议上交到了志同道合的朋友，也得到了喘息的机会。此后，朝圣山学会会议变成了一年一度的活动。他回忆

---

* 第二次世界大战后，西方民主国家通过大规模扩大社会福利支出解决了这一理论上的争论。甚至连瑞典也没有重新沦为农奴制。然而，有些人仍然引用哈耶克的话，他们担心政府的下一次干预会被证明是过度监管。

说："它给了我们这群人一个星期的轻松时光，我们这样的人可以聚在一起，敞开心扉，不必担心会有人在背后捅刀子。"[25]

在1951年的一篇文章中，弗里德曼预测公众也会很快对他所描述的西方世界转向集体主义的场景失去耐心。他察觉到一种潜在的自由主义倾向，在传统意义上，这是对自由市场和极简政府的承诺。他写道："新思潮的发展将取代旧思潮，为下一代立法者提供指导思想，即使这种思想很难影响到新一代立法者。在汹涌的浪潮中，思想很难逆流而上；当巨浪开始平息的时候，就是他们的机会到来的时候，但潮水涌向的方向尚未扭转。"

"如果我是对的，现在就是这样的一个时刻。"[26]

华特·欧伊的战争

1956年6月，弗里德曼在印第安纳州西部的沃巴什学院的一次演讲中首次谴责了征兵制。这是由威廉·沃尔克基金会为青年经济学教授组织的一场夏令营，该基金会由堪萨斯城的一家窗帘制造商资助，是20世纪中期美国自由市场思想传播的最重要的资金来源之一。弗里德曼是夏令营中最有吸引力的明星人物。这次演讲是对政府的一次广泛的攻击。他有一份列表，其中列举了14项他认为有误导性的公共政策，对征兵制度的批评是第11项，其余13项还包括国家公园、邮政服务和公共住房政策。弗里德曼说，政府"干涉了年轻人塑造自己生活的自由"。[27]

罗斯·弗里德曼将这篇演讲和其他几篇演讲稿进行了整理，便成了米尔顿·弗里德曼的第一部著作《资本主义与自由》。这本书在1962年的出版标志着米尔顿作为公共知识分子的出现。它成为20世纪最重要的书籍之一，尤其是因为罗纳德·里根是它的粉丝。这些版税支付了弗里德曼在佛蒙特州的避暑别墅的费用，他们将其命名为Capitaf [*]。但最重要的是，《资本主义与自由》帮助弗里德曼与参议员巴里·戈德华特建立了联系。

1964 年共和党总统候选人戈德华特是里根的“测试版”。他反对政府，提议结束联邦政府对能源、电话和航空业的监管，提议减税，并提议将田纳西河流域管理局私有化，该机构为美国东南部的大部分地区提供廉价电力。

戈德华特对弗里德曼的支持促进了该书的销量，弗里德曼为戈德华特在 1964 年 9 月 3 日正式启动大选所准备的演讲稿撰写了部分内容。戈德华特说：“共和党人将尽快结束征兵制。我向你们保证。”[28] 他说服兵役应该和任何其他职业一样。

几周后，弗里德曼为《纽约时报杂志》撰写了一篇题为“戈德华特对经济学的观点”（The Goldwater View of Economics）的文章，阐述了这一主题。[29] 他把征兵描述为一种税收：政府占用了人们的时间，但对他们的补偿却明显不足，人们不会去自愿服兵役就是证明。在弗里德曼看来，这和埃及法老用来建造金字塔和大不列颠用来统治海浪的强迫劳动制度是一样的，这是不合理的。弗里德曼的儿子大卫在 1964 年就满 19 岁了，这使他更加愤怒。“我们怎么才能证明付给他的钱比他愿意为之服务的数目少呢？”弗里德曼在几年后的一篇文章中写道。这篇文章先后传到了安德森和尼克松那里。“除非在国家最紧急的时刻，否则我们怎么能证明非自愿的劳役是正当的呢？文明进步的一大成果是废除了贵族或君主强制奴役的权力。”[30]

---

* 《资本主义与自由》书名的英文缩写。——译者注

弗里德曼的观点可能会让美国的开国元勋感到困惑。托马斯·杰弗逊写道："每个公民都有义务服兵役；希腊人和罗马人就是这样的，每个自由国家也必须如此。"[31] 乔治·华盛顿认为，一支由职业军人组成的军队对民主构成的威胁要比一支由义务兵组成的军队大得多。但是反对征兵也是一个古老的传统。在17世纪英国内战期间，激进的平等主义者发起了一场植根于城市中产阶级并致力于共和政府的政治运动，他们提出结束征兵制，作为他们的标志性改革之一。他们认为，任何人都不应该被要求去战斗，除非他"认为冒着自己生命危险或者可能让别人失去性命的事业是公平的，他对此感到满意"。[32]

即使在第二次世界大战刚刚结束时，对征兵制的支持也绝不是一致的。1946年，俄亥俄州共和党参议员罗伯特·A.塔夫脱前往葛底斯堡国家公墓发表阵亡将士纪念日演讲，谴责延续征兵制本质上是极权主义。[33] 自由主义经济学家约翰·肯尼思·加尔布雷斯在一次演讲中帮助说服了1956年民主党总统候选人阿德莱·史蒂文森提出结束征兵制的可能性。而就在几个月前，弗里德曼刚刚在沃巴什发表了演讲。[34] 有人开玩笑说，这是弗里德曼和加尔布雷斯唯一达成一致的事情。*

然而，1964年，反对征兵的人仍然占少数。许多人参加了要求修改征兵制的运动，但要求结束征兵制的人却寥寥无几。共产主义的身影开始浮现；军队是民主的堡垒，专家普遍认为没有其他办法可以找到足够的士兵。在戈德华特发表讲话后，约翰逊总统成立了一个研究小组来弱化其演讲内容的影响力，然而他的顾问认为这不过类似于共和党候选人向选民承诺免费午餐。研究小组的结论是明确的："通过

---

* 弗里德曼和加尔布雷斯实际上在一系列政策问题上都达成了一致。他们之间的差异其实很小，但在公众眼中却很大。加尔布雷斯曾把弗里德曼描述为"一个在除了货币政策方面，其他方面都不可靠的人"。

增加军事补偿来吸引志愿者加入部队是不合理的。”[35]

但就像鲍勃·迪伦在那一年所唱的那样，时代在变。肯尼迪总统在 1961 年的就职演说中最著名的恳求是：“不要问你的国家能为你做些什么。问问你自己能为国家做些什么。”这句话引起了共鸣，因为与之相对的趋势正在形成。人们越来越倾向于把个人的权利置于社会的需要之上。这种新情绪最早的一些表现是地方范围内的一些小规模的反抗行为。20 世纪 60 年代初，理查森的达拉斯郊区通过投票决定将学校餐厅的牛奶价格定为 7 美分，而不是接受联邦政府的援助，只收取 2 美分。佛罗里达州莱克兰市的市长拒绝了联邦政府为重建该市供水系统提供的资金。他解释说：“供水系统滋生了冷漠，破坏了人们的积极性，为侵犯个人权利打开了大门。”[36] 最早注意到这一点的民意调查专家塞缪尔·卢贝尔写道，美国人的优先事项正在“从获取转变为保留”。[37] 尼克松是最早领会其含义的政治家之一，他在 1973 年的就职典礼上巧妙地修改了肯尼迪提出的挑战：“让我们每个人不仅要问政府将为我做什么，而且要问我能为自己做什么。”

其他方面的变化也在起作用。第二次世界大战后，美国人开始大量生育；1964 年，恰逢婴儿潮过后的第 19 年，符合征兵条件的年轻男子的数量急剧增加。在 1938 年出生的 120 万美国男性中，42% 的人曾在军队服兵役。而在 1947 年出生的 190 万美国男性中，尽管越南战争升级，但还是只有 27% 的人选择入伍。[38] 有众多研究征兵的团体涌现，其中之一在报告的标题中提出了一个显而易见的问题：“当服兵役不是全民行为时，服兵役的都是谁呢？”

1964 年，这个问题的答案取决于各地区的征兵委员会。在威斯康星州，征兵委员会常常不会征召专门从事农业设备的机械师；在阿拉斯加，征兵委员会不会考虑征召眼科医生，“因为那里眼部疾病较为多发”。[39] 美国选择性服役管理局对这一特异性的筛选机制大加赞赏，例如，它吹嘘说，通过给从事教师工作的男性提供延期服役待遇，全国的教师缺口成功地被填补了。[40] 但问题是其中有些人并不想当老师。征兵委员会也表现出将少数族裔送上战场的倾向，这可能与密西西比州地方征兵委员会的成员中没有非裔美国人有关。

技术也减少了对体力劳动的需求，在战争中和在工厂中都是如此，而且越来越多的工作涉及对复杂机器的操作。军队需要的是训练有素、经验丰富的士兵，而不是两年之后就逃之夭夭的义务兵。

还有越南。1965 年 3 月 8 日上午，大约 3 500 名美国海军陆战队员在岘港市以北的一个海滩登陆，并受到越南妇女的热烈欢迎，她们手捧花环，举着写有“欢迎勇敢的海军陆战队员！”的标语牌。彼时，约翰逊总统已经决定派遣地面部队参与这场愈演愈烈的战争，最终预计将有 270 多万美国人前往那里。公众对征兵和战争的愤怒交织在一起并不断升级，直到尼克松采取行动结束此事。

1966 年 5 月 11 日晚，几百名芝加哥大学的学生占领了校园行政大楼，除记者、看门人和在地下室的电话总机前工作的女员工外，所有人都被禁止进入。《纽约时报》没有认真对待他们，报道称，学生带着食物、铺盖卷和“至少一架班卓琴”，并配了一张照片作为插图，照片上是一个女人抱着一个孩子，孩子坐在她的大腿上并且不安分地扭动着。报道的标题写着“抗议者的儿子抗议”。[41] 学生（如果不是所谓的儿子）是在抗议征兵制度的改变。刘易斯·赫尔希，这位 72 岁的将军，几乎从 1940 年美国选择性服役管理局成立之初就一直领导它，他已经决定结束对绝大多数大学生的征兵豁免。只有最优秀、最聪明的学生仍然可以留在教室里，其他人最好通过服务于国家来更好地为国家做出贡献。

作为对抗议活动的回应，芝加哥教职员议会宣布将举行一次会议来讨论征兵制。为期三天的活动于 1966 年 12 月初举行，并吸引了全明星阵容参会：赫尔希将军和非战争主义者中央委员会军事和征兵咨询机构的执行秘书；以画困境中的小人物而闻名的漫画家比尔·莫尔丁；一位高兴地说自己代表一支最古老的志愿军的修女；还有两位最年轻的国会议员，马萨诸塞州民主党参议员爱德华·肯尼迪和伊利诺伊州共和党众议员唐纳德·拉姆斯菲尔德。

会议上有文章和演讲者的报告，但更多的是围绕一系列问题的自由讨论：征兵制到底有什么好处？有什么是可以改进的？又有什么可以取代它呢？一开始，120 名参与者中的绝大多数人表示，他们不认为有可以替代征兵制的办法。最后，弗里德曼和他的盟友说服了一半的参与者签署了一份请愿书，呼吁建立一支全志愿部队。[42]

最能赢得群众支持的人是华特·欧伊，他是一位在四年级时就失明了的经济学家，当他通过努力一步步走上芝加哥大学的演讲台时，他已经无法区分昼夜了。欧伊于 1929 年出生于洛杉矶，父母是日本移民。[43] 第二次世界大战期间，他们一家被关押在科罗拉多州东南部的格拉纳达拘留营，这一经历让欧伊终生难忘，并因此开始关心政府的越权行为。尽管视力日益退化，但他还是在加州大学洛杉矶分校获得了学士和硕士学位，并于 1962 年在芝加哥大学获得了劳动经济学博士学位。1964 年，他获得了五角大楼提供的奖学金，致力于从事约翰逊为应对戈德华特而下令进行的征兵研究。

欧伊并没有因为失去视力而退缩。助手将文章录音给欧伊听，先是用盘带，后来用磁带，最后用上了数码设备。他将计算指令告诉他的研究助理或他的妻子，并且教他们进行回归分析和其他统计技术。

他凭记忆发表演讲，滔滔不绝地讲出事实和数字，仿佛是有一篇稿子供他照着念一样，也许在他的脑海中真的就有那么一篇。作为消遣，他会坐在赛车比赛的看台上，在赛车呼啸而过的热浪和噪声中摇摆。他甚至在亚特兰大赛车场里搭上了一辆引导车，这样他就能真实地体验在赛道上飞驰的感觉了。

在后来的几年里，欧伊告诉他的女儿，他决定不再从事实验科学的工作，因为他害怕自己会搞砸一些事情，但欧伊确实喜欢制造一些小混乱。他最喜欢讲的一个笑话是，两位高官观看阅兵，在所有的坦克、导弹和士兵方队走完之后，一辆马车行进过来，里面有几个衣衫褴褛的平民。“他们是谁？”一位高官问。“哦，这些是经济学家，”有人回答，“他们的杀伤力绝对出乎你的意料。”欧伊还会发表一些荒谬的言论，让他的来访者感到不安，然后让他的助手描述来访者脸上的表情。这种好斗的作风在经济学家中很受欢迎，因为这门学科中有一大群大男子主义的知识分子。多年来，芝加哥大学的经济系每年都会以欧伊的名义颁发一个奖项给提出最荒谬问题的研究生。

欧伊在芝加哥会议上的演讲逐字逐句地抨击了他协助撰写的五角大楼研究报告。五角大楼曾将实行志愿兵制度的额外成本敲定为至少55亿美元，大约相当于每年国防开支增加10%。欧伊认为，这种说法既言过其实，又具有误导性。他说，实际花费不会超过40亿美元，五角大楼没有考虑到志愿者延长服兵役时间的可能性，进而可以减少对新兵的需求。五角大楼的研究还忽略了允许男性从事其他行业的经济效益，欧伊估计，这些行业的收入将超过50亿美元。换句话说，一个全部由志愿者组成的军队对经济是有好处的。[44]

组织这次芝加哥会议的人类学教授索尔·塔克斯写道，欧伊说服了与会者“完全放弃征兵可能不是一个出格的选择”。[45]其他人也给出了类似的赞扬。美国和平队副主任哈里斯·沃福德说："多亏了过去几天的会议，以及那些文件和辩论，我现在已经完全接受组建志愿军的想法，并把结束征兵制作为真正的目标了。"回到华盛顿后，国会议员拉姆斯菲尔德提出了结束征兵制的议案，并把欧伊的陈述写入国会记录中。

但约翰逊政府对此毫无兴趣。1967 年 3 月，约翰逊要求将征兵期限延长 4 年，坚持认为没有其他更好的具有现实意义的选择。该法案很快以极大的优势在参众两院获得通过。只有 9 名众议院议员和 2 名参议院议员投了反对票。时任众议院军事委员会主任的约翰·J. 福特回忆说："当时国会议员中有相当大比例的人是服过兵役的退伍军人。* 他们几乎整个青壮年时期都生活在美国兵役法的影响下。他们有一种为国家服务的道义上的正义感，或者认为至少应该为这种服务尽一份义务。"[46]

金钱至上的教授

在结束征兵制的过程中发挥主要作用的经济学家中，马丁·安德森是唯一曾在军队中服役的人：他在达特茅斯学院参加了后备军官训练团项目，然后在 1958—1959 年担任陆军情报处的少尉。[47] 回到学术界后，他在麻省理工学院获得了经济学博士学位，并在哥伦比亚大学商学院任教，教授金融学。安德森反应敏捷，善于交际，有逆向思维的天赋。1964 年，他出版了《美国联邦城市更新计划》（*The Federal*

---

* 1967年和1969年，75.1%的国会议员是退伍军人，这是现代以来出现过的最高比例。之后便开始了长期的下降。到2015年，只有17%的国会议员是退伍军人。

Bulldozer)，呼吁终止城市更新项目，当时被广泛视为先进的城市政策的缩影。安德森认为，政府对住房的破坏远远大于它所进行的建设，他还嘲笑了贫困家庭正在寻找更好的住房这一前提。他写道，如果存在这样的房子，“向人们推荐这些诱人的廉价住房，而不必费心拆掉他们的房子，不是会简单得多、省钱得多吗”？[48] 安德森也喜欢当面抨击当权者。那年秋天，安德森和他未婚妻安纳丽丝在曼哈顿上西区挨家挨户地为戈德华特宣传造势。

同年秋天，米尔顿·弗里德曼来到哥伦比亚大学，担任了一年的客座教授，安德森也与他发展了一段友谊。一天晚上，在弗里德曼的公寓里，他们从晚上 11 点左右开始争吵；三个小时后，安德森说他太累了，不想再继续吵了。“好吧，”弗里德曼露出了笑容，“那就算我赢了。”[49] 安德森还加入了一个以小说家艾茵·兰德为中心的自由主义者的圈子，但这个圈子组织松散，圈里的人联系并不紧密。这群人中包括一位高调的经济学家，名叫艾伦·格林斯潘，他进入了商界而非学术界，并因此拥有了一套豪华公寓和一辆蓝色的凯迪拉克“黄金帝国”敞篷车。

1967 年春，安德森读了弗里德曼和欧伊在芝加哥会议上提出的反对征兵制的论点的印刷版文件，并向尼克松的顾问提出了一个想法。随后，他聘请格林斯潘帮助他为尼克松起草一份备忘录。于是两人合作在 4 月提交了一份 7 页的版本，又在 7 月 4 日提交了一份 30 页的版本。他们由断言没有人喜欢征兵制这一观点引入论述。他们写道：“这种做法之所以被勉强容忍，只是因为人们认为维持和保护美国的国家安全是绝对必要的。”备忘录随后描述了欧伊的想法：对征兵进行有效的税收，并相对减少招募志愿者的成本支出。安德森和格林斯潘的结论是：“因为它是道德且公平的，因为它能提高我们国家的安全程度，因为它在经济上是可行的，所以我们应该对建立一个全志愿武装力量的目标给予高度优先级，并向志愿兵支付合理的、体面的工资，这样才会给予我们国家的年轻人机会，让他们有尊严地、光荣地、自由地参与到保卫国家的行动中来。”[50]

尼克松称这份备忘录“非常有趣”，并让他的顾问传阅。有些人喜欢这个主意；有些人的反应则是对此感到担忧，称尼克松会激怒保守派选民。这种担忧的加剧是在1967年9月下旬，当时320名著名的自由主义者——包括诺贝尔奖得主莱纳斯·鲍林，诗人罗伯特·洛威尔和本杰明·斯波克博士（他是那个时代的育儿圣经的作者）——共同签署了一项“抵制非法权力的号召”，以支持那些拒绝服兵役的人。接着，在10月中旬，全国范围内的反征兵抗议活动持续了一周，并在华盛顿游行中达到高潮。尼克松的高级顾问帕特里克·布坎南警告他的老板，支持终止征兵制等同于支持抗议者。他写道：“是不是可以说RN* 给了这些人逃避为国家服务的方法？”在备忘录的底部，尼克松潦草地写道：“艾克** 是这样认为的。”[51] 尽管德怀特·艾森豪威尔有所保留，尼克松还是决定冒险一试。1967年11月17日，在威斯康星大学，一名学生问有关征兵的问题。作为回应，尼克松呼吁采取“一种全新的招募方式”。他说，国家必须“向志愿军的方向迈进，对那些进入军队的人给予补偿，补偿的基础与那些从事文职工作的人相当”。[52] 此外还有一个重要的警告：他说只有在结束越南战争后，才会开始结束征兵。然而，尼克松采取这样的立场是有风险的。国会刚刚投票决定重新授权征兵，征兵制度仍然受到公众的欢迎。民意调查再

---

* 罗纳德·尼克松的英文缩写。——译者注

** 德怀特·艾森豪威尔的昵称。——译者注

过三年也不会转向支持尼克松的立场。[53]

在 1978 年的回忆录中，尼克松将这一决定描述为植根于经济意识形态。他写道："我刚上任时，自由市场上最严重、最不公平的限制之一就是征兵，这是一种强迫每个人服兵役的方式，而不是雇用那些自愿提供服务的人。因此，终止征兵制度和在 1973 年 1 月建立一支志愿军也是走向有意义的经济自由的重要一步。"[54]

1968 年 8 月，当共和党提名尼克松为总统候选人时，结束征兵制成了共和党竞选纲领中的一项。[55]

民主党提名人休伯特·汉弗莱谴责这一想法"极其不负责任"，与艾森豪威尔在 1956 年和约翰逊在 1964 年使用的措辞如出一辙。汉弗莱说，这样做的费用高得令人难以想象，尼克松是在用"虚无的希望"戏弄美国的年轻人。[56] 作为回应，尼克松在全国广播讲话中更加有力地宣布他打算结束征兵。"这是我的信念，"尼克松在 1968 年 10 月 17 日说，"一旦越南战争结束，我们将迎来一支全自愿性的武装力量。"[57]

三周后，尼克松当选为美国第三十七任总统。

尼克松把一群顾问带进了白宫，这些顾问比他的竞选班子成员年龄更大，更深入政治体制，不太倾向于结束征兵制。美国国家安全顾问亨利·基辛格和他的军事助理亚历山大·黑格上校强烈反对这个想法。"我之所以不太关心这一竞选承诺，是因为我知道，即使越南战争明天就结束，共和党的预算也无法维持这样一支军队的经济支出。"黑格在写给基辛格的一份备忘录中这样写道，形容结束征兵制"完全不符合军队和社会的传统"。[58]

后来成为尼克松首席经济顾问阿瑟·F. 伯恩斯助手的安德森，立即着手提醒每一位愿意听他讲话的人——总统已经做出了承诺。他号召大家支持这项事业。1968 年 12 月中旬，在尼克松上任之前，伯恩斯接到了来自罗切斯特大学校长 W. 艾伦·沃利斯的电话。沃利斯是一个经济奇才，他是如此才华横溢，以至拿不到一个博士学位。原因是这样的，1946 年，他即将完成在芝加哥大学攻读博士的研习，当时芝加哥大学为他提供了一个教授职位，条件是他必须退学，因为芝加哥大学规定不可以给自己的教职员工授予学位。第二次世界大战期间，他是弗里德曼在哥伦比亚大学的上司，两人一直是朋友和盟友。在罗切斯特，沃利斯开始建立一个新的由市场导向的经济中心，他的新员工就包括于 1967 年加入教员队伍的华特·欧伊。沃利斯认为征兵制度是不道德且低效率的，他还提出要给伯恩斯寄一份关于征兵制度的最新研究摘要。伯恩斯同意把这个内容分享给尼克松，但他告诉沃利斯，这份摘要的内容必须浓缩在一页纸之内，内容上必须表明每年的成本支出将低于 10 亿美元，且必须将这份摘要在年底之前完成并交给他。

此时欧伊已经离开罗切斯特前往加利福尼亚，他要把他的未婚妻介绍给他的父亲；为了这份研究摘要，这对恋人又立刻乘坐最早一班飞机返回了罗切斯特。欧伊和一些同事赶在平安夜完成了这份报告，并付钱让一名研究生把它送到纽约市的伯恩斯手里。由于无法将篇幅限制在一页之内，于是这些经济学家索性就写了 25 页。他们决定在首页订上一页摘要，其余部分以附录形式附在后面。[59]

尼克松上任后不久就采取了行动。“我的结论是，以可靠的方式尽早结束强制征兵是一件好事。”这位新总统于 1969 年 2 月 2 日在给他的国防部长梅尔文·莱尔德的信中这样写道，并指示他召集一个专家小组。[60] 总统委员会在 20 世纪 60 年代末风靡一时，就像音乐节和大麻一样。约翰逊总统建立了大约24个这样的机构。1969年3月27日，尼克松成立了他的第一个委员会：全志愿武装部队委员会。该委员会以其主席小托马斯·S.盖茨的名字命名，他是艾森豪威尔的最后一任国防部长。白宫谨慎地表达了各种观点，但结果是注定的。“我想朝着那个方向前进。”尼克松在美国总统办公室中举行的一次私人会议上对盖茨说。[61] 为了帮助委员会，包括欧伊在内的大部分工作人员都是从反征兵学术界的温床——罗切斯特市招募的。

尽管如此，还是有一场真正的辩论。已退休的空军将军、前欧洲盟军最高指挥官劳里斯·诺斯塔德认为根本没有需要解决的问题：他服过兵役，并且感觉当兵对他来说没有造成什么明显的伤害。他还担心，用金钱作为引诱手段将会导致素质较低的人参军。化工集团杜邦的前首席执行官克劳福德·格林沃尔特在第一次会议上要求得到保证，保证他不会被要求支持终止征兵，然而到最后一次会议时，他表现出了犹豫。格林沃尔特和弗里德曼一样，是哈耶克的朝圣山学会会员。但格林沃尔特对社会责任的最低限度概念包括服兵役这一项。他建议政府应该在保留征兵制度的同时提高军人工资，从而抵销对服兵役人员的征税。

弗里德曼和研究人员对每个问题都进行了回应，他们指出，支付平均工资仍不足以补偿那些能在平民生活中挣得更多的人，其中包括二等兵威利·梅斯和中士埃尔维斯·普雷斯利等人。弗里德曼还试图将这场辩论人性化。在一次会议上，他要求工作人员将一名年轻士兵的信分发给大家。“我的新单位的气氛真的很压抑，”那个年轻人写道，“这里没有任何一个人对部队有积极正面的评价或想法。每个人都讨厌自己的工作、自己的长官以及每天早上醒来就要面对的义务。”[62]

1969 年 12 月的一个星期天早上，一个决定性的时刻到了。盖茨邀请了军方各部门的负责人与该委员会成员会面。陆军参谋长威廉·威斯特摩兰将军认为委员会的工作是单纯对军队的攻击，因为军队是唯一依赖征兵的部门。

“我不喜欢指挥一支雇佣军。”威斯特摩兰告诉委员。

弗里德曼闻到了火药味，他反问道：“那么将军，你愿意指挥一支奴隶军队吗？”

威斯特摩兰说道：“我不喜欢听到爱国的应征入伍者被称为奴隶。”

弗里德曼说道：“我也不喜欢听到把爱国的志愿者称为雇佣兵。毕竟，在同样的意义上，我是一个金钱至上的教授，我的头发是由一个金钱至上的理发师剪的，我的病是由一个金钱至上的医生医治的，我的法律事务是由一个金钱至上的律师处理的。恕我直言，阁下，你就是个金钱至上的将军。”[63]

两个月后，委员会一致投票结束了征兵制。他们于 1970 年 2 月 21 日向总统提交了报告。会议原定 30 分钟，但尼克松将会议延长到了 90 分钟。[64]欧伊的导盲犬吉妮通常会对陌生人咆哮，但它却允许总统抚摸它的头。

这份报告由弗里德曼起草，理查德·J. 惠伦为其润色，惠伦是一位保守派作家，也是一个持反对征兵态度的有力的辩论者，他是专门被雇来做这项工作的。这份报告在当局的安排下出版了 10 万册。[65]内容中对各种不满的列举特别具有《独立宣言》的味道：“为武装部队征募人员是一个代价高昂、不公平和造成分裂的程序。它给一小部分年轻人带来了沉重的负担，而为我们其他人减轻的税收负担却微不足道。它给我们所有年轻人的生活带来了不必要的不确定性。决定谁应该被强迫服役，谁应该被推迟服役是它强加于征兵委员会的痛苦抉择。它削弱了我们社会的政治结构，破坏了使自由社会得以存在的脆弱的共同价值观网络。如果这些招募战士的费用是保卫我们和平与安全的必要代价，那么我们就必须承担。当存在另一种可以与我们的基本国家价值观相一致的选择时，强制征兵就变得不可容忍。”[66]

当然，这里所说的另一种选择就是组建一支志愿军，确保所有的士兵都是想成为士兵的人，而其他人可以有追求自己梦想的权利。

从“谁参战”到“谁在乎”

在向组建志愿军部队的理想行进的过程中，国会是第一个真正的阻碍。路易斯安那州众议员、众议院军事委员会主席 F. 爱德华·赫伯特定下了基调。他在听证会上说：“要想组建一支全部由志愿者组成的军队，唯一的途径就是征兵。”[67] 当时在越南战争战火四起的背景下，在许多抗议者的脑海中，征兵和战争这两个问题被融合成一股炽热的怒火。但这并不是国会山的标准观点。那些最致力于结束征兵制的政治家往往是战争的支持者。事实上，一些人认为可以利用结束征兵制来平息对战争的批评之声。与之相反的是，许多反对战争的人仍然认为征兵制是一种重要的公民制度。“结束征兵制不会结束这场战争，也不会防止未来的战争。它带来的结果就是让这场战争以及未来的战争都成为穷人的任务。”密苏里州民主党参议员托马斯·F. 伊格尔顿说：“如果我们允许这种情况发生，那么越南将是一个更大的悲剧。”[68]

1969 年 11 月，政府说服国会用全民抽签的方式来取代地方征兵委员会的决定，而这却令政府把自己的“推销”工作复杂化了。第一次抽签过程于 12 月 1 日进行了全国广播。纽约众议员、退役上校亚历山大·皮尔尼从一个玻璃碗里取出一个蓝色胶囊。上面写着“9 月

14 日”，这意味着在这一天出生的年轻男性将首先成为踏上越南战场的士兵。[69] 但只有大规模征兵时人们才认为自己处于危险之中，所以抽签也起到了这样的效果——它能立即让全国年轻的成年男性放心，他们轻易不会被选中去打仗。

安德森担心，抽签可能会缓解政治压力，让他们在不解决经济或意识形态缺陷的情况下结束征兵制。但尼克松仍然致力于结束征兵制度，还促使政府与国会达成了两项协议。第一项协议规定征兵制可以继续实行两年，其间逐步提高工资，让国会得以试水。同时协议还限制了总开支的增长，因为随着美国逐步从越南撤军，军费开支将会增加。“和平红利”将用于资助志愿者军队。[70]

第二项协议是与赫伯特的“私人协议”。政府同意为军医建造一个训练设施：爱德华·赫伯特医学院。[71]

随着国会审议的进行，公众舆论对反对征兵的呼声越来越高。1971 年春，陆军中尉威廉·卡利因在美莱村杀害 22 名越南平民而被判有罪。几个月后，《纽约时报》开始刊登五角大楼的文件，这些文件摘录自一份政府内部历史，记录了肯尼迪和约翰逊政府的表里不一使得战争不断升级。1971 年 7 月 1 日，美国宪法第 26 修正案正式通过，成为可执行的法律，该法案允许 18~21 岁的美国人在下一次的全国大选中投票。[72]

8 月 4 日，众议院投票结果支持结束征兵制，但在参议院的投票中，支持征兵制的票数和反对征兵制的票数太接近，以至于当 9 月 10 日佛蒙特州参议员温斯顿·普劳蒂的去世导致投票人数少了一个时，佛蒙特州州长很快任命众议员罗伯特·斯塔福德填补了这一空缺。斯塔福德是全志愿部队的长期支持者，他已经在众议院的投票中选择了支持该法案。白宫特地派了一架飞机把斯塔福德带回华盛顿，而他在这次参议院的投票中再次支持了该法案的通过。最终，尼克松于 1971 年 9 月 28 日签署了该法案。

最后一个应征入伍的美国人是德怀特·艾略特·斯通，一个来自加利福尼亚州萨克拉门托的 24 岁水管工学徒，他直到 1973 年的 6 月 30 日都没有报名参加路易斯安那州波尔克堡的基础训练——那一天是到目前为止，征兵制在美国合法存在的最后一天。斯通不想去那儿参加训练。由于错过了一些面谈和电话会议，最后他被政府起诉了。政府让他在两种制服中做出选择，斯通很不情愿地选择了绿色的。他最终在军队里待了 16 个月又 15 天，大部分时间是作为一名收音机修理工。“我本不想参军，”他告诉记者，“我不会推荐任何人加入军队。我一点儿也不喜欢那里。”[73]

美国军方不同意欧伊、弗里德曼和其他经济学家关于新兵会做出理性的决定的观点。相反，它将军队作为一个生活方式品牌来出售。20 世纪 60 年代末，当军队开始为征兵制度的终结做准备时，负责人力事务的助理部长威廉·K. 布拉姆跟他的上级说：“既然广告能帮助商业取得成功，也能帮助军队取得成功，那么我们为军队打个广告吧。”[74] 早期的广告内容十分直白。“加入陆军，来一场为期 16 个月的欧洲之旅吧。”伴随着这句广告语，画面中一个男人坐在咖啡馆里，一个金发女郎正把口红举到唇边，其目的是鼓励人们参军。* 军队之间的竞争引出了广告界最著名的一句话。海军陆战队对陆军广告的回应是打出一条带有下列标语的广告：“如果你只想当一个普通的男孩，

---

* 芝加哥大学的经济学家加里·贝克尔和乔治·斯蒂格勒在 1977 年发表的著名论文《不动如山》中提出了一个令他们满意的结论，即广告的目的是向理性的消费者传递信息。显然，制作这则军事广告的公司对人类行为有着不同的理论。

那就继续和那些男孩待在一起吧。海军陆战队正在寻找一群真正的男人。”[75]

批评人士警告说，军方会用那些走投无路的美国人来填补空缺。年轻的劳工部官员 J. 蒂莫西·麦克金利在 1966 年的芝加哥会议上说：“我们几乎可以提出这样的指控——这群人正在密谋发展一种把自己排除在外的制度。”[76] 然而，军方仍然是一个有选择性的雇主。科技的发展和“冷战”的结束降低了对新兵数量的需求，此时人口却开始增长，女性开始大量报名参军。[77] 求职的人连一份蓝领的工作都很难找到。如今，新兵多半来自中等收入的人口普查区，而且军队将那些在能力测试中得分最低的 1/3 的人排除在外。1989 年，德怀特·艾略特·斯通的大儿子也应征加入了海军陆战队。[78]

当美国率先取消征兵制时，联邦德国的赫尔穆特·施密特抱怨说，美国树立了一个坏榜样。[79] 自“冷战”结束以来，多数欧洲国家也决定不再强制征兵了。德国最终在 2011 年结束了征兵制度。

取消义务服兵役这件事产生了一系列的连锁反应。

1970 年的军人节，成千上万的人涌入北卡罗来纳州费耶特维尔的罗文公园，抗议越南战争。抗议者包括女演员、反战活动人士简·方达，以及驻扎在布拉格堡的数百名士兵，布拉格堡是一个毗连城市的大型军事基地。事实上，一些士兵还参与了抗议活动的策划。5 月的那个周六，全国各地的军事基地都呈现了类似的景象：身穿制服的军事人员抗议这场战争，抗议他们因为参与战斗而被指控。1971 年一项由军方委托进行的研究发现，37% 的应征人员曾参与抗议活动，这相当令人吃惊。[80]

30 多年后的 2005 年 3 月，数千人聚集在费耶特维尔的同一个公园，抗议伊拉克战争。他们在用纸板做的棺材上盖上美国国旗，以纪念在布拉格堡阵亡的士兵。他们呼喊的许多话语都和他们的前辈在越南战争时期喊出的一样。但这一次，抗议者中没有穿制服的士兵了。[81]由于服兵役是自愿的，来自内部的抗议声变少了。

越来越多市场化的士兵与市场承包商并肩作战。美国在巴尔干半岛、伊拉克和阿富汗的最后三次主要军事部署中，军方人员和承包商的数量大致相同。[82]

盖茨委员会认为，市场化的军队将抑制冲突的产生。该委员会写道："最近的历史表明，增税引发的公众讨论远远多于关于征兵制的呼声。"[83]相反，通过提高战争的效率，使之远离大多数美国人的生活，征兵制的结束可能也使战争变得更有可能发生。我们生活在一个永久的、低等级冲突的时代。占领阿富汗是美国历史上持续时间最长的战争，但很少引起公众的关注。战争，曾经是一种不正常的国家目的行为，现在已经成为一种日常的工作。

第二章

弗里德曼大战凯恩斯

对变化的常识性态度被抛弃了，取而代之的是一种神秘的、随时准备接受经济进步所带来的社会后果的态度，不管这种后果是什么。政治科学和治国之道的基本真理先是被人怀疑，然后被人遗忘。

——卡尔·波兰尼，《大转型》（1944）[1]

1933 年的最后一天，英国经济学家约翰·梅纳德·凯恩斯在《纽约时报》上发表了一封公开信，恳求美国总统富兰克林·德拉诺·罗斯福开始大力促进消费。他建议总统建造更多的铁路——或者随便建些什么都行。他甚至还说，政府可以把钱埋在旧矿里，然后出售开采权。[2]

罗斯福 1933 年 3 月的就职典礼，以及 1933 年 12 月初禁酒令的废除，都在长达三年的经济萧条之后提振了人们的精神。自第一次世界大战结束以来规模最大的一次集会在那一年的新年前夜，人群聚集在曼哈顿市中心的时代广场上。然而，经济形势依然严峻。1933 年，1/4 的工人失业，这也是美国现代史上失业率最高的一年。

大多数美国人——当然，包括大多数政治精英，他们并不认为联邦政府负有责任。他们不认为政府可以通过向普通公民借款并将其用于公共工程的建设来促进经济增长。人们普遍认为，这好比把钱从裤子的左口袋掏出来放进右口袋。

凯恩斯的公开信是对这种市场信念的攻击。在他看来，“看不见的手”不能确保市场自动调节并提供可能范围内的最佳结果。对未来不确定的企业将避免继续投资；人们将会持续失业。他认为，政府需要借贷和消费，直到“动物精神”恢复。[3]

凯恩斯写道，如果罗斯福听从他的建议，那可能会引领全球经济复苏。“如果你成功了，世界各地都将尝试新的、更大胆的方法。新经济时代的第一章就将从你上任之时开始书写。”他继续写道。

1936年，凯恩斯在《就业、利息和货币通论》(简称《通论》)一书中阐述了这一新的经济学理论。“《通论》对大多数35岁以下的经济学家产生了一种意想不到的毒性，就像一种未知疾病首先侵袭并摧毁了南海岛民的一个孤立部落一样。”美国经济学家保罗·萨缪尔森写道，他也是最具影响力的受害者之一。[4]他认为人类可以改造自然来使它与其所处的时代相匹配。如果人类有能力补救衰退，促进繁荣，那么谁能否认这样做的道德必要性呢?

然而，新时代慢慢来临。罗斯福对赤字开销持谨慎态度。凯恩斯的公开信刊登在《纽约时报》之后，罗斯福请他们共同的朋友费利克斯·弗兰克福特告诉“那位教授”，作为总统他认同经济需要帮助的观点，但“政府的借款额度是有实际限制的”。[5]几个月后，即1934年5月，弗兰克福特安排两人在白宫会面。这次会面加深了罗斯福对凯恩斯的第一印象。他告诉劳工部长弗朗西丝·帕金斯:“我看到了你的朋友凯恩斯，他留下了一大堆数字。相比他政治经济学家的身份，我反而认为他更像一个数学家。”[6]

第二次世界大战开始时，美国的失业率仍然是17%。[7]

凯恩斯于1946年去世，他曾认为，他的著作是一种拯救资本主义的努力，也是一种可行的共产主义替代品——它表明了市场经济需要帮助，但不需要被取代。第二次世界大战后，当西方民主国家面对苏联的崛起时，这一计划显得更加紧迫。

在英国，两大政党都将充分就业写进了第二次世界大战后的政治纲领。保守党在1950年的宣言中称："我们将保持充分就业作为保守党政府的首要目标。"[8] 在美国，民主党人在1946年推动国会通过了一项具有里程碑意义的法案，该法案指示联邦政策制定者要"最大限度地促进就业、生产和购买力"。该法案还为经济学家设立了一个特殊的角色，创建了白宫经济顾问委员会：三位经济学家常伴总统左右。[9] 但是保守派——当时两党都有相当多的信众——从来没有完全认可这一做法。最直言不讳的人谴责凯恩斯主义是共产主义的近亲。罗斯·怀尔德·莱恩就是这些批评者之一，她是一位热情的自由主义者，她整理了她的母亲劳拉·英格尔斯·怀尔德的回忆录，并将其改编成了儿童读物《小房子》(*Little House*)系列。[10] 拓荒者家庭依靠政府支持的铁路出行，在公共土地上立桩，依赖军队的保护；这些书宣扬自给自足。[11] 1947年，莱恩发表了一篇对凯恩斯主义经济学教科书的评论，她极具讽刺性地将其描述为马克思主义的宣传。尤其对鼓励政府加大开支感到愤怒。"这根本不是一本经济学教科书；这是一本异教和政治的宣传册，"莱恩写道，"它激发了一种非理性的信仰，并促使它采取政治行动。从头到尾，没有任何行动建议是与政治和联邦无关的。"一场写信运动阻止了教科书的采用，也把这个领域留给了保罗·萨缪尔森，他在次年出版了一本更为中立的经济学教科书。

一开始，凯恩斯的建议没有被采纳的必要。第二次世界大战后，一股被压抑的创新浪潮推动了经济的快速增长，经济繁荣的果实也在更广泛的领域中被人们分享：机器首先让女性快速地从繁重的家务劳动中解放出来，却没有影响她们在工厂里的工作。经济学家似乎和美泰克（Maytag）* 的修理工一样有用；1952 年，共和党人试图解散经济顾问委员会。但最终它被保存了下来，不过却丧失了所有的热情。

20 世纪 50 年代，经济学家不惧政策制定者的冷漠，继续完善自己的观点，提出越来越大胆的主张。在这 10 年结束时，凯恩斯主义经济学进入了自我关注的鼎盛时期。主要经济学家坚持认为，政府可以像调节恒温器一样调节经济状况。经济学家 A.W. 菲利普斯绘制了 19 世纪英国失业率与工资之间的关系，发现当失业率较低时，工资往往会上升。经济学家热情地讨论着相关性和因果关系，得出的结论是：政府可以通过调控，左右“菲利普斯曲线”的变动，来权衡失业和通货膨胀的情况。在 1960 年发表的一篇重要论文中，第二次世界大战后最重要的两位经济学家萨缪尔森和罗伯特·索洛表示，美国政府可以从失业率和通胀率的“菜单”中做出选择。可供选择的选项包括：在不产生通货膨胀的情况下使失业率达到 5%~6%；将失业率保持在 3%，同时存在 4%~5% 的通货膨胀。[12] 在英国，一位经济学家回忆起 20 世纪 60 年代初的一次会议，那次会议演变成了希望将失业率限制在 1.25% 的人和支持将失业率提高到 1.75% 的人之间的一场情感对抗：“有一个叫弗兰克·佩什的教授支持把失业率提高到 2.5%，大家都认为他是个纳粹分子。”[13]

华盛顿对经济的接纳始于政府的“发动机室”。政策制定者和官员在努力控制政府在美国人生活中迅速扩大的角色，他们求助于经济学家，尤其是在税收等复杂领域。负责起草国家税法的众议院筹款委员会的一名成员表示：“这些东西对我来说太难了。”另一名成员说：

* 一家成立于 1907 年的美国家电生产公司，系四大美国家电生产公司之一。——译者注

“这是微积分，而我还没有学过运算。”[14] 这一趋势促使艾森豪威尔总统在他的告别演说中警告不要让技术专家做政治决定。但其他政客看到了机会。20 世纪 50 年代末至 70 年代中期担任筹款委员会主席的威尔伯・米尔斯认为，经济学可以帮助立法者通过提供明确和无可争辩的事实，跨越党派分歧。

1909 年，米尔斯出生在阿肯色州的一个小镇上，父亲是当地最有权势的人。1939 年，年仅 30 岁的他进入国会，之前他一直在哈佛大学学习法律。几年后，也就是 1942 年，他在众议院筹款委员会得到了一个梦寐以求的职位，接踵而来的是现代联邦所得税的诞生。政府从 1913 年开始对富人的收入征税，但直到第二次世界大战之前，只有大约 6% 的美国家庭曾经缴税。[15] 大量的所得税被用来资助战争，然后继续资助美国对苏联的军备竞赛，以及战后扩大的社会福利支出。米尔斯醉心于学习错综复杂的法律。同时，他还接受了经济学教育，在接起办公桌上的电话时，他转换成南方口音，逗得不止一位导师发笑。米尔斯在控制着国会的南方民主党人中是一颗冉冉升起的新星。在前任主席死于心脏病后，1957 年，年仅 48 岁的米尔斯接手了众议院筹款委员会。

他接手时，税法简直是一团糟。联邦政府对个人收入的征税率超过 90%：1957 年，对于超过 20 万美元的每一美元应税收入，政府征收 91 美分，纳税人只保留 9 美分。* 但关键词是“应税收入”。这些规则漏洞百出；只有大约 40% 的个人收入需要缴纳联邦税。[16] 其他发达国家的情况也类似。英国的最高税率触怒了披头士乐队，以至他们写了一首歌，描绘了一个贪婪的“税务员”形象，他想收走人们收入的

* 1957年20万美元的收入相当于2019年180万美元的收入。

95%。歌词这样唱道——税务员说："只留下5%你们觉得不够/那你们应该庆幸我没有全部拿走。"但披头士和大多数富人一样，他们合法地避免了大额的财务负担。[17]

米尔斯雇用了一位名叫诺曼·杜尔的经济学家，他是米尔顿·弗里德曼在芝加哥大学的第一批研究生，并着手制订一项使税收制度更加公平和有效的计划。米尔斯把这个系统比作一个三角形。政府构建了一个高而窄的三角形，税率高，税基窄。米尔斯表示，政府可以通过构建一个矮而宽的三角形来筹集相同数额的资金——降低税率，同时扩大税基。他表示，降息将鼓励经济活动。这是对后来被称为供给经济学的一种早期表述。

经济学家的高光时刻

1957年苏联发射的人造卫星"斯普特尼克"从美国上空飞过时，划出的光亮在夜空中清晰可见，这加剧了人们的担忧，因为这表明苏联正在一场经济竞赛中领先，而这场竞赛被广泛认为是对竞争对手政治制度优劣的全民公投。肯尼迪在1960年的总统竞选中利用了这种担忧，承诺将年均经济增长率提高到5%——大约是20世纪50年代后半期年均增长率的2倍。

对于如何实现这一承诺，他没有任何成熟的想法。作为一名参议员，他曾在享有盛誉的联合经济委员会争取到一个席位，然后几乎每次会议都会缺席。[18]在竞选期间，他告诉顾问，他在大学期间唯一的经济学课上得了一个C，所以他们应该从基础开始，尽可能详细地解释所有经济学知识。[19]然而，肯尼迪对待教授的方式确实有他自己的固定观念：他召集他们，尊重他们，甚至会认真听取他们的意见。他雇用了最优秀的人才，并向他们“问路”。当耶鲁大学经济学家詹姆斯·托宾表示不愿签约，因为他认为自己是一个“象牙塔里的经济学家”时，肯尼迪回答说：“没关系，教授。我也是你们所说的‘象牙塔里的总统’。”[20] 担任非正式顾问的萨缪尔森哀怨地问总统助手，能不能说服肯尼迪不要再叫他“教授”了。[21]

对肯尼迪政府制定的政策负有最主要责任的经济学家是一个名叫沃尔特·W. 海勒的高大、优雅的中西部人。1960 年时，他 45 岁，是明尼苏达大学的终身教授，也是公认的税务专家，但他不在美国顶尖经济学家的名单上——一位同时代的经济学家称他为“凯恩斯主义军队的上校”，他差点错过了成名的机会。1960 年 10 月，肯尼迪在明尼阿波利斯举行竞选集会，海勒在最后一刻决定穿上西装，前往市中心。在老莱明顿酒店的大厅里，他遇到了休伯特·汉弗莱，这位资深参议员带他去会见了那位候选人。

当这两个人走进来时，肯尼迪正在换衬衫。汉弗莱用开玩笑的方式向肯尼迪介绍了海勒。他说，密西西比河西岸住着一个聪明的家伙。于是肯尼迪开始了他的提问：[22] 承诺 5% 的增长可以实现吗？财政政策的微小变化将如何影响经济？为什么联邦德国在高利率的情况下仍然繁荣昌盛？海勒回忆说：“我们说话的时候，他只是站在那里挠着胸口，其他人都走开了。”[23]

几个月后，肯尼迪请海勒领导他的经济顾问委员会。肯尼迪喜欢这位经济学家的机智和谈话风格，而海勒的中西部血统被认为是肯尼迪政府多元化的一种标志。但海勒是否会扮演一个特别重要的角色尚且未知。因为在历史上经济学家从未担任过特别重要的角色。一个熟人天真地问海勒：“你是可以在明尼苏达州处理这些事务，还是必须去华盛顿？”[24]

海勒1915年出生于布法罗，在威斯康星州长大，他的父母是德国移民。他的父亲是一名工程师，为了找工作把家搬到了威斯康星州。1941年，海勒在威斯康星大学完成了博士学位，他的毕业论文的研究方向是国家所得税管理方面。毕业后他想参军，却由于视力不好被拒绝了，之后他加入财政部，并与米尔顿·弗里德曼从事同一项目的研究：联邦所得税的管理工作。战争结束后，他在明尼苏达州定居下来，组建了家庭，并作为一个清晰的阐述者而声名远播。有一次，约翰逊总统挥舞着一份海勒的备忘录，告诉其他顾问："我希望你们的备忘录都能写成这样。"[25] 海勒的言辞很犀利，正如他后来对里根总统的描述："迷人，让人放下戒心，有时也令人担忧。"[26]

在华盛顿，海勒坚持主张政府应该减税以促进就业增长。虽然经济在增长，但他表示，如果政府让人们有更多的钱可花，经济可能会增长得更快。海勒描述了实际经济增长和可能出现的"产出缺口"之间的差异，他告诉肯尼迪这个缺口大致相当于意大利的经济规模，这给人留下了深刻的印象。

海勒的想法标志着与传统凯恩斯主义强调的增加政府开支的战略决裂。在传统的观点中，政府可以通过从私营企业或部门借款然后消费来振兴经济。[27] 海勒建议从私营企业或部门借钱，然后再把钱交给私营企业或部门，让它们花掉。在这两种情况下，他们的想法都是通过向投资者出售国债，从储蓄中提取资金，然后将这些资金重新投入流通。海勒承认，他的计划不如标准的凯恩斯主义直接、有效。但肯尼迪已经排除了大幅增加开支的可能性，因为他认为这在政治上是站不住脚的。海勒认识到，保守派可能更愿意减税。他们希望尽可能减少政府干预。[28] 海勒还提高了自己的推销技巧，他预测刺激计划将非常有效，且能够收回成本。他说，随着经济的增长，即使税率降低，税收收入也会增加。实际上，政府在更大的经济蛋糕中所占的份额会更小。这是有先例的。20世纪20年代，财政部长、大富豪安德鲁·W.梅隆策划了一系列所得税税率的下调；随着经济的迅速增长，联邦税收也增加了。[29]

肯尼迪最初拒绝了海勒的建议。他在就任总统时曾呼吁美国人为集体利益做出牺牲，而减税似乎与此背道而驰，会引起不和谐的声音。但失业率居高不下，仍维持在5.5%左右，而且，随着下届总统大选的临近，肯尼迪开始意识到，美国经济并没有充分发挥其潜力。[30] 1962年12月，肯尼迪在纽约对商界领袖发表演讲，提出减税的想法，承诺"打破限制私人支出的枷锁"。[31] 台下的群众给予了热情的回应。后来，肯尼迪打电话给海勒并热情赞扬道："我直接告诉他们这就是凯恩斯和海勒提出的，他们都很喜欢。"[32]

威尔伯·米尔斯准备做一笔交易。他看到了一个提高税收效率的机会，为此他愿意接受一个更大的赤字作为降低税率的代价。而肯尼迪政府则同意永久降低税率，以弥补更大的赤字。自此开始，历史学家和党派人士就肯尼迪计划的性质展开了激烈的争论，一些人将其描述为凯恩斯主义的顶峰，另一些人则将其描述为供给经济学的诞生。其实两方面都有体现。财政部长道格拉斯·狄龙私下里称这是一个"愉快的巧合"。[33]

然而，许多政界人士仍不愿接受一个前提，即预算赤字的扩大可能有利于经济。平衡预算——做到收入和支出相匹配——仍然是衡量政府负责任与否的标准。艾森豪威尔曾写信给众议院共和党领导层的一位成员，称该计划是"不计后果的财政政策"。前总统哈里·杜鲁门对记者说："我的思想比较保守。我认为你们这样下去的结果就是入不敷出。”[34] 曾任参议院财政委员会主席、弗吉尼亚州民主党参议员哈里·伯德则拒绝推动该法案。伯德认为，在“凯恩斯这个家伙控制他之前”，罗斯福一直是一位好总统。“他怀着一种神圣的激情深深地痛恨着公共债务。”伯德的一位同事如是说。[35]

以肯尼迪的死为代价，加之林登·贝恩斯·约翰逊的立法才能，这项计划最终被确立为法律。为了安抚伯德，约翰逊同意了削减开支的一揽子计划，以减少赤字的规模。米尔斯对保守派同僚表示，减税将迫使政府进一步削减支出，这是该策略的早期表述，后来被称为“饿死野兽”计划。[36]

一直在约翰逊手下工作的海勒感到心灰意懒；他不希望削减政府开支，在他看来，增加赤字才是该计划的重点。但是约翰逊私下向海勒保证，在赢得选举后增加开支是很容易的。“一旦减税政策开始实施，”约翰逊说，“你就可以随心所欲了。”[37]

约翰逊没有食言。在削减税收的同时，联邦政府开支急剧上升，因为政府在越南发动了一场战争，约翰逊称之为“对贫困的无条件战争”。

当时美国约有 1/5 的人口，也就是约 3 000 万人生活在贫困之中，几乎没有改善的希望。自由派和保守派均认为，解决贫困的最佳途径是实现广泛的经济增长。[38] 但到了 20 世纪 60 年代初，学者和记者将公众的注意力集中在这一战略的不足之处——它与民权运动的兴起交织在一起，因为贫困集中在少数族裔社区。

海勒与同时代的经济学家不同，他相信再分配政策对于解决不平等问题是必要的。[39] 在与约翰逊的第一次会面中，海勒发现他的新老板认同他的想法，并在预算中增加了 5 亿美元作为扶贫项目的首付款。1964 年的冬天，约翰逊以度假的名义把海勒带到了他位于得克萨斯州的牧场，却把他和另一位顾问关在一间小屋里，要求他们制订一个计划。“我想要一个创新的、振奋人心的想法。”约翰逊在他的回忆录中写道。[40] 最终出现了三项主要措施：医疗保险和医疗补助计划，食品券和对贫困社区学校补贴的计划。

海勒的减税政策在其前提下实施了。随着美国人花掉了这笔意外之财，经济一路飙升，失业率大幅下降，在 20 世纪 60 年代末达到 3.5% 左右的新水平，比 20 世纪初低了 2 个百分点。这一差距意味着有 160 多万失业的美国人能够找到带薪工作。长期的经济扩张也助长了明显的乐观情绪，即“现代经济学”可以促使经济增长，永无止境。“我不认为衰退是不可避免的。”约翰逊在 1965 年 1 月告诉国会。那年年底，《时代周刊》杂志把凯恩斯放在了封面上，并把“历史上规模最大、持续时间最长、分布最广的繁荣”归功于对凯恩斯主义的采纳。[41]

新的社会福利项目也取得了成功，贫困现象大幅减少。[42]

没有人问这些追随海勒担任总统顾问的经济学家是否打算在华盛顿工作。[43] 正如约翰逊在 1966 年任命詹姆斯·杜森贝里为美国经济顾问委员会委员的宣誓就职仪式上所言：“众所周知，杜森贝里博士是美国最杰出的经济学家之一。在我成长的过程中，我并没有意识到他的伟人，但越长大，我越能认识到我们曾经的错误。”[44]

但凯恩斯主义者的胜利是短暂的。到 1965 年底，经济开始过热，通货膨胀率上升。约翰逊政府为刺激经济增长所做的积极努力，以及在越南战争上的支出，都在重演人类最古老的发现之一：为火添柴，火就烧得更旺；但柴添得太多，火势就会大到失控。

通货膨胀意味着购买力的丧失。如果一个人有足够的钱在新年伊始购买 100 个汉堡，假设年通货膨胀率为 2%，那么到圣诞节时他只能买 98 个汉堡。消费者不喜欢通货膨胀，因为他们不希望口袋里的钱贬值。放贷者也不喜欢通货膨胀：这意味着他们拿回的钱会比他们借出时不值钱。经济学家也不喜欢通货膨胀，因为它降低了市场价格的信息价值。

凯恩斯主义者认为，政府应该提高税收以抑制通胀。这一理论的支持者将其描述为对人类行为的一种更为现实的评估，然而这一理论却对政治的现实状况视而不见，这令人唏嘘。约翰逊不想增税，直到 1967 年，他才同意尝试增加税收。

长期担任美联储主席的威廉·麦克切斯尼·马丁好比是言辞强硬的央行官员中的莎士比亚，人们至今记得他对央行的描述：它是国家指派的成年监护人。他说，其工作就是在“聚会逐渐热闹起来的时候拿走孩子的酒杯”。[45] 1965 年 6 月，马丁暗示这一时刻已经到来。在哥伦比亚大学的一次演讲中，他将 20 世纪 60 年代的乐观情绪与大萧条之前的几年相提并论。“当时和现在一样，”他说，“许多政府官员、学者和商人都相信，一个新的经济时代已经开启，在这个时代里，商业的大规模波动已成为历史。”[46] 美联储开始提高利率，这激怒了约翰逊。1965 年 12 月，他把美联储主席传召到他在得克萨斯州的牧场，然后在房间里推搡着马丁，并大声喊道：“那些男孩子正在越南战场上战斗、牺牲，但威廉·马丁却根本不在乎！”马丁领会了总统的意思。随后，美联储象征性地提高了一点利率，但之后很快就停止了。[47]

唯一吸引约翰逊的通胀控制方法是《爱丽丝梦游仙境》中的规则，即政府可以制定价格，不能多也不能少。于是总统没有提高税收或允许美联储提高利率，而是开始亲自抑制通货膨胀。“当鞋价上涨时，约翰逊就对皮革实行出口管制，以增加皮革供应，”总统的高级助手小约瑟夫·A. 卡利法诺回忆说，“当国内羊肉价格上涨时，约翰逊就命令国防部长罗伯特·麦克纳马拉从新西兰购买更便宜的羊肉供应越南军队。”[48] 当木材价格上涨时，约翰逊就命令政府为联邦办公室购买金属家具。当 1966 年春季鸡蛋价格上涨时，约翰逊还要求卫生局局长发布有关食用胆固醇有危害的警告。

但是通货膨胀就像越南战争一样，被证明是约翰逊无法打赢的一场战争。到 1968 年底，通胀率高达 4.7%，是自朝鲜战争以来最高的年度通胀率。

不用非得做什么，站在那里就好

米尔顿·弗里德曼从未见过约翰·梅纳德·凯恩斯。他们唯一的互动发生在 1935 年，当时弗里德曼向凯恩斯担任主编的一家英国杂志提交了他的第一篇学术论文，但凯恩斯拒绝为他发表。[49] 不过，当政府承担起积极管理经济状况的责任，特别是将失业率降至最低时，弗里德曼提出了一个反革命的理由。他希望恢复在实行凯恩斯主义之前的共识，即政府不能刺激经济增长，也不应尝试刺激经济增长。他以一种出人意料的方式强调了自己的观点，那就是扩大政府机构——美联储的权力。

美联储是美国的中央银行，是 1913 年国会为防止银行危机而建立的金融体系的后盾。它的特殊职能是发行货币，或使货币退出流通。每张美元纸币的顶部都印着“美国联邦储备券”的字样。

凯恩斯和他的追随者认为，美联储未能通过重大考验：它曾试图通过向经济中注入资金来结束大萧条，但它的努力却是徒劳的。凯恩斯得出的结论是，依靠货币政策来恢复经济增长就像“试图通过购买更大的腰带来增肥”一样。他说，真正重要的不是美联储投入流通的美元数量，而是交易的数量。一美元可能在一个存钱罐里闲置多年，也可能在一天之内被连续交易多次。这意味着美联储对经济状况的影响相当有限，而财政当局可以通过借贷和支出来刺激增长。杜鲁门的首席经济顾问利昂·凯泽林对美联储控制货币政策的措施不屑一顾，称其“不过是寻求经济稳定的众多工具中的一个比较温和的工具罢了”。[50]

弗里德曼最著名的经济学术著作是一部记录大萧条历史的书，这本书是他与经济学家安娜·雅各布森·施瓦茨合著的。在这本书中，他们辩称，凯恩斯主义者对事实的认知是错误的，因此得出了错误的结论。他们写道，在 1929 年 8 月至 1933 年 3 月，美联储允许货币供应量下降逾 1/3。经济萎缩的原因不是美联储的无能，而是它的渎职：它在经济的脸上压上了一个枕头，让它无法呼吸。两位作者写道：“经济紧缩实际上是货币力量重要性的悲惨证明。”[51]

在维护美联储权力的过程中，弗里德曼有意识地寻求证据表明，货币印制出来后发生的事情其实并不重要。凯恩斯主义者声称，通过消费，国会和总统可以使经济摆脱衰退，使人们摆脱失业。弗里德曼则否认了这种可能性。他说，唯一有效的宏观经济政策是提供适当的货币供应。

英国经济学家沃尔特斯曾作为撒切尔夫人的顾问，帮助将弗里德曼的理论转化为公共政策。他后来发现，这种观点对弗里德曼有“明显的吸引力”，因为它是干预程度最低的宏观经济政策形式。[52]

20 世纪 40 年代末，凯恩斯去世了，弗里德曼开始与他留下的思想理论进行斗争。起初，争论的焦点并不是增长的最佳方式，因为美国经济增长强劲。相反，这是一场关于硬币的另一面——如何降低通货膨胀的争论。

凯恩斯主义者认为，通货膨胀是一种复杂的现象，有许多潜在的原因和许多潜在的补救措施。问题可能是政府支出过多，或者石油供应急剧下降，或者工会要求提高工资。每种原因都有对应的治疗方法。

相比之下，弗里德曼有一种非常简单的观点：是政府超量发行货币导致了通货膨胀——流通中货币的增加数量超过经济增长，而政府只有通过印更少的钱才能缓解通货膨胀。[*] 1948 年 1 月，弗里德曼和芝加哥经济学院的其他七名教师在《纽约时报》上发表了一封信，声称物价上涨的“主要原因”是美国流通的货币数量在 1939—1948 年增长了大约 2 倍。这种观点后来被称为货币主义。[53] 弗里德曼后来用一句名言总结了这一观点：“通货膨胀无论在何时何地都是一种货币现象。”[54]

那一年晚些时候，弗里德曼收到了一份黄金般珍贵的邀请函来证明他的观点。他的前任教授阿瑟·F. 伯恩斯已经接管了美国国家经济研究局，后者为研究经济状况的起伏提供了资金。为该机构提供大量资金的洛克菲勒基金会希望进行一项研究，考察银行贷款在经济周期中的作用，以凯恩斯主义的观点来看，重要的是资金的流量，而非存量。伯恩斯请弗里德曼与哥伦比亚大学研究生、数据收集领域的奇才安娜·施瓦茨一起处理这个项目。

---

* 与弗里德曼同时代的凯恩斯主义者专注于建立能够捕捉现实世界复杂性的经济模型。弗里德曼的货币主义植根于一种截然不同的方法。他认为，对一种经济理论的检验不在于其假设的真实性，而在于其预测的准确性。这种对结果的强调成为现代经济学的一个标志性特征，有助于证明越来越抽象的模型的兴起是合理的。这些模型把人当作理性的行动者，不是因为任何人都认为人是理性的，而是因为人们认为这种伪装能产生更好的结果。参见米尔顿·弗里德曼《实证经济学方法论》(*The Methodology of Positive Economics*)，载于《实证经济学论文集》(*Essays in Positive Economics*)(芝加哥：芝加哥大学出版社，1953 年)。

弗里德曼接受了这份工作，但却重写了行动的指令。1949 年 1 月，在写给洛克菲勒基金会负责人的一封信中，他解释了自己的观点，即数量比速度更重要，因此货币政策很重要，而凯恩斯式的财政政策并不重要。弗里德曼首次勾勒出这样一种观点，即美联储未能向经济注入足够的资金，从而导致一场普通的经济衰退演变为“大萧条”。他还预测这项研究将耗时 8 个月；但实际上，他们花费了 14 年。[55]

即使在弗里德曼还在寻找证据的时候，他也在持续宣扬自己的结论。“我们货币当局的首要任务是通过控制货币存量来促进经济稳定。”他在 1952 年 3 月对国会说。[56] 第二年，弗里德曼发表了他在 20 世纪 40 年代早期写的一篇关于通货膨胀的文章的修订版。最初的版本用凯恩斯主义的术语来描述通货膨胀，认为它是政府过度支出的结果。新版本强调通货膨胀的根本原因是货币供应的过度膨胀。弗里德曼在书中加入了一个道歉的脚注。“我相信，新版本将这些解释得很清楚了，”他写道，“旧版本中关于货币效应的遗漏是一个严重的错误，这是不可原谅的，但或许可以用当时盛行的凯恩斯主义倾向来解释。”[57]

弗里德曼的专业足以为他的货币政策观点赢得一批听众，但早期皈依者并不多。[*] 凯恩斯主义经济学方兴未艾。国际货币基金组织总裁佩尔·雅库布森也是对凯恩斯主义信心十足的代言人之一，他邀请弗里德曼到他位于瑞士巴塞尔的研究所发表演讲。这次学术访问却演变成了一场学术版的酒吧斗殴，他们两个人“站起来，大喊大叫，打着

---

* 1951 年，弗里德曼被提名为约翰·贝茨·克拉克奖的第三位得主，该奖章是为纪念 40 岁以下最重要的美国经济学家而设立的。他很少公开露面，但在经济学家中，他显然是一颗冉冉升起的新星。他因在统计学和数学交叉领域的早期研究而获奖，而这些贡献与他在货币政策方面的研究毫无关系。事实上，弗里德曼越来越怀疑复杂的数学和统计技术的使用。克拉克奖章的前 20 名获得者中有 11 人后来获得了诺贝尔经济学奖。弗里德曼在这一群体中独树一帜，因为他两次获奖的研究领域完全不相关。

手势，还把椅子往地板上摔”。[58]

英国的环境更恶劣。1957 年，凯恩斯官方传记的作者、保守党首相哈罗德·麦克米伦的首席经济顾问罗伊·哈罗德就货币主义问题给他的上司写信称：“我真诚地希望，没有哪个政府发言人会用言辞暗示政府赞同这种过时的学说。”第二年，麦克米伦接受了三名财政部官员的辞呈，他们曾提议对货币供应进行监管。[59] 在那之后的一年，即 1959 年，一个政府委员会发布了一份报告，结论是“货币政策与通货膨胀几乎没有关系，而且在很大程度上，是一种无效的需求管理工具”。[60]

然而，在弗里德曼努力说服同时代人时，他还着手培养下一代经济学家，并在芝加哥大学举办了一个有关货币与银行业务的“工作坊”。参与的学生在弗里德曼的指导下从事货币问题的研究。研究理念是试图模仿实验室模型的架构，从而为科学研究提供帮助，然而这一理念也很快被经济学院的其他学者所采纳。弗里德曼经营自己的工作坊长达 1/4 个世纪，培养了一支货币主义者大军。[61]

1963 年，弗里德曼和施瓦茨终于把他们的研究推向了公共领域，出版了《美国货币史（1867—1960）》（*A Monetary History of the United States, 1867–1960*）。这本书受到了读者的欢迎，部分原因是在 20 世纪 60 年代早期，美联储的声誉正处于上升阶段。第二次世界大战期间，美联储的疲软无能是联邦政策导致的。而美联储是在财政部指导下运作的，其任务是创造足够的货币，使政府能够以低利率借款。不过，时间转到 1951 年，在国会的支持下，美联储终于确立了其操作的独立性。[62] 在这一过程中的 10 年间，美联储开始展示其影响经济状况的能力。凯恩斯主义者不接受弗里德曼的技术性阐述。在他们看来，美联储并非通过控制货币供应来影响经济，而是通过降低（或提高）利率来鼓励（或抑制）经济活动。但他们不得不承认货币政策的重要性。凯恩斯主义经济学家罗伯特·索洛在一篇对《美国货币史（1867—1960）》一书的开明、无偏见的评论中写道："直到最近，在弗里德曼教授等人的推动下，主流经济学说才转变了立场，从认为货币现象不是很重要，转变为认为它们或许很重要。"[63]

但弗里德曼的胜利是不完整的。两个重要的分歧依然存在。第一个分歧是，虽然凯恩斯主义者日益接受货币政策的重要性，但他们不认为财政政策是无能为力的。"问题不在于钱是否重要——我们都承认这一点，而在于是否只有钱才是重要的。"沃尔特·海勒表示。[64]尼克松的经济顾问委员会首任主席保罗·W. 麦克拉肯将自己对宏观经济政策的看法描述为"弗里德曼式的"——货币数量固然重要，但并不是唯一的因素。

美联储也不愿承担宏观经济政策的全部责任。1966 年，罗斯·弗里德曼和保罗·萨缪尔森开始交替为《新闻周刊》撰写专栏，将弗里德曼的思想呈现给更广泛的读者。[65]一些国会议员很快就开始对货币主义进行质疑。作为回应，美联储官员淡化了仅凭货币政策就能减缓通胀的观点。他们坚称政府的其他部门仍然需要帮助。一位美联储官员后来尖锐地指出，国会天生就喜欢货币主义，因为它将责任从国会转移到了美联储。[66]

第二个分歧是关于货币政策的限制。弗里德曼和施瓦茨的书被广泛解读为消防手册。他们的结论是，美联储没有印发足够的钱而导致了经济大萧条，这意味着美联储可以通过印更多的钱来刺激经济增长。凯恩斯主义者由此开始把货币政策当作另一种管理经济的工具。

对弗里德曼来说，这比被人忽视更为糟糕。他曾打算反对激进的经济政策；但事实上，他让政策制定者相信，印钞是创造就业的另一种方式。1963 年，当《华尔街日报》可靠的保守派社论版赞同这一观点时，弗里德曼大发脾气。“难道你的报社里没有一个足够敏锐的人能认识到我们的书到底是关于什么的吗？”他写信给社论版编辑佛蒙特・康涅狄格・罗伊斯特*。弗里德曼坚持认为，大萧条的教训是，央行应该通过以接近经济增长率的稳定速度增加货币供应来避免危机。[67]几年后，他在一次演讲中说，美联储的职责是“防止货币本身成为经济动荡的主要来源”。[68]他说，市场会带来稳定的经济增长；政府的作用是让路。弗里德曼建议由财政部一个办公室的三名官员取代美联储。在后来的几年里，他更新了他的说法，告诉听众应该用电脑取代美联储。他表示：“经济稳定问题太严重，不能留给央行来处理。”[69]

这是一个有缺陷的论点，弗里德曼知道这一点。每个人都认为应该避免危机，但危机还是发生了。弗里德曼没有解释为什么政府在危机时期应该保持被动，也没有解释为什么它不应该印更多的钱来作为经济增长乏力时期的补救措施。

1967 年 12 月，弗里德曼在美国经济协会的一次里程碑式的演讲中，提出了他观点中缺失的那部分。他最重要的批评者之一詹姆斯・托宾后来感叹，弗里德曼演讲的印刷版“很可能是经济学杂志上发表过的最具影响力的文章”。[70]当时，弗里德曼正在华盛顿特区举行的年会上向该协会发表主席演讲。他的位置离财政政策的中心国会和货币政策的中心美联储都只有几英里远。弗里德曼认同他的批评

---

* 罗伊斯特的命名符合家族的悠久传统。他的男性亲属包括艾奥瓦・密歇根・罗伊斯特、阿肯色・特拉华・罗伊斯特和威斯康星・伊利诺伊・罗伊斯特。他的女性亲属包括弗吉尼亚・卡罗来纳・罗伊斯特和印第安纳・乔治亚・罗伊斯特。

者，两种经济政策应该被以同样的眼光看待。即这两种方法都无法改变美国的经济状况。

他研究的重点是货币政策。他承认，印钞可以促进就业和增长，但只能让人们误以为经济是在增长。弗里德曼说，人们很快就会意识到发生了什么，而保持更快增长的唯一方法就是再次通过印更多的钱来愚弄他们。他说，经济和就业的增长将是短暂的。代价不仅是通货膨胀，而且是加速的通货膨胀。[71]

想象一下这样的场景，假如明天美国政府将给每个美国人发放100美元，突然有了钱的人开始大肆采购。随着附近书店里的书不断卖出，店主下了更多的订单，还雇了一个高中生来把新进的图书上架，因为她得出了一个相当合理的结论，现时的风向对她有利。但她的好运气是一种错觉。商品和服务供应保持不变。当书店的书快售完时，书商提高了价格。这也是件好事，因为当她在杂货店徘徊时，她发现牛奶的价格也上涨了。政府印制的钞票造成了通货膨胀，但没有带来实际的经济增长。这家书店以更高的价格出售同样数量的书，这使店主还是只能买到同样数量的牛奶。结果她炒掉了那个高中生。虽然每个人都有更多的钱了，但他们的生活还是在原地踏步。[72]

弗里德曼承认，从困惑到清晰的过程，以及由此带来的印钞收益，可能会持续多年。但他警告不要试图利用这一点。他表示，历史记录显示，货币政策的影响以不可预测的速度扩散。各国政府都在艰难地调整自己努力的方向：结果要么做得不足，要么做得过多。[73]

弗里德曼和凯恩斯主义者在争论穿越黑暗的最佳方式。弗里德曼坚持认为，面对不确定性，最好的选择是朝一个方向尽可能笔直地航行。凯恩斯主义者坚持认为，更好的做法是按照自己的方式在这段旅程的每一部分进行分段导航。1969年与弗里德曼辩论时，海勒承认对经济的积极管理并不完美，但他说，20 世纪 60 年代的记录足以说明一切。他说："总的来说，财政和货币政策越积极，信息越灵通，自我意识越强，受影响的经济体就越能实现充分就业和经济稳定。"[74] 海勒说，弗里德曼的方法将牺牲在短期内改善人民幸福程度的明显的机会——他说的是对的。他还指出了货币主义的机械性问题——他说的也是对的。央行会发现很难衡量货币供应量，更不用说控制其增长了。

但随着经济形势的恶化，人们对海勒的"激进经济学"也失去了信心。

弗里德曼 1967 年的演讲让聚集在华盛顿的许多经济学家兴奋不已。经济学家罗伯特·霍尔回忆道："很明显，这是一件大事。"他说，当人们走进会议酒店的走廊，讨论其价值并分析其含义时，谈话的氛围就变得很热烈了。[75]

弗里德曼很会吸引大家的兴趣，同时也激起了这场辩论。他公开将自己的货币主义预测与凯恩斯主义者的预测进行了对比。例如，1967 年，弗里德曼说，美联储刺激经济是因为货币供应在增加，而美联储官员坚称他们在踩刹车，因为利率在上升。弗里德曼是对的，经济繁荣了。[76] 1968 年，弗里德曼预测，由于货币供应持续扩张，临时增税不会遏制经济增长。他再次被证明是正确的。聪明人会发现，凯恩斯主义者越来越难以解释这些巧合。[77]

消息也传到了大洋彼岸。1969 年，A.A. 沃尔特斯邀请弗里德曼到英国发表演讲，他写道："你必须意识到，你的名字在英国几乎家喻户晓。"[78] 第二年，弗里德曼开始了他的旅行。凯恩斯把思想带到了美国，弗里德曼正在回报他。他告诉听众，如果凯恩斯在世时能读到

《美国货币史（1867—1960）》，“他无疑会站在反革命的最前线”。[79]

1969 年 12 月，弗里德曼登上了《时代周刊》封面——比凯恩斯晚了整整四年。

20 世纪 60 年代末，联邦经济政策的重点仍然是确保美国人民的就业，即使是以通货膨胀为代价。到 20 世纪 80 年代初，经济政策的重点转变为消除通胀，即使是以牺牲就业为代价。

这一影响全球的转变是弗里德曼留给世界最重要的遗产。

第三章

一个国家，未充分就业

高失业率代表着巨大的资源浪费，没有一个真正关心效率的人会因此而高兴。在寻找提高经济效率的方法时，我们似乎忽视了其中效率最低下的部分，这既具有讽刺意味，又带有悲剧色彩。

——艾伦·布林德，《脑冷心热》（*Hard Heads*，*Soft Hearts*）（1987）[1]

理查德·尼克松在1966年参加共和党国会候选人竞选时，曾大力抨击“约翰逊的高成本”，而共和党人则把“伟大社会计划美元假钞”（Great Society Funny Money）当作宣传单，以此来向公民强调通货膨胀的威胁。在1968年的总统竞选中，尼克松再次大力宣扬这一概念，唤起了人们关于挥霍无度的民主党人和谨慎的共和党人的刻板印象。但他却不是故意的。尼克松并不精通经济学，但像他那一代的大多数美国人一样，他对经济学的基本概念都来源于凯恩斯主义。他认为政府面临着通货膨胀和失业之间的选择，他也清楚地知道他将会做出哪种选择。他向助手解释说，没有人因为通货膨胀而输掉选举，他告诉他们，“失业永远是一个更大的问题”。[2]

1971年经济衰退时，尼克松拉下了标示着“赤字支出”的杠杆。1972年1月，总统命令内阁部门在大选年尽快加大开支以促进经济增长。各机构被要求在每周会议上记录他们的挥霍行为。[3]“这是一个激进的政府，”他几个月后告诉记者，“只要我认为采取某些行动可以刺激经济，我们就会这样去做。”[4]

欧洲许多国家也加倍信奉凯恩斯主义。时任联邦德国财政部长的赫尔穆特·施密特表示，比起 5% 的失业率，5% 的通胀对德国人来说更容易承受。毕竟，与德国魏玛市的恶性通胀相比，美国大萧条是更加近在眼前的创伤。

在追求增长的过程中，尼克松任命他最青睐的经济学家阿瑟·伯恩斯接替威廉·麦克切斯尼·马丁担任美联储主席。然而不可思议的是，伯恩斯简直就是尼克松公开表示过最讨厌的那类人的结合体：彬彬有礼，有学者气质，犹太人。他对每个人说教，包括总统。“阿瑟简直就是一个杰出的演说家——你甚至都不能用健谈来形容他。”一个朋友挖苦地说道。[5]然而，令其他助手都感到惊讶的是，尼克松却愿意倾听。尼克松还告诉法国总统，伯恩斯“说话慢但脑子转得快”。[6]就伯恩斯而言，他觉得政治令人陶醉——“如果阿瑟对政治不那么感兴趣的话，他会是一个伟大的经济学家”，米尔顿·弗里德曼曾经这样评价他——而尼克松却是最重视伯恩斯的政治家。[7]这种关系在 1960 年的总统竞选中得到巩固。伯恩斯曾发出警告，他认为美国的经济形势正在衰退，并敦促政府实施减税政策。然而艾森豪威尔拒绝了他。结果就是经济衰退随之而来，尼克松以微弱劣势败选。尼克松一直无法原谅艾森豪威尔，因为他认为伯恩斯是一个“精准的预言家”。[8]

弗里德曼对于尼克松选择了伯恩斯这件事感到非常欣喜。为了庆祝，他用伯恩斯的头像替换掉华盛顿的头像印制了一批玩具钞票。[9]伯恩斯是第一位领导美联储的经济学家，并且他能理解货币主义：弗里德曼会定期把自己尚未发表的论文寄给伯恩斯看，以征求他这位老教授的意见。[10]

但伯恩斯既不相信凯恩斯主义也不相信货币主义。他的观念来源于比较古老的传统经济学观点，他认为经济是一个复杂的有机体，不可以简化为一系列固定的公式。他研究的是生物学时代的经济学，他并不认为进入物理学时代是一种进步。伯恩斯在1969年写道：“对经济变化的理解来自对历史和重大事件的了解，而不是仅仅来自统计数据或它们的运算过程，我们这个混乱的时代在寻求确定性时，已经急切地转向了统计数据或它们的运算过程。”[11] 世界是微妙而混乱的，一个国家的央行行长的工作必然是评判性的。他喜欢收集数据，但他看到的是具体问题的答案，而不是永恒的真理。“弗里德曼派和凯恩斯派之间的争论是一场错误的争论，”他在20世纪70年代对一位朋友说，“这实际上是一个关于这一派或那一派的经济学家谁能更准确地预测未来的争论。他们不应该这样做，感谢上帝，他们也的确做到了。”[12]

伯恩斯对国会表示，他怀疑美联储是否有能力控制通货膨胀，并将其归咎于工会对工资的过高要求。[13] 他也知道尼克松不希望他太过努力。总统信奉凯恩斯主义版本的货币主义，认为印钞是刺激就业增长的另一种方式。他尤情地敦促伯恩斯继续印钞，尤其是在1972年总统大选之前。[14] 尼克松在一次总统办公室会议上对伯恩斯说：“别那么在乎通货膨胀率。”[15] 尼克松的首席国内顾问约翰·埃利希曼把伯恩斯的两位副手叫来，对他们说：“先生们，当你们早上起来，一边刮胡子一边照镜子的时候，我希望你们仔细思考一件事。问问你们自己，‘我今天能做些什么来增加货币供应呢？’”[16]

为了在不提高利率或减少货币供应增长的情况下控制通货膨胀，伯恩斯和尼克松同意政府应该尝试直接控制物价。1971年8月，尼克松宣布了美国历史上第一个和平时期的工资和物价限制政策。[17] 尼克松知道这样做会激怒弗里德曼，于是派当时担任管理和预算办公室主任的芝加哥前经济学教授乔治·舒尔茨告诉弗里德曼，政府是在先发制人，不让国会中的民主党人做更糟糕的事情。可是弗里德曼认为没有比这更糟的事了。随后的一个月中，当弗里德曼来访时，尼克松试图一笑置之。“别怪乔治”，他指着舒尔茨说。弗里德曼回答说：“我不怪乔治。我怪的是你，总统先生。”那是弗里德曼最后一次在尼克松就任期间访问白宫。[18]

价格控制很受欢迎，而且在短时间内就产生了效果，但扭曲的现象很快就出现了。1973 年 6 月，晚间新闻播出了一段画面，画面显示，东得克萨斯州一家养鸡场的工人将 43 000 只鸡倒进油桶里淹死，因为养鸡的花销已经超过了鸡肉的售价。“还是把它们淹死比较划算。”老板解释道。[19]

20 世纪 60 年代中期，英国经济增长缓慢，通货膨胀加剧，英国政治家伊恩·麦克劳德创造了一个新词来描述这个问题。麦克劳德对下议院表示：“我们现在同时面临两个最糟糕的情况，一边是通胀，另一边是停滞，两者正在共存。我们正处于一种‘滞胀’的情况。”[20]

20 世纪 70 年代中期，美国人也经历了滞胀。1973 年阿拉伯国家对以色列盟国实施的石油禁运使美国陷入经济大萧条以来最严重的经济衰退。令凯恩斯主义经济学家大为吃惊的是，失业率和通胀率同时上升。就好像天平的两边同时向上移动。尼克松的价格管制已被废除，但政客仍然无法放弃想要通过谈判使通货膨胀得到抑制的想法。1974 年 10 月，杰拉尔德·福特总统在国会之前进行了再一次的尝试，他告诉全国人民：“我们必须立刻制止通货膨胀。”福特的方案（Whip Inflation Now）可以通过首字母的组合，缩写成单词 WIN（胜利）。他将这个单词印在了数百万个红色的纽扣上，并敦促人们种植蔬菜、穿毛衣、拼车出行。可是这些都不管用——红色的纽扣也不管用。1975年5月，失业率达到了9%的峰值。而直到那时为止，通货膨胀率已经持续超过10%一年多了。

对弗里德曼来说，出现这个状况的原因是显而易见的。失业率上升是因为经济疲软，通货膨胀上升是因为政府继续印钞。美国的货币供应量在20世纪50年代增长了23%，在20世纪60年代增长了44%，在20世纪70年代增长了78%。[21]

凯恩斯主义经济学显而易见的崩溃开始使人们对弗里德曼思想的兴趣增加。[22] 1974年，比美国中央银行更加远离政治影响的联邦德国中央银行，也就是德国央行，成了第一个尝试货币主义机制的机构。德国央行宣布，计划在1975年将货币供应量增加8%。[23] 1976年，弗里德曼因“重新认识了货币在通货膨胀中的作用，并由此对货币政策工具有了新的认识”而被授予诺贝尔经济学奖。[24]

美国的思想和联邦德国的榜样相结合，对英国保守派政治家基思·约瑟夫产生了巨大的影响。约瑟夫在玛格丽特·撒切尔执政时期是一个类似施洗者约翰（John the Baptist）一样角色的人物。1974年，他发表了一次具有里程碑意义的演讲，宣称通货膨胀是一个比失业更严重的问题。两年后，即1976年4月，约瑟夫第一次提出英国应该采用联邦德国的方法，他说联邦德国的方法已经证明了在降低通货膨胀方面的价值。[25] 令人惊讶的是，这很快成为两党共识。1976年9月，工党新首相詹姆斯·卡拉汉在日渐衰落的度假胜地布莱克浦举行的一次党内会议上发表了一篇送给凯恩斯主义的悼词。卡拉汉说：“我们曾经认为，通过削减税收和增加政府开支，就可以摆脱经济衰退，增加就业。”卡拉汉告诉该党的领导层人士，他们可能对他使用过去式来描述他们现在仍然相信的事情感到困惑，“我坦率地告诉你们，那种选项已经不复存在了，而且，就它曾经存在的范围而言，只有自第二次世界大战后，在向经济中注入更大剂量的通货膨胀的情况下，这种方法才奏效。在任何情况下，随之而来的都将是更高的失业率”。卡拉汉政府转向货币主义，首次指示英格兰银行调节货币供应量的增长。[26]

但直到此时，弗里德曼还没有说服自己国家的领导人。1974 年，福特总统邀请弗里德曼参加一场关于通货膨胀的白宫会议。就在这场会议上，通过电视转播，这位芝加哥经济学家表达了他的感叹：“如果这场‘疾病’得不到控制，我们将为此付出沉重代价，在我看来，会遭到破坏的很可能包括我们的个人、政治和经济自由在内。”弗里德曼所说的“疾病”正是指通货膨胀。弗里德曼说，“有且仅有一种方法可以治愈这种疾病”——少印钞票。[27]然而，他是会议上唯一倾向于将重点放在降低通胀上的经济学家。在经济衰退期间，大多数人认为创造就业机会更为重要。[28]

弗里德曼对于自己无法说服伯恩斯感到特别沮丧。由于和这位从前的教授越来越疏远，弗里德曼有时会采用写信给朋友并把副本寄给伯恩斯的方法来和他交流。信写得又长又规范，语气充满了挫败感。弗里德曼写道：“一遍又一遍地说同一件事，我觉得自己像个缺乏想象力的傻瓜。”他敦促美联储关注货币供应。“你知道的，这是我一年前、两年前，甚至更久以前的观点。”他就是单纯地想不通，为什么伯恩斯会和他持有不同的观点。他写道：“他从来没有给出一个理由，直到现在仍然没有。”[29]

吉米·卡特在 1976 年总统竞选期间曾明确表示，他对货币主义不感兴趣。他在 1976 年 9 月说：“我个人认为，控制通货膨胀的最好办法是不让货币紧缺。”相反，他主张经济增长是解决通货膨胀的良方。[30] 接下来的一个月，就在大选前几周，卡特接受了萨缪尔森—索洛体系提出的方案，承诺在他的第一个任期结束前将失业率降低到4%，将通胀率降低到 4% 以下。[31]

上任后，为了支撑他关于降低失业率的豪言壮语，卡特用一位英俊、讨人喜欢的制造业高管 G. 威廉·米勒取代伯恩斯担任美联储主席。这位新任主席有时会讲一个笑话，然后自己笑得不行，却说不出笑点在哪里；他还热情地表达了刺激就业的决心，尤其是将会为少数族裔创造就业机会。[32]

民主党人还试图通过 1978 年开始实施的《汉弗莱—霍金斯充分就业法案》（Humphrey-Hawkins Full Employment Act），将“充分就业”和“合理的稳定价格”奉为财政和货币政策的目标，从而更坚定地把凯恩斯主义经济学写入法律。对激进经济学的支持者来说，这就像第二次日出，他们充满信心地预测经济会复苏。

相反，这是凯恩斯主义时代的最后一幕。通货膨胀在卡特执政的头两年里持续上升。接着，伊朗革命引发了第二次石油危机，油价上涨速度加快。到 1979 年夏，通货膨胀率再次超过 10%，而失业率一直徘徊在 6% 左右。对高油价感到愤怒的卡车司机举行了令行业集体瘫痪的大规模罢工；宾夕法尼亚州莱维敦的抗议者在这个标志性的战后郊区中心用汽车和轮胎燃起了一堆篝火。[33]

政策制定者之所以能容忍通胀，是因为他们认为治疗的过程比疾病本身更加令人痛苦。在 20 世纪 70 年代，工资上涨的速度与物价上涨的速度大致相当，这维持了普通家庭的购买力。[34] 美国人中大多数是借款人而不是放款人，通货膨胀减轻了他们的债务负担：支付 30 年的抵押贷款所占的收入份额逐年减少。事实上，1978 年，拥有住房的美国人所占的比例比 2018 年要高。[35] 没有人喜欢通货膨胀，但是把经济推入衰退的想法似乎是一剂毫无效用的猛药。凯恩斯主义经济学家约瑟夫 · 米纳里克这样形容："就好像手指尖长了一个倒刺，我们选择做截肢手术截掉这条手臂，以减少长倒刺的痛苦。"[36]

但是美国人对通货膨胀失去了耐心。人们倾向于把提高的工资视为他们应得的报酬，却把提高的物价视作打劫盗窃。他们幻想着，如果物价保持不变，他们就能通过增加的工资去买到他们梦寐以求的东西。1978 年，来自北卡罗来纳州罗利的面包销售员特里 · 麦克林布告诉记者，他已经放弃了买房的梦想。他似乎没有意识到，在过去的五年里，他的收入已经比通货膨胀率高出了 14%。[37]

许多美国人也不喜欢这种急剧变化的感觉。保守派将通胀描述为道德沦丧的症状和原因。在 1977 年发表的一篇文章中，保守派经济学家詹姆斯 · M. 布坎南和理查德 · E. 瓦格纳将一连串弊端归咎于通货膨胀，包括"在公共场合和私人场合下行为举止和道德礼仪的普遍性堕落，对性行为的态度越来越开放，清教徒职业道德生命力的衰退，产品质量下降，领福利金的人数爆炸性地增长，私营部门和政府部门腐败现象的普遍存在"。[38]

政策制定者的承诺越来越让人们感到疲惫。弗里德曼的简化版叙述是：大萧条和大通胀是政府经历的两次"两头堵"式的失败——第一次是因为资金不足，第二次却是因为资金过剩——许多人认为这是一个富有启发性的论断。

卡特认识到自己面临的政治风险，放弃了先前做出的关于优先考虑就业的承诺，并宣布通货膨胀是当下美国国内面临的头号难题。但他不知道该如何寻求出路。在卡特担任佐治亚州州长期间，他的首席经济顾问亨利 · 托马森告诉他，政府试图说服公司和工会限制物价和工资的努力并没有奏效。卡特回答说："亨利，通过这次尝试，我明白了这么做是行不通的，但怎么做才能行得通呢？"[39] 1979 年 7 月，四面楚歌的总统被迫退守戴维营数日，此后他于 7 月 15 日（星期日）现身，告诉全国人民这个国家正在遭受信任危机。他说，美国人应该采取紧缩措施，以避免通货膨胀和其他灾难的到来。"我们已经明白，单纯地购买和消费并不能满足我们对人生意义的渴望。"卡特告诉到场的群众。这是披着宗教外衣的凯恩斯主义处方。总统认为，如果人们减少购买行为，通货膨胀的速度将会放缓。

卡特还决定用一个可能激发投资者更大信心的人来取代美联储的米勒。[40] 他选定了自 1975 年以来一直担任纽约联邦储备银行行长的保罗·沃尔克，这是中央银行权力第二大的职位。卡特做出的这个选择实际上有些勉强：众所周知，沃尔克倾向于抑制通货膨胀。在过去的四年里，他一直在扮演热炉上的茶壶，对美联储控制通胀所做的那些乱七八糟的努力感到越来越生气，直到沸腾所产生的蒸汽喷出壶口发出鸣响。在 1978 年 7 月美联储政策制定委员会的一次会议上，沃尔克告诉他的同事，美联储的政策已经变成了"一场闹剧"。[41] 卡特的助手警告他们的总统，他任命沃尔克就是在把连任的希望寄托在沃尔克身上。在接受这份工作之前，沃尔克也曾试图把情况交代清楚。他坐在总统办公室的沙发上，手里拿着雪茄，指着同样坐在房间里的米勒，对总统说："你必须明白，如果你任命我，我会实行比那个家伙更严格的政策。"[42] 卡特说他很清楚。后来卡特这样写道："实际上我告诉他，我需要找到一个人来全权处理经济问题，这样我才能去处理那些政治问题。"[43]

沃尔克革命

小保罗·阿道夫·沃尔克穿着袜子就有六英尺七英寸*高，他看上去有点儿像一根高高的灯柱，一张脾气暴躁的脸像个路灯一样挂在灯柱的顶端。然而他的高智商也像他的外形一样令人印象深刻。

他出生于1927年9月5日，在新泽西州蒂内克长大，在这个小镇陷入金融危机后，他的父亲被聘为当地的行政长官。1945年高中毕业后，保罗·沃尔克因为个子太高参军被拒，于是他进入了普林斯顿大学。他的父亲警告他说，这个学校里全是非常聪明的学生，并劝他选择一所小一点的学校。年轻的沃尔克后来发现："他们并没有我父亲想象得那么聪明。"[44]

沃尔克在普林斯顿大学的经济系找到了自己的"知识家园"，那里由奥地利移民主导，他们因第一次世界大战后的恶性通货膨胀而深受创伤并因此发展而来。他们从未停止相信货币供应的重要性，然而对约翰·梅纳德·凯恩斯而言，他们也没什么用处。沃尔克说，在四年的经济学课程中，他几乎没听说过这个名字。他在1949年提交的毕业论文，是对第二次世界大战后美联储政策的一篇长达256页的分析，他认为美联储本应采取更有力的措施来控制通胀。彼时那个年轻的沃尔克的话听起来很像30年后成为美联储主席的沃尔克说出来的。他在一篇十分有预见性的文章中写道："膨胀的货币供应对经济构成了严重的通胀威胁。如果要避免价格急剧上涨带来的灾难性影响，就有必要对货币供应进行控制。"[45]

---

* 200.66厘米。——译者注

沃尔克在普林斯顿大学上学期间，也因经历了通货膨胀风波而积累了个人经验。20 世纪 30 年代末，他的姐姐露丝在西蒙斯学院上学时，父母每月给她 25 美元。10 年后，保罗去了普林斯顿大学，家里同样给他每个月 25 美元的生活费。保罗抗议说，美元在这 10 年间失去了 40% 的购买力，但家长却不为所动。露丝后来拿她弟弟开玩笑说："他是通过这 25 美元学习到中央银行管理的。"[46]

沃尔克后来去了哈佛大学读研究生，在那里他学到了凯恩斯主义的全套理论。然而凯恩斯理论却没能在他的理论体系里占有一席之地。沃尔克对一位传记作家说："我记得我在哈佛的课堂上听阿瑟·史西密斯教授说过，'轻微的通货膨胀对经济有好处'。在那之后，我所能记得的就是我的脑海里有一个词像黄色的警告标志一样闪烁着，那个词就是'胡扯'。"[47] 多年以来，他经常将凯恩斯主义思想描述为"一派胡言"，而这一观点已经成为他的正式立场。

他本想去伦敦完成他的博士论文，但最后却因此环游了欧洲大陆；1952 年回到美国后，他在纽约联邦储备银行研究部找到了一份工作。在接下来的五年里，他一直在美联储工作，直到他得出结论，认为自己的发展前景有限，于是他在大通曼哈顿银行找到了一份新的工作。

约翰·F. 肯尼迪的当选将沃尔克拉回了公共服务领域：他在纽约联邦储备银行时的上级接受了一份财政部的工作，并说服沃尔克加入他的团队。沃尔克于 1962 年抵达华盛顿，当时美国的战后霸权开始瓦解。在接下来的半个世纪里，他花了大量时间试图减少损失。沃尔克说："我的一位外国老朋友曾对我说，他认为我的职业生涯是一个漫长的传奇故事，我在做的事是试图使美国在这个世界上受人尊敬、井然有序地衰落下去，我想他的话表达的应该是一种讽刺的恭维。"[48]

他给许多人的印象是冷漠和令人生畏，但那些真正认识他的人都说他其实很害羞。他的第一任妻子苦苦地等待他的求婚，直到她实在等不了了，不得不主动向沃尔克求了婚。他还出了名的节俭，喜欢便宜的西装和杂货店里卖的雪茄。[49]多年来，他一直开着一辆老旧的“纳什漫步者”老爷车，他还在驾驶座后面塞了一把椅子卡住驾驶座以免它散架。他有时会和老朋友罗伯特·卡维什一起吃中餐外卖，卡维什回忆说：“我负责付钱，而他只负责吃。”[50]

他于 1974 年离开华盛顿之前，曾在肯尼迪、约翰逊和尼克松总统手下担任财政部官员。

沃尔克本想重返银行业，但阿瑟·伯恩斯让他担任纽约联邦储备银行行长。沃尔克在加拿大钓鲑鱼时思考了一下这个问题，然后他打了一个对方付费的电话给伯恩斯，说他愿意接受。

1970 年 12 月，《时代周刊》在封面上刊登了一张一美元钞票的照片，一颗泪珠从华盛顿头像的脸颊上滚落，还用潦草的红色字迹写着“价值 73 美分”。而当 1979 年 8 月沃尔克宣誓就任美联储主席时，一美元的价值只剩 39 美分了。这都是通货膨胀造成的；美国人告诉民意调查人，他们认为这是国家面临的头号问题。

在沃尔克担任纽约联邦储备银行行长期间，为了加强美联储抗击通胀的决心，他开始考虑弗里德曼的货币主义。他不想被计算机取代，但他一直认为钱的数量很重要。在 1976 年的一次演讲中，他主张“务实的货币主义”——政策制定者应该为货币供应量的增长设定目标，同时保留应对经济状况变化的自主权。[51]沃尔克认为通货膨胀上升的部分原因是美国人认为政府无法控制通货膨胀。对货币主义的公开承诺可能会让人们重新设定他们的预估。他说，货币主义是“负责任政策的一种新的、在许多方面更明智和更容易理解的象征”。[52] 当然，他也准备好了承受痛苦。参议员威廉·普罗克斯迈尔是威斯康星州的一位老派民粹主义者。他在 1979 年 7 月召开的沃尔克任命听证会上，要求沃尔克保证不会将利率提高到“对小企业、农民和工薪阶层而言都非常困难”的水平。沃尔克叼着一支廉价雪茄，几乎没有讲出任何安抚的话语。他说：“我认为，在货币纪律的框架下，我们找不到任何替代方案来解决我们的问题。”

1979 年 9 月底，沃尔克宣誓就职几周后，阿瑟·伯恩斯在贝尔格莱德的一次国际会议上为未能控制住通胀发表了道歉。伯恩斯指责其他人，包括在他看来不希望他控制住通货膨胀的美国民众。[53] 沃尔克来晚了，他靠着后墙坐在了地板上。后来他告诉传记作家威廉·希尔伯，在听伯恩斯讲话的时候，他很难过。沃尔克回想起 20 世纪 70 年代初在戴维营度过的一个周末，当时伯恩斯敦促尼克松在经济刺激方案中再增加一项税收减免。总统笑着说：“阿瑟，作为一名银行家，你太心软了。”[54]

沃尔克的两名高级助手留在美国，敲定了一项抑制通货膨胀的计划。在伯恩斯的演讲结束后，沃尔克感到“无聊，心痒痒”，他离开了贝尔格莱德，飞回家敲定计划的细节。[55] 10 月 5 日（星期五）上午，他告诉美联储的 12 位地区银行行长，他们需要到华盛顿参加第二天的会议。每位行长都被安排在不同的酒店，沃尔克怂恿他们在被问及最后议程的目的时撒谎，即使是面对他们自己的员工。[56]

第二天，10 月 6 日，沃尔克告诉美联储官员，是时候接受货币主义了。

从技术上讲，这只是一个较小的变化。在实行货币主义之前，美联储试图通过管理短期利率水平来影响经济状况。例如，在 1979 年上半年，美联储将其基准利率设定在9.75%~10.5%，作为联邦基金利率*。在操纵利率的同时，美联储也在操纵货币供应，但美联储并没有试图稳定货币供应的增长。美联储控制基金利率就像一个父亲牵着孩子的手。而货币供应就像一条拴着项圈的狗，可以自由地到处闲逛。

在沃尔克的领导下，美联储曾试图牵着“狗”的手。它试图稳定货币供应的增长，同时允许联邦基金利率浮动。美联储采纳了弗里德曼的建议，关注货币数量，让市场决定价格。

在沃克尔看来，这些机制都没有信息重要。美联储分别在1965年、1969年、1973年和1975年发起了反通胀运动，提高了利率，用手扼住了经济的脖子，但每次都是在经济开始窒息时才放手。沃尔克需要让公众相信，这次情况会有所不同。

实际上，他希望借用弗里德曼的公信力。[57]

沃尔克与美联储官员的会晤结束后，美联储发言人约瑟夫·科因急忙召集记者参加晚间新闻发布会。但是当科因联系到哥伦比亚广播公司华盛顿分社的制片人时，他遇到了一个问题。制片人礼貌地告诉科因，当时社里只有一个摄制组在值班，而教皇约翰·保罗二世正在白宫访问。“把你的组员都派过来，”科因坚持说，“即使是教皇过世很久之后，你仍然会记得今天这个时刻。”[58]

---

* 美联储通过一条狭窄的渠道来操纵短期利率。商业银行被要求按其从客户那里收取的存款比例保留一定的准备金。在每个银行日结束时，需要更多准备金的银行可以从拥有额外准备金的银行借款。这些贷款的现行利率，由可用的准备金额度来决定，被称为“联邦基金利率”。美联储控制可用的准备金额度，并由此控制联邦基金利率，就像浴缸的主人决定水平面的高低。为了增加储备，美联储从银行购买国债，并通过增加储备来支付。可用准备金的额度降低了基金利率，鼓励银行扩大自己的放贷。银行通过提供更低的利率来吸引客户，经济增长也随之加快。相反，为了减少储备的供应，美联储向银行出售国债。这提高了联邦基金利率，促使银行减少贷款，从而减缓了经济增长。

到了约定的时间，几十名匆匆赶来的记者出现在美联储总部的大理石大楼二楼的会议室里。沃尔克走了进来，用沙哑低沉的嗓音开玩笑说，他既没有死，也没有辞职。[59]然后他向通货膨胀宣战。他后来说："我们试图传达的基本信息就是这么简单。我们要消灭的就是通货膨胀这条恶龙。"[60]

执行死刑是痛苦的。随着美联储收紧货币供应，利率大幅攀升。最优惠利率——银行向最优质的客户收取的利率——最高增长了20%。其他利率甚至更高。消费者不再购买汽车和洗衣机；数百万工人失去了工作。没有工作，许多人就流离失所，也失去了对舒适的退休生活的希望。[61]

工厂里的工人受害最深。汽车行业的失业率达到23%。在钢铁工人中，这一数字高达29%。并且，这种伤害是持久的：一项针对在大规模裁员中失去工作的宾夕法尼亚州工人的研究发现，6年后，他们的收入仍然比衰退前低25%。[62]

在1980年7月的美联储政策制定委员会会议上，最崇尚自由主义的美联储理事南希·蒂特斯问，美联储需要加大多少力度来挤压货币供应。

"我们不知道，"理事埃米特·赖斯回答道，"我们只需要持续下压，直到找到最终的答案。"

"我们不知道。"蒂特斯重复着，历史也没有记录她的语气是讽刺还是疑惑。

"总之要将这个数字降低到我们从未达到过的程度。"沃尔克说。

另一位理事说："或许我们得再多干一段时间。"[63]

沃尔克坚持认为，只要通胀降低了，付出的这些代价都是值得的。他对记者威廉·格雷德说："你只需要告诉自己，不管怎样，解决这个问题符合国家的整体利益，甚至符合人民的利益。”[64]他推翻了凯恩斯主义的教条，表示低通胀是实现低失业率的最佳途径。沃尔克说：“让我告诉你一个信念。随着时间的推移，如果我们消除通货膨胀和通胀预期，就可以降低失业率，而如果我们不这样做，就无法有效地降低失业率。”[65]但他不确定他们的努力是否足够。多年以后，他说他办公室的地毯上被他踩出了一条路，因为他总是来回踱步，琢磨通货膨胀到底什么时候才能停止上升。[66]

当美国人遭受痛苦的时候，他们注意到一种新的试验正在引导经济。汽车经销商把他们卖不出去的车钥匙交给沃尔克。房屋建筑商送来了一块块宽四寸、厚二尺的木材。“亲爱的沃尔克先生，”有个人在一块有节孔的残次木板上写道，“我开始觉得自己像这块板子一样没用了。未来我们的孩子要在何处安身？”[67]肯塔基州的一个房屋建筑商协会发布了针对沃尔克的通缉令。而他的罪名是：谋杀了美国梦。

1981 年 12 月 20 日，参议院民主党人就高利率的影响举行了一次公开论坛。哥伦比亚广播公司晚间新闻播出了听证会的几分钟内容，几乎全部是关于底特律一位名叫曼尼·德姆斯的房屋建筑商的长篇大论，他告诉参议员，沃克尔要把他赶出这个行业。“我们有行政部门，有立法部门，有司法部门，但是我们没有把联邦储备委员会作为政府的第四个部门，”德姆斯吼道，“我甚至不认识这些人——包括米尔顿·弗里德曼还有那个什么……那个沃尔克！我经常看到这些人的名字。这些人吓着我了！我很担心我的国家，我也担心我自己，我要完蛋了。”[68]

免于通胀

1981 年 1 月 20 日，罗纳德·里根发表了他的第一次就职演说，当时有 800 多万美国人失业，但这位新总统关注的却是另一个问题。里根说："我们正在经历我国历史上持续时间最长、最严重的通货膨胀。它扭曲了我们的经济决策，惩罚了节俭，压垮了苦苦挣扎的年轻人和有固定收入的老年人。它威胁要摧毁我国数百万人民的生命。"他甚至把这个问题的重要性列在高税收负担之前，而且众所周知，他对此提出了相同的解决方案。"政府不能解决我们的问题；政府才是问题所在。"

卡特把通货膨胀归咎于美国人民的肆意挥霍；里根却将通胀归咎于政府的肆意挥霍。货币主义已经到达了白宫。新任财政部长唐纳德·里甘说，"我能找到的最好的货币主义者"来担任货币事务副部长。他选择的贝里尔·斯普林克尔是一位在芝加哥接受教育的经济学家，也是一位有着最纯粹信仰的货币主义者。斯普林克尔曾在一群法国政策制定者和经济学家面前开玩笑说，他的观点很容易总结："只有钱才重要。只要控制货币供应，那么其他一切都会顺理成章。谢谢，晚安。"[69] 在向国会委员会解释新政府的货币政策观点时，斯普林克尔改写了凯恩斯那条说印钞就像买一条更大的腰带的比喻。事实上，斯普林克尔说，这就像给孩子喂饭一样。他说："给孩子塞太多的食物不会让他长得更快，只会让他感到反胃。"[70]

一些保守派人士希望里根通过采用金本位制来对抗通货膨胀，这意味着美国将承诺以固定汇率将黄金兑换成美元。《华尔街日报》20 世纪 70 年代经济问题的主要社论作者裘德·万尼斯基在 1981 年的一封信中告诉里根，金本位制将使公众相信政府将维持美元价值，从而无痛地结束通货膨胀。尼克松曾于 1973 年宣告结束金本位制，虽然里根倾向于恢复金本位制，但他还是给万尼斯基写了这样一封回信，信中说他不能接受"我最喜欢的人之一——米尔顿·弗里德曼所反对的观点”。里根从20世纪70年代初就认识弗里德曼，他的货币主义思想也直接来自弗里德曼，他把弗里德曼的思想用自己的话写进了广播评论中，并在20世纪70年代中期发表，那时他已经连任两届加州州长了。[71] 在里根政府的早期，曾担任非正式顾问的尼克松的老助手布莱斯·哈洛，提醒白宫同事说不要把弗里德曼单独留在总统身边，“因为他太有说服力了”。[72] 但是在货币政策上，一切都太晚了：总统已经被说服了。里根设立了一个委员会，向主张金本位者投了一根骨头，但他通过任命弗里德曼的研究伙伴安娜·施瓦茨为主任，从而决定了事件的走向和结果。这下万尼斯基被激怒了。“米尔顿·弗里德曼就是我的敌人，”他在1982年给一位朋友的信中写道，“有时我对他的厌恶就像我对克里姆林宫的厌恶一样强烈。”[73]

重要的是，里根愿意承受货币主义方针所带来的痛苦。1976年总统大选后，他曾警告称，作为对通胀过度的惩罚，美国将面临一阵剧烈的“腹痛”。1978年中期，里根在南加利福尼亚的家中接受记者采访时说：“坦率地讲，我担心这个国家将不得不经历两到三年的艰难时期，来偿还我们此前的挥霍无度。”[74] 在1980年的竞选中，里根的顾问通过辩论成功地缓和了他的公开言论——他变成了光芒四射的竞选人，而卡特却被要求谈一谈这场难熬的“腹痛”——然而他们并没有改变他的主意。[74] 沃尔克怀疑里根是否真正了解货币主义的细节，但他并不怀疑里根的决心。沃尔克回忆道：“他非常直接地告诉我说，在自己所就读的这所小学院里，他学到的东西就是他的经济学教授告诉他的一句话——通货膨胀就是世界末日。”[76]

沃尔克后来说，里根对这场通货膨胀战争最重要的贡献之一就是解雇了数百名罢工的空中交通管制员，这对步履维艰的劳工运动是个沉重的打击。沃尔克说：“这一行动的重要意义在于，终于有人对一个激进的、有组织的工会采取了措施，并坚定地对他们说‘不’。”[77]货币主义的大祭司弗里德曼长期以来一直鼓吹，要求涨工资不会导致通胀，但沃尔克认为这有违常识。沃尔克的口袋里一直装着一张卡片，上面是他密切关注的工会工资协议。与许多持两种政治观点的经济学家一样，他认为工会是敲诈艺术家，他们干涉市场力量，从而降低了经济效率和增长。他认为自由市场将使每个人受益。他在 1981 年 9 月说："随着生产力的提高和对名义工资增长需求的放缓，美国经济持续增长和全体美国人实际工资增长的前景将会改善。"[78]事实上，美国工人并没有从沃尔克振聋发聩的呼吁声中缓过神来。1978 年，经通胀调整后，全职男性工人的收入中位数为 54 392 美元。在接下来的 40 年里，这个数字再未被达到或被超越过。截至 2017 年的最新数据显示，全职男性工人的收入中位数为 52 146 美元。[79]

经通胀调整后，美国的年度经济产出在过去 40 年里增长了 2 倍左右。然而，中等收入的男性工人挣的钱更少了。

在经济光谱的另一端，"沃尔克衰退"为金融业带来了巨额利润。随着沃尔克将利率推高到天上去，原本对 4% 的利润率感到满意的银行发现，自己的利润率已经高达 9%。在经济衰退期间，银行业的利润增长了 1/4，而其他行业的利润下降了 1/3。[80]那个黄金时刻并没有持续很久，但是在低通货膨胀的时代，银行继续繁荣，金融业成为新经济的引擎。

沃克尔在 1982 年夏天开始缓和他的反通货膨胀运动，他告诉参议院委员会："在我看来，现在有强有力的证据表明，通货膨胀的趋势已经发生了根本性的转变。"[81]随着美联储降低利率，经济开始反弹，里根也开始了庆祝。总统在 1983 年 1 月表示："失控的通货膨胀带来的漫长噩梦现在已经成为过去时了。”很快他就开始谈论起了“美国的清晨”。

但是货币主义并没有在庆祝活动中幸存下来。美联储悄悄地放弃了货币政策目标，重新采取了利率目标制的政策。事实证明，弗里德曼看似简单的指标实际上很难达到。此外，他最基本的主张之一也是错误的。弗里德曼曾表示，政策制定者可以依赖于货币流通速度的稳定性——看哪种货币的使用频率较高。而实际上，货币流通速度在1948—1981年是稳定的。[82]但随着美联储逐渐把货币供应作为主要目标，货币流通速度开始大幅上升。颇具讽刺意味的是，弗里德曼想当然地认为的稳定，被他认为没有必要解除的规则破坏了：金融管制的放松正在改变货币的使用模式。这种不稳定意味着弗里德曼夸大了中央银行对经济状况的影响力。这也意味着，弗里德曼对于财政政策对经济状况的潜在影响的忽视是错误的。

其他央行也在同样的浅滩上搁浅。加拿大银行在1975年采用了货币目标，但在1982年11月放弃了。央行主管杰拉尔德·布埃说：“并不是我们抛弃了弗里德曼法则，是它抛弃了我们。”

在英国，玛格丽特·撒切尔强化了英国央行对货币主义的承诺。她说：“我们从米尔顿·弗里德曼那里学习到，通胀是一种货币现象，它只能通过逐步挤压货币供应来控制和减少。”[83]同美国一样，结果是英国迎来了经济衰退，以高失业率为代价从而降低了通货膨胀。到1980年，撒切尔因为被要求缓解这种挤压现象而面临着越来越大的政治压力。* 同年10月，在保守党的一次会议上，她宣布货币主义是唯

---

* 1980年2月，弗里德曼与撒切尔短暂会晤后，工党领袖詹姆斯·卡拉汉向议会表示，他“很感激首相昨天能花时间与米尔顿·弗里德曼教授进行一场短暂的会面”。

一可能的解决方案。“你们想转向就转吧，”她说，“但这位女士（自己）是不会回头的。”[84] 然而，英国很快就开始放弃货币增长目标。只有德国央行坚持发布货币目标，直到 1999 年欧元诞生。[85]

一些曾经遭受弗里德曼言语攻击的人现在也转而为他说话。“我为他感到难过，”美联储理事 J. 查尔斯·帕提说，“他现在已经是个老人了。他毕生致力于这一理论。现在它被摧毁了。”[86] 弗里德曼的回应是指责执行上的失败。他尖刻地提出：“就算他们一开始就以抹黑货币主义为目的来行动，最终的结果和现在也没有什么不同。”[87] 他还预测放弃货币目标将导致通货膨胀的重新抬头，这个错误使他的批评者备受鼓舞。

弗里德曼还是赢得了这场战争，尽管他似乎无法庆祝胜利。他说服了政策制定者，让他们相信中央银行应该在宏观经济政策中发挥核心作用，他们应该专注于控制通货膨胀，即使是以失业率为代价。正如里根在 1982 年所说的那样：“我对那些失业的人抱有最大的同情，我想每个人也都是一样……但是现在人们看到的利率比我们刚开始的时候低。通货膨胀率大大降低了。”在英国，财政大臣诺曼·拉蒙特在 10 年后同样因为这样的权衡而庆祝，他在 1991 年对议会说：“不断上升的失业率和经济衰退是我们降低通胀必须付出的代价，而这个代价是非常值得的。”[88]

萨缪尔森最畅销的经济学教科书连续几版都保留了弗里德曼胜利的生动记录。在 1955 年的版本中，他提出了高度凯恩斯主义的观点，即货币政策是次要的。到 1973 年，萨缪尔森承认，“财政和货币政策都很重要”。1995 年版的内容完成了这一转变，告诉读者“财政政策不再是美国稳定政策的主要工具。在可预见的未来，稳定政策将由美联储的货币政策来实施”。[89]

（毫无）节制

在一个出人意料的地方出现了货币主义机制的替代者，这个地方就是新西兰。这个岛国通过向英国出口羊肉、羊毛和黄油而发展壮大，但自从1973年英国加入欧洲共同体后，进入英国市场就受到了限制。由于经济衰退，保守的新西兰政府实施了大量凯恩斯式的刺激措施，并冻结了工资和物价，以控制通货膨胀，可惜都无济于事。当工党在1984年执政时，新任财政部长罗杰·道格拉斯开始了一项自由市场计划，这项计划不可避免地被称为"罗杰经济学"。他让新西兰元自由浮动，削减农业补贴，以试图降低通货膨胀率——因为到1985年时，通货膨胀率已经高达15%。他派助手到世界各地寻找更好的货币政策实施方法。直到他们带回了一项其他国家从未尝试过的新政策。它被称为通货膨胀目标制。[90]

这一概念很简单：与其通过设定目标利率或货币供应量来控制通货膨胀，中央银行不如把通货膨胀本身作为目标。像现代主义建筑一样，这样做被认为是去除了多余的装饰，留下一种由其功能来定义的政策形式。经济学家越来越相信，公众对通胀的预期具有自我实现的预言的性质。贷方希望利率足以覆盖贷款期间的通货膨胀。一个年通货膨胀率为2%的国家，只有在贷款人确信通货膨胀率将保持在2%的情况下，才能充分受益。20世纪80年代末，德国和法国也出现了类似的通货膨胀，但法国政府债务的利率明显较高。德国央行行长卡尔·奥托·波尔对新西兰的一个考察小组表示，原因很简单："储户还不知道他们能否相信那些法国浑蛋。"[91]

1989年12月，新西兰通过了一项法律，规定物价稳定为中央银行的唯一责任，同时废除了 1964 年的一项法律，该法律要求央行追求一系列目标，包括经济增长、就业、社会福利和贸易促进。被选来领导新西兰实验的是一位名叫唐·布拉什的经济学家，他管理着新西兰最大的银行之一，后来又管理着新西兰最大的贸易集团之一——奇异果管理局（Kiwifruit Authority）。[92] 他的工作描述起来很简单，就是把通货膨胀率控制在 0~2%。如果他失败了，就可能被解雇。[93]

布拉什信奉物价稳定政策。在阅读了米尔顿·弗里德曼和罗斯·弗里德曼 1980 年出版的《自由选择》一书后，他邀请弗里德曼夫妇到新西兰进行巡回演讲，并陪同他们在全国各地旅行。布拉什称这本书"极大地影响了"他的观点的形成。[94]

在扮演这个新角色时，布拉什开始了自己的巡回演讲，他出现在所有愿意倾听他的群体面前。在一场巡回演讲中，他在两周内发表了 21 次演讲。他经常向听众讲述他叔叔的故事。他的叔叔是一名种植苹果的农民，在 1971 年卖掉了自己的果园后，将收益投入政府债券，利率为 5.4%。不幸的是，在接下来的 20 年里，通货膨胀率以每年 12% 的速度上升，侵蚀掉了他叔叔的退休储蓄。[95]

布拉什开始提高利率，可以预见的是，此举迎来了经济动荡。失业率攀升至 11%，是大萧条以来的最高水平。一个农业组织报告说，有 52 个陷入经济困境的农民在经济衰退最严重的一年里选择了自杀。[96] 一个房地产开发商写信来询问布拉什的体重，目的是为他建造一个足够大的绞刑架。但布拉什保住了他的工作。到 1991 年底，通货膨胀率下降到目标范围内，并保持不变。新西兰的利率在 1987—1997 年下降了一半，新西兰也获益于这一较低的利率。

多国央行行长都是一个小圈子里的成员，他们每隔一个月就会在位于瑞士的国际清算银行富丽堂皇的办公室里聚会，[97] 结果就是其他国家也很快就开始效仿新西兰，赋予本国央行同样的操作独立性和通胀目标。到 1994 年，澳大利亚、加拿大、智利、以色列、西班牙和瑞典都在这样做。布拉什特别乐于为英国 1997 年的货币政策体制改革提供建议。1998 年欧洲中央银行成立时，也设定了 2% 的通胀目标。

消除通货膨胀已成为一种宗教现象。弗里德曼简洁有力的理论经过了检验，虽然被发现有些不足之处，但这似乎无关紧要。全世界的央行行长一致认同，通货膨胀是比失业更可怕的事情。

1987 年接替沃尔克出任美联储主席的经济学家艾伦·格林斯潘反对采用通胀目标，但他的反对是战术性的。他承诺要控制住通货膨胀，但他怀疑语言的力量。在 1989 年美联储政策制定委员会的一次会议上，格林斯潘否决了采用通胀目标的提议。他信任的副手，时任美联储货币事务主管的唐·科恩，将其与老布什在 1988 年提出的竞选承诺进行了对比，并告诉美联储官员："这就是说我们要行动而不是光靠嘴去说。看我们的行动，而不是看我们的口型。"[98]

格林斯潘试图做到的是消除通货膨胀。20 世纪 90 年代，随着通货膨胀率降至 3% 以下，他坚持认为，进一步下降将促进繁荣。"通货膨胀率越低，生产率的增长就越高。"格林斯潘在 1994 年对国会这样说。[99] 他的理论是，低通货膨胀使提高价格变得更加困难，迫使公司通过提高效率来追求收入增长。然而格林斯潘私下里坦率地承认，这个论点实施起来的困难在于他没有证据。他只能告诉同事，这个理论"最终可能会被证明是正确的"。[100] 与此同时，格林斯潘公开表示不存在这种不确定性。他对国会说："不仅要把通货膨胀率从 10% 降到 5%（这是每个人都同意的），而且越来越多的证据显示，当通货膨胀率降到 5% 以下时，通货膨胀率越低，经济就越稳定，并且能获得增长。”格林斯潘坚持认为，把通货膨胀率从3%降低到2%会促进经济增长，把通货膨胀率从2%降低到1%会进一步促进经济增长。数百万的美国人为这场战争付出了代价。据估计，在追求低通胀的过程中，1979—1996年，美联储平均每月让100多万人处于原本不必要的失业状态之中。[101]

比尔·克林顿在1992年参加总统竞选时提出的非官方口号是“笨蛋，问题出在经济上”。在他1993年1月就职的那一天，失业率为7.3%，克林顿急于利用花钱刺激就业增长。但一群中间派顾问说服了这位新总统放弃他本能地信奉的凯恩斯主义，转而相信货币政策。其中的主要人物是罗伯特·鲁宾，他曾是高盛集团的一名高管，后来被克林顿任命为国家经济委员会的负责人。[102]鲁宾认为，克林顿应该集中精力通过增税和限制开支来减少年度联邦赤字。通过减少借款，政府将减少对可用资金的竞争，允许个人和企业以更低的利率借到更多的钱。政府还将缓解通胀压力，使美联储得以维持较低的利率。克林顿的第一反应是怀疑：“你的意思是说这个计划的成功和我的连任取决于美联储和一群该死的债券交易员？”[103]但他是个好学生，不久后，他就拜倒在了宏观经济极简主义的圣坛前。

克林顿确实试图让美联储对失业者的困境表现出更多的关注，他在1994年6月启用了凯恩斯主义领袖艾伦·布林德担任美联储副主席。布林德是普林斯顿大学的教授，他曾针对美联储对人民的苦难漠不关心的态度进行了激烈的抨击。在1987年的一本书中，布林德认为沃尔克针对通货膨胀的治疗方法比疾病本身更糟糕。他认为通货膨胀“对社会的影响不大，更像是一场重感冒，而不是癌症”。相比之下，布林德引用了马丁·路德·金对失业的描述，说它是“一场心理上的谋杀”。布林德补充说：“美联储扼杀经济是为了防止通货膨胀。”

他还以经济学家的方式对他们发表了演讲：如果政府的目标是提高效率，那么它的首要任务当然应该是创造就业。他指出，失业是“所有方式中效率最低的”。[104]

格林斯潘请他即将离任的副主席大卫·马林斯调查布林德的工作。马林斯带着一份完整的报告回来了，他告诉格林斯潘：“他不像是一个共产主义者。”记者鲍勃·伍德沃德报道了格林斯潘的回应，他说：“我倒宁愿他是一个共产主义者。”[105]

但布兰德把他的弹药都留在了普林斯顿，没有带到他的新工作中。他没有因为美联储的新同事对他进行的心理谋杀而指责他们，而是接受了央行里充斥的那些杀人不见血的话语。[106]事实上，布林德怎么想都没有关系。格林斯潘执掌着美联储，而本可以换掉他的克林顿通过在1996年2月提名格林斯潘连任第三届主席来表明——什么对他来讲才是当前的首要任务。[107]

在遏制通胀，将通胀率降为0方面，克林顿任命的另一位美联储理事——加州大学伯克利分校的经济学教授珍妮特·耶伦，取得了更大的成功。

1996年7月，为了寻求共识，格林斯潘将美联储政策会议的例行程序搁置一旁，就通胀的最佳水平展开讨论。他要求耶伦向她的同事解释为什么她认为小幅通胀是一件好事。

耶伦的解释源于她在20世纪80年代初为儿子聘请保姆的经历。耶伦和她的丈夫、经济学家乔治·A. 阿克洛夫决定向保姆支付比现行市场价格更高的工资，理由是保姆心情好，对孩子的照顾就会越好。耶伦和阿克洛夫总结了这一经验，并在他们的学术著作中提出证据，表明企业往往会通过向员工支付比替换成本更高的薪酬来提振士气和生产率。* 同样，在经济衰退期间，雇主也不会减薪，因为士气低落会降低生产率。他们宁愿解雇工人也不愿减薪，因为如果生产率下降，他们也节省不了资金。在经济模型中，人们总是可以通过接受较低的工资来找到工作，因为雇主总是寻求支付尽可能低的工资。但如果雇主不愿降低工资，这种逻辑就站不住脚了。这就是小幅通货膨胀的来源：它允许雇主逐步降低劳动力成本，同时又不减少雇员的收入。例如，一所位于阿拉斯加州安克雷奇的学校董事会同意，2013—2018 年，每年给教师加薪 1%。在那些年里，年通货膨胀率平均为 1.25%。美元数量（即名义工资）虽增加了，但购买力（即实际工资）却下降了。[108]

耶伦在 1996 年指出，现有的研究表明，美联储不应寻求将通胀率降至 2% 以下。事实上，她提出，将通胀率降至 1% 左右的加拿大已经遭受了不利影响。其他美联储官员认为耶伦的话很有说服力。美联储理事劳伦斯・迈耶说："她讲出了一个真正的故事，一个通货膨胀的确有可能因为过低而出现问题的故事，她做事的效率非常高。这些话一旦从她嘴里说出来，这一危机就变得那么生动而清晰地摆在我们面前。"[109] 格林斯潘没有让步，但是，他认识到自己在这场争论中不可能获胜，因此他建议美联储先把通货膨胀率降低到 2%，然后再决定下一步该怎么做。[110]

在 20 世纪 70 年代凯恩斯主义的失败中，坏运气所扮演的角色

---

* 20世纪90年代初，耶鲁大学经济学家杜鲁门・博利采取了不同寻常的方法——与他人交谈，在地区经济严重衰退期间走访新英格兰，采访企业高管和工人。他得出了与阿克洛夫和耶伦的预测完全一致的结论。"工资刚性源于鼓励忠诚的愿望。"博利写道。参见杜鲁门・博利，《经济衰退时期工资为何不会下降》（*Why Wages Don't Fall During a Recession*），剑桥：哈佛大学出版社，1999年，第1章。

被低估了。越南战争、两次石油危机和生产率增长的下滑，都导致了人们对“激进经济学”的信心崩溃。相反，在20世纪90年代，似乎一直有一股强劲的风在推着对市场经济的信心向前走。“冷战”结束后的“和平红利”使得削减联邦开支变得更加容易；全球化给工资和价格带来了压力；新技术推动了生产力和繁荣的激增。到21世纪初，对抗通货膨胀的斗争似乎已经完全胜利了。在发达国家，通货膨胀率从1980—1984年的年均9%下降到2000—2006年的2%。在发展中国家，同一时期的通货膨胀率从年均31%下降到7%。[111]

记者叶伟平在2005年指出，各国央行行长的区别不在于他们对通胀的容忍程度，而在于他们对通胀可能的行进轨迹的预测。[112]美国的两个政党之间也几乎没有分歧了。大多数民主党人不再认为政府应该优先考虑失业问题。他们也希望关注通货膨胀。“任何诚实的民主党人都会承认，我们现在都是弗里德曼的拥趸。”[113]曾在克林顿政府担任财政部长的哈佛大学经济学家拉里·萨默斯在2006年写道。

2006年接替格林斯潘担任美联储主席的本·S. 伯南克谈到了“大缓和”一词，在这个新时代，稳定的通胀是更广泛的经济稳定的关键。经济学家再次庆祝经济学的胜利，却忽略了历史的教训。诺贝尔经济学奖得主、新极简主义的创始人之一罗伯特·卢卡斯在2003年美国经济学会的主席报告中指出，宏观经济学已经开始努力发展其知识性和专业性，以防止“大萧条”的重演。卢卡斯宣称：“这种原始意义上的宏观经济学已经成功。从所有的实际目的来看，它预防经济萧条的核心问题已经解决。”[114]第二年，卢卡斯写了一篇文章，赞扬经济学在实现繁荣方面取得的成功，并警告说，不要再回到关注财富分配的公共政策上来。他写道：“在对健全的经济学有害的倾向中，最具诱惑力的、在我看来也是最有害的倾向，是关注分配问题。在迄今为止的 200 年工业革命过程中，亿万人民的生活水平大幅提高，实际上，这一切都不能归因于资源从富人向穷人的直接再分配。”[115]

即使在当时，这些溢美之词听起来也有些空洞。1992—2007 年，发达国家的平均失业率为 7%，是 1959—1975 年 3% 的平均失业率的两倍多。[116] 与此同时，低通胀的好处全部集中在精英手中。2007 年，美国前 10% 的家庭拥有全国 71.6% 的财富。[117] 通过惩罚工人和奖励贷款人，货币政策导致了经济不平等的加剧。

还有另一个问题：低通胀并没有带来经济稳定。“大缓和”即将让位，“大衰退”即将到来。

随着经济从瀑布的边缘跌落，一些美联储官员仍然关注着物价。“抑制通货膨胀是我奋斗的目标。”达拉斯联邦储备银行主席理查德 · 费舍尔在 2008 年 3 月，即美国经济衰退开始三个月后宣布了这一消息。“如果在实现这一目标的过程中，我们必须忍受暂时的经济放缓，那么在我看来，这就是我们必须承受的代价。”[118]

第四章

免税代理

所谓的“健全经济学”通常反映的是富裕阶层的需求。

——约翰·肯尼思·加尔布雷思，

《货币：源自哪里，去向何方》（1975）[1]

1971 年 4 月，一些世界顶尖的经济学家和银行家聚集在意大利的博洛尼亚，讨论滞胀问题。发达国家发现自己处于进退两难的境地。已知的通货膨胀补救办法被认为有可能提高失业率，而已知的针对失业现状补救的办法又被认为有可能增加通货膨胀。

在与会者念念有词时，芝加哥大学经济学家罗伯特·蒙代尔坚称这两个问题可以同时得到解决，这让与会者吃了一惊。他说他有同时降低通货膨胀和失业率的良方。更完美的是，可以在没有痛苦的情况下恢复繁荣。

他说，这剂灵丹妙药的主要配方就是大幅度的减税。

蒙代尔是一位绝顶聪明、性格粗糙、脾气古怪的学者，他的见解改变了国际经济学的研究状况，但他在博洛尼亚的言论却遭到了质疑。凯恩斯主义者一致认为，虽然减税可以刺激就业增长，但必然会以通货膨胀为代价；而货币主义者认为减税跟通货膨胀毫无关系。双方都认为蒙代尔的想法没有道理。

人们的反应如此充满敌意，以至蒙代尔固执地把自己比作圣塞巴斯蒂安，一个被罗马人用箭射中的早期基督教殉道者。会议主席威拉德·索普是一位德高望重的经济学家，他曾协助起草《马歇尔计划》，并从未对这种高度凯恩斯主义的行为感到后悔。他在允许大家发表完最后几句攻击言论之后，总结说道："既然我们该休会了，作为会议主席，我有责任将圣塞巴斯蒂安从更进一步的攻击中解救出来。"[2]

但蒙代尔并不注定要成为烈士。在短短10年的时间里，他的提议从学术界的边缘走向了美国政治的主流。半个世纪过去了，蒙代尔关于减税的供给主义观念仍然是共和党经济意识形态的一个重要支柱。

蒙代尔1932年10月24日出生于加拿大安大略省，他在不列颠哥伦比亚大学求学期间对经济学产生了浓厚的兴趣。之后他进入华盛顿大学的研究生院，开始了职业生涯的快速上升。在麻省理工学院获得博士学位后，他加入了斯坦福大学的教师队伍。就在"1958年11月的那个周日下午，也就是我第一个儿子出生的前一个月，在门洛帕克的公寓里"，蒙代尔的灵光一现塑造了他此后的职业生涯。这位年轻的教授彼时正弓着身子在一张桌子前画图表，这时他突然想到了一种新的全球经济模型的核心内容。他后来写道："我被这个想法深深吸引住了——或者说，为之兴奋，这可能是一个更准确的描述——我放下了铅笔和纸，来延长那种悬念带给我的享受。这种悬念就是，也许我再多做一点点的工作，一些全新的结果就会展现在我们面前。"[3]

当时的经济学家把国家经济看作独立的系统，每个国家都是一个孤岛。蒙代尔的模型为检验国家间的相互作用提供了一个框架。他的结论之一是，一些国家可能会受益于共享一种货币，这一想法对后来欧元的诞生产生了重要的影响。

他在 1962 年的一篇论文中提出的另一个结论是，肯尼迪政府对美国的经济管理不善。白宫试图维持财政纪律以遏制通胀，同时降低利率以鼓励经济增长。蒙代尔写道，政策应该反过来。政府应该通过减税来刺激经济，提高利率来控制通货膨胀。[4] 蒙代尔在国际货币基金组织任职期间撰写了这篇论文，然而他的一些同事却反对这种异端言论的发表。事实证明他们的担心是对的，蒙代尔的这篇论文广为流传。美国财政部长道格拉斯·狄龙给总统分享了一份带注释的副本。当年 12 月，肯尼迪在纽约商界领袖面前提议减税后，蒙代尔在国际货币基金组织的领导来到他的办公桌前，说："嗯，我猜你现在一定很得意。"[5]

但快乐转瞬即逝。肯尼迪和凯恩斯主义者恰巧都认同了蒙代尔关于减税必要性的观点，但他们并没有接受蒙代尔对凯恩斯主义机制的潜在批判。蒙代尔想要减税，而不是降低利率和增加支出；但在 20 世纪 60 年代剩下的时间里，凯恩斯主义经济学家说服美国政策制定者同时进行这三项举措，实施大规模的经济刺激。

到 20 世纪 60 年代末，通货膨胀率不断上升，但仍然没有人对蒙代尔提出的替代方案感兴趣。当约翰逊政府在 1968 年提高税收以控制通货膨胀时，蒙代尔预测政府只会成功地减缓经济的增长。尼克松在 1968 年的总统选举中获胜后，蒙代尔敦促新一届政府撤销增税政策，转而采用他提出的提高利率和降低税收的方法。但弗里德曼和其他保守派经济学家坚决反对任何减税措施，对于蒙代尔的意见，尼克松也未采纳。[6] 1969 年，沮丧的蒙代尔依然坚信自己的建议是明智的，于是他花了 1 万美元在意大利锡耶纳的郊外买下了一座破旧的城堡，原因是他认为通货膨胀无可避免，而房地产将是一个很好的保值工具。[7]

两年后，在博洛尼亚距离蒙代尔的城堡大约100英里的地方再一次召开了会议，而这次会议给了蒙代尔再次尝试的机会。他的主要目标是凯恩斯主义者关于美联储可以通过压低利率来刺激经济增长的观点——这基本上就是通过接受更多的通货膨胀来换取更多的就业机会。与弗里德曼一样，蒙代尔认为，通货膨胀“既不是充分就业的必要条件，也无助于充分就业”。[8] 事实上，他认为通货膨胀还会增加失业率。但蒙代尔也反对货币主义者关于解决通胀的方法是大幅限制货币供应的增长，从而将经济推入衰退的观点。他冷淡地指出，如果货币主义者关于通货膨胀这种病的治疗方法是正确的，那么美国人可能宁愿不治。与之相对，蒙代尔描述了他提出的第三种解决办法，那就是以减税来刺激经济活动，同时提高利率。

蒙代尔论点的关键在于减税。他说，增长是一种自然力量，税收则是控制它的软木塞。每个人都认同发放货币将增加对商品和服务的需求；除此之外，蒙代尔认为，这也将增加供应。企业将增加投资，在税率较低的情况下寻求利润。

减税也会增加联邦赤字。普遍的担忧是，赤字将迫使政府要么印钞票，推高通胀，要么从私人部门借款，推高利率。蒙代尔说，美国可以从其他国家借钱，从而避免这两个问题。他在博洛尼亚会议上表示：“假设这确实意味着美国将迎来预算赤字，可是谁又在乎呢？”[9] 后来，他对这个问题做了进一步的解释，告诉提出这个问题的朋友：“沙特阿拉伯会为此提供资金。”[10]

博洛尼亚会议结束后，受伤的蒙代尔离开芝加哥前往安大略省的滑铁卢大学。前同事开玩笑说，滑铁卢找到了它的拿破仑。蒙代尔找到了更容易接受他的听众。与大多数征收所得税的国家一样，加拿大采用的是一种随着收入水平升高逐步征收更高税率的税制。当通货膨胀上升时，这个体系自动地增加了政府收入，因为名义收入的增加将人们推到了更高的纳税等级。但是通货膨胀并没有使实际收入增加——也就是没有增加人们可以购买到的汉堡的数量——所以，当人们被征收更高的税率时，他们的汉堡购买力下降了。凯恩斯主义者并不认为这种“税级攀升”会拖累经济增长，因为政府可以把多出来的收入用其他形式花掉来促进经济发展。但蒙代尔认为，激励措施也很重要：更高的税收使平均每小时获得的工作报酬变少，人们愿意付出的工作时间也会相应减少。

1973 年，加拿大议会投票决定自动调整税收等级，以跟上通货膨胀的步伐。该法案是对蒙代尔研究成果的直接应用：加拿大减税是因为税收阻碍了经济增长。“这项提议是税收理念和实践方面的一项重大创新，”英国财政大臣约翰·特纳在介绍这项措施时向议会表示，“人们和政府需要一些时间来适应它。”[11]

1974 年蒙代尔回到美国，接受了一份在纽约哥伦比亚大学的工作，当时美国经济已经陷入了滞胀。对此，凯恩斯主义者无所适从，米尔顿·弗里德曼也只是怒不可遏。在两派都束手无策时，蒙代尔重新发起了减税运动。

那年春天在华盛顿的一次会议上，蒙代尔建议政府削减 150 亿美元的税收。到 9 月，他进一步主张削减 300 亿美元的税收。但事与愿违，福特总统提出了 5% 的增税议案，采用了标准的凯恩斯主义通胀疗法。

幸运的是，为了推动供给经济学，两位立场鲜明的“鲍斯韦尔”出现了，帮助蒙代尔在美国推销他的思想。第一位是阿瑟·拉弗，一个发自内心开朗快乐的经济学家，他无忧无虑，丝毫不受“有形的手和无形的手”的影响。

拉弗于 1940 年出生在克利夫兰一个富裕的家庭中，并在那个强大的工业城市郊外的富人区长大，之后分别在耶鲁大学和斯坦福大学接受教育。他喜欢现在的生活，认为政府的干预毫无意义。2018 年，我去纳什维尔拜访拉弗，他住在一栋堆满了古董和化石的大房子里。他告诉我：“我的世界观不是试图找出这个世界上的竞争模式中的所有缺陷。要相信，人们有一种不可思议的欲望去修补这个系统。所以，把你的臭手从经济上拿开就好！”

拉弗追随了蒙代尔的脚步，在斯坦福大学学习国际经济学，并在 28 岁时成为芝加哥大学的终身教授。当国会在 1968 年提高税收以抑制通货膨胀时，拉弗和蒙代尔一起谴责了这一决定。

两年后，也就是 1970 年，拉弗前往华盛顿，为芝加哥商学院前院长乔治·舒尔茨工作。尼克松任命舒尔茨领导一个新的机构——白宫行政管理和预算局，负责监督联邦政府的官僚机构。[12] 舒尔茨徒劳地劝阻尼克松对刺激经济的尝试。拉弗建立了一个简单的预测模型，预测下一年经济将在没有任何额外的联邦政府帮助的情况下健康增长——这个结论使他成为财政刺激计划支持者攻击的目标。《纽约时报》在其周日的商业版块发表了一首讽刺性的诗，开头是这样的：“他们放声嘲笑拉弗的赚钱机器 / 这种古怪的经济模型很少被提及。”保罗·萨缪尔森就拉弗在芝加哥的主场做了一场题为“为什么他们在嘲笑拉弗”的演讲。当批评他的人发现他并没有获得斯坦福大学的博士学位时，这位年轻教授承受了更深的折磨。于是，在 1971 年，他快速完成了博士学业，第二年就回到了芝加哥大学。[13]

混乱时期，拉弗接受了年轻记者裘德·万尼斯基的采访。正是他的报道描绘了蒙代尔传统、拉弗害羞的形象。万尼斯基出生于 1936

年，来自宾夕法尼亚州一个有社会主义倾向的煤矿工人家庭。他在拉斯维加斯开始了自己的新闻事业，之后在 1962 年，他穿着金丝西装，驾驶一辆别克敞篷车前往华盛顿，旁边还坐着一位漂亮的歌舞女郎。[14] 通过不懈的努力、适当的逢迎和快速的学习，万尼斯基在华盛顿的新闻业中茁壮成长。他开始写有关经济问题的文章，1972 年，《华尔街日报》为他提供了一份待遇优厚的工作。万尼斯基却一反常态地犹豫了一下，告诉他的新老板他不知道怎么写社论。编辑回答说："裘德，你只需要足够傲慢就行了。"[15] 傲慢可是万尼斯基最擅长的。他在社论中，甚至在给政策制定者的信中都充分表达了自己的观点。其中有一封写给福特总统幕僚长的信，开头是这样的："首先，我想让你们接受这样一个观点，那就是，我可能是全美国最聪明的人。"[16]

万尼斯基的确很聪明，他知道自己需要接受更好的经济学教育，于是他主动和拉弗建立了关系。"阿瑟是我所知道的唯一会回答愚蠢问题的经济学家。"万尼斯基如是说。当万尼斯基要求拉弗说出在世的最伟大的经济学家的名字时，拉弗说出了蒙代尔的名字。[17]1974 年春，拉弗在华盛顿的一次会议上介绍万尼斯基和蒙代尔相互认识。万尼斯基做事从不会半途而废，后来他写道，那天下午他在蒙代尔的酒店房间里待了几个小时，不停地问蒙代尔问题。他补充说，他已经找到了自己的目标：他将成为供给经济学派的宣传员。[18]

1974 年 12 月，万尼斯基在一篇名为"是时候减税了"的期刊专栏文章中向大众介绍了供给经济学。这些观点都来源于蒙代尔，在文章发表之前，他仔细地审阅了每一个字。但文章的表达方式无疑是非常"万尼斯基"了："国家经济正被税收扼住脖颈——近乎窒息。"[19]

在接下来的五年里，万尼斯基尽可能多地利用《华尔街日报》的影响力来表达自己的观点。他还出版了《世界如何运转》(*The Way the World Works*)，详细阐述了这一主旨。这是一本畅销书；拉弗说，这是有史以来最好的经济学著作。

然而，万尼斯基最有影响力的宣传是一张餐巾带来的不朽传奇。1974 年 11 月，拉弗和万尼斯基邀请福特总统的副幕僚长迪克·切尼到财政部街对面的双洲餐厅喝酒。当时，经济正陷入严重的衰退，而尼克松政府犯下的罪行令共和党人在刚刚结束的中期选举中惨败。拉弗和万尼斯基从蒙代尔未竟的事业出发，告诉切尼要想振兴美国经济，需要做的就是减税。拉弗告诉切尼，降低税率将会带来大量经济活动，政府实际上会获得更多的收入。为了说明这一点，拉弗拿起一张鸡尾酒附送的餐巾，画了一条看起来像飞机机头的曲线。万尼斯基将其命名为"拉弗曲线"，并使其闻名于世，以至现在史密森尼博物馆请拉弗重新在一张餐巾上画上"拉弗曲线"，并作为那张著名餐巾的复制品展出。这条曲线表明，高税率会对税收产生反作用。税收随着税率的上升而升高，直到某一点——也就是飞机的机头位置——但当税率高于这一点时，税收就会逐渐下降。如果政府将税率提高到 100%，人们就会停止工作，税收也随之降为 0。在拉弗曲线上，飞机机头的横坐标位置没有明确的标记。因为他说他不知道会使税收开始起反作用的具体税率是多少，但他相信美国现在的税率已经超出了机头这一点的水平，因此减税将增加税收。他在史密森尼博物馆展出的餐巾上写了一首小诗："如果你对一种产品进行征税，那么得到的会越来越少 / 如果你对一种产品进行补贴，那么得到的会越来越多 / 我们一直在对工作、产出和收入征税，反而对待业、休闲和失业进行补贴 / 那么后果就显而易见！"[20]

拉弗强调减税会鼓励人们赚更多的钱，这是对蒙代尔最初理论的简化。拉弗进一步强调了这一点，他认为政府应该致力于降低最高税率。这是对政府利用税收作为收入再分配的有力工具的直接攻击。拉弗和蒙代尔认为，政府不应该帮助那些最需要帮助的人，而应该专注帮助那些最不需要帮助的人。他们表示，这样做的好处将会逐渐显现：富人将会更加努力地工作，进行更多投资，经济将会增长，每个人的生活都会越来越好。蒙代尔表示："供给经济学认为，累进税率的陡峭层次缩减了要分配的蛋糕的大小。即使穷人在大蛋糕中分得一小块，也好过在小蛋糕中分得较大的一块。"[21]

大为光火

1971 年 8 月，美国最知名的企业律师之一路易斯·F. 鲍威尔为美国商会起草了一份危言耸听的备忘录，警告说："任何有思想的人都不会质疑美国经济体系正遭受广泛的攻击。"鲍威尔的备忘录描述了一系列灾难：他说，资本主义受到了激进分子的威胁，比如拉尔夫·纳德，他希望联邦政府保护消费者。而实际上，资本主义正遭受环保主义者、支持增税的自由派人士、思想被激进教授毒害了的大学生的威胁。1970 年 2 月，加州大学圣巴巴拉分校的学生将一个燃烧着的垃圾箱推入当地的美国银行，银行被烧毁，夷为平地。其中一名学生解释道："这是当时声势最大的一场资本主义运动。"[22] 鲍威尔对这种不尊重私人财产的行为表示哀叹。公司花费巨资宣传自己的品牌；他说他们也需要宣传资本主义。为了重塑公共政策，他们需要重塑公众舆论。[23]

啤酒业巨头约瑟夫·库尔斯表示，他受到鲍威尔备忘录的启发，创建了美国传统基金会。[24] 第二年，也就是 1972 年，全国制造商协会迁往华盛顿。他们发表的声明说："在世纪之交之前，我们就已经来到了纽约，因为我们认为这座城市是商业和工业的中心。但如今对商业影响最大的却是政府。"[25]

鲍威尔和他的客户对税收尤其不满，他们说税收正在拖累经济增长。经济产出取决于普通工人的生产率，而生产率增长在 20 世纪 70 年代初开始放缓；1974 年，美国普通工人的生产率出现了 20 年来的首次下降。标准经济理论将生产率增长视为投资的直接后果，而商界领袖则表示，税收正在打击投资积极性。他们表示，被广泛描绘为向富人提供福利的企业减税提议，将给每个人带来繁荣。美国商会聘请经济学家诺曼·杜尔收集企业受高税率压迫的例子。杜尔曾在 20 世纪 60 年代初帮助威尔伯·米尔斯制订肯尼迪 – 约翰逊政府的减税计划。

通过减税来鼓励投资是短视的。一家拥有 5 名员工的公司也许可以通过购买 5 台电脑来提高生产率，但它不能通过购买更多的电脑来继续提高生产率。在某种程度上，持续的收益只能来自性能更好的电脑。生产率增长最终是由创新驱动的，而促进创新需要对教育、研究和基础设施进行公共投资。它需要纳税人的钱。但企业关注的是眼前的问题；减税的代价是多年以后才能显现的。

商界的担忧在杰克·坎普身上找到了答案，他作为球队的四分卫，带领布法罗比尔队两次夺得美国橄榄球联赛冠军，然后在民众欢呼声平息之前，他在国会获得了一个席位。1974 年 12 月，也就是万尼斯基在期刊专栏上介绍供给经济学的那个月，坎普提出了一项削减公司税的法案。他提到布法罗当地报纸上的一则广告，上面写着："招聘车床操作员——请自备车床。"[26] 这项法案并没有得到很多人的支持，但它却吸引了保罗·克雷格·罗伯茨，一位拥有弗吉尼亚大学博士学位的经济学家，他在第二年加入了坎普的团队。罗伯茨又聘请了杜尔，他们一起制作了一份更复杂的法案。坎普将其称为《创造就业法案》(Job Creation Act)，并坚称经济增长将“产生额外的税收，以抵销最初的税收损失”。*

万尼斯基的工作重点是个人所得税，起初他对该法案完全无视。但在 1976 年 1 月，万尼斯基未经预约就来到了坎普的办公室，坎普知道后立刻出来迎接他，说：“万尼斯基！我一直在想我怎么才能见到你呢！”于是这两个人从早上 10 点开始聊，到了该回家的时候，万尼斯基跟随坎普一起回了家，他们吃着奶酪和通心粉，一直聊到了深夜。[27]

同样在 1976 年初，经济学家赫伯特·斯坦开始把这些减税的支持者称为“供给学派的财政主义者”，这个词并不是善意的。万尼斯基却很高兴被人注意到，他接受了这个称呼，并把它变成了自己的称号。[28] 于是，现在被称为“供给学派人士”的万尼斯基和他的朋友，开始在坎普的办公室集会，共同为革命制订计划。

国会在 1974 年成立了国会预算办公室，目的是从白宫手中夺取经济分析的控制权。[29] 参议院民主党人希望任命布鲁金斯学会自由派经济学家爱丽丝·里芙林为首任主任，但众议院预算委员会主席阿尔·乌尔曼表示，他不会接受一名女性来坐这个位子。想不到的是，最终打破僵局的是威尔伯·米尔斯。1974 年 10 月初的一个星期一晚上，华盛顿特区的警察拦截了一辆超速行驶的汽车。车上的乘客包括

---

* 在公众的心目中，“减税是一顿免费午餐”被视为供给经济学的核心主张，但供给学派并不认为 100% 的税收恢复是减税的普遍属性。拉弗曲线先上升再下降，有些情况下的减税会收回成本，有些则不会。而且这种说法通常比“政府将获得更多的税收”更复杂。它实际上包含三个部分：一部分税收将从更快的经济增长中收回；这一增长还将减少政府在社会保障项目上的支出；储蓄的增加会压低利率，降低政府的借贷成本。参见：保罗·克雷格·罗伯茨，《供给主义革命》(*The Supply-Side Revolution*)，剑桥：哈佛大学出版社，1984 年，第 31 页。

喝醉了的米尔斯和他的情妇——一个名叫凡妮·福克斯的脱衣舞女，当被发现时她迅速从车里跳出来并冲进旁边的潮汐湖以求脱身。当米尔斯因此被迫辞去筹款委员会主席一职时，乌尔曼接任了这一职位，而乌尔曼作为在预算委员会的继任者同意聘用里芙林。[30]

虽然里芙林是一个身材矮小的女人，但她却十分有魄力并充满了活力。她办事风格冷静且简洁，但这也很难完全掩盖她真实的性格。她原名为乔治亚娜·爱丽丝·米切尔，1931 年出生于费城，在印第安纳州的布鲁明顿长大，她的父亲是州立大学的教授。之后她进入了布林莫尔学院，原本打算学习历史，但在大学的第一个暑假，她参加了一门经济学入门课程，并因此改变了主意。她说："经济学的吸引力在于，它对世界的未来很重要，而不是像历史那样后知后觉。"[31] 她在大学的最后一个暑假致力于研究马歇尔计划，撰写了关于欧洲经济一体化的毕业论文，并进入拉德克利夫学院攻读经济学博士学位。在波士顿期间，她嫁给了律师路易斯·A. 里芙林，1957 年夏天，"带着一篇未完成的论文和一个五个月大的婴儿"，她跟着路易斯来到了华盛顿。她回忆说，"在那些日子里"，她找不到一份教授经济学的工作，"大学只是简单地说不聘用女性"，于是她转而进入了布鲁金斯研究院。[32]

当时，美国仅有 1/3 的女性有工作，而里芙林在维持自己事业的同时还要抚养三个孩子，这种情况实属罕见。

20 世纪 50 年代，经济学家刚刚开始研究政府在经济中迅速扩大的作用。里芙林就在这一前沿领域工作，分析联邦政府在社会福利项目上的开支。1965 年，约翰逊总统命令联邦机构开始分析他们自己的预算（这是第七章里会讲到的一个故事），而他们的回应是雇用了数百名经济学家，剥夺了华盛顿智库的地位。里芙林成为卫生、教育和福利部负责政策规划的副助理部长。当尼克松上任并结束了约翰逊提出的这些项目后，里芙林回到了布鲁金斯研究院，在那里，她加入了负责预算项目的官员、经济学家查尔斯·舒尔茨的团队，创建了一个影子预算办公室。他们发表了一份分析联邦政府支出的年度报告，就像他们在政府内部时所做的那样。

当国会决定需要属于自己的经济学家时，里芙林抓住了这个机会。她告诉《华盛顿星报》，她每天晚上都会为丈夫和三个孩子做饭。她说，有了新工作之后，他们要吃更多的外卖了。[33]

里芙林新工作的一个关键部分是评估立法提案的经济影响，利用性能日益提高的计算机来进行模拟。[34] 里芙林和计算机程序都是可靠的凯恩斯主义者；在计算减税的效果时，他们都不相信蒙代尔关于人们会因为更低的税率而更努力地工作，从而促进经济增长的理论。由于预算办公室不接受供给经济学的前提，它毫无意外地得出了减税会减少税收的结论。

保罗·克雷格·罗伯茨深感沮丧，他说服了一位来自南加州的共和党国会议员约翰·鲁西洛特，让他写信给里芙林，询问预算办公室的分析是否遗漏了供给主义效应；里芙林回应说，这一效应的影响太小，不能显著改变结果。[35] 接下来，罗伯茨说服 1976 年进入参议院的年轻的犹他州共和党参议员奥林·哈奇，要求预算委员会就预算办公室给出的模型举行听证会。哈奇向来自缅因州的民主党主席埃德蒙·马斯基提出了这个想法，马斯基说他很乐意举行听证会，但却一直推迟会议日期。当哈奇说他"感到不对劲"的时候，马斯基指责他"多疑"。不久之后，有人向哈奇提供了一份里芙林发给马斯基下属的备忘录，内容中将供给学派描述为"不应该被接见的极端右翼分子"。在委员会的又一次会议上，哈奇把它写入了会议记录。[36]

这场斗争的激烈程度反映了一个令人不安的事实：经济模型中所

使用的假设决定了结果。在对模型进行调整之前，供给主义的减税措施看起来不会令人满意。用希望减税的路易斯安那州民主党参议员拉塞尔·朗的话来说："我们必须做点什么。要找到更了解如何把答案输入电脑的人，得出的结论才会是正确的。"[37] 朗是参议院财政委员会的主席，他决定该委员会将出资构建自己的供给主义模型。[38]

米尔顿·弗里德曼不接受减税的供给学派理论，但他支持减少政府干预，并得出结论认为，自由派正在利用保守派对财政纪律的承诺。自由派继续增加开支，让保守派在增税和接受赤字之间做出选择。在弗里德曼看来，保守派应该采取镜像策略；实行减税，让自由派在削减开支和接受赤字之间做出选择。弗里德曼在为美国传统基金会撰写的一篇抨击文章中写道："由于把注意力集中在错误的事情——赤字，而不是正确的事情——政府的支出总额上，财政保守主义者不知不觉地成了挥霍者的女仆。"[39] 他得出了一个新的结论："我现在要呼吁，'让我们在任何情况下都积极减税吧'。"[40] 他就像一个正在攻城的将军，谈判无果后，准备采取饥饿战术。他预测自由主义者会投降，而减税会导致开支削减。

20 世纪 70 年代中期，在弗里德曼的帮助下，美国国家税务限制委员会成立了，该机构旨在敦促对各州的税收实施宪法限制。1976 年 10 月 14 日，弗里德曼从芝加哥飞往底特律，并在那里停留了一天，为一项旨在限制州政府开支的州宪法修正案做宣传。当他到达预定的第一个新闻发布会时，他惊讶地发现有很多记者在等他。

"能不能说一下你得奖后的感想？"一个记者问道。

弗里德曼就是这样得知自己获得了诺贝尔经济学奖的。[41]

第二年，弗里德曼就年满 65 岁了。他从芝加哥大学退休，加入了他妻子的哥哥亚伦·迪雷克托在斯坦福大学胡佛研究所的研究队伍。

后来拉弗也离开了芝加哥，前往加利福尼亚。1976 年，他为了躲避批评者，成了南加州大学的一名教授。[42] 他的学者同行继续把他的想法描述为半吊子理论，这让拉弗感到不安，但好在他在一家蓬勃发展的企业咨询公司找到了安慰。他在洛杉矶郊外买了一幢很大的房子，里面种了 300 种仙人掌，养了一大群宠物，其中包括一只名叫莫莉的绿金刚鹦鹉，它经常站在他的肩膀上。他在某种意义上成了一位名人。《人物》杂志通常不关注经济学家，但它却刊登了一篇几乎通篇都在称赞拉弗的文章，虽然其中引用了拉弗妻子的一句话——她说，她喜欢长跑，因为"这是我能与一个疯子保持婚姻关系的唯一方式"。[43]

1978 年，成为加州纳税人名单上的新成员的拉弗和弗里德曼一致同意支持 13 号提案，这是一项限制财产税的州宪法修正案。部分由通胀推动的房价快速上涨，导致财产税大幅增加。该修正案将平均税收负担从房屋价值的 2.67% 降至最高 1%。

发起这场运动的是斗志旺盛的商人霍华德·贾维斯，他表示，他的目的是保护业主，即便是以牺牲公共服务为代价。贾维斯说："在这个国家，最重要的不是学校系统，不是警察局，也不是消防部门，而是在这个国家拥有财产的权利，在这个国家拥有房屋的权利，这才是最重要的。"他说，他的灵感来自 1976 年的电影《电视台风云》（*Network*），片中男主角的呼喊令人难忘："我要气疯了，我再也受不了了。"[44]

这场运动借助拉弗和弗里德曼的影响力来凸显它的重要性。拉弗说，这项措施"对振兴加州经济将大有帮助"。弗里德曼称这是"我们控制政府支出的最佳机会"。贾维斯四处游说，告诉批评者加州两位最重要的经济学家都站在他这一边。1978 年 4 月，萨克拉门托北部小镇马里斯维尔的地方报纸《呼吁民主党人》（*Appeal-Democrat*）指出，“当米尔顿·弗里德曼这样的经济学家支持贾维斯–甘恩的房产税提案时，那些嘲笑该提案是一个会让加州政府破产的古怪想法的人不得不对它进行更认真的思考”。[45] 最终该法案以 2∶1 的优势获得通过。自由派经济学家约翰·肯尼斯·加尔布雷斯嘲讽贾维斯对公共安全漠不关心的态度，他给《新闻周刊》（*Newsweek*）写了一封信，建议如果发生危险时，消防部门不接报警电话，那么人们就应该转而给弗里德曼打电话。“如果根本没有人回应，”他说，“那可真是很不方便呢。”[46]

吉米·卡特在 1976 年的总统竞选中曾承诺用老办法恢复经济增长，1977 年 2 月，国会民主党人迅速将凯恩斯主义的经济刺激方案提交众议院审议。该法案包括用联邦支出对经济进行刺激以及对年收入低于 3 万美元的纳税人退税 50 美元。在最后一场辩论中，当来自南加州的国会议员鲁西洛特站在众议院的地板上质问里芙林时，民主党人期待的是一场反对铺张浪费的辩论。但事与愿违，鲁西洛特提议用供给学派的刺激方案取代民主党的方案：统一降低 5% 的个人所得税税率。

惊讶的民主党人将这一想法斥为“涓滴经济学理论”（trickle-down economic theory，或译为涓滴效应、下渗经济学），修正案很快就被否决，但供给学派却因此声名鹊起。

为了抢鲁西洛特的风头，几个月后，坎普与参议员威廉·罗斯一起提出了一项法案，将税率在三年内每年降低 10%。[47] 1977 年 9 月，共和党全国委员会不顾财政保守派的不安，批准了该法案。格林斯潘回忆起一次午餐时，坎普问他：“为什么我们想要不负责任一点都不可以？为什么我们不能在他们之前减税和发放福利呢？”[48] 这是万尼斯基建议书中的一句话，这让厌恶赤字的格林斯潘很不高兴。其他人也有点谨慎，包括迪克·切尼，他曾在 1978 年参选众议院议员。切尼在参加竞选的过程中给万尼斯基写信道："我要把这句话传达给坎普和罗斯：你们最好知道自己在说些什么。"[49]

1979 年的第二次石油危机加重了滞胀的症状，对减税的政治支持也随之增加。货币主义者和供给学派认为他们的主意是能够代替现有方案去治疗国家经济弊病的方法；焦虑的政客仿佛将各种药瓶从货架上一股脑扫下来一样，病急乱投医般地热烈拥抱货币秩序和减税政策。

第一个突破性的法案是一项降低投资收入的资本利得税的措施，由威斯康星州共和党人威廉·斯泰格尔提出，他担心美国经济正在失去创业精神。斯泰格尔希望扭转 1969 年提高资本利得税的做法，以刺激对科技行业的投资。他引用了哈佛大学经济学家马丁·费尔德斯坦的研究，后者是保守派政策圈子里的一颗新星。[50] 斯泰格尔是一个年轻而雄心勃勃的温和派人士，他起草了创建职业安全与健康管理局的法律；他对减税的兴趣是一个明显的信号，表明供给学派的观点正在进入主流。虽然白宫抨击费尔德斯坦的研究存在"根本性的缺陷"，卡特则斥责他"通过减税为百万富翁创造了意外之财"，但国会还是决定尝试一些新的东西。1978 年 11 月，减税通过并形成了法律。[51]

1980 年，由得克萨斯州民主党参议员劳埃德·本森担任主席的联合经济委员会发布了一份两党一致通过的年度报告，打破了以往两个党派各发布一份报告的惯例。报告的开头是这样写的："1980 年的年度报告标志着一个经济思维新时代的开始，过去的经济学家几乎完全专注于经济的需求面，因此，他们陷入了这样一种误区，即失业和通胀之间存在一种不可避免的平衡。"报告称，这种新的经济学"可以在 10 年间显著降低通胀水平，同时不会增加失业率"。

本森还召开了期待已久的经济模型听证会，迫使里芙林以典型的华盛顿方式投降——她只能假装从未发生过任何争端。

“我们对供给主义非常感兴趣。”她说。[52]

里根经济学

罗纳德·里根在 1976 年以失败为结尾的总统竞选期间，以及在 1980 年竞选的最初几个月，都很少提及税收。但在艾奥瓦州党团会议上输给布什后，里根在 1980 年 2 月前往新罕布什尔州参加初选，此时他急需一场胜利来重新确立自己的领跑者地位。通过承诺减税以及推出一系列广受欢迎的广告，他获得了选民的支持。

播音员：罗纳德·里根认为，当你对某样东西征税时，你得到的东西就会减少。我们正在对工作、储蓄和投资进行前所未有的征税。结果，我们的工作更少，储蓄更少，投资更少了。

里　根：我并不总是认同肯尼迪总统的观点。但是，当他提出的 30% 的联邦减税计划成为法律后，美国经济的表现非常好，每个群体都取得了进步。甚至政府也获得了 540 亿美元的意外收入。如果我成为总统，我们将再试一次。[53]

对此里根的反对者毫不掩饰他们的失望。布什是老派财政秩序的支持者，他嘲笑里根的观点是“巫毒经济学”。来自伊利诺伊州的温和派共和党众议员约翰·安德森称里根是江湖骗子。他说，里根要实现减税、增加国防开支和平衡预算的承诺，唯一的办法就是使用“蓝色的烟雾和镜子”*。

---

* 指用来掩盖真实情况或传达误导性信息。——译者注

但政治时机已经成熟。美国政府在第二次世界大战以后为美国经济产出贡献了最大的份额。一部分原因是薪俸税的增加，目的是为社会保障和医疗保险提供更多资金。[54] 另一部分原因则要归于通货膨胀的后果，它将人们推入更高的所得税等级。而且，由于一种直到 20 世纪 80 年代才引起人们注意的趋势，美国最高税级人群的数量一直在增加：美国最富有的那一部分人的收入大幅增加，尤其是在金融领域，这创造了一个有影响力且对此十分不悦的纳税人新阶层。

卡特错过了政治气候的变化。他告诉选民减税是不负责任的。在 1980 年 6 月的日记中他写道："我们将继续尽我们所能把坎普 – 罗斯提案缠在里根的脖子上。"[55]

选民却喜欢那个脖子上缠着减税政策的家伙。他们喜欢里根乐观和严厉相结合的性格。1981 年 1 月 20 日，美国人听到了美国首位供给学派总统做出的承诺："在未来的日子里，我将提议清除那些阻碍我们经济发展和降低生产力的障碍。"彼时，失业率达到了 7.5%，通货膨胀率也达到了 11.4%。痛恨滞胀的人群大声高呼表示赞同。

里根继续说道："是时候唤醒这个工业巨人了，是时候让政府量入为出了，是时候减轻我们惩罚性的税收负担了。这些将是我们的首要任务，在这些原则上我们不会妥协。"

里根打破了总统就职典礼在国会大厦东侧举行的陈旧传统。在 1 月的那个寒冷的清晨，他站在大厦西侧，面朝美国进步中心的方向，承诺要恢复繁荣。"我们为什么不相信我们能做到这些呢？"他问道，"我们可是美国人啊。"

当晚的庆祝活动与总统对国家悲惨困境的描述形成了对比。印第安纳州共和党的一个代表团乘坐一辆曾经属于 J.P. 摩根的私人火车抵达。而华盛顿国家机场的私人飞机停机位都不够用了。* 豪华轿车公司从遥远的亚特兰大提供租车服务。“这些人真的很有品位，”一位忙得头晕眼花的宴会承办人说，“他们不要虾仁做的沙拉，而是要求用整只的虾。”[56] 里根政府表示，私人赞助者会为一切买单；两年后，最终的账单大概是公布价格的 2 倍，大部分差额由国防部支付。[57]

用一句话来概括这八年就是：宣告繁荣，大肆挥霍——一个新的镀金时代。里根要求白宫工作人员在内阁房间里挂一幅卡尔文·柯立芝总统的画像。

里根对税收的厌恶早于 20 世纪 70 年代供给学派的兴起，早于 20 世纪 60 年代蒙代尔的出现，甚至早于 20 世纪 50 年代杜尔的研究。按照里根的说法，这源于他作为好莱坞高薪演员的经历，当时政府对他的收入所征收的税率超过 90%。里根说，他拒演一些角色是因为他不愿意“每赚一美元，自己只能留下六美分”。虽然这个故事并没有得到证实，但是当我们着眼于其他方面，去看看他在军队服役的那一年的税率，当时最高税率已经达到了 94%，我们就可以知道，这种痛苦显然是真实的。[58]

1964 年，巴里·戈德华特竞选总统的最后几天，里根在全国电视上发表了对保守主义的慷慨激昂的辩护，一下子就登上了全国政治舞台。里根宣称：“历史上，没有一个国家能在税收负担达到国民收入 1/3 的情况下生存下来。”（然而事实并非如此：当时法国的税收约占国民收入的 1/3；到 2017 年，发达国家的平均税率为 34%。[59]）两年后，里根在成功竞选加州州长期间承诺减税。但最终他没有兑现承

* 1998 年，该机场改名为罗纳德·里根华盛顿国家机场。

诺，部分原因是州议会的反对。1973 年，在他的第二个任期即将结束时，他呼吁就一项州宪法修正案举行一次特别选举，该修正案规定了加州个人收入中可以征收的税收份额上限。弗里德曼帮助起草了这一修正案，他花了一整天时间和里根一起坐飞机在加州四处宣传。这是两人的第一次长谈。

1973 年 11 月，修正案被彻底否决，但里根发誓要再试一次。“这个想法将成为现实，”他说，“它必须获胜，因为如果它不获胜，我们两百年来所熟知的自由社会、由被治理者所认同的理想政府，将不复存在。”[60]

阿瑟·拉弗于 1976 年移居南加州，杂货店大亨同时也是里根“厨房内阁”成员的老朋友贾斯廷·达特将拉弗介绍给了这位前州长。[61] 之后拉弗成了里根农场的常客。1977 年秋，里根在他的联合电台评论中为减税提供了供给主义的理由。第二年，在坎普的法案被否决后，里根告诉他的广播听众：“坎普 – 罗斯没有死。思想不会消亡，它只是在等待国会中的多数人接受来自人民的智慧。”[62]

拉弗仍然怀疑里根对供给学派的承诺。他敦促坎普参加 1980 年的共和党初选；但坎普参观了里根的农场后，决定转而支持里根，他认为里根“90%”是支持供给学派阵营的。[63] 他的信念得到了回报。里根入主白宫后，财政部长唐纳德·里甘——一位对供给经济学没什么兴趣的华尔街高管——任命了曾为坎普工作过的经济学家来填补财政部的高级税务工作的职位空缺，其中就包括诺曼·杜尔。* 里甘说：

---

* 在一篇关于任命杜尔的文章中，《纽约时报》提醒读者注意，“杜尔”这个名字的发音应该是第二个音节重音。实际上这样的发音是不正确的；杜尔家族一直将第一个音节读成重音。但杜尔的妻子说，这篇文章改变了他的想法，他开始按照《纽约时报》上建议的方式发音。参见：伊文·莫洛茨基，《诺曼·B. 杜尔，1981 年减税政策的设计者，享年 74 岁》，《纽约时报》，1997 年 8 月 13 日。

“我读了里根总统在竞选期间的讲话，他明确表示支持所谓的供给主义减税政策。我试图找到同样支持这些观点的最佳人选。”[64]

政府迅速采取行动，通过大幅削减个人所得税和企业所得税，避免了混乱的内部纠纷。借着里根的东风，共和党在 1981 年控制了参议院，这是 26 年来的第一次。里根在那年 3 月遇刺后，众议院民主党人的抗议声有所减弱。

但一些民主党人和共和党人仍然担心减税会导致更大的预算赤字。总统用他经常从拉弗和其他供给学派人士那里听到的观点来做出回应。他说，减税将促进经济增长，联邦税收也会增加。里根的一些最亲密的顾问，尤其是他的首席国内政策助理、经济学家马丁·安德森后来坚称，里根从未声称 1981 年的减税会为自己带来回报。这是可笑的修正主义。里根在竞选活动中和在白宫都这样说过。他在 1981 年 7 月 7 日的一次演讲中说：“我确实相信，就像肯尼迪总统那样，我们的减税措施将极大地刺激我们的经济，我们实际上会增加政府收入。”当时立法辩论已经进入最后阶段。[65]

1981 年 8 月 13 日，里根穿着牛仔衫、牛仔裤和牛仔靴，在他位于加利福尼亚州农场的院子里签署了减税法案，他用了共计 24 支笔来签字，来创造出足够多的纪念品。他在日记中写道，这是“半个世纪以来最伟大的政治胜利”。[66]

里根的减税政策本来很有可能让供给经济学声名狼藉。[67] 失败的证据不是沃尔克衰退，当减税法案通过时，沃尔克衰退就已经开始了。更确切地说，事实是即使在 1982 年底经济恢复增长后，总统所承诺的供给主义好处也没有实现。每个人都同意发放货币将促进经济增长。供给学派认为，较低的税率也会鼓励人们更努力地工作和更多地投资。政府特别预测，美国人会将减税额的 40% 用于储蓄，这是一个惊人的数字，因为其他收入的储蓄率只有 6%。但事与愿违，事实上平均储蓄率并没有变化。[68]

该法案还试图通过削减企业，尤其是制造业企业的税收来鼓励投资。1960—1980 年，机械制造业的有效税率已经从 59% 降低到 18%。根据 1981 年的法律，实际利率下降到 –5.5%。联邦政府实质上是在补贴机器投资。[69] 一项针对 250 家大型企业的研究发现，1981—1983 年，至少有一半的企业一年没有缴税。被该研究描述为“罗纳德 · 里根的前雇主”的通用电气（赚了 65 亿美元，却一分钱的税也没缴。[70] 但是整个经济领域的投资都在下降。1981 年 11 月，在一个足以载入史册的时刻，美国钢铁公司宣布，它将以 63 亿美元收购马拉松石油公司，而不是花钱升级其陈旧的钢铁厂。

税收改变人们的行为习惯：在纽约，有多达 45% 的香烟是从其他州非法进口的，因为纽约的香烟税是全国最高的。[71] 但是供给学派高估了税收的影响。米尔顿 · 弗里德曼和罗斯 · 弗里德曼在康涅狄格河的佛蒙特州一侧建造了他们的避暑别墅 Capitaf，尽管他们承认，“作为经济学家，我们本应在税收较低的新罕布什尔州找一块土地盖房子”。[72] 里根当选后，克利夫兰市的共和钢铁公司的首席执行官威廉 · J. 德兰西欣喜地表示，减税将开启“钢铁行业生产率和利润率更高的全新时代”。[73] 然而，共和钢铁公司没能撑过里根的第一个任期。

即便是减税对需求的影响，即发放资金的直接好处，也被证明是有限的。20 世纪 80 年代末，当经济尘埃落定时，经济衰退和经济复苏的结合使 20 世纪 80 年代的年平均增长率为 2.2%，经人口和通货膨胀调整后的增长率略低于 20 世纪 70 年代的年平均增长率。[74] 20 世纪 80 年代末，迪克 · 切尼对一位朋友说：“我不相信里根的减税政策会奏效。”[75]

里根的减税政策失败了，它未能带来更快的经济增长，还迫使政府出手以第二次世界大战以来最大的规模进行借贷。包括弗里德曼在内的一些保守派人士对政府的困境并不感到意外：他们曾嘲笑供给学派的预测。但他们也不惊慌。他们曾经支持减税，是因为他们想在联邦预算上挖一个洞，然后通过削减开支来弥补。[76]

里根的预算主任大卫·斯托克曼非常清楚自己想要削减什么。斯托克曼今年34岁，身材高大结实，无论是从外表上还是穿着上，他都和之前做国会职员时一样，看起来对工作认真负责，充满热情，尽管那时他的头发已经有些灰白了。他不是一个经济学家；相反，他是市场经济学从一系列深奥的批评演变成一场任何人都可以参加的政治运动的一个鲜活的例子。斯托克曼在密歇根州的一个农场长大，20世纪60年代末进入哈佛神学院。在那里，他曾帮忙照顾丹尼尔·帕特里克·莫伊尼汉的孩子。他利用这个机会，在记者戴维·布罗德举办的一个研讨会上占到了一个座位。布罗德随后把斯托克曼介绍给了共和党的政治新星众议员约翰·安德森，因为安德森需要一个专注于研究经济学问题的助手。然而斯托克曼对这门学科一无所知，但他马上开始读书，在20世纪70年代中期，他接触到了哈耶克和弗里德曼的思想。他回忆道："自由市场学者所说的一切真的都会发生——短缺、瓶颈、投资扭曲、浪费、非理性以及更多的通胀——它们就真实地发生在我眼前。"[77]

1977年，斯托克曼赢得了密歇根州的一个众议院席位。某个午夜，在讨论联邦德国战后经济改革等问题时，他和坎普成了朋友。但他从未加入坎普的核心圈子。[78]供给学派并不关心赤字。斯托克曼称自己是"完全的供给学派人"；他想着力于削减税收和开支。

斯托克曼的心要碎了。与削减开支相比，里根和大多数国会议员更喜欢减税。里根拒绝支持斯托克曼削减联邦福利项目的计划；与此同时，他还支持大幅增加军费开支的方案。“我不止一次听到总统说，‘在削减国防开支和招致赤字之间，我将选择赤字’。”詹姆斯·C. 米勒三世说道，后来他接替斯托克曼担任预算主管。[79]

随着联邦政府借贷的迅速增长，供给学派呼吁大家耐心等待，认为年度赤字不会持续，也并不重要。1981 年 12 月，时任里根政府经济顾问委员会委员的威廉姆·尼斯卡宁在美国企业研究所的演讲中引用了蒙代尔的观点，他宣称，赤字增加与通胀或利率升高之间几乎没有联系。一些持有老派观点的参议院共和党人坚持认为赤字是危险的，要求尼斯卡宁辞职。[80]

尼斯卡宁的观点自有其道理。面对美国政府的赤字，日本人特别渴望借钱给美国。[81]1984 年，里根政府鼓励国会为外国买家创建一种新的美国国债，从而推动了事态的发展，帮助解决了这一问题。[82] 这些举世瞩目的债券的发行目的在于通过允许债券持有人匿名收取利息，为针对外国政府的税务欺诈提供便利。他们只需要证明自己不是美国人，便可以购买债券，这反过来又使美国得以支付较低的利率。美国财政部派出高级官员前往日本和欧洲推销这些债券。里根高呼美国是“世界投资中心”。但美国人付出了相应的代价：对外国资金的巨大依赖侵蚀了这个国家的工业基础。我将在第八章中讲述这个故事。

1981 年末，担任参议院财政委员会主席的堪萨斯州共和党人鲍勃·多尔与美联储副主席弗雷德里克·舒尔茨和花旗集团首席执行官沃尔特·瑞斯顿共进晚餐，席间舒尔茨对政府的挥霍无度感到恐惧，瑞斯顿则直言不讳地为里根的经济政策辩护。几天后，多尔在电梯里遇到舒尔茨，他向舒尔茨吐露了心声：“这场辩论是你赢了。我认为我们必须在财政方面有所作为。”[83] 作为他个人的表达特色，多尔还讲了一个新笑话："我有一个好消息和一个坏消息。好消息是，昨晚一辆坐满供给学派学者的公共汽车翻下了悬崖。坏消息是，车上还有三个空位没坐满。"[84]

在接下来的二十几年里，美国政府的财政状况才慢慢恢复。

然而，里根和供给学派赢得了一场持久的政治胜利。最明显的变化是对高收入人群征收的税率永久性降低。1981 年的法律将最高税率降至 50%。1986 年，国会进一步将最高税率降至 33%。[85] 自 20 世纪 80 年代以来，在民主党总统的任期内，最高税率往往会上升，在共和党总统的任期内则会下降，但始终保持在 40% 以下。

在 20 世纪中期，政府曾将所得税作为纠正经济不平等的手段。税收就像一台推土机，把最高的山峰推平，把最矮的山头堆高。1979 年卡特执政时期，税后收入分配的不平等程度比税前收入分配的不平等程度低 10.2%。里根的减税政策将这台推土机的功率降低了很多。到 1986 年，税后收入分配的不平等程度仅比税前收入分配的不平等程度低 5.1%。[86]

20 世纪 80 年代中期，美国税后收入不平等的上升速度比战后任何时期都要快。[87] 富人和普通人之间的鸿沟越来越大，联邦政府却视而不见。

其他发达国家纷纷效仿美国，但有少数几个国家中途转向了。1976 年，英国保守派理论家基思·约瑟夫在一次题为"货币主义是远远不够的"（Monetarism is Not Enough）的演讲中，竭尽全力为降低最高税率的必要性背书：

> 战争以来的历届政府，通过征税，通过通货膨胀，通过无情的法

规和泛滥的立法，通过权力进行持续不断的、专制的管控和干预，逐渐剥夺了曾经值得冒险的快乐和回报。[88]

在首相玛格丽特·撒切尔的领导下，英国将个人所得税的最高税率从 80% 降低到 40%。日本的最高税率从 75% 下降到 50%。25 个发达国家的平均最高税率从 1979 年的 66% 下降到 10 年后的 50%。[89] 蒙代尔在 2011 年告别致辞中说："底线是没有人主张将税率恢复到 20 世纪 70 年代末的水平。我认为这就是胜利。"[90]

节衣缩食的日子

里根的减税政策标志着一个时代的结束。在这个时代里，联邦政府在经济中的作用稳步增强。联邦政府支出占美国经济产出的比例从大萧条前的不足 10% 上升到 1983 年的 22.8%，那是历年来的峰值。在接下来的 20 年里，民主、共和两党为修复政府的财政状况而达成的协议显著减少了联邦政府的经济足迹。[91]

多尔和其他共和党人在 1982 年与民主党人联手，迫使里根政府撤回了一些通过不足一年的减税措施。国会施加的压力暴露了政府与供给学派之间的分歧。有些人，比如杜尔，想要保留公司减税政策。他看到了更有力的证据，证明削减公司税能够刺激长期经济增长，他还嘲笑了拉弗对削减个人所得税的强调。"鸡尾酒附赠的餐巾纸与供给经济学无关。"杜尔轻蔑地说。[92]

但是拉弗的供给经济学在政治上更有吸引力。里根同意撤销 11 个月前实施的削减公司和投资税的半数措施。为了达成协议，他承诺向投票支持该计划的众议院民主党人寄去一封感谢信，以便在 1982

年中期选举期间作为抵御选民的愤怒的盾牌。[93]

政府和国会曾经以如此高的热情接受了企业减税的理由，但突然之间，企业似乎难以承受。一位愤怒的企业说客表示："我们提议的根本价值甚至都没有得到讨论。"[94]

1984 年，国会大多数共和党人与民主党人联手投票支持一项法案，该法案再次得到里根的支持，旨在通过增加税收来削减赤字。[95]

但在 1987 年，大多数国会中的共和党人投票反对第三轮增税。[*]准备接替里根的时任副总统乔治·H.W. 布什注意到了党内情绪的变化，在 1988 年共和党全国代表大会上，他对咆哮的人群说道："看我的口型——不会再有新的税项产生了。"

然而，布什仍然是一个老派的共和党人，他更担心的是赤字而不是税收。1990 年，他与民主党人就增加税收和削减开支的新方案达成了协议。其中只有 1/3 的资金来自增税，但大多数共和党人仍然反对这项措施；布什几乎没有获得必要的支持来推动该法案在国会获得通过。最后一次投票是在 1990 年 10 月的一个周六下午，结果足以载入史册。共和党参议员皮特·多梅尼西在会议讨论的过程中悄悄转过身来，并抬起右手，引起了一名记票员的注意，暗示自己投赞成票。这是 20 多年以来最后一次共和党国会议员投票同意提高所得税。

1993 年，克林顿总统在没有共和党人投票的情况下，推动增税方案在国会获得通过。供给学派坚持认为提高税率不会增加联邦政府的

---

* 1986 年的税收法案将最高税率降至 33%，其目的是保持税收中性：既不增加也不减少赤字。它体现了威尔伯·米尔斯在 20 世纪 50 年代首次提出的目标：降低税率，同时扩大税基。这项立法仍然被视为两党合作和经济政策制定的胜利。然而，它并没有解决联邦支出和收入之间不匹配的根本问题。

收入。杰克·坎普告诉保守派活动人士，克林顿的增税计划会适得其反。“增税会减少赤字吗？不，它只会削弱我们的经济，增加赤字。”[96]从理性层面上看，增税也一样是错误的。但在克林顿执政期间，经济是繁荣的，赤字消失了。

共和党人在一些开支削减的方案上赢得了胜利。得克萨斯州众议员、前经济学教授理查德·阿米在其中发挥了主导作用。1940 年，阿米出生在北达科他州一个叫坎多的小镇。（这个城镇名字的英文读起来是 can do，即“能做到”，这正是一个自由主义者想要的态度。）他的父亲是镇长；他的母亲把书本摆放在家里的粮食升降机里，并坚持说她不需要政府。阿米和他的母亲很像。他喜欢说：“市场是理性的，政府是愚蠢的。”后来，阿米在俄克拉荷马大学获得了经济学博士学位，并开始了他的教学生涯。当他成为北得克萨斯州立大学的系主任时，他的教学生涯达到了顶峰。他说自己是“一所二流学校里的二流教授”。但在这个过程中，他在芝加哥大学度过了 1969 年的夏天。当提及这段经历时，他将其描述为“我第一次真正接触到经济学这门学科”。[97] 20 世纪 80 年代初，一位名叫埃迪·奇尔斯的共和党捐款人问一位大学的行政人员，学校里是否有“自由市场经济学家之类的人”。奇尔斯同时也是北得克萨斯大学董事会的一员。[98] 在这位行政人员的引荐下，奇尔斯结识了阿米并帮助他投身政坛。

1985 年，当阿米抵达华盛顿时，他曾试图在众议院健身房里的一张帆布床上睡觉，以表明他不想过安逸的生活。1990 年，他不顾共和党的领导，号召反对布什总统的税收计划，从而一举成名。三年后，作为共和党领导层的一员，他确保没有一个众议院共和党人投票支持克林顿总统的税收计划。

阿米在面对削减政府开支，削减农业补贴，关闭“冷战”军事基地时态度严肃。不过，他把米尔顿·弗里德曼写给他的一封信作为他的珍藏。他同意弗里德曼的观点，认为国会缺乏削减开支的勇气。他和他的盟友试图通过签订两份合同来解决这个问题。第一份合同由反税收活动人士格罗弗·诺奎斯特提出。从 20 世纪 80 年代中期开始，他就在两名证人面前敦促共和党候选人签署“保护纳税人承诺”，承诺在任何时候都不会投票支持任何形式的增税。在 1994 年中期选举期间，诺奎斯特收集了绝大多数共和党国会候选人的签名承诺。他说他把它们藏在了一个防火的保险柜里。[99]

第二份合同由阿米和纽特·金里奇起草，作为 1994 年中期选举的竞选纲领，被标榜为“与美国的合同”。其中包括一项要求平衡预算的宪法修正案，他们希望这能迫使政府大幅削减开支。在选民 40 年来第一次让共和党在众议院占多数之后，阿米将平衡预算修正案推向了国会批准的边缘。1995 年 3 月 2 日，该法案在参议院仅以一票之差未获通过，但克林顿总统承诺削减开支，在一定程度上避免了这一束缚。“政府高压统治的时代已经结束。”他在 1996 年的国情咨文中表示。联邦政府支出占全国经济活动的比例从 1990 年的 21.2% 下降到 2000 年的 17.6%。[100]

克林顿时期的紧缩政策经常被列为经济繁荣的原因之一，因为它有助于压低利率。但政府在 20 世纪 90 年代对经济增长的更大贡献是缘于它前几十年在教育、研究和基础设施方面的支出。20 世纪 90 年代进入黄金工作期的美国人比其他发达国家的成年人更有可能获得大学学位。硅谷的崛起是政府资助研究、政府对基础设施投资和政府发展人力资本的胜利。

相比之下，克林顿时期的财政紧缩意味着政府减少了对未来增长的投资。

联邦政府在科学研究上的支出下降了。1995 年，美国国家癌症研究所所长塞缪尔·布罗德跳槽去了私营部门。布罗德在接受《华盛顿邮报》采访时表示："22 年前我刚来这里的时候，为政府服务仍然是人们普遍羡慕的事情。"他说："我认为我们最好后退几步来看，虽然我们确实必须提高政府效率并面对财政现实，但政府的某些核心功能仍非常重要，包括用于减轻人们痛苦的科学研究。"[101]

联邦政府在基础设施上的投入下降了。联邦燃油税是改善交通的主要资金来源，自 1993 年以来却一直没有增加过。经通货膨胀因素调整后，税收的负担在此期间下降了 40%。虽然在道路和桥梁建设上的支出得到了广泛支持，企业也支持增税，但意识形态上对征税的反对，至今仍阻碍着任何改变。

联邦政府在人类福利方面的开支下降了。此外，政府在经济中的作用整体减弱，这掩盖了用于援助穷人的支出下降幅度更大这一事实，因为决策者将福利支出转向了老年人和中产阶级。这一转变的一个关键节点是克林顿所承诺的"结束我们所知道的福利"。之后，联邦政府不再向贫困家庭提供直接援助，而是开始向各州每年分配 165 亿美元。20 多年后，这个数字依然不变，但通货膨胀使其贬值了 1/3 以上。

美国在教育方面失去了优势。美国大学的教育成本现在是发达国家中最高的，而且在 21 世纪头 10 年进入职场的美国人，与其他 11 个发达国家的公民相比，其拥有大学学位的可能性更低，这并非巧合。40 年前，万尼斯基曾警告称，税收正在扼杀美国经济；如今，事实证明，税收的缺失更具破坏性。

如果一开始没能成功

有时思想会从其停泊处溜走。供给经济学是为了拯救20世纪50年代末的经济低迷而发展起来的，并在20世纪70年代末作为滞胀的纠正措施而复苏。20世纪90年代末，第三代供给学派的支持者曾驳斥这种说法。在他们看来，减税就像随时可以添进火里的一把柴。

1999年12月，乔治·W.布什作为共和党总统初选的候选人首次提出大幅减税时，美国经济已经持续增长了近10年。通货膨胀率和失业率也都很低；当那些处于社会顶层的人继续获得巨大的收益时，工人的工资也在上涨。

小布什认为减税是必要的，以保持经济增长的良好势头。"现在，在我们的麻烦到来之前，把更多的财富交到挣钱者和财富创造者的手中，将使我们目前的经济扩张及时地获得新生。"这位得克萨斯州州长对艾奥瓦州的听众说。[102] 他有一个令人信服的政治理由。他需要让共和党选民相信，他是另一个里根，而不是另一个老布什。他在2000年1月的一次辩论中说："这不仅仅是'不增税'，这是'减税啊，所以上帝啊，帮帮我吧'。"

小布什在2000年大选中备受争议的胜利更增强了他减税的决心。新总统和他的顾问认为，解决合法性问题的最好办法就是继续推进议程。在2001年就职典礼那天，国家失业率仅为4.2%，通货膨胀率为2.6%，投资在增加，生产率在提高，但小布什仍然宣布他将推动减税以"恢复我们经济的势头，奖励美国工薪阶层的努力和进取心"。

接下来的一个月，小布什又提出了另一个减税理由。联邦政府在2001年的税收达到了全国经济产出的20%，这是自第二次世界大战以来最大的份额，而财政支出却只有 17.6%。布什说：“美国人民被多收了钱，我代表他们要求退款。”

但其实这些全都说不通。经济不需要帮助。里根的经验已经表明，减税无法提供重大帮助，至少依据供给主义是如此。美国人也没有被多收税。撇开政府是否应该在 2001 年投入更多这一问题不谈，政府显然需要更多的钱来支付承诺给婴儿潮一代的退休福利。

小布什政府的财政部长、财政保守派人士保罗·奥尼尔认为，减税应以持续的预算盈余为前提，他还寻求了美联储主席格林斯潘的支持。格林斯潘的反对曾使共和党在 1999 年的减税计划流产，该计划的规模仅为 2001 年计划的一半。奥尼尔与格林斯潘的友谊可以追溯到福特政府时期，他试图说服格林斯潘相信更大规模的减税是更加不负责任的。[103] 但是格林斯潘的朋友，曾在福特政府时期任职的现任副总统切尼反驳说，有盈余是件危险的事，因为国会会把钱花掉。[104]

格林斯潘分别告诉这两人，他认同他们的看法。2001 年 1 月 25 日，在国会会议前，他支持以政府的财政健康状况为前提的大规模减税。所有人听到的都是格林斯潘改变了他对减税的看法。“我是一个教徒。我们有一首赞美诗。我们的赞美诗里有一首歌，叫作‘我锚已抛牢’（The Anchor Holds），”来自西弗吉尼亚州的 80 多岁的民主党参议员罗伯特·伯德慢吞吞地说道，“过去几年我一直听你说，我们需要偿还债务，这是基本的需要。我相信你当时是对的，我对锚似乎还未抛牢的事实感到有些震惊。”[105]

2001 年春，当经济进入轻度衰退时，小布什在他的收藏中加入了凯恩斯主义理论，附加了一张 600 美元的退税支票以扩大政治支持。这足以促使国会通过减税计划。

政府的财政健康状况在2001年迅速恶化，重现了1981年减税的结果。但当时的政治环境与1981年非常不同。小布什拒绝重蹈里根的覆辙。布什在2002年1月对欢呼的人群说："除非我死了，否则没人会提高你们的税率。"民主党领导人对此表示愤慨。参议院多数党领袖汤姆·达施勒坚称，他也不想提高税率。

此时此刻，小布什也没有努力削减开支。相反，他继续大肆挥霍，出人意料地模仿了林登·约翰逊，陷入了一场在亚洲（这次是在伊拉克）的打不赢的战争。他还支持在约翰逊的医疗保险计划中增加处方药福利，该计划为老年人提供医疗保险。

然后总统宣布恢复经济需要更大幅度的减税。

切尼带头制订了一个以鼓励投资为重点的供给主义计划。他的高级经济助手塞萨尔·康达说："他是从阿瑟·拉弗那里得到这个关于削减资本收益的主意的，他对这个主意很感兴趣。"[106] 切尼已经摆脱了对供给主义观点的警惕；对共和党人来说，这已不再是一个可行的立场。切尼后来写道："我们的信念是税收应该尽可能低，尤其是涉及税法中那些影响储蓄和投资、经济增长和创造就业的因素时。"[107] 事实上，切尼想要比小布什走得更远，小布什把政府提交给国会的一揽子计划中削减资本利得的部分省略了。因此，切尼说服众议院共和党人通过了削减资本利得的议案。然后，在参议院通过了小布什版本的计划后，切尼和总统单独坐在总统办公室里开始了交流，最终，他们决定支持切尼版本的计划。[108]

就奥尼尔而言，他决心在第二轮减税中更加努力。他在2002年9月告诉小布什，该计划是"不负责任的"，这使其进展一度停顿。但共和党在中期选举中的胜利鼓舞白宫向前迈进。最后一次内部对决发生在2002年11月15日，在切尼召集的一次会议上。奥尼尔极力主张国家“正走向财政危机”的看法。政府刚刚公布了五年来的首次年度赤字。切尼回应说：“里根证明了赤字并不重要。”[109]

减税计划的支持者和反对者都坚持认为，经济学证实了他们的立场。450 名经济学家在《纽约时报》上以整版广告的形式签署了一份声明，反对减税计划。声明称，该计划将扩大联邦债务，但不会促进美国经济。另有 250 名经济学家发表声明支持该计划，他们持相反的观点，认为该计划将扩大经济，但不会增加债务。

公众有了比以往更多的信息来评判这些内部的斗争，包括里根减税政策的记录。但正如历史学家迈克尔·伯恩斯坦敏锐地观察到的那样，近几十年数据的爆炸式增长往往会混淆视听，而不是澄清事实。海量信息的存在不仅让人们怀疑自己的判断，而且让人们怀疑没有人能胜任这一挑战。[110]

格林斯潘是公开反对第二轮减税的经济学家之一，尽管他的风格经常表现得模棱两可。[111] 私下里，他还是更加努力地进行研究分析，他给切尼带来了一份分析报告，报告的结论是，更大的赤字会提高利率，降低经济增长。[112]

切尼让康达准备一篇批评文章来抨击格林斯潘是在喊“狼来了”。[113] 这份在白宫传阅的备忘录重申了尼斯卡宁 1981 年的观点。它表示，利率水平是由许多因素决定的，几乎没有证据表明赤字特别重要。在 2003 年 5 月，减税法案以极微小的差距获得了通过。切尼投下了决定性的一票，事后他开玩笑说自己不常投票，但一旦投了，他总是站在胜利的那一边。“共和党现在变成了一个供给主义政党，一个减税派政党，”长期反对征税的斗士斯蒂芬·摩尔欢呼雀跃地说，“在过去的 40 年里，它已经从艾森豪威尔支持平衡预算的共和党人政党演变成支持经济增长的里根主义政党。”[114]

减税再次成为政治上的胜利和经济上的失败。小布什在 2004 年赢得连任，但经济增长不温不火，投资也在下降。美国人，尤其是适龄男性在持续退出劳动力市场。曾在 2003 年和 2004 年担任小布什政府经济顾问委员会首席经济学家的安德鲁·萨姆威克在事后分析中得出结论："简而言之，总体数据中不存在这些减税措施带来增长的最直接的证据。"[115]

随着联邦债务的飙升，美国又一次找到了现成的贷款人。这一次，中国取代了日本的主导地位，但效果是一样的。与中国的相互依赖关系破坏了美国的制造业，使其减少了数百万个工作岗位。

布什的减税政策也继续使税收分配趋于平缓。1961 年，大约 11.2 万名收入最高的美国人平均缴纳了 51.5% 的地方税、州税和联邦税。换句话说，政府从每一美元的收入中拿走了大约一半。与此同时，大多数的美国人——占比高达 90% 的低收入人群，平均支付了收入的 22.3%。政府从每一美元的收入中拿走的不到 1/4。半个世纪后，这一差距缩小了很多，几乎完全是因为富人的税收大幅减少。* 2011 年，收入最高的人缴纳的税收占其收入的 33.2%，而收入最低的 90% 的人缴纳的税收占其收入的 26%。[116]

一个重要的事实是，这是供给主义改革在政治上取得成功的一个标志，许多不太富裕的美国人支持这种税收负担的转变。曾经有许多美国人认为高收入家庭纳税太少，而持有这种观点的人的比例已经从 1992 年的 77% 降至 2012 年的 62%，尽管实际上，不平等的程度已经升至大萧条以来的最高水平了。[117]

---

* 由于经济阶梯顶端的收入迅速增长，最富裕的美国人缴纳的税收份额有所增加，而他们纳税占收入的比例却在下降。我所说的"大规模减税"，是指如果富人仍然遵守 1960 年或 1980 年的法律，他们本应缴纳更多的税款。

2006 年，拉弗从他在加州的长期住所搬到了田纳西州的纳什维尔，这让他的朋友大吃一惊。他说，他想找一个与他的税收观点一致的州，几乎没有哪个州比志愿军州 *（Volunteer State）对居民的要求更低了。只有阿拉斯加州、南达科他州和怀俄明州在州地方税收中所占的比例更小。[118] 拉弗喜欢说，他第一年省下来的税，就用来买位于富裕的百丽米德市的价值 155 万美元的豪宅了，和包括阿尔·戈尔在内的人做邻居。拉弗告诉我："这句话很棒，也很接近事实。"然而，搬到田纳西州后不久，拉弗有了一个惊人的发现：田纳西州还要征收遗产税。拉弗说："那是一个适合居住的地方，但不是一个适合死在那里的地方。"因此，拉弗发起了一场运动，说服田纳西州立法机关取消了遗产税。"现在，"拉弗告诉我，"死在这里也没关系了。"

---

* 田纳西州的别名。——译者注

第二篇

第五章

我们信任的企业

有一种说法是，经济学家制造子弹，律师相互射击。

——默顿·派克（1978）[1]

1952 年 4 月，几十名工程师在纽约市登上巴士，前往哈德逊河下游，他们有些来自世界一流的大公司，有些来自一些还没有产品的新公司。他们都是美国电话电报（AT&T）公司的客人，该公司几个月前刚刚申请了一种名为晶体管的新电子设备的专利，并邀请其潜在竞争对手花九天时间来学习如何制造晶体管。该公司甚至提供了一个为期两天的行程，让这些工程师参观其位于宾夕法尼亚州艾伦镇的一家最先进的制造工厂。此外，美国电话电报公司还出版了两卷完整的说明书，这是被那一代电气工程师称为“贝尔妈妈的食谱”的参考书。[2]

有一组参加美国电话电报公司培训的工程师来自得州仪器（Texas Instruments）公司，这是一家小公司，刚刚从石油行业转向电子行业。两年后的 1954 年，该公司生产出了第一个硅晶体管，它的诞生带来了微处理器的发展，从而为个人计算机的发明创造铺开了道路。日本公司东京通信工业（Tokyo Tsushin Kogyo）没有派工程师参加美国电话电报公司的研讨会，因为该研讨会仅限于北约国家的公司参加，但该日本公司在 1953 年获得了这项技术使用批准，并很快开始生产电子产品消费时代的首批轰动一时的产品之一：索尼晶体管收音机。

的确，晶体管是几乎所有现代电子设备的基本部件。但美国电话电报公司只获得了很少的回报：其他公司为这项技术仅支付了2.5万美元的许可费用。

美国电话电报公司为什么如此慷慨，原因很简单：作为一项有进取性的、经过周密考虑的、大范围的运动的一部分，联邦政府强迫该公司分享其发明，以防止公司通过创新科技垄断而变得过于强大。[3]

为了“开放电子领域”，监管机构要求在1941—1959年要有超过100家公司获得专利许可。[4]通用电气分享了其灯泡的秘密；IBM（国际商业机器公司）公布了其大型计算机的组装技术。[5]经历了一代人之后，联邦政府再次介入，迫使IBM公司允许他人为其电脑编写软件。新公司如雨后春笋般涌现，其中包括比尔·盖茨和保罗·艾伦于1975年4月创立的微软公司。

计算机革命的神话，自由意志主义者在硅谷的车库里发挥创意的神话，通常都没有提到政府所扮演的角色。但正是反垄断监管打开了市场，让这些创意得以蓬勃发展。

限制大公司在市场中的力量，无疑是一个独特的美国传统。

19世纪的美国人认为美国是一个由自耕农、工匠和小店主组成的国家，每个人都是自己的主人，或者有理由相信自己有一天会成为主人。这也不是纯粹的幻想：虽然经济自主的理想把黑人、妇女以及相当多的白人男子排除在外，但在美国，特别是在东北部和中西部，土地和资本的所有权分配比欧洲来得更广泛、更平均。

19世纪下半叶铁路和其他大公司的兴起，对许多美国人来说，是对这种生活方式的直接威胁。规模本身就是问题所在：新出现的庞然大物吞并了规模较小的竞争对手，压榨了供应商，也向客户收取了过高的费用。一小部分人攫取了巨额利润，施加了巨大的政治影响力；对其他人来说，经济独立的梦想似乎已经消失不见了。美国正在变成一个不平等的社会。到 19 世纪末，2/3 的产品由企业生产，2/3 的工薪阶层为企业工作。[6]

政治上的强烈反对催生了 1890 年的《谢尔曼反托拉斯法》，这是美国第一部反托拉斯法（反垄断法），将滥用市场权力定为犯罪行为。发起这项法案的俄亥俄州共和党参议员约翰·谢尔曼说："如果我们不能容忍作为一种政治力量而存在的国王，那么我们也不应该容忍一个在生产、运输和销售任何生活必需品的领域实行统治行为的国王。"[7]

随着时间的推移，该法案将被描绘成一种早期试图最大化美国经济效率的错误尝试。这是对历史的重写。该法案是一种有意识地将经济效率置于政治之下的努力。它的目的是维护小企业主的自主权。不仅如此，它的目的还有维护民主政府的生存能力。[8]

20 年后的 1911 年，联邦政府利用其权力，将约翰·D. 洛克菲勒的标准石油公司拆分为 34 个部分。[9] 洛克菲勒曾在 1882 年的著作中表达并颂扬了美国生活的新愿景："联合的时代已经到来。个人主义已经一去不复返了。"而最高法院，通过将他的公司碎片化来明确地表示，政府不准备认同这一点。三年后，也就是 1914 年，国会禁止了更广泛的限制竞争行为，包括大幅减少有竞争关系的公司之间的合并。

"大萧条"再次加剧了人们对企业集中的担忧。棋盘游戏《大富翁》发明于 1904 年，原本是为宣传反垄断而诞生的，而在 20 世纪 30 年代，为了扩大受众群体，《大富翁》经过重新包装，成了最畅销的游戏。[10] 富兰克林·罗斯福总统大声疾呼美国人"必须在市场上有平等的机会"，并把司法部的反垄断工作人员从 18 人增加到近 500 人。

第二次世界大战后，反垄断法的实施也被认为是法西斯主义的解毒剂。田纳西州民主党众议员埃斯蒂斯·凯弗维尔在 1947 年一篇被多次引用的演讲中警告称，企业集中将助长民粹主义者对政府越来越多的要求——直到资本主义和自由消失。自 20 世纪 40 年代以来，凯弗维尔几乎每过 10 年就会用一种惊人的现代语言发出警告。

> 美国企业的控制权正稳步地从地方社区转移到少数几个大城市。在这些地方，中央管理者决定他们所控制的遥远企业的政策和命运。数百万人无助地依赖着他们的判断。通过垄断合并，人们正在失去引导自身经济福利的权力。当他们失去了（原文如此）引导经济福利的权力时，他们也失去了引导其政治未来的手段。[11]

杜鲁门政府认为，德国的垄断企业在希特勒上台的过程中发挥了关键作用，因此解散了德国一些最大的企业集团。其中最重要的 I.G. 法本（I.G. Farben）公司，被分为九部分，包括巴斯夫公司和拜耳。但是联邦德国发展了一种不同于美国的限制公司权力的方法。联邦德国政府受“秩序自由主义”经济思想学派的影响，该学派认为，政府需要调控市场，以确保最佳结果，要通过创建政府批准的联合企业来保护小公司。它还试图通过国家对强大工会的支持来制衡企业权力。

美国也要求日本制定反垄断法，但影响力更小。

在这一时期，美国的政策制定者对经济学家的观点不感兴趣。到 1920 年，政府产生了一个新奇的想法，在一起针对美国钢铁（U.S. Steel）公司的反垄断案件中，一位经济学家被要求出庭做证，但是最高法院却嘲笑这名经济学家的“哲学推论”是低级证据。[12] 在 1963 年一项阻止两家费城银行合并的裁决中，最高法院对自己的反感给出了更礼貌的解释，解释说法官缺乏评估经济证据的能力。这相当于“不是你的问题，是我的问题”的法学版本。

与此同时，政府仍然认为规模本身是不符合美国标准的。占主导地位的公司可能以最低的价格提供最好的服务，但经济效率不是公共政策的目标。1962 年，最高法院一致裁定，不允许布朗鞋业（Brown Shoe）公司收购 G.R. 金尼（G. R. Kinney）公司，因为该交易将让合并后的公司以更低的价格出售鞋子，这将使其规模较小的竞争对手处于不利地位。首席大法官厄尔·沃伦说道：“我们必须认识到，国会希望通过保护有生存能力的小型地方企业来促进竞争。国会认识到，维持分散的行业和市场可能会导致偶尔出现的成本和价格上涨。它通过支持权力分散来解决这些相互矛盾的考量因素。”[13]

经济学的兴起改变了反垄断法在美国生活中的角色。20 世纪下半叶，经济学家逐渐说服联邦司法系统——往小了说，就是司法部——放弃反垄断法的最初目标，代之以用尽可能低的价格向消费者提供商品和服务这一单一目标。

正如在公共政策的其他领域一样，经济学家在 20 世纪 60 年代初开始获得影响力，他们认为经济原则可以用来使反垄断法的实施合理化。这个论点受到了听众的欢迎，因为政策制定者越来越担心政府没有在其执行决策中采用明确的标准。最高法院大法官波特·斯图尔特反对 1966 年阻止两家洛杉矶中型食品连锁店合并的决定，他指责美国联邦政府对拟合并的诉讼的“唯一一致性”就是“政府总是赢家”。[14]

为了解决这些投诉，约翰逊政府任命唐纳德·特纳执掌司法部的反垄断部门。特纳和他所有的前任一样，是一名律师。但与他的前任不同的是，他同时还是一位训练有素的经济学家。在进入耶鲁大学法学院之前，他在哈佛大学获得了一个博士学位。在1959年出版的一本引起约翰逊助手注意的书中，特纳主张政府应该建立统一的反垄断标准，以约束其对市场的干预。在美国司法部，特纳花了三年时间和自己的律师员工抗争，才制定了司法部第一部反垄断指南，指南将经济分析奉为判断企业行为合法性的正确方法。直接的影响是有限的。但以特纳的观点来看，经济理论证明对公司行为的广泛限制是合理的。这个部门开始聘请经济学家，并开始用经济学的语言解释其决定，但结果在很大程度上没有改变：政府依旧在阻止广泛的并购。

经济学家的作用在1972年的一份报告中得到了体现：

> 该部门还有另一种专业人士：经济学家。他们是二等公民。对于所提出的案件类型、所使用的法律理论或所要求的救济，他们几乎或根本没有发言权。一般来说，他们既不进行长期的研究，也不与政策规划人员密切合作。他们大多帮助律师为审判准备统计数据，偶尔也会出庭做证。他们是技术人员——“统计员”，几乎所有的律师都这么称呼他们，他们的行为也的确和统计员一样。其中一位曾中断了与我们的面试，他一边向我解释道“我的‘主人’有事找我”，一边匆匆忙忙就开始了与一位律师的谈话。[15]

但特纳的指导方针为改变学术界对企业集中的理解，使之转变为反垄断法实施方面的改变开辟了一条清晰的道路。在20世纪70年代，相信市场的经济学家抓住了机会。

反对反垄断

乔治·斯蒂格勒是推翻战后企业集中观的最重要的经济学家。他生性保守，曾被长期担任他助手的人形容为芝加哥大学校园里最后一个坚持出门要戴软呢帽的男人。[16]

他那一代人中的一些伟大的头脑被经济学吸引，认为经济学可以成为改善人类状况的工具。但在斯蒂格勒看来，经济学的朴素之美在于它证实了这种努力是徒劳的：经济学家的工作是对社会改善计划“发出经济逻辑的严厉裁决”。[17] 他认为市场提供了最好的结果，而政治家、慈善家和其他类型的干涉者只会让事情变得更糟。

这种信念在斯蒂格勒的“生存原则”中得到了最质朴的表达——他断言，有利可图的商业做法，通常来说是最优选择。公司通过适应市场条件而生存下来。[18] 与进化论进行一下类比，可以更明确地解释：巨型企业就像鸭嘴兽一样，可能会冒犯某些人的审美观，但它的存在就是它的正当理由。政府应该停止试图修复那些根本没有损坏的东西。

斯蒂格勒于1911年出生在西雅图郊外的一个小城市，那一年，政府公司收购了标准石油公司。他的父亲是德国移民，是一位因禁酒令而破产的酿酒商，后来成为一名不太成功的房地产投资人，在斯蒂格勒满16岁时，他们已经搬了16次家。斯蒂格勒在1931年毕业于华盛顿大学，那一年就业形势不好，找工作并不容易，于是他前往东部，进入西北大学商学院。在那里，他遇见了经济学，并于1938年在芝加哥大学获得了博士学位。[19]

斯蒂格勒在芝加哥认识了弗里德曼，但两人在第二次世界大战期间在哥伦比亚大学共事时才成为朋友。1945 年，两人都来到明尼苏达大学，在那里他们合著了一个关于房租控制的读本。第二年，他们面试了芝加哥大学的同一个职位。结果弗里德曼被聘用了，而斯蒂格勒先后去了布朗大学和哥伦比亚大学。尽管他们从未发表过第二篇合著的文章，但两人关系依然密切。他们经常通信，他们给彼此的文章当编辑，也通过将观点分享给对方来预测读者的反馈意见，尽管斯蒂格勒有时会责备他的笔友把太多时间和精力花在闲聊和八卦上。在后来的日子里，他们甚至还共用一辆车和一个健身房的储物柜。

乔治·舒尔茨对两人都很了解，他说弗里德曼会反复推敲论点的逻辑，而斯蒂格勒会“让所有人都嘲笑你”。[20] 自由主义经济学家罗伯特·索洛在斯坦福大学工作时碰巧和这两人一起放了轮休假。索洛在给一位朋友的信中写道，他发现弗里德曼是一个无可救药的理论家——“他一点幽默感也没有”，但他发现自己不由得喜欢斯蒂格勒。“他有真正的幽默感，”索洛承认，“而且他真的把他自由放任的精神贯彻到了他生命中的每一分钟。”[21] 当一位记者对斯蒂格勒说起他只写了一百篇论文，而另一位经济学家哈里·约翰逊大约写了五百篇论文时，斯蒂格勒回应说：“可是我的文章内容全都不重复。”[22] 斯蒂格勒长得很高，他发现自由主义经济学家约翰·肯尼思·加尔布雷斯也很高，而弗里德曼就不高，于是他说：“伟大的经济学家都很高，但有两个例外——约翰·肯尼斯·加尔布雷斯和米尔顿·弗里德曼。”

斯蒂格勒喜欢辩称，学院派经济学家的工作对公共政策几乎没有影响，而弗里德曼试图向公众传授经济学这件事本身就是在浪费时间。“米尔顿想要改变世界；而我只想弄个明白。”斯蒂格勒说。[23] 但是那些了解斯蒂格勒的人注意到了他的野心。和他长期共事的同事罗纳德·科斯说：“斯蒂格勒认为他将改变世界。”[24] 真正的区别就在于，斯蒂格勒把注意力集中在争取其他经济学家的支持上。在弗里德曼以一名公共知识分子的身份生活很长一段时间之后，斯蒂格勒仍在继续创作有意义的作品，并兴致勃勃地与学术对手进行斗争。斯蒂格勒在他的回忆录中写道："一个学者就是一个福音传道者，他试图使他那些博学的兄弟皈依他所宣扬的新启蒙思想。不用心、不认真提出的新想法几乎肯定会被人遗忘。"[25]

1948 年，斯蒂格勒在伦敦政治经济学院的一系列演讲中，对一位经济学家进行了严厉抨击，从而适时地为市场进行了辩护。他的目标是哈佛大学教授爱德华·张伯伦，他在 20 世纪 30 年代因主张垄断权力是经济格局的普遍特征而出名。由大公司主导的行业相对较少，但张伯伦认为，即使是在竞争明显的行业，公司通常也有一定程度的垄断力量，有能力挤压其供应商、竞争对手或客户。以海滩边的木板人行道为例，上面有一家冰激凌店、一个冷冻酸奶摊和一辆卖刨冰的手推车。这些小生意都没有做出垄断冷冻食品交易的行为；如果冰激凌店的价格翻倍，人们可以更多地选择吃冻酸奶和刨冰。但张伯伦表示，这家冰激凌店可能会稍稍提高价格，因为就是有一些顾客更喜欢冰激凌，而且店家可以培养这些偏好，比如通过打广告或者推出集 10 个印花换一个免费蛋筒冰激凌的会员卡。这产生了分割市场的效果，产生了张伯伦所说的"垄断竞争"。他还警告说，经济正走向更多的垄断和更少的竞争。

张伯伦认为市场是高度分散和不完全竞争的，这一观点冒犯了斯蒂格勒的审美情感和政治倾向。然而，他的主要反对意见是，张伯伦的市场观毫无用处。张伯伦建立的模型可能在表面上与现实世界相似，在现实世界中相邻的加油站经常收取不同的价格，但斯蒂格勒说这是纸上谈兵。与弗里德曼一样，斯蒂格勒也想通过预测的准确性来判断经济模型。在他看来，经济学需要对一般理论进行提炼，而不是对特殊现实进行精心描绘。市场并非完全竞争，但斯蒂格勒表示，经济学家和政策制定者若假装大多数市场都有竞争，将会取得更好的结果。[26]

在职业生涯的早期阶段，斯蒂格勒仍然认为相对罕见的实际垄断对经济来说是危险的。在1952年《财富》杂志的一篇文章中，他呼吁政府将这些公司拆分。[27]但斯蒂格勒的动机不同于传统的反垄断执法理由。斯蒂格勒担心的不是政府和社会的腐败，而是市场的腐败。他警告说，大企业的崛起正被用来为工会和监管的崛起辩护。他写道："越来越多的大企业被要求从'社会利益'出发，政府越来越多地干预它们的日常运营。"

1957年，斯蒂格勒和弗里德曼在斯坦福大学同时安排了休假，两人分摊了300美元的费用购买了一辆1950年产的别克汽车，这样他们就可以在大多数工作日开车去网球场打球了。[28]

第二年，斯蒂格勒以2.5万美元的高薪，* 外加一大笔研究基金，加入了芝加哥大学的教师队伍。[29]这笔钱是由查尔斯·沃尔格林提供的，他是当地的药店巨头，在禁酒令时期靠出售处方威士忌大赚了一笔。1935年，沃尔格林从芝加哥大学接回了他的侄女，指责这所大学传授共产主义和自由恋爱思想。伊利诺伊州议会对此进行了适当的调查，但是在大学里却没有发现任何证据。两年后，沃尔格林捐资55万美元，用于"培养芝加哥大学学生提高对美国生活和价值观的欣赏和向往"，从而修复了关系。[30]

---

* 根据1960年的人口普查数据，1957年男性大学教授的平均工资是7 971美元。经济学教授当时还没有被认为特别有价值。哥伦比亚大学经济学家约翰·M.克拉克曾在20世纪50年代中期抱怨说，他的收入和一个熟手的木匠差不多。

在芝加哥大学这个温室里，斯蒂格勒对反垄断执法的批评开花结果了。在针对张伯伦的反驳中，他没有对价格差异做出解释。同一个城市的药店怎么能以不同的价格出售相同的牙膏呢？理性的消费者难道不会去寻找价格最优的店铺吗？1961 年，他在一篇论文中给出了自己的答案，他将这篇论文描述为自己“对经济理论最重要的贡献”。[31] 它开篇写道：“我们几乎没必要告诉知识分子信息是一种宝贵的资源：知识就是力量。然而，它却生活在经济学之城的贫民窟地带。它的大部分内容都被忽略了。”[32] 斯蒂格勒说，人们做出不完美的决定是因为信息是有价格的，就像其他任何东西一样。人们可能觉得不太有必要投入时间和精力来彻底研究牙膏的售价。

斯蒂格勒在 1964 年的一篇论文中指出，其中的一个暗示是，政府不应过于担心企业的集中。这篇论文是对一篇神圣经文的直接反驳——《国富论》中，亚当·斯密有一句名言：“从事同一行业的人很少聚在一起，即使是为了娱乐和消遣，他们谈话的结果通常是针对公众的阴谋，或者是为了抬高物价。”到 20 世纪 60 年代，这一观点被一些普遍不信任市场的学者正式提出，并被联邦政府采纳为政策。联邦政府认为，随着竞争的减弱，相互勾结的概率会增加。在 1963 年阻止两家费城银行合并的决定中，最高法院建立了一个假设，即任何超过 30% 的市场份额增长都是限制竞争的。斯蒂格勒写道，的确，在相对集中的行业，企业可以通过达成限制产量和提高价格的协议来模拟垄断，从而提高利润。但对任何一家公司而言，参与创建这样一个垄断联盟，然后通过悄悄提供折扣来欺骗其合作伙伴，其利润都将更高。在早期的研究基础上，斯蒂格勒认为，防止此类欺骗的成本很高，因为它需要获取其他公司的销售信息，这样公司就可以通过拒绝参与垄断联盟来避免欺骗。对垄断联盟会破坏市场的恐惧是落后的；

市场才是垄断联盟的摧毁者。斯蒂格勒写道："竞争是一种顽强的杂草，而不是娇嫩的花朵。"[33]

将市场经济理论引入法学领域最早和最重要的人之一便是弗里德曼的姐夫亚伦·迪雷克托。1946年，迪雷克托加入芝加哥大学，成为首批在美国法学院任教的经济学家之一。

迪雷克托于1901年出生于东欧，1913年和家人来到俄勒冈州的波特兰。起初他几乎一句英语都不会说，八年后，他却获得了耶鲁大学的奖学金。[34]他和一个叫马克·罗斯科维茨的朋友去了东部。后来马克·罗斯科维茨退学了，还去掉了姓氏的最后四个字母，成了一位著名的艺术家。迪雷克托毕业后，在社会主义领域涉猎了几年之后，1927年进入芝加哥大学经济学专业攻读研究生学位。尽管还没有成功拿到博士学位，但是，在1934年，他还是带着对自由市场经济事业的狂热信仰离开了芝加哥大学。在第二次世界大战期间，迪雷克托说服芝加哥大学出版社出版哈耶克的著作《通往奴役之路》的美国版。1946年，哈耶克还了迪雷克托一个人情，他说服他在沃尔克基金的朋友，让他们承担了迪雷克托在芝加哥法学院学习的费用。沃尔克基金是堪萨斯城一家致力于自由意志主义事业的非营利组织。[35]

从此他开始了一段不同寻常的学术生涯。在芝加哥大学任教的20年里，迪雷克托几乎什么都没发表，但他在芝加哥培养出来的一代律师身上留下的印记，使他成为当时最重要的法律思想家之一。多年来，迪雷克托与爱德华·H. 利瓦伊教授法学院的反垄断课程，利瓦伊后来成为福特总统手下的美国司法部长。利瓦伊每讲四堂课，然后会轮到迪雷克托讲一堂。一名学生回忆说："亚伦·迪雷克托会告诉我们，利瓦伊前四天讲给我们的所有内容都是胡说八道。"而对一些人来说，这像是一种宗教体验。"我们成了他的近卫军。"罗伯特·博克

（是他早期的一名学生，也是最具影响力的迪雷克托思想普及者之一）说道。* 他的同事罗纳德·科斯因将经济学融入法律理论而获得诺贝尔经济学奖，他也认为自己是迪雷克托的信徒，他说："我把自己的角色看作亚伦·迪雷克托这位基督的圣保罗，他创始了他的学说并持续发展，而我要做的就是把教义传播给其他人。"[36]

迪雷克托的招牌是他对公司行为是限制竞争的怀疑。他首先假设市场是有效的，然后试图推断企业行为的解释。按照标准的观点，大公司在市场上横行，掠夺弱小的竞争对手、供应商和消费者；在迪雷克托看来，公司只是在努力生存。即使像美国电话电报公司和美国铝业公司这样没有明显竞争对手的巨头，也因为担心低效率会引来新的竞争对手而受到限制。

以标准石油公司为例。政府指责该公司试图通过在面临竞争的城市亏本销售煤油来形成垄断，将规模较小的竞争对手挤出市场。迪雷克托认为这是不合逻辑的。一家寻求垄断地位的公司可以简单地达成一项收购其竞争对手的协议，方法是将其作为垄断企业经营而获得的额外利润分成。他认为，只有当标准石油公司在降低成本方面真正享有优势时，它才有理由以较低的价格出售煤油。1953 年，迪雷克托敦促芝加哥大学经济学研究生约翰·麦吉调查针对标准石油公司的政府证据。起初，麦吉对此是持怀疑态度的——"和其他人一样，我完全知道标准公司真正做了什么"，他写道，但在深入调查档案后，他得出结论，迪雷克托是对的。1958 年，麦吉发表了一篇著名的文章，声称标准石油公司是无辜的。麦吉说，该公司以较低的价格出售煤油，因为它以较低的成本生产煤油。这篇文章发表在《法律与经济学杂志》的第

---

* 这里的近卫军是指被奥斯曼人俘虏的基督徒，他们皈依了伊斯兰教，并被派往战场。

一期上，这一期刊是迪雷克托为了传播他的思想而创立的。[37] 接受过洛克菲勒基金会捐赠的芝加哥大学，终于在这一刻找到了回馈的办法。

20 世纪 60 年代，迪雷克托和他的助手一直在抨击律师，而律师基本上对他们不理不睬。当 1967 年最高法院出面拯救犹他州馅饼（Utah Pie）公司时，他们尤其愤怒。20 世纪 50 年代，当美国人开始购买带有冷冻室的冰箱时，可以在家烘焙的冷冻馅饼的销量迅速上升。同时犹他州馅饼公司面临着新鲜馅饼销量的迅速下滑。于是在 1958 年，该公司建立了一家工厂，生产苹果、樱桃、波森莓、桃子、南瓜和肉馅口味的冷冻馅饼。

该公司将馅饼卖给当地超市的价格为每打 4.15 美元，低于卡内欣（Carnation）和宝贝奶（Pet Milk）等国民品牌的价格。各大国民品牌纷纷降价，资本主义随之而来：在接下来的四年里，盐湖城地区馅饼的销售量增加了 4 倍多，而平均价格下降了 1/3。犹他州馅饼公司的销售额和利润每年都在增长，但利润率却在下降。1961 年，该公司以掠夺性定价起诉其竞争对手，声称这些大公司为了把犹他州馅饼公司挤出市场而降低了馅饼的价格。

这个案例提供了一个清晰的选择：竞争降低了馅饼的价格，但同时也威胁着竞争者的数量。最高法院站在犹他州馅饼公司一边，再次强调这项法律是为了保护企业而制定的。[38] 实际上，1936 年，国会通过颁布《罗宾逊–帕特曼法案》（Robinson-Patman Act）来强化《谢尔曼法案》，该法案明确禁止大公司以低价打压当地竞争对手。

罗伯特·博克称该判决违背了经济规律。他写道：“被告被判违法不是因为损害竞争，而是单纯因为竞争。”[39] 斯蒂格勒在国会做证时敦促国会修改美国法律。他说：“我希望小组委员会能认真考虑这样一个事实，即如果把所有赞成《罗宾逊–帕特曼法案》的著名经济学家都塞进一辆大众汽车的话，还有剩余的空间让一个大胖子来当司机。”[40]

1965 年，迪雷克托从芝加哥大学退休，搬到加州。在斯坦福大学，他保留了一间办公室。1968 年秋，斯坦福大学法学院的新任教授理查德·波斯纳在一扇办公室门上看到了这个熟悉的名字，并抓住机会向迪雷克托做了自我介绍。波斯纳是最高法院大法官威廉·布伦南的书记员，在 1963 年费城国民银行（Philadelphia National Bank）一案中起草了多数的意见书。在该案中，法院明确宣布，该银行缺乏评估经济分析的能力。此后波斯纳先后在美国联邦贸易委员会和联邦总检察长办公室当律师，这是一份在最高法院前代表政府的工作。在当律师的过程中他却对经济学这一领域产生了兴趣。来到斯坦福大学时，29 岁的他算是少年得志，但他仍热切地向迪雷克托求教。就这样，一位老经济学家和一位年轻的律师在波斯纳的办公室里待了很长时间，迪雷克托坐在文件柜上讲，而波斯纳坐在打字机后面做笔记。[41]

那年冬天，斯蒂格勒以访问学者的身份来到斯坦福大学，这个两人教室变成了三人教室。斯蒂格勒和迪雷克托几乎每周都在波斯纳的反垄断法研讨班上露面。波斯纳后来成了一个出了名的令学生闻风丧胆的老师，因为他总是喜欢拷问学生。但他第一年教的学生都幸运地逃脱了他的魔爪，因为波斯纳的时间都花在和那两位教授进行交流和探讨上了。[42]

到春暖花开时，迪雷克托和斯蒂格勒安排了一场波斯纳和芝加哥大学的“联姻”。一年前，波斯纳横穿整个国家从华盛顿搬到加州，而一年之后，他又搬了回去。

就这样过了几年，到了 1973 年，波斯纳出版了《法律的经济分析》一书，有一位书评人的评论十分令人难忘，他把这本书比作《哈克贝利·费恩历险记》，将这本书描述为一个系列的冒险故事，书中的主人公——经济学——在每一章中都遇到了一个新的难题，而每一次他都能以巧妙的方式化解。[43] 波斯纳坚持认为英美法学体系的本质是经济学。几个世纪以来发展至今的英美法学体系，在很大程度上优先于经济学成了一种思维模式，几乎所有这些都是在没有经济学家参与的情况下形成的，都是靠大量的先例积累而来的，在波斯纳看来，如果给经济学家也都穿上黑色长袍的话，大概也会得到类似的结果。波斯纳在该书的第一版中表达了这一观点，但在1977年的第二版中，他写道，经济效率也许是正义“最普遍”的含义。

> 在许多其他例子中，我们将看到，当人们用“不公正”来形容未经审判就定罪，未经正当补偿就擅自占有他人财产，或未要求过失驾驶人对其过失造成的损害向受害人承担赔偿责任时，他们可以被解释说争论这些问题是浪费资源的行为，没有比这更像是炫耀的话了。[44]

此外，波斯纳认为，哪里法律效率低下，哪里就应该被改变。

在1976年出版的第二本书《反垄断法》中，波斯纳运用了这一教训，主张经济效率应该是反垄断政策的唯一标准，他的观点同迪雷克托一样，意思是说政府基本上应该让企业自由发展。

那些撰写和思考宏大法律理论的法学教授，大多对波斯纳试图将“正义”从国家法院的面孔上凿去，并刻上“效率”的做法表示愤慨。许多人支持正义意味着公平的理论，哲学家约翰·罗尔斯在1971年出版的《正义论》一书中优雅地更新了这一理论。罗尔斯引入了一个对金律的曲解，他认为公平的测试是问一个人如果他不清楚自己的处境，他会怎么看待一项政策，罗尔斯将这种观点描述为“无知的面纱”。他还驳斥了一个人的所得可以弥补另一个人的损失的观点。他写道：“正义不允许强加于少数人的牺牲被多数人享有的更大利益抵消。”

这一声怒吼的出现正好达到了波斯纳的目的。回顾接下来发生的事，芝加哥法学院资深教授道格拉斯·贝尔德说，波斯纳和他的盟友会写一些论文，断言某些法律问题的标准观点是100%错误的——例如，法院在审理破产案件时需要考虑到今天的一美元比明天的一美元更值钱——而反驳者会坚持认为传统的方法只有80%是错误的。“波斯纳做的事情从来没有绝对的正确，”贝尔德说，“但他总是将一切颠覆，自此之后人们对法律也产生了多种多样的看法。”[45]

“波斯纳，巴克斯特，博克”

对反垄断执法的支持在20世纪70年代开始减弱。在某种程度上，法律本身就是失败的受害者。越来越难以忽视的是，阻止合并并没有阻止大公司的崛起。以啤酒为例。在20世纪中叶，美国有几百家生产啤酒的中小型企业，政府试图阻止这些企业合并。1959年，它阻止了安海斯–布希（Anheuser-Busch）公司收购佛罗里达一家啤酒厂。同年，最高法院迫使两家中型啤酒公司帕布斯特（Pabst）和布拉兹（Blatz）撤销合并。最高法院写道：“如果不停止这一趋势，独立竞争对手数量的下降以及大型啤酒制造商控制的市场份额的上升，必然会导致啤酒行业集中到少数人手中。”[46]但是政府的努力是徒劳的。这个行业在没有企业合并的情况下统一了战线。在接下来的20年里，安海斯–布希公司在没有进行任何收购的情况下，建立了一个全国性的啤酒厂网络。与此同时，布拉兹和许多其他小酿酒商倒闭了。1960年，四大啤酒公司生产了美国27%的啤酒；到1980年，四大啤酒公司包揽了美国67%的啤酒。[47]经济学家指出，啤酒的价格一直在稳定地降低。

拉尔夫·纳德等消费者权益倡导者越来越认为大公司的存在是理所当然的；比起试图拆分公司，他们更加致力于寻求加强联邦监管。

日本经济的崛起也开始改变公众的争论。日本将工业集团视为实力的源泉，而不是对社会和国家的威胁。美国公司认为，为了竞争，合并是必要的，一些政客开始发出同情的声音。尼克松总统的经济顾问约翰·康纳利在1973年的一次演讲中主张放松反垄断规定。他说，世界在变化，我们也必须随之变化。这篇演讲因其对美国经济前景的悲观而引人注目。康纳利问观众："当其他国家没有面临与我们相同的限制时，我们能否面对来自这些国家的竞争而继续生存下去？"

"为什么不能呢？"有人喊道。

"为什么不能呢？"康奈利重复了一遍，"我来告诉你为什么不能。因为你就是做不到。"[48]

但是反垄断法并没有被国会改写；它直接被司法机关废除了。

在尼克松的第一个任期内，4名亲商业的保守派人士加入了最高法院。其中一位是著名的企业律师刘易斯·鲍威尔，他在1971年为美国商会撰写了一份危言耸听的备忘录，称资本主义正受到攻击。

1976年，鲍威尔说服他的同事审理了一个旧金山零售商——大陆电视（Continental T.V.）公司提起的诉讼。法院最初投票反对受理此案，但鲍威尔坚持了下来，认为这是打破反垄断法的一个机会。电视机制造商GTE西尔维尼亚（GTE Sylvania）决定将全国的销售区域进行划分，以限制经销商之间的竞争。当大陆电视公司申请在萨克拉门托销售电视机时，GTE西尔维尼亚拒绝了，大陆电视公司提起了反垄断诉讼。一家下级法院做出了不利于GTE西尔维尼亚的裁决，指出最高法院在10年前的一起类似案件中做出了不利于自行车制造商施文（Schwinn）的裁决。法院随后裁定，制造商不能对零售商施加限制。如果大陆电视公司想要以比萨克拉门托的其他零售商更低的价格出售电视，这无疑符合竞争的定义。

20 世纪 50 年代末，迪雷克托曾鼓励他的学生莱斯特 · G. 特尔瑟去思考为什么制造商要对零售商施加这样的限制。特尔瑟的理论发表在 1960 年迪雷克托的期刊上，他认为制造商希望零售商把钱花在广告和维修设施上，因此，它们试图阻止那些打折商店能够借机搭上“那些说服消费者购买产品的人的支出”的顺风车。[49] 波斯纳在 1976 年出版的书中描述了特尔瑟的推理，并补充说，施文的裁决是“一场大规模的知识上的失败”。[50]

鲍威尔同意波斯纳的看法。他告诉他的法律助理，“证明施文缺乏经济学知识是很重要的”。[51] 在他的多数意见中，鲍威尔超越了销售领域的合法性。他写道，让大陆电视公司证明自己的行为合法这件事本身就是错误的。他说，这个责任应该在政府身上。[52] 意义不仅在于细节，而且在于愿意思考细节。鲍威尔接受了斯蒂格勒的观点，即市场应该从怀疑中受益。此案开启了一个新时代，在这个时代，最高法院废除了全面禁止反竞争行为的规定，转而支持逐案评估。法官已经做好准备去听取经济学家的意见了。

为了强化这一趋势，迪雷克托的另一个信徒亨利 · 曼勒，于 1971 年在罗彻斯特大学为法学教授创建了一个“新兵训练营”。曼勒给来自知名法学院的教授每人 1 000 美元，让他们参加经济学课程。这些资金来自埃克森（Exxon）石油公司、通用电气和 IBM 等公司。曼勒解释说：“许多这类公司的法律总顾问当时已经意识到‘芝加哥经济’在反垄断案件中的帮助。”[53] 他坚持每年捐赠而非长期捐赠，因为他说他想对市场负责。曼勒很快把这个项目搬到了迈阿密大学，这是一个更有吸引力的地方。1976年，他又为联邦法官增加了一个为期两周的课程。

曼勒聘请了一些国内最杰出的经济学家担任讲师。其中一位是阿尔曼·阿尔钦，其在1972年与人合著的一篇论文中，将企业描述为资本主义的典范的经济学家，他通常在课程的头三天进行授课。一位访问记者讲述了这位教授的一次表演："阿尔钦在着了迷的法官面前跑来跑去，哭喊着说，'我在试图改变你们对世界的看法，让你们知道你们认为不好的事情可能并不是真的'。"[54] 米尔顿·弗里德曼在1976年获得诺贝尔奖后向法官发表了讲话。保罗·萨缪尔森也是一位经常出席的演讲者。在萨缪尔森的一次演讲后，一些法官要求曼勒解释自由派和保守派经济学家之间的区别，因为"保罗·萨缪尔森教授的经济学似乎与阿尔曼·阿尔钦教授的是一样的"。[55]

到1980年，近20%的联邦法官参加了曼勒的培训项目；到1990年，这个数字达到了40%。对听课前后法官的裁决审查发现，法官的裁决发生了转向支持自由市场经济的重大改变。[56] 美国加州地区法院法官A.安德鲁·霍克告诉《华盛顿邮报》，他在迈阿密大学参加课程学到的知识促使他做出了一项裁决，终止了与少数供应商签订合同的联邦配额制度。霍克说："我越来越认为，生活最好的解释不是宗教，不是法律，而是经济。"[57]

为了证明将经济学纳入反垄断法的合理性，罗伯特·博克改写了历史。从芝加哥大学毕业后，博克成为耶鲁大学法学院的一名教授，当时他的学生给他的反垄断法课程起了个绰号叫"挺垄断法"。此后他担任了尼克松政府的司法部副部长。[58] 回到耶鲁后，他写了《反托拉斯悖论》，这是一本1978年的畅销书，宣称《谢尔曼反托拉斯法》的最初目的是使消费者福利最大化。博克坚称，国会记录中没有任何内容表明，立法者想要对消费者施加更高的价格，以保护小企业或防止政治权力的集中。[59]

这一理论在表达上太粗糙了。举个例子，我们来看看 1890 年《谢尔曼法案》的主要支持者、伊利诺伊州众议员威廉·梅森在最后一次投票前的讲话："有人说垄断降低了价格，使产品变得更便宜；但是，举个例子说，如果石油价格下降到每桶一美分，垄断对这个国家人民所做的错事就得不到纠正了，因为这些垄断破坏了合法的竞争，把诚实的人从合法的企业中赶了出来。"[60]

但各个政治派别的政策制定者都希望相信博克是对的。美国人最初把自己定义为一个农民的国家，后来又把自己定义为一个工人的国家，他们越来越努力地把自己定义为一个消费者的国家。随着消费取代工作成为美国身份的精髓，其后果之一就是对旨在保护生产者福利的公共政策越来越不能容忍。

法官也想相信博克。他们疲于应付日益复杂的反垄断案件，而"芝加哥学派"的迪雷克托和他的弟子提供了一个清晰而一致的标准，甚至对更自由的法学家来说也是如此。未来的最高法院大法官斯蒂芬布雷耶于 1983 年在第一巡回上诉法院任职时写道，经济学"提供了一片客观的疆土，我们可以以此为基础做出决定"。[61]

博克的书出版一年后，卡特政府介入了一起针对助听器制造商声纳通（Sonotone）的反垄断诉讼，声称公司行为的合法性应该建立在消费者福利的基础上。法庭一致同意。首席大法官沃伦·伯格写道："国会通过《谢尔曼法案》的目的是'为消费者福利开一剂处方'。"脚注写着："R. 博克，《反托拉斯悖论》。"[62]

一些立法者试图阻止这种转变，但他们没有足够的选票。密歇根州参议员菲利普·A. 哈特在 1976 年提出了一项法案，要求法院无视经济学；但这个提案无疾而终。[63] 当监管机构提起诉讼时，法庭的裁决越来越有利于被告公司。联邦贸易委员会与司法部分享了提起反垄断诉讼的权力，在 20 世纪 70 年代上半叶，联邦贸易委员会赢得了 88% 的诉讼。1976—1981 年，该机构胜诉的比例是 43%。[64]

在 20 世纪早期，在拥挤的市中心，芝加哥有一个 320 英亩的大型畜牧养殖场，这里是全国最大的五家肉类加工公司的所在地。很幸运他们从没听说过斯蒂格勒的格言：串通一气是行不通的。他们付给供应商的报酬过低，向客户收取的费用过高，直到 1920 年，政府才迫使他们遵守《谢尔曼法案》。在接下来的 60 年里，直到 20 世纪 70 年代，这五家肉类加工公司提供的牛肉都不超过全国牛肉供应量的 25%。

这一篇章于 1981 年 6 月 24 日结束，当时长期担任罗纳德·里根私人律师的美国新任司法部长威廉·弗伦奇·史密斯走上华盛顿的讲台，宣布联邦政府计划摆脱公司集中的方式。史密斯说："我们必须认识到，生意做得大并不一定意味着不好，成功也不应该理所当然地受到怀疑。"他昂贵的西装和精心梳理的白发似乎在展示着他从前作为公司律师的精致生活。

1982 年，美国司法部发布了新的反垄断准则，采纳了宽容的芝加哥学派的企业集中观点。[65] 肉类加工商接受了邀请。农业巨头嘉吉（Cargill）公司同意从一家农业合作社购买三家中西部肉类加工厂。当其竞争对手肯尼斯·蒙福特（Kenneth Monfort）提起诉讼，要求阻止该交易时，美国司法部立即出面为嘉吉辩护，称合并对经济有利。最高法院同意了这一观点，同时也限制了未来合并的难度。蒙福特很快就把公司卖给了另一家农业巨头康尼格拉（ConAgra）。[66] 到 1992 年，最大的几家肉类加工公司的市场份额从 25% 上升到 71%。

几乎没有证据表明，肉类加工业的整合是以养牛的牧场主或吃牛肉的人的利益为代价的。只有一个群体成为显而易见的失败者：在包装工厂工作的人们。经通胀调整后，他们的时薪下降了 35%，因为企业关闭了工会化的工厂，并利用关闭的威胁迫使工人做出让步。[67]

其他行业也进行了整合。美国联邦贸易委员会首席经济学家罗伯特·托利森在里根执政初期曾对一份贸易出版物表示，他打算“在经济领域进行一项自然实验”。他说：“从理论上讲，合并是好事，所以你会允许很多公司合并。你会允许很多人令他们的钱处在风险之中，然后我们来看看会发生什么。”[68] 托利森继续说，如果事情进展不顺利，政府可以“试着将鸡蛋放回原来的地方”。1981—1984 年，联邦贸易委员会批准了当时美国历史上最大的 9 宗并购案。

里根还改革了联邦司法系统。1981 年秋，里根总统提名波斯纳和博克担任联邦法官，这是两代人之间权力交接的一部分。到 1989 年 1 月里根卸任时，他已经任命了几乎一半的联邦法官。[69]

里根政府的确完成了解散美国电话电报公司的任务。威廉·F. 巴克斯特是斯坦福大学的法学教授，也被里根任命为司法部反垄断部门的负责人。他坚持芝加哥学派的反垄断法观点，但他认为解散美国电话电报公司主要还是一种放松管制的行为。他希望将受到监管的地方电话垄断企业与美国电话电报公司的长途电话业务分开，为长途电话市场的竞争开辟道路。[70]

反垄断部门的人员在里根执政期间减少了一半。数十名律师被派去为“禁毒战争”服务；其余的则被强制要求参加经济学课程的学习。美国律师协会反垄断部门的成员数在 1982—1983 年达到 13 500 人的峰值。但随着执法力度的减弱，企业对其服务的需求也在减弱。[71]

詹姆斯·C. 米勒三世是首位担任联邦贸易委员会主席的经济学家

（在他接替大卫·斯托克曼担任白宫预算主任之前），他放弃了对三大汽车制造商、大型石油公司和大型早餐麦片公司之间勾结的调查。相反，他要求明尼阿波利斯和新奥尔良终止对出租车的监管。[72]

米勒表示，优先顺序的转变是对服务经济崛起的回应。但他没有追究医生（弗里德曼认为医生是有害垄断联盟的典型代表）和房地产经纪人（他们都收取相同的佣金）的责任。相反，联邦贸易委员会起诉了一群为穷人被告做辩护的华盛顿特区律师，他们在 1983 年举行了为期两周的罢工，要求市政府支付每小时 35 美元的工资。联邦贸易委员会把这个案子提交到最高法院，最高法院禁止了这些律师组织起来要求加薪的行为。[73]

一些公司的案件仍然太恶劣，不容忽视，但这些案件处理得很温和。布莱尼夫航空（Braniff Airways）公司首席执行官霍华德·帕特南向政府提供了一段他与美国航空（American Airlines）公司主席罗伯特·克兰德尔通话的录音。克兰德尔打电话给帕特南，投诉两家航空公司从达拉斯起飞的航班存在价格竞争。克兰德尔首先说道："看在上帝的分上，我认为我们坐在这里互相把对方打得屁滚尿流，却谁也赚不到一毛钱，真是蠢透了。"

> 帕特南："你有什么建议吗？"
>
> 克兰德尔："是的，我有个建议。你把你那该死的票价提高 20%。我明天早上就提高我的。"
>
> 帕特南："罗伯特，我们……"
>
> 克兰德尔："你会赚到更多的钱，我也会。"
>
> 帕特南："……我们不能谈论定价的问题。"
>
> 克兰德尔："哦，那都是胡说，霍华德，我们想谈什么就谈什么。"[74]

政府不可避免地得出结论，即这样的谈话的确是非法的。它必须行动起来，所以它向克兰德尔发出了一份文件，要求他在长达两年的时间里保留与其他航空公司高管谈话的记录。

里根卸任两周后，政府批准了20世纪80年代最大的并购案，允许私人股本公司科尔伯格－克拉维斯－罗伯茨（Kohlberg-Kravis-Roberts）集团以250亿美元的价格收购雷诺兹－纳贝斯克（RJR Nabisco）和比阿特丽斯（Beatrice），缔造了全球最大的食品公司之一。出于对市场诚信的担忧，监管机构要求合并后的公司放弃三条产品线：中国食品、番茄酱和花生。

“反垄断已经死了，不是吗？”

1992年11月一个寒冷的夜晚，农业综合企业巨头阿奇尔丹尼斯米德兰（ADM）公司的一名高管和一名联邦调查局的特工一起，坐在自家那所伊利诺伊州莫瓦卡（Moweaqua）最豪华的房子屋外的一辆汽车里。这名高管名叫马克·惠塔克，是他要求进行这次会面的。他要坦白一件事。他告诉那位惊讶的特工，阿奇尔丹尼斯米德兰公司及其表面上的竞争对手实际上正在操纵赖氨酸的价格。赖氨酸是一种添加到饲料中以促进动物肌肉生长的氨基酸。惠塔克定期与其他四个主要的赖氨酸生产商同行会面，企图瓜分国际市场。惠塔克告诉特工：“阿奇尔丹尼斯米德兰公司有一句话叫作：竞争对手是我们的朋友，客户才是我们的敌人。”[75]

惠塔克同意将与日本和韩国其他公司进行的操纵价格的对话录下来，从而为这一无耻的阴谋创造了一份惊人的详细记录。政府于1995年解散了这个垄断联盟。阿奇尔丹尼斯米德兰公司的三名高管被判违犯《谢尔曼反托拉斯法》，并被送往联邦监狱。

在调查期间，美国联邦调查局发现阿奇尔丹尼斯米德兰公司同时还是操纵柠檬酸价格的一个垄断联盟的成员。柠檬酸是洗衣剂和软饮料的主要成分。这导致调查人员调查了另一个垄断联盟，该垄断联盟由世界上最大的一些制药商创建，目的是操纵多种食品添加剂的价格。成员称之为“维他命公司”。

斯蒂格勒 1964 年的论文普及了共谋罕见且不稳定的观点。里根政府在其宽松的 1982 年合并指导方针中接受了这一前提。可现在，现实世界正在被入侵。“我很震惊，”经济学家、律师罗伯特·利坦说，“我感到震惊的是，有这么多的垄断联盟活动正在进行。我认为这几乎是不可能的。我以为人们不会再这样做了。大多数经济学家和我都带着这种偏见，我们并不认为它真的存在。但它就是如此巨大，且无处不在。”[76]

1994 年，针对阿奇尔丹尼斯米德兰公司的调查还在进行的时候，费城一家律师事务所的合伙人前往华盛顿，与利坦及其老板安妮·K. 宾格曼会面。他们带来了两位金融经济学家的研究，他们发现了纳斯达克交易所股票经纪人的一种可疑的收费模式。该交易所允许以 1/8 美元的定价增量，但在较大的交易中，经纪人将佣金凑整到最近的一个季度，有预谋地向客户收取过高的费用。这种模式的普遍性——以及价格竞争的缺乏——暗示了大规模勾结的存在。例如，利坦问有多少经纪人处理微软的股票。答案是多达 36 个人。“我说，你无法在 36 个人中维持一个操纵价格的阴谋！”利坦回忆道。然而随后的调查，包括内部谈话的录音，清楚地表明这些经纪人真的可以做到。[77]

关于勾结是普遍存在的证据促使司法部宣布了一项巧妙的新计划，即对垄断联盟中第一家告密的公司给予宽大处理。反垄断领域的顶尖律师吉姆·洛夫蒂斯回忆说，他说服了一位客户赶紧前往达拉斯与检方会面。当他和该公司的高管离开大楼时，他们遇到了另一位他认识的律师，这位律师正护送同一垄断联盟中另一家公司的高管。“你真卑鄙，吉姆，”那位律师说，“你比我们抢先了一步。”[78]

然而，政府仍然没有重新考虑容忍企业之间的合并。原因之一是对金融、交通和电信行业的放松管制会使一些高度引人注目的行业中的竞争急速加剧。[79]

经济学家还认为，全球化削弱了国家反垄断执法的重要性：如果一家美国公司试图提高价格，外国公司就可以进入美国市场。尽管美国在 20 世纪 90 年代末在政治上处于分裂状态，但它在接受经济效率优先的问题上是团结的。当波斯纳在 2001 年出版新《反垄断法》时，他去掉了前一版的副标题——“从经济视角出发”。他解释道：“因为其他视角基本上已经不复存在了。”[80]

反垄断执法力度的下降，让美国商界得以听从通用电气首席执行官杰克·韦尔奇的建议。韦尔奇鼓吹，要么做行业的第一或第二，要么干脆滚出去。克林顿时代的并购浪潮被布什时代所超越，同样奥巴马时代的并购浪潮也超越了布什时代。现在这个国家只剩下了四家主要航空公司、三家大型汽车租赁公司、两家大型啤酒制造商——效仿肉类加工业的行业越来越多。

与此同时，法院继续撤销反垄断法。每一个先例都必须被打破，就像一张气泡纸上的每一个气泡，但模式是一样的。法官用无罪推定代替了有罪推定，然后对犯罪进行了狭义的界定，使违法行为变得不太可能发生。例如，1993 年，最高法院裁决了一起掠夺性定价案，这是自犹他州馅饼公司案以来的第一次。利格特是主要的烟草公司中规模最小的一家，为了生存，它于 1980 年推出了一种名为“黑白”的打折香烟，包装朴素，售价比知名品牌低 30%。这是一个成功的举措，它促使竞争对手——布朗威廉姆森（Brown and Williamson）公司推出了自己的大众香烟，并以低于利格特的价格出售给经销商。两种产品的销售都很火爆，但利润空间缩小了。于是利格特提起了诉讼，就像 25 年前的犹他州馅饼公司一样。

由罗伯特·博克作为代表律师的布朗威廉姆森公司认为，利格特是在试图压制竞争，对利格特有利的裁决将使其他公司认识到“竞争是危险的”。[81]

最终的裁决对利格特是不利的，尽管法院表示同意布朗威廉姆森公司的销售策略可能损害了利格特的利益，但没有证据表明消费者的利益因为这种竞争行为而受到损害。当然，也没有证据表明减少竞争会损害消费者的利益。[82]

1998 年，克林顿政府起诉微软利用其 Windows 操作系统的市场主导地位，鼓励人们使用 IE（Internet Explorer）浏览器。这种被称为“捆绑”的强制手段，即使在法律禁止的限制竞争的清单越来越短的情况下，也依然被视为一种限制竞争行为。因此，一名联邦法官做出了不利于微软的裁决，下令将该公司一分为二。民主党人和共和党人轮流对这一裁决表示不满。新泽西州民主党参议员罗伯特·托里切利说：“只有美国才会考虑拆分一家在经济上做了这么多事情来增进国家利益的公司。”得克萨斯州共和党众议员迪克·阿米说：“我宁愿拆分的是司法部。”[83] 但政客并不担心：上诉法院驳回了这一命令。*

乔治·斯蒂格勒于 1991 年去世。但在微软案之后，米尔顿·弗

* 对微软的起诉仍然产生了后果。该公司被禁止使用类似的策略来阻止谷歌等新竞争对手的崛起。不难想象，在另一个平行世界里，微软的必应(Bing)已经成了世界头号搜索引擎。

里德曼拾起了火炬。他表示，政府应该取消反垄断执法。他写道："我曾是反垄断法的坚定支持者。我认为执行这些规定是政府促进竞争所能做的为数不多的可取之事。"但情况已经发生了变化。"随着时间的推移，我逐渐得出结论，反垄断法是弊大于利的，如果我们根本没有过反垄断法，我们的境况会比现在更好。"[84]

过去20年来，公共政策一直朝着这个方向发展。监管机构采取的执法行动越来越少；法院不断地削弱法律。

2017年3月，芝加哥大学的斯蒂格勒中心举办了一场关于反垄断的会议。午餐时间的专题演讲嘉宾是最后一位革命先锋队成员理查德·波斯纳。当时波斯纳还有几个月就要退休了，他调皮地表示对这次聚会感到困惑。

"反垄断已经死了，不是吗？"他说。[85]

我们现如今生活在一个由大型企业主导的新时代，几乎没有证据表明消费者正在因此遭受苦难。

但是，公共政策对消费者福利的狭隘关注正在造成其他类型的经济损害。企业部门的集中正在改变雇主和工人之间的权力平衡，使企业能够提高要求，降低薪酬。[86]工人的影响力更低，因为他们的选择更少。2007年，苹果公司首席执行官史蒂夫·乔布斯得知谷歌正在挖他的一名工程师，于是给谷歌的首席执行官埃里克·施密特发了一封电子邮件，内容是："如果谷歌停止这样的行为，我会非常高兴。"施密特把邮件转发给了他的招聘部门。"我相信我们的政策是不从苹果公司招聘，这是一个非常直接的内部要求，"施密特写道，"你们能尽快阻止这一切，并告诉我为什么会发生这样的事吗？我需要尽快给苹果公司回复，所以请尽快让我知道。"最终的结果是谷歌的招聘负责人被解雇了。乔布斯对此的回复是只有一个笑脸的表情。[87]

企业集中也在损害民主。在 2017 年的斯蒂格勒中心会议上，芝加哥大学经济学家路易吉·津加莱斯告诉听众，他一直在研究重写 2004 年的美国破产法。以前的改革要求放贷者和借贷者经过认真协商达成一致。他说，这一次，金融业赢了。他表示，大型银行的庞大规模正在转化为政治权力。谢尔曼参议员的担心变成了现实。

对消费者福利的关注甚至可能通过减少创新而损害经济效率。面对年轻竞争对手的出现，大型企业——尤其是科技行业的大型企业——越来越多地模仿希腊神话中的克罗诺斯，把他刚出生的孩子吞进自己的腹中。亚马逊吞并了购鞋网站 Zappos。Facebook（脸书）吞并了 WhatsApp（即时通信应用程序）。2010—2018 年，谷歌平均每年宣布收购 18 家公司。视频网站 YouTube 本来有可能打破 Google 和 Facebook 在线广告的双头垄断，然而现在它也从属于谷歌了。

美国还稳步增加了对专利持有者的保护，扭转了 20 世纪中期让占主导地位的公司分享创新的努力。政府迫使美国电话电报公司为 IBM 公司让出一席之地，又迫使 IBM 为微软让出发展空间；同样，它也迫使微软为谷歌让出空间。但是联邦政府却并没有强迫谷歌为其他企业让出空间。

在 20 世纪的大部分时间里，西欧国家普遍存在着占主导地位的工业公司的国有企业——政府的政策就是让这些企业变大。“与欧洲相比，我们拥有最完美的竞争。”弗里德曼在 20 世纪 50 年代参加一次访问时在给斯蒂格勒的信中写道。[88] 但是在 21 世纪，欧洲越来越反对美国对大企业集中的容忍。

这种差异在科技行业尤为明显。2017 年，欧洲监管机构对谷歌处以破纪录的高达 24 亿欧元罚款，原因是谷歌操纵搜索结果，将自己的比价网站置于比竞争对手更突出的位置。次年，即 2018 年，欧洲对谷歌处以 43 亿欧元罚款，原因是谷歌要求手机制造商在使用其安卓操作系统的手机上安装谷歌软件，包括其搜索引擎。

在《耶鲁法律期刊》网站 2017 年的一篇文章中，一位名叫莉娜·可汗的耶鲁法学院学生主张重振美国的反垄断执法，重点指出亚马逊公司就是一个典型的例子，这家公司正在积聚市场力量，它可能会滥用这种力量，损害供应商、员工和客户的利益。[89] 这篇文章在越来越担心反垄断执法受到侵蚀的年青一代学者中引起了共鸣。“在过去的 40 年里，我们经历了这个自然实验，我们应该能够一致地认为有些事情是错的，”可汗告诉我，“我不抱任何幻想，认为以前的反垄断执法时代是理想的，但我认为，我们现在应该就可以改进的做法方面展开对话。”[90]

这些科技公司和它们的支持者表示，它们正在因为创造出像标准石油公司那样的优质产品而受到攻击。它们说谷歌主宰了在线搜索，因为它拥有最好的搜索引擎，而且是免费的，所以使用第二好的搜索引擎没有什么意义。科技公司喜欢强调它们的脆弱性。科技公司起起落落。他们说，事实是，他们的主导地位将持续到有人想出更好的主意。用谷歌联合创始人拉里·佩奇的话来说：“竞争就体现在那一下鼠标点击上。”

但人们对互联网革命的普遍印象是对过去的回忆。革命已经结束；那些主导市场的科技公司都是一副中年发福的形象。支持更严格的反垄断执法的最佳理由不是历史已经到达某个终点，而是没有人知道明天会发生什么。

第六章

免于监管

市场确实有一些优点。它让人们保持警觉，它对最优的事物和人给予奖励。但与此同时，它造成了不公正，建立了垄断，帮助了骗子。所以不要盲目信任市场。你不要以为单靠它就能解决所有的问题。市场并不凌驾于国家和政府之上。它依赖于这个国家、这个政府，我们要密切地关注市场。

——夏尔·戴高乐，《致阿兰·佩雷菲特的信》（1962）[1]

在 20 世纪 30 年代中期，羽翼未丰的航空业雇用了获得勋章的陆军飞行员埃德加·戈雷尔上校，去说服国会相信竞争正威胁着航空业的生存。戈雷尔为国会描绘了一幅暗淡的前景：新的航空公司不断进入这个行业，因为它只需要一个飞行员和一架飞机；现有的航空公司不断增加航线；各航空公司竞相提供最好的价格和服务。这是“经济混乱”，戈雷尔说——混乱、残酷、无利可图。他请求政府将航空公司纳入其羽翼之下。[2]

国会在 1938 年责成戈雷尔成立美国民用航空局，该机构向 16 家航空公司颁发了执照，并在接下来的 40 年里拒绝让其他任何航空公司进入这个行业。[3]“这是有史以来的第一次，”当局在 1940 年的第一份报告中宣称，“能够让美国的航空公司和公众受到保护，免于遭受不经济的、破坏性的竞争”。[4]

尽管美国在20世纪中期通过加强反托拉斯法的实施来增加经济领域的竞争，但人们普遍认为有些行业是“天然垄断行业”，在这些行业中不可能有健康的竞争。例如，电力公司只能通过在同一家庭中运行多条线路来竞争，而这些线路中除了一条可以利用，其余都将被浪费掉。结果要么是竞争过度，对公司不利，要么是竞争太少，对消费者不利。所以政府要进行干预。*

在某些情况下，特别是在其他发达国家，政府成为公共设施和公共交通的主要提供者。到了20世纪50年代，即使是小国卢森堡也有了国家航空公司。在美国，对国家所有制的普遍反感意味着大多数公共事业设备和运输公司仍然掌握在私人手中。对此，政府的做法是建立庞大的监管机构，以限制竞争和保护消费者。经济监管始于共和政体——国会于1789年通过的第11条法律，就在创建财政部法案之前，将沿海贸易限制在由美国人建造和拥有的船只上——但一个世纪后，也就是1887年，铁路监管机构的成立，开启了一个加强监管的新时代。[5] 到了20世纪中期，卡车司机需要获得联邦政府颁发的执照，执照上要详细说明他们可以走的路线和可以携带的产品。一家公司抱怨说，他们的卡车拥有从加州运送番茄到田纳西州一家比萨工厂的执照，却没有得到将比萨运回加州的执照。[6] 联邦法律禁止银行在一个以上的州开展业务，而有15个州不允许银行拥有一个以上的网点。[7]

---

* 20世纪中叶的经济学家将天然垄断定义为多公司生产的成本要比单公司生产的成本更高的行业。政府没有注意到这一理论在选择哪些行业纳入监管方面的细微之处。西奥多·罗斯福总统提出，在试图拆分标准石油公司之前，首先考虑将其纳入联邦监管之下。在铁路公司的敦促下，卡车运输业务被纳入其监管之下，因为铁路公司担心其会作为竞争对手而崛起。航空公司在他们自己的要求下被纳入其中，但国会接受的部分原因是，航空公司在其他方面被视作与铁路相同。在相同出发地和目的地的航线和铁路线上，头等舱乘客的火车票和机票定价相同，早期的航空地图看起来就像铁路地图一样：绘制在地面上的粗而直的线条，而不是现代地图上使用的弧线。

美国联邦最高法院在其案例“62 个案件，或多或少，每个案件都涉及六罐果酱诉美国”（62 Cases, More or Less, Each Containing Six Jars of Jam v. U.S.）中，才定义了“果酱”这一种食物的涵盖范围。*

很少有行业像航空业那样受到如此密切的关注。一个由五名官员组成的委员会每天在华盛顿的一座办公大楼里开会，来为航空公司的航线和票价做决策。一位董事会成员说，他接到了一个来自弗吉尼亚州农民的紧急电话，要求他对把羊空运到英国的申请立刻采取行动。因为情况很紧急：羊群发情了。[8]

监管时代通常被视为乘客的黄金时代：有用瓷碟盛装的美食；有足够放膝盖的空间；有大量的直达且只坐半满的航班。[9] 而大家不记得的是，乘客要同时为自己的座位和另一个空座位付钱。飞行仍然是奢侈且昂贵的；今天美国人的平均飞行次数大约是 1960 年的 8 倍。[10]

1964 年 12 月，乔治·斯蒂格勒以美国经济协会会长的身份站在协会成员面前，抱怨同行对政府在经济中的作用没有给予足够的重视。他问道，经济学家对监管的成本和收益仍然知之甚少，这怎么可能呢？

1962 年，斯蒂格勒在迪雷克托的杂志上发表的一篇文章引发了争议，文章的结论是，对电力公司的监管并没有降低用电的价格。与克莱尔·弗里德兰合著的这份研究报告，是基于对 20 世纪初监管变得普遍之前，受监管和不受监管的市场的价格进行的比较。斯蒂格勒推测，市场力量限制了不受监管的公用事业公司提高电价，或许是因为公用事业公司担心工业客户会自己建造电厂，或者搬到另一家公用事

---

* 该过程实际上反映了《美国联邦食品、药品与化妆品法》(the Federal Food, Drug, and Cosmetic Act)的改革变迁。——译者注

业公司服务的地区。[11]

1964 年春，斯蒂格勒发表了第二篇关于监管的文章，攻击性更强。“值得怀疑的是，美国证券交易委员会对证券市场的监管是否也像对经济活动的监管那样广受赞誉。”他写道，最后得出结论称，美国证券交易委员会也无能为力。[12]

他的两篇文章，特别是第一篇，存在严重的缺陷。实际上在管制和不管制的状态下，电价有很大的不同，但论文的结论是，这可以用管制以外的因素来解释，而这些因素建立在一些奇怪的假设上。例如，在监管开始的头三年里，价格变化并不归因于监管。二十年后，一名芝加哥研究生向弗里德兰索要这篇文章的数据，却发现了一个基本的数学错误。[13] 斯蒂格勒最重要的弟子萨姆·佩尔茨曼被斯蒂格勒誉为“沃尔格林基金会迄今为止所做的最好的一笔交易”。后来，他把斯蒂格勒在监管方面的工作描述为“传道”。[14] 佩尔茨曼这样评价斯蒂格勒：“他是那种会说‘我会尽我所能去有力地阐述这个结果，即使证据并不能完全证明我说的是正确的’的人。他通过自己在这一行的地位获得了如今这个天字第一号讲坛，他会将它好好地利用起来。”[15]

这一场“传道”起到了效果。研究人员开始研究监管在更大范围的行业中的作用。1967 年，布鲁金斯学会发起了一项有关监管对经济影响的重大倡议，得到了福特基金会 180 万美元的支持，并由包括斯蒂格勒在内的一个小组进行指导。1967—1975 年，布鲁金斯学会共出版了 22 本书，65 篇期刊文章，38 篇抨击监管的论文。[16]

其中一篇著作的作者、经济学家罗杰·诺尔在 20 世纪 70 年代初在国会做证时表示，据他所知，在过去 10 年里，没有任何著名的经济研究是站在监管者角度进行的。他开玩笑说，这项工作很容易：

“你永远不必冒着大错特错的风险说监管是愚蠢的。”[17]

但是这一波研究与斯蒂格勒原始理论的一个重要方面相矛盾。他曾断言，监管是无效的，但越来越多的证据表明，监管可能非常有力。例如，佩尔茨曼在他 1965 年的论文中估计，自大萧条以来，监管已将新银行的创建数量减少了近一半。另一位经济学家以纽约市出租车牌照为例：很明显，政府是通过发行多少牌照来决定其价值的。[18]

然而新的批判之声出现了，说监管弊大于利。

1971 年，斯蒂格勒被推回到了由他发起的游行队伍的最前面，发表了第二篇具有里程碑意义的论文，在论文中，他把传统智慧变成了自己的观点。斯蒂格勒写道：“作为一种规则，监管由行业中而来，其设计和运作主要是为了行业的利益。”斯蒂格勒论文的创新之处在于他的结论：政府应该停止尝试。他认为监管机构不可避免地成了行业的仆人。他写道：“在我看来，批评监管机构保护企业，就像批评大西洋和太平洋茶叶（Great Atlantic and Pacific Tea）公司销售食品杂货一样。”[19]

历史学家威廉·J. 诺瓦克认为，斯蒂格勒呼吁政府投降显然是与美国政治传统背道而驰的。詹姆斯·麦迪逊在《联邦党人文集》第 10 卷中把特殊利益描述为对美国民主的巨大威胁，把遏制这些利益描述为政府的伟大工作。一代又一代的立法者已经接受了这一职责：他们制定规则，当这些规则达不到要求时，他们就试图制定更好的规则。[20]

斯蒂格勒则建议不如相信市场。

美国航空业

20 世纪 60 年代初，迈克尔·莱文第一次乘坐飞机飞往加利福尼亚州，当来到旧金山机场时，那里所呈现的乘客多样性让他感到十分惊讶。因为莱文是一名来自耶鲁大学法学院的学生，而在东部地区，人们把乘坐飞机看作一件大事，是要穿着盛装的。但是在旧金山，许多穿着日常服装的人在等候乘坐太平洋西南航空公司的航班。

莱文的困惑是可以理解的：他看到的是美国第一家廉价航空公司。太平洋西南航空公司提供定期往返于加利福尼亚州北部和南部的航班，价格远低于美国联合航空公司和西部航空公司等大型航空公司。到 20 世纪 60 年代末，太平洋西南航空公司已将洛杉矶至旧金山走廊打造成了全球客流量最大的航线。

莱文是个飞机迷：小时候他曾在纽约艾德怀尔德机场看飞机，为了看得更清楚，他从机场围栏下钻了进去；长大后他变成了一名法律系学生，但出于爱好，他会利用业余时间阅读《航空周刊》（*Aviation Week*）。他最喜欢的一位法学院教授罗伯特·博克激起了他将经济学应用于法律问题的兴趣。因此，莱文花了相当多的时间来思考航空公司的规章制度，他倾向于认为这是有价值的。他回忆说："那是鲍勃·麦克纳马拉的时代。我相信真正聪明的人能够弄清楚这个世界应该如何运转。"[21] 但是，莱文也熟悉一些经济学家的观点，他们认为航空公司的管制造就了一个由国家支持的垄断联盟，抬高了价格，限制了服务。这些经济学家表示，政府在本应保护竞争的时候却在保护企业。[22] 当莱文对太平洋西南航空公司有了更多的了解后，他认为这家廉价航空公司就是一个活生生的证据，证明了那些经济学家的观点是正确的。

成立于 1949 年的太平洋西南航空公司不受联邦法规的约束，因为它的所有航班都没有离开加州。该公司推出了每周往返于圣地亚哥和奥克兰的服务，周五出发，周日返航。早期的票是在圣地亚哥机场一间翻新的公共厕所里出售的；行李用浴室的秤来称重；票价还不到联合航空公司和西部航空公司的一半，而这两家公司是联邦政府授权的来往于圣地亚哥和湾区的航空公司。到 20 世纪 60 年代中期，太平洋西南航空公司已经增加了加州范围内其他南北通行的航线，在这个刚刚成为美国人口最多的州，这家航空公司的业务蓬勃地发展着。[23]

莱文本来是去加利福尼亚州看望他的女朋友的，但这一次出行既是度假也是工作，他说服了耶鲁大学法学院的院长，让他再为莱文支付一次往返于加州的费用。1965 年，莱文在《耶鲁法律杂志》上发表了他的结论："美国航空运输的管理是建立在错误的经济假设上的，结果导致了不必要的高票价。"[24] 解决办法很简单：开放一片自由竞争的天空。

民用航空局的主席给了莱文一份工作，理由是他想听见不同的声音。但不到一年，莱文就辞职了。董事会里似乎只有一个人对他的观点感兴趣，那个人就是和他在同一个办公室的同事，而这位同事也开始在办公桌上摆上一张米尔顿·弗里德曼的照片。[25]

由于无法通过降价来竞争，航空公司转而选择了增加支出。1971 年春，美国航空公司在一些 747 飞机上取消了经济舱的 40 个座位，并在横越大陆的航班上为乘客安装了一个带吧台、扶手椅和鸡尾酒桌的带隔墙的休息室。作为回应，美国联合航空公司在 747 上安装了两个休息室。于是美国航空公司又在每架飞机上放了一架钢琴。广告展示了微笑的人们在空中举行鸡尾酒会，标语是"我们的乘客得到了最好的东西"。这促使美国联合航空公司宣布其 747 飞机上将有音乐家现场表演。《华尔街日报》派去采访美国联合航空公司管理层的记者看到了在等待面试的吉他手。[26]

这种竞争也降低了利润率，航空公司抱怨没有赚到足够的钱。因此，尼克松总统亲自任命的民用航空局一把手罗伯特·D. 蒂姆决定提高票价。他解释说，他是在致力于维持一个“健康的行业”。[27]经济学家警告说，提高价格不会提高利润，最后证明这句警告是十分正确的，因为这些多赚来的钱会用于航空公司的其他开销。到了 20 世纪 70 年代中期，民用航空局开始讨论新一轮提升机票票价的必要性。在 1974 年召开的一次有关监管经济学的会议上，一位绝望的经济学家提议，10 年后每个人都可以把现在提交的这篇论文带到届时的另一场会议上，然后再重新提交一次，而不必写新的论文。因为到那时情况也几乎不会发生变化。[28]

这可不是一个好的预测。一些政治上的左派人士已经同意斯蒂格勒的观点，即美国人可能会从较少的监管中受益。最有影响力的人物是拉尔夫·纳德，这个身材瘦削的狂热分子成了新兴消费运动的标志。纳德以倡导更多的健康和安全监管而闻名；到 20 世纪 70 年代初，他还在为减少经济监管而奔走，在他看来，这是以牺牲消费者利益为代价来保护企业的。他将经济监管者描述为资本主义精英的仆人，这与马克思的观点一致，只是纳德心中的无产阶级应该是由消费者而不是工人组成的。

与此同时，资本主义精英开始对经济监管产生怀疑。航空业持续的挣扎并不是唯一的，尽管确切的压力因行业而异。例如，铁路公司多年来一直在努力适应卡车运输业的兴起，但由于联邦政府在提高价格或削减成本方面的限制，这一过程变得更加困难。1961 年，南方铁路公司引入了一辆巨大的料斗车，它能比现有的货运车多运送 1/3 的货物，它申请为粮食运输提供折扣。但监管机构却拒绝了。几年后，在 1968 年，政府批准了两家失败的东北铁路公司的合并，也许是基于溺水的人应该在彼此的怀里寻求安慰的理论。由此产生的宾州中央

（Penn Central）运输公司只存续了两年，随后就申请了破产，成了美国历史上最大的破产案。

泰德·肯尼迪能读懂政治风向。在他参议员生涯的第二个 10 年里，这位马萨诸塞州民主党人命令司法委员会下面的一个小组委员会进行广泛的调查。一名工作人员称其为“自由主义事业的消防队”，永远带着警灯和警报器最后一个出现在针对普通民众的暴行现场。[29] 1974 年，肯尼迪把斯蒂芬·布雷耶——当时哈佛法学院一颗冉冉升起的新星——吸引到华盛顿度过了一个年假。布雷耶提出了两个可能的调查方向。第一个是关于“水门事件”后的改革，布雷耶认为这项改革“更有可能得到公众的关注”。第二个是关于对航空业放松管制，他认为这是“一份乏味、细致、复杂的，一个‘好政府’会做的工作”。[30] 肯尼迪选择了第二个。几个月后，委员会在波士顿举行了一次听证会，一位当地妇女问参议员：“你为什么要举行有关航空公司的听证会？我从来都没有机会坐飞机。”肯尼迪回答说：“这就是我举行听证会的原因。”[31]

上任后不久，布雷耶在《华盛顿邮报》上读到，福特总统的交通部长克劳德·布里尼加与航空公司高管会面，讨论泛美航空公司的困境，当时该公司正在艰难地应对不断上涨的燃油价格带来的压力。布雷耶匆忙奔向会场，恰好及时赶到，他听到布里尼加正敦促大家统一提高机票价格，以恢复泛美航空公司的赢利能力。布雷耶回忆起那个时刻的时候表现出了震惊：“这就是一个垄断联盟，一个由政府组织的简单的垄断联盟。”[32] 他说服肯尼迪在 1974 年 11 月举行一场听证会，听证会的主角是弗雷迪·莱克，一位性格开朗的英国企业家，他一直在寻求关于开通一条廉价的跨越大西洋航线的政府许可，虽然这个努力是徒劳的。[33] 莱克把布里尼加的计划斥为“Pan Amania”，并得意地将其定义为用公共开支来支撑一家濒临倒闭的航空公司的疯狂行为。

1975 年 2 月举行的大型听证会则较为平静。布雷耶回避了关于他所谓的“冰冻狗”故事的证词——那是一个关于可怕的客户服务的逸闻——更愿意详细探讨航空公司监管的经济性。听证会在第二天强调了加州和得克萨斯州州内机票价格与州际类似距离旅行成本之间的对比。* 在布雷耶的敦促下，肯尼迪向公司高管和监管机构施压，要求他们解释，为什么在 1974 年，太平洋西南航空公司从旧金山到洛杉矶的票价是 18.75 美元，而美国航空公司从波士顿到华盛顿的票价是 41.67 美元。[34] 这两家航空公司使用同一型号的飞机，飞行的距离也相同。一种又一种的解释被验证和排除，直到剩下最后一种解释，那就是——监管。

布雷耶在一份 328 页的报告中总结了听证会的情况，他说，30 年后你们会发现，这“可能是我写过的最好的东西”。[35] 听证会和报告引起了政客和选民的共鸣，他们越来越怀疑政府对于监管市场所付出的努力到底有多少价值。福特总统在谈到政府雇用的 10 万名监管人员时说，这是一个“官僚主义者梦想中的天堂”，他们正在阻止小企业成为大企业。“联邦机构制定的规章制度几乎对美国生活的方方面面都产生了破坏性的影响，”福特在他的回忆录中写道，“繁文缛节包围了我们，几乎让我们窒息。我们整个国家都要窒息了。”[36]

政府在 20 世纪 30 年代将航空公司置于联邦监管之下，因为当时人们一致认为竞争是破坏性的。现在出现了一种共识，即竞争正是经济发展所需要的。钟摆正在摆动。

---

* 得克萨斯州在 1971 年拥有了自己的廉价航空公司——西南航空公司，它的业务包括在达拉斯、休斯敦和圣安东尼奥之间飞行。这家新航空公司借用了太平洋西南航空公司的商业计划和一半的名字。它还借用了包括飞行员手册在内的基础设施。

吉米·卡特的政治生涯建立在说服选民认同他是一个与众不同的民主党人的基础上。最引人注目的转变之一是他强调美国人是消费者，而不是工人。在 1976 年的总统竞选中，他接受了拉尔夫·纳德的邀请，在一个消费者权益倡导者的集会上发表演讲，告诉他们："现在在美国总统办公室里，消费者有发声的权利了。"他没有参加劳动节当天在底特律凯迪拉克广场举行的集会，那是民主党候选人通常开启大选活动的地方。[37]

卡特和纳德都想让政府停止为让工业免受竞争而进行的保护。这两个性格相当内向的人，也建立了关系。卡特邀请纳德到他位于佐治亚州普莱恩斯的家中过夜，他们在那里吃了一顿豇豆餐。后来，卡特和他的工作人员与记者团打了一场垒球比赛，纳德在一旁西装革履地担任裁判，还要喊口令。卡特赢得选举后，他任命了纳德的一些副手担任监管机构的高级职位。

卡特特别不喜欢货运方面的监管，因为这让他在当农民的时候多花了很多钱。1954 年，澳大利亚解除了对卡车运输的管制，降低了这个国家的货运价格，这与美国庞大的货运市场有着重要的相似之处。一位观察家报道："只要购买新的卡车或者免除其他约束，就会有许多新晋的从业者可以加入这个行业。"[38]

1969 年，英国开始解除对卡车运输的管制，并取得了类似的成功。但是卡特的助手担心解除对这个行业的管制会带来政治上的麻烦，因为这个行业在全国有成千上万家公司。他们建议卡特还是从航空公司着手放松监管。[39] 这个迷人的行业虽说会吸引公众的注意力，但规模不是特别大，肯尼迪的听证会已经让公众做好了准备。西蒙·拉撒路在法学院就认识布雷耶，他收到了布雷耶报告的个人副本。而前参议院商务委员会工作人员玛丽·舒曼告诉卡特，对航空公司放松管制的做法可以作为一个跳板，并在此后开启针对货运和电信行业的斗争。

1977年2月，就在第一个供应侧减税法案在众议院提出的同一天，白宫发起了解除对商业航空管制的努力。卡特抓起了一份新的政府报告，该报告估计航空业的管制使机票成本每年增加了18亿美元，他向国会发出了一条信息，敦促通过立法使航空业获得自由。[40]总统写道："监管曾经是为公众利益服务的，现在却扼杀了竞争。"为了加快这个过程，他任命了一个新的航空局局长。卡特本可能会选择布雷耶或一位有同样想法的律师，但舒曼强力推荐一个新的人选——经济学家阿尔弗雷德·E. 卡恩——康奈尔大学教授、纽约州公共服务委员会主席，既是监管方面的领军学者，也是改革方面的领军实践者。当卡特的幕僚长坚持要列出可能的三名候选人的名单时，舒曼的回复是：阿尔弗雷德·卡恩，阿尔弗雷德·E. 卡恩和弗雷德·卡恩。[41]

卡恩是一个精力旺盛的怪人。他穿着袜子在他位于纽约的办公室里走来走去，在每天游泳的时候给他的员工讲课，还举行长时间的听证会来娱乐自己，有时通过重新教育专家证人来娱乐观众。

他与他所服务的政客保持着一种扭曲的距离。在华盛顿期间，他称总统"幼稚"，称石油输出国家组织成员国"愚蠢"。当白宫要求卡恩停止预测即将到来的经济衰退时，他召集记者并告诉他们，接下来他将用"香蕉"一词来代指衰退。这引起了香蕉的主要进口商联合水果（United Fruit）公司的抗议，所以卡恩告诉媒体，他选择了一个新的代号："金橘"。

他办公室的一个牌子上写着"我在康奈尔大学有终身教职"。[42]

1917年10月17日，卡恩出生在新泽西州的帕特森，这是一个由亚历山大·汉密尔顿创建的工业城市，是国家资助工业化的早期范例。卡恩的父母是来自俄罗斯的犹太移民，他的父亲在城里一家绸缎厂工作。卡恩是一名天资聪颖的学生，他 18 岁从纽约大学毕业，1942 年从耶鲁大学获得博士学位。他的课题是英国经济的“渐进式僵化”，他将其归因于“一场对价格竞争几乎统一意见的放弃”。[43] 在他的研究生生涯中，他还为一系列政府机构工作，这为他在学术界和公共政策的交叉领域的长期职业生涯奠定了基础。他曾短暂地在军队服役，然后来到康奈尔大学，在那里待了 60 多年，他还经常受邀上台演唱学生创作的轻歌剧。

作为一名监管学者，卡恩站在主流的立场上，拒绝接受芝加哥学派提出的观点。他赞同大公司对经济不利的传统观点。在 1940 年的一篇论文中，他警告说，像通用电气这样的工业巨头正在利用专利法来阻止潜在竞争对手的崛起。“伟大的研究实验室只是偶然的技术中心，”他写道，“从商业的角度来看，它们是一家专利工厂：它们正在制造垄断的原材料。”[44]

在 1954 年出版的《公平竞争》一书中，他为政府以牺牲消费者利益为代价保护小企业的观点进行了辩护。他写道：“人们不能简单地将民主国家的‘公共利益’等同于‘消费者利益’。”亚当 · 斯密有一个著名的论断：消费是生产的目的。卡恩反驳说：“这不是真的，尽管这是亚当 · 斯密说的。”他写道，作为一个生产者，同时也是“城市化文明的公民”，人们也有自己的利益。[45] 一个工业城市失去了工厂，这是不好的。

卡恩最重要的著作《监管经济学》（*The Economics of Regulation*）（1970）对监管实践进行了全面的批判，并捍卫了有效监管的价值。这本书读起来有点儿像求职申请。那时的监管机构由律师管理，卡恩认为经济学家会做得更好。在描述经济学家的优点时，他脑中有一个具体的经济学家的形象，他写道："谁能比他更关注替代性公共经济政策的最终伦理和政治含义呢？"[46]

在 1974 年，卡恩实现了他的愿望——他被任命为纽约公共事业的首席监管者。托马斯·麦克劳在其杰出的《监管预言家》（*Prophets of Regulation*）一书中指出，卡恩的到来标志着一个新时代的到来，这是一个属于"经济学家的时刻"。根据麦克劳的计算，1974 年，律师在每个联邦管理委员会占据了超过一半的席位。[47] 而经济学家却几乎没有任何位置。随着经济学家的席位越来越多，监管行为开始发生变化。律师强调产生公平结果的公平程序的重要性。相比之下，像卡恩这样的经济学家则将经济效率视为监管的首要目标。

作为公用事业监管机构，卡恩的重点是将价格与成本更紧密地捆绑在一起。他要求电话公司收取 10 美分的电话号码查询服务费，并允许电力公司根据需求调整价格：可以在炎热的夏季收取更多的电费，并为夜间运营的工厂提供折扣。在高需求时期成本会上升，因为电力公司需要将效率最低的发电机也投入使用。在卡恩看来，在不考虑发电成本的情况下对电力收取固定价格，鼓励了电力的低效使用，这也意味着每个人最终都要支付更高的价格。

新系统的批评者认为，卡恩允许公共事业公司在人们最需要电力的时候精确地压榨消费者。第一个采用这种方法的是长岛照明（Long Island Lighting）公司，该公司很快就在最热的日子里，在最热的时段向顾客多收取 12 倍的电费。此外，纽约并没有效仿其他一些州，向低收入家庭提供减税。卡恩反对利用监管来重新分配财富。他说："如果价格是以某种方式而不是以成本为基础制定的，那么将由政治程序来决定价格。"[48] 他认为没有必要解释，在他看来，作为一种决策方法，经济学优于政治学。

卡恩的政策迎来了一个新的目标机构——民用航空局，在很大程度上，就像是一支致力于抓捕单一犯罪形式的警察队伍，它的目标就是打折机票的销售。[49] 1972 年，民用航空局做出了一个“四日调查报告”，揭露了这种暴行就如同一位 81 岁的老太太花青年票价进行旅行。最顽固的违法者是包机航空公司，其票价低至管制票价的 1/3。然而只要包机运营商不向个人乘客出售机票，这就是合法的。他们必须把一架飞机上的所有座位卖给一个团队，而这个团队只能把座位卖给加入该团队至少六个月时间的成员，而且禁止做广告。而在现实世界中，旅行社公开为包机做广告。1971 年，《纽约时报》刊登了一篇令人震惊的报道，称曼哈顿的一家旅行社向支付 10 美元即可立即成为“苏格兰友谊协会”会员的任何人出售飞往英国的半价机票。[50]

为了改变监管的重点，卡恩首先改变了监管机构。他宣称，负责政策分析的办公室完全由律师组成，“简直令人难以置信”。于是，他创建了一个新的经济分析办公室，由他从联邦贸易委员会聘请的经济学家达利斯·加斯金斯领导。卡恩做出了解释，却并没有打算讨好法律界：“我想让客观的经济学家仔细观察我们在做什么，以及它是如何运作的，做好发现问题的准备，而不是简单地闭上眼睛，依靠信念。”[51]

卡恩还反对民用航空局强调正当程序，他认为这是不公平的，因为维持现状延期处理就是在牺牲消费者利益，是要付出代价的。[52] 他说律师是“胆小的野兽”，永远反对任何改变。不过，他做出了一个例外的决定。卡恩认为他需要一名律师来对付其他律师，于是他聘请了迈克尔·莱文。莱文当时在南加州大学教书，周末常开着他那架橙色的四座飞机四处闲逛。[53]

卡恩甚至反对律师说话的方式。他在 1977 年 6 月发布了一份备忘录，要求董事会写公开声明时要写得“就像你是在和真实的人交谈或交流一样”。这是卡恩长期坚持的原则，他告诉记者：“如果你不能用简单的英语向人们解释你在做什么，那么你就可能正在做错误的事情。”[54] 卡恩的备忘录长达 3 页，大概是为了确保他表达得清清楚楚。“每当你试图使用‘此处’或‘上文中’或‘下文中’或类似的‘彼处’及其相应的变体时，请尝试‘在这里’或‘在那里’或‘上面’或‘下面’，看看它是否能表达同样的意思。”[55] 这份备忘录引起了轰动。“阿尔弗雷德·卡恩，我爱你，”《波士顿环球报》发表的一篇文章这样开头，“我不管你是不是 59 岁，结了婚，还是民用航空局局长，我们一起私奔吧。”[56]《美国传统词典》邀请卡恩加入一个顾问小组。卡恩很高兴，在他的余生里，他一直没有离开这个小组。

就在此时此刻

放松管制始于航空货运。20 世纪 60 年代中期，一位名叫弗雷德里克·W. 史密斯的耶鲁大学本科生在一节经济学课上写了一篇论文，提议创建一种航空快递服务。这一商业计划实际上是非法的：当时政府批准了三家货运航空公司，允许它们根据重量和距离收费，但不允许对速度收费。但史密斯找到了一个漏洞。1973 年，他创办了联邦快递公司，使用了 14 架送货飞机，规模小到不受联邦监管。不幸的是，史密斯很快就发现，这些飞机太小了，以至无法维持这一业务的盈利。当他申请经营大型飞机的执照时，民用航空局不出所料地拒绝了他。

史密斯恳求政客进行干预，卡特政府看到了机会。1977 年，它推动国会通过立法，开放航空货运市场，引入竞争，并允许公司自行定价。史密斯购买了 7 架波音 727，并开始迅速扩张。1985 年，一家地面快递公司联合包裹服务（United Parcel Service）公司推出了自己的航空服务，加剧了竞争。在放松管制的头 15 年里，空运的实际价格平均每年下降 2.52%。[57] 价格是衡量影响的一个不充分的标准。企业开发出了监管机构从未想过的商业模式：“及时送”的供应链，可以在任何需要的时候把零件快速送到工厂；亚马逊网站和在线零售也因此迅速崛起；令人惊讶的是，在 2017 年，中国食客吃掉了价值超过 1 亿美元的来自缅因州的活龙虾。[58]

卡恩没有等待立法解除对旅客旅行的管制，而是直接宣布他决心要“移开民用航空局的死亡之手”。[59] 卡恩的哲学很简单：经济学定律适用于航空业。他断然拒绝接受神神秘秘的航空旅行。1978 年，东方航空公司在华盛顿国家机场的一个典礼上推出了他们最新型的低噪声喷气式飞机。卡恩在现场被问及他的想法。“我真的分不清这架飞机和其他飞机有什么区别，”他回答，“对我来说，它们都是带翅膀的边际成本。”[60]

作为一个开局，卡恩董事会批准了折扣票价。大陆航空公司的回应是提供“鸡食价”（指超低价格），并预留 30% 的座位给买到这个票价的客人。不到一年，一半的经济舱乘客都买了折扣票。当参议员巴里·戈德华特，那个宽松政府的老狮子，写信给卡恩抱怨航班太拥挤时，卡恩回应道：“当你对一个自由市场体系的效率有进一步的怀疑时，请毫不犹豫地把它们传达给我。同时我倾情推荐您阅读参议员巴里·戈德华特早些时候的一些演讲和著作。”[61]

接下来，民用航空局批准的许可覆盖了所有的航空公司，允许他们在奥克兰和加利福尼亚之间建立新的航线。密尔沃基也是如此；巴尔的摩机场在 1973 年更名为巴尔的摩 – 华盛顿国际机场，以吸引更多业务，但未能实现；还有芝加哥中途机场，当时该机场只向目的地圣路易斯提供定期航班服务。

美国最大的联合航空公司意识到竞争激烈的市场中蕴藏着机遇，开始支持放松管制。这加剧了小型航空公司的担忧，但是卡恩已经放弃了他早先关于政府应该保护小型公司的观点。在宣布奥克兰规则的时候，民用航空局说，“我们不能同意将健康竞争定义为这样一种状态，即竞争对手的财富是波动的，但没有一个竞争对手会碰壁。”[62] 卡恩将消费者福利作为监管的目标。“当然，我的标准是什么对消费者有利。”他在 1981 年的一次采访中说。[63]

达美航空首席执行官威廉·托马斯·毕比试图越过卡恩，写信给同为格鲁吉亚人的卡特，告诉他放松管制会伤害到消费者。毕比写道：“通过把大量乘客塞进飞机，让他们感到非常不舒服，并减少飞行频率，让人们只能在你想让他们飞的时候飞，而不是在他们想飞的时候飞，你就可以降低机票价格。我们在这个行业里这么久，早就知道这一点了。”但这是卡特真正想要的吗？毕比说，这将使“大家都感到难堪，使许多人感到悲哀”。[64]

卡特冒了这个险。随着卡恩的提议，政府敦促国会立法。总统积极而成功地进行了游说，摆脱了他在早先为自己的事业呼吁时所得到的失败的倡导者的名声。[65] 当他在 1978 年 10 月 24 日签署最后的法案时，他宣布：“这是几十年来的第一次，我们解除了对一个主要行业的管制。”

航空公司派出的员工已经在民用航空局华盛顿总部外的人行道上安营扎寨，等候第二天早上的到来，届时委员会将开始以先到先得的方式发放新的航线执照。东方航空公司是第一个到达的，但是它的团队不幸地输给了联合航空，因为一个倒霉的员工急着去洗手间，而此时没有其他人可以帮忙占住公司的位置。[66]

在接下来的五个月里，该委员会颁发了 3 189 张新的航线执照；票价下跌，客运量上升。泰德·肯尼迪兴奋地说："按照任何一种经济衡量标准，航空业去监管化的结果都是显著的。"[67]

民用航空局于 1984 年 12 月 31 日关闭。一名海军陆战队号手吹响了《夜晚的色彩》，一名职员在公司会议室的墙上取下了该公司的标志。上一任主席 C. 丹·麦金农敲了一下他多年前从得克萨斯州国会议员萨姆·雷伯恩那里得到的小木槌。麦金农宣称："竞争是规则，正因为如此，消费者得到了比以往更好的服务。"他又补充说，他希望其他监管机构最终也会以关门结束。[68]

在胜利的喜悦中，卡特政府转向了一个更棘手的问题：卡车运输。

这个行业雇用的员工是航空公司的 3 倍，而且它也没有陷入财务困境。1977 年，全球最大的 8 家卡车运输公司的盈利水平是《财富》500 强公司平均水平的 2 倍。[69] 与航空公司不同的是，卡车运输公司可以自行定价，这一点很有帮助。这个行业懦弱的监管者，州际商务委员会允许由卡车运输公司控制的 10 个区域办事处举行秘密听证会，然后发布有约束力的价格。这一制度也为卡车司机行业的雇员带来了丰厚的利润，其中以好斗的卡车司机工会为代表。1976 年，工会通过谈判，在通货膨胀的情况下，将工资提高了 30%。

但是卡特需要更多的胜利。美国财政部长迈克尔·布卢门撒尔在 1979 年 3 月写给白宫办公厅主任汉密尔顿·乔丹的信中说："不管你喜不喜欢，我们都没能让公众相信总统是一位强有力的经济领袖。[70]然而经济学家再一次预测了令人兴奋的利益。美国运输部的经济学家进行的一项研究显示，在新泽西州境内运输货物（该州不规定卡车运输价格）要比将同样的货物以同样的距离穿过州界运到宾夕法尼亚州要便宜10%~25%。[71] 卡特的第一任交通部长布罗克·亚当斯反对放松管制，并威胁要解雇他的监管政策主管，因为他发表了这类研究。没想到，最后因此丢了工作的却是亚当斯。当新任部长尼尔·戈德施密特带着一本黄色的便签簿走进美国总统办公室时，卡特接过便笺簿，在上面写上了“卡车运输”。[72]

卡特最初选择领导州际商务委员会的A.丹尼尔·奥尼尔也对放松监管持怀疑态度。“有些人为了检验一些经济理论，似乎愿意让其他人承受严重损失，但他们的态度却有些漫不经心。”他在1975年曾这样说道。[73] 同样，卡特也把他换掉了，继任者是卡恩航空委员会的首席经济学家达利斯·加斯金斯，他也是第一个管理州际商务委员会的经济学家。[74]

卡车司机认为没有必要进行改变，他们通过向参议院商业委员会主席、内华达州的霍华德·W.坎农行贿，来强调这一点。*（但是国会是在一个自由市场的思想框架下。）俄勒冈州共和党参议员鲍勃·帕克伍德说：“我们没有理由需要通过一些成年人的同意来控制资本主义行为。”[75] 货运解除管制始于1980年；在那一年的晚些时候，铁路行业开始放松管制。

一位官员说：“放松管制是这个城市的新宗教。”[76]

放松交通管制在很大程度上带来了经济学家曾经预测到的好处。

---

* 坎农和他在内华达州的邻居想买一块与他们小区相邻的地，以阻止高层公寓的建设。该工会利用养老基金购买了那块土地，并以140万美元的价格将土地出售给坎农，这个价格远远低于市场价。5名卡车司机最终因企图行贿而被判有罪；政府没有指控坎农，但丑闻使他失去了连任的机会。

商品的流通变得便宜多了：物流在美国经济中所占的份额从 1979 年的 18% 下降到 2009 年的 7.4%。[77] 旅游的价格也下降了。在放松管制后的 25 年里，美国国内航班的平均机票价格下降了 45%。客运量猛增，飞行安全也得到了改善。[78]

当然，这常常是一种痛苦的经历。美国航空公司对乘客的态度非常恶劣，以至奥巴马政府在 2009 年出台了一项"乘客权利法案"，以阻止一些最严重的侵犯行为。但放松管制带来的争论是糟糕的服务。他们的理论是，人们愿意用更少的服务换取更低的价格。他们也是这样做的。"欧洲已经有 50 年没有战争了，因为他们都忙着乘坐瑞安航空的航班，"这家廉价航空公司的首席执行官迈克尔·奥利里在 2011 年自豪地说，"我应该获得诺贝尔和平奖。"[79]

放松管制还成功地将资金从工人身上转移到消费者身上，卡恩和其他人当时私下就这一目标达成了共识。卡恩在 1981 年录制的一段口述中说："我希望卡车司机的情况能再糟糕一点。我希望汽车工人的情况再糟糕一点。你可能会说那是不人道的；我表达得太露骨了，但那是因为我想消除一种情况，那就是在不受竞争影响的行业中，某些受保护的工人可以比平均水平更快地提高工资，而不是因为考虑到他们的价值，也不考虑自由市场会做什么，从而对其他工人进行的剥削。"[80]

尽管如此，1980—2017 年，美国卡车司机的平均收入实际下降了 20%。2017 年，空姐的平均收入下降了 31%。与此同时，高管的薪酬大幅飙升。1980 年，美国航空公司首席执行官的收入为 373 779 美元。2017 年担任同一职位的人收入是 1 133 万美元。

卡恩于 2010 年去世，但他为这一切感到欢欣鼓舞。他说："除有孩子以外，这是我一生中做过的最伟大的事情了。"[81] 2017 年去世的

81 岁的迈克尔·莱文也不感到遗憾，不过他表达了一种更微妙的判断，称这是在不完善的市场和不完善的监管之间的选择，他仍然更倾向于选择市场，即使它存在缺陷。[82]

玛格丽特·撒切尔对放松监管的政治智慧表示怀疑，因此在 1979 年竞选期间，她很少提及这一点。正是在那次竞选中，她成为英国首位女首相。但她的盟友急于试水，尤其是基思·约瑟夫，他因对市场的狂热信仰而被称为“疯狂修道士”。[83]

约瑟夫的父亲是经营博维斯公司的准男爵，博维斯是美国最大的建筑公司之一。1956 年，他首次以保守派身份当选国会议员，开始了他的政治生涯，代表的是商业利益的传统声音，但他对现有观点反复研究的意义感到失望。1964 年，穿着考究的约瑟夫走进经济事务研究所一间破旧的办公室，这里是一个由一群对弗里德里希·哈耶克的工作抱有同样热情的年轻经济学家创建的智库，他们正试图根据哈耶克的想法起草政策建议。“我们出去玩了一会儿，”其中一个叫拉尔夫·哈里斯的人说，“我们是 30 岁的小伙子，点燃一支烟火，看看会发生什么。”[84]

约瑟夫并没有立即改变信仰。20 世纪 70 年代初，保守党在自由主义思想上加倍下注，就像尼克松和福特政府一样。该党的政纲宣称，公共政策的“根本问题”是需要更多的政府支出，而被任命为社会服务部长的约瑟夫则首当其冲。但在 1974 年该党失去势力之后，在经济急剧下滑的情况下，约瑟夫回到了那个小智库，宣布他想要为私营企业发起一场“十字军东征”。[85] 约瑟夫重生了，他公开表示为自己早期的观点感到悲哀，并以“平等：一个相反的论点”为题为报纸撰写专栏文章。他说，英国需要更多的百万富翁和更多的企业破产。“如果我们要减少这个国家的贫困，提高我们的生活水平，”他说，“我们需要比现在更多的不平等。”[86]

20世纪70年代中期，约瑟夫创建了一个新的智库——政策研究中心，作为经济事务研究所更为务实的合作伙伴。他说：“我的目的是要改变保守党的态度。”[87] 为了实现这一目标，他聘请了另一位保守派政治家玛格丽特·撒切尔担任副主席。但不久后，约瑟夫就因为公开质疑贫穷的母亲是否应该生那么多孩子，从而失去了领导该党的机会。撒切尔登上了这一空缺的领导位置，并留下约瑟夫作为最重要的副手，哈里斯和研究所成了她思想上的依靠。

在英国，政府拥有公用事业公司和大量的工业部门，放松管制的第一步是将公司转移到私营部门。在撒切尔新政府中被任命为工业大臣的约瑟夫把目标对准了英国电信，这个不受欢迎的垄断企业经常让人们等上几个月才能买到新手机。1981年，议会授权了第二家电话公司水星通信公司，并要求英国电信允许人们从其他公司购买手机。英国电信的高管把这看作他们不愿踏上的旅途的第一步，他们预测，这些变化最终将导致电话线员触电身亡。[88] 相反的是，服务逐渐得到了改善。

1984年，撒切尔政府出售了该公司的多数股权，这是当时伦敦证券交易所历史上规模最大的公开募股。在这次成功的改变之后，政府接连将英国机场管理局、英国天然气公司、英国铁路公司、英国钢铁公司等几乎所有公用事业公司转变为私有化，但英国的厨房水槽除外。一位支持者兴高采烈地写道：“综合来看，英国的私有化计划可能是自亨利八世解散修道院以来最大的权力和财产转移。”[89] 1979—1997年，国有企业在英国经济产出中所占的比例从12%下降到了2%。[90]

撒切尔政府将私有化公司的股份出售给他们的雇员。和许多保守党人一样，她认为工会是另一种形式的垄断，所以她毫不犹豫地使用武力来打破他们的权力——其中最明显的是，她的政府与英国煤矿工人所发生的残酷冲突。但她也试图重新调整工人的利益，一下子把他们变成了同时也是小资本家的劳动者。与之类似，政府把英国的大部分公共住房卖给了它的居住者。1980 年，近 1/3 的英国家庭住在公共住房里；他们被允许购买自己的房子，根据入住的年数，他们可以享受低至市场价 50% 的折扣来购买自己的房子。

工党的纲领长期以来一直要求生产资料的公有制，但它放弃了斗争。1995 年，工党的新领袖托尼・布莱尔在威斯敏斯特大厅赢得了废除公共所有权条款的胜利，然而这个地方就是 1918 年通过这一条款的地方。

20 世纪 80 年代初，飞往爱尔兰的美国和加拿大航空公司被要求在西海岸的小城香农降落，然后再飞往都柏林。这次不方便的中途停留是为了保护爱尔兰最主要的航空公司爱尔兰航空公司。这还不是全部：爱尔兰政府还出钱让荷兰最大的航空公司——荷兰皇家航空公司（KLM）不要飞往爱尔兰。

爱尔兰航空公司每英里的票价是美国航空公司平均票价的 4 倍。爱尔兰航空公司的一位高管对放松管制的想法不屑一顾，他解释说，美国人对低价有一种不健康的痴迷。“公共事业的重要概念已经被这些激进派抛弃，取而代之的是目光短浅的消费主义。”他说。[91]

然而激进派很难被赶走：美国包机公司将爱尔兰视为一个成熟的市场。1984 年，爱尔兰政府提议将出售廉价机票定为犯罪行为。与爱尔兰航空公司进行竞争的处罚是 2 年监禁和 10 万爱尔兰英镑的罚款。[92] 这项法案最终耗尽了爱尔兰选民的耐心，他们希望成为目光短浅的消费者。受到法案失败的教训，政府批准爱尔兰航空公司前高管托尼・瑞安创办爱尔兰第二大客运航空公司。[93]

瑞安多年来一直在寻求爱尔兰政府的支持，他发现，在都柏林和伦敦以北的小机场卢顿之间飞行，更容易获得英国政府的批准。撒切尔政府渴望有机会将放宽管制扩展到商业航空领域，但在欧洲，与美国不同的是，大多数航班都跨越了国际边界。英国需要其他国家的支持。

瑞安航空公司的首航票价为 95 爱尔兰镑，不到爱尔兰航空公司的定价 208 爱尔兰镑的一半。都柏林和伦敦之间的客流量在第一年增长了 65%。前往爱尔兰的游客人数 20 年来首次出现增长。爱尔兰的建筑工人会通勤去伦敦，那里的工作机会更多；伦敦的天主教牧师散播消息说，他们可以用一种更划算的方式回家参加婚礼和葬礼。[94]

包括卡恩在内的自由航空的拥护者预测，竞争将会蓬勃发展，因为每条航线都是一个独立的市场，在这个市场中，各种规模的航空公司可以在公平的条件下竞争。[95] 他们没有预料到大型航空公司会以何种方式将规模转化为竞争优势，包括中心辐射航线系统和飞行常客计划的兴起。美国政府允许航空业进行整合：在奥巴马政府执政期间，美国最大的八家航空公司两两合并，成为美国最大的四家航空公司，运载了超过 80% 的国内乘客。[96]

相比之下，欧洲的监管机构则对合并设置了限制。他们在 2007 年拒绝让瑞安航空收购爱尔兰航空，然后在 2013 年再次拒绝。截至 2018 年，包括瑞安航空在内的欧洲四大航空公司控制了 45% 的市场份额。以通货膨胀调整后的美元计算，美国的平均机票价格在 2005 年前后停止下跌。[97] 自航空业有史以来，在欧洲飞行大体上比在美国便宜的现象，这还是第一次出现。

这种区别是有症状的。自 20 世纪末 21 世纪初以来，欧洲在促进和保持竞争方面比美国更积极，更成功。

在 20 世纪 90 年代，英国和美国政府都试图要求当地的电话垄断公司与竞争对手共享线路。在这两个国家，最初的试验都失败了。

2005 年，美国决定电话公司不再需要共享。布什政府表示，竞争将来自网络通信行业。结果就是在没有竞争的情况下放松管制。3/4 的美国家庭最多只能从两家潜在的高速互联网服务提供商中选择一家。[98]

在同一年，即 2005 年，英国再次尝试，根据法国经济学家让·梯若尔的研究，采用了一种租用电话线的新模式。基本的平衡措施是将费率定得足够高，以奖励拥有这些线路的公司的投资；但又要定得足够低，以鼓励竞争对手租用这些线路。梯若尔的方案被证明是成功的，并已被越来越多的国家采用。当梯若尔在 2014 年获得诺贝尔奖时，诺贝尔奖委员会的一名成员告诉记者，“政客不采纳他的政策建议是愚蠢的”。[99] 比如美国就没有，所以美国人要花更多的钱上网。[100]

人们很容易忘记市场是人类创造的，恰恰是因为我们创造了如此多的市场。在现代化之前的世界里，市场被小心地划定了界限。市场是一种物理空间：在英国，城镇之间的边界通常用市场作为划分的标志。市场也是一种有始有终的行为，通常以钟声为标志。而现在我们生活在一个永远开放的市场，一个没有物理边界的市场。

然而，市场的普遍性只会增加有效监管的重要性。近几十年的经验提醒我们，正如糟糕的规则会损害市场和社会一样，缺乏规则和执法也会损害市场和社会。[101]

第七章

生命的价值

我们不能把政治经济学当作政治家的课题。这是关乎每一个人的事。

——让 - 巴蒂斯特 · 萨伊，《政治经济学问答》（1815）[1]

1941—1969 年，美国军方每年都要承担超过一半的联邦开支，他们习惯于先决定需要什么，然后再看价格标签。军方表示，他们只是想跟上苏联的步伐。“红军眼中没有收银机，只有胜利。”由将军转为国防承包商的艾拉 · C. 埃克说。[2] 政客不愿与其争辩。在 20 世纪 50 年代的大部分时间里，国会允许陆军和空军分别投入数亿美元研发防空导弹，尽管人们普遍认为只需要一个版本就够了。1958 年，国会最终指示五角大楼选择其中一个，但陆军和空军都拒绝让步。国会最终也没能下定决心废除这两项武器计划中的一个。不仅如此，立法者还不具有所罗门的智慧，他们决定从两个项目中各削减一些资金。[3]

在 1960 年的总统大选中，约翰 · F. 肯尼迪一再告诉选民，尽管美国实行了开放支票簿的外交政策，但美国在与苏联的军备竞赛中处于不利地位。为了全面彻底地对国防开支进行改革，肯尼迪求助于罗伯特 · 麦克纳马拉，一个 44 岁的奇才，他通过复兴福特汽车公司而赢得了一定的声誉。“你不能仅仅通过问自己某样东西是否值得拥有来做决定，”这位新任国防部长说，“你必须针对拥有多少才是足够的来做出判断。”[4] 麦克纳马拉知道他需要什么样的人才来帮助做出这些判断：他需要一位经济学家。

他聘请了兰德公司经济部门的负责人查尔斯·希奇。兰德公司是美国空军在第二次世界大战后创建的一个智库，旨在让美国最优秀的人才致力于军事问题的研究。尽管学者可以不再被迫接受命令，但他们仍然会在加州圣莫尼卡海滨的办公室里，被诱导去研究一些有趣的问题。

希奇是最早被招募的成员之一，他是个才华出众的人。他 1910 年在密苏里州出生，是牛津大学第一个被提供教职的罗兹奖学金获得者。第二次世界大战开始时，他留在英国，在一个为盟军轰炸机挑选目标的团队工作。1948 年加入兰德公司后，他率先对国防开支进行了经济分析。在 1960 年大选前几个月，他发表了《核时代的国防经济学》一书，解释了美国如何能在不增加支出的情况下加强打击力度。书的开头是这样写的：“军事问题的一个重要方面是资源的有效配置和利用的经济问题。”

1960 年寒假，麦克纳马拉在阿斯彭滑雪，他邀请希奇在丹佛的布朗宫廷酒店见面。希奇性格温和，身材矮胖，头发蓬松，而麦克纳马拉高大强壮，头发梳得整整齐齐，紧贴着头皮，似乎是为了减少风的阻力。这两个男人在谈话中度过了一个漫长的夜晚。一位朋友形容这是“一见钟情”。[5]

希奇的预算方法几乎不像是花力气想出来的。他只是要求军队的各个部门写下他们的目标，为实现这些目标可以做的选择，以及每个选择对应的成本和收益。但是希奇并没有取代一些早期的做选择的系统，他只是引入了做选择的准则。他把一个早期的版本强加给了军方，就是如今我们所说的成本 – 效益分析。希奇和他的副官对军方坚持认为其决策不能由经济学家来判断的做法缺乏耐心。拥有麻省理工学院博士学位的阿兰·恩托文当时30岁，担任希奇的副手，他在结束一场与一名空军军官的争论时宣称："将军，我打过的核战争和你打过的一样多。"[6]

结果令人惊奇。在对着麦克纳马拉致辞时，人们几乎可以看到众议院军事委员会德高望重的主席卡尔·文森感激的泪水顺着脸颊滚落下来。"这些话是我的真心话，是我内心深处想要表达的，"文森开口说，"我从1919年就一直在这里处理这些问题。我想说，这是我有权力有机会获取各政府部门的信息以来，收到的最全面、最真实的报告。这里包含的信息比国会中任何委员会所得到的都要多。这里满满的都是资讯，你所要做的就是研究它。"[7]

联邦政府在短期内停止了B-70轰炸机的发展，并加快了北极星潜艇的研发，因为他们采用了兰德公司的决策，认为它是一种更好的核弹头运载工具。一大堆有着卡通名字的导弹系统，如空中闪电、蛇鲨、木星、轩辕十四、大猎犬都被驳回了，取而代之的是民兵。

苏联人对五角大楼编制预算的新方法感到好奇，他们印刷了10 000册希奇的书——尽管并没有支付版税。[8] 1965年接管白宫预算办公室的经济学家查尔斯·舒尔茨也对此印象深刻。* 上任几周之后，他建议政府的其他部门都应采用新的预算流程。这份备忘录落在约翰逊总统的首席国内顾问约瑟夫·卡里法诺的办公桌上。卡利法诺对行政部门的其他分支部门的预算工作"不系统、混乱的和无组织纪律的"

---

* 预算局，现在被称为管理和预算办公室，成立于1921年。舒尔茨的前任是该局的第一批具有正式经济学背景的领导人。1961年被任命的戴维·E.贝尔在哈佛大学获得了硕士学位。次年被任命的柯密特·戈登在威廉姆斯学院教授经济学。舒尔茨是该局第一位拥有经济学博士学位的局长。

状态感到不满，于是他把这份备忘录交给了约翰逊，并表示了对舒尔茨的强烈支持。[9] 两周后，总统通过了这一要求，“以便通过现代管理工具，承诺以尽可能低的成本为每个美国人带来更美好的生活”。[10]

1902 年，美国开始了第一次成本–效益分析实验，当时国会成立了一个由 5 名工程师组成的委员会，审查由美国陆军工程兵团承担的河流和港口工程的成本与效益。[11]

在大萧条时期，随着政府在公共工程项目上的支出上升到新的高度，国会收紧了规定，试图证明这些钱花得很值。1936 年通过的新规规定，只有在“工程项目给任何人带来的收益超过预计成本”的情况下，工程师才能进行建设工作。

这些早期的努力基本上是徒劳的。政府的利益量化能力相当有限，它削减公共工程开支的意愿更有限。1946 年，国会授权了一项计划，内容是让阿肯色河从密西西比河一直通航到俄克拉荷马州的塔尔萨——一条长度大致等同于从波士顿到华盛顿特区的河路。铁路公司反对说，以同样的花销，政府可以沿着河岸修建两条铁路线，并可以由公众出资运营火车。更重要的是，那里已经有一条铁路线了。但俄克拉荷马州州长罗伯特·S. 科尔敦促国会从更开阔的角度考虑问题。他说：“我们不要把这次听证会局限在比较水陆运输费用这个次要问题上。让我们来想想如何才能建设一个更伟大的国家。”[12]

同年，兵团准备了一份特别有创意的分析报告，证明在弗吉尼亚的拉帕汉诺克河上修建大坝的合理性。在计算从季节性洪水中节省下来的耕地面积时，它把建设大坝所用到的水库底部的土地也计算了进去。[13]

20 世纪早期的经济学家对成本–效益分析的有效性提出了质疑，他们认为不可能对个人的主观偏好进行比较，因此不可能对成本和效益进行汇总。例如，考虑一项降低玉米价格的政策。人们可能会在玉米上花更少的钱，而在其他商品上花更多的钱。种植玉米的农民将赚得更少，而其他生产商将赚得更多。但是谁又能说清楚农民所经历的痛苦是否比其他生产者所得到的好处更有价值呢？

1939 年，剑桥大学经济学家尼古拉斯·卡尔多围绕这个问题进行了研究。在皇家经济协会中的一篇短文，卡尔多断言，任何增加经济产出的公共政策都是可以构建的，这样就不会减少任何人的福利。再来看看降低玉米价格的例子。经济中的货币量没有变化；这项政策改变了资金的分配。因此，政府可以抵消这种偏移，例如，通过向其他生产商征税，并把钱分发给玉米种植者。但即便如此，玉米价格仍然较低，这将带来明显的好处。“在所有这些情况下，”卡尔多写道，“有可能让每个人都比以前过得更好，或者至少让一些人过得更好，而不会让任何人过得比之前更糟。”[14]

这仍然是公共政策成本–效益分析的逻辑基础。

重要的是要认识到，卡尔多并不关心是否每个人都安然无恙。在他看来，让每个人都有安然无恙的可能性就足够了。他认为政府应该降低玉米的价格，即使这项政策没有试图减轻农民的痛苦。正如经济哲学家阿玛蒂亚·森指出的，这个如今被称为卡尔多–希克斯的标准的唯一目的，就是为伤害人民的政策辩护；如果每个人都确实受益，辩护的理由也是不相关的。有时政府伤害人民是必要的或可取的，但卡尔多–希克斯掩盖了伤害的事实和受害者的身份。与经济学中的许多问题一样，它忽视了分配问题。这是一种使胜利者高兴的理论；至于输家是否会因为拥有理论上的好处而感到安慰，就不那么清楚了。[15]

吉姆·托兹在佛罗里达大学获得经济学博士学位后，于 1963 年搬到新奥尔良。他白天教书，晚上演奏爵士乐，但他很快发现，这两种工作都不适合他。于是他决定参军，结果却发现自己被调到了华盛顿，重新开始了作为一名经济学家的工作。军队由于其预算方案受到麦克纳马拉的攻击，正拼命寻找属于己方的经济学专家来加强防御。

1966 年，托兹被提升为一个经济学家团队的负责人，负责监督美国工程兵团的非国防项目。兵团认为经济分析是一件麻烦事。20 世纪 50 年代，一名兵团官员写道，他挑选工程人员中最弱的一位，为太平洋西北部哥伦比亚河上游的一座大坝进行经济分析，因为他不想让项目的工程师们受到拖后腿者的影响。[16] 托兹的工作是满足约翰逊政府更加严格的要求。作为一名中尉，他处于五角大楼的最底层，但作为一名经济学家，他掌握着相当大的权力。他告诉我，他得到了许可，可以穿着西装而不是制服去办公室，这样那些官员就会更认真地对待他。

密歇根州立大学研究水利工程的经济学家 A. 艾伦·施密德于 1968 年以客座教授的身份加入了托兹的团队。在他开始在五角大楼正式工作前，施密德的妻子不得不提醒他把他衣服上那颗写着“停止 ABM”（反弹道导弹）的纽扣摘掉，他之前一直戴着它以抗议反弹道导弹的发展。[17] 施密德花掉了一年之中的大部分时间试图阻止一个巨大的切萨皮克湾模型的建造，但毫无进展。这个模型是用来研究水流的，但在计算机时代已经没有必要了。但是，就在他努力对建筑项目进行成本 – 效益分析的同时，施密德认为，托兹的办公室应该有更大的抱负：他说，该办公室还应该分析兵团对私营部门实施的规章制度，比如管理洪泛区建筑的规章制度。施密德在一份备忘录中写道：“规则也可用于指导资源的使用。”这份备忘录后来成了一份文件，成为国会听证会的主题。[18] 这个想法在当时对托兹和他的经济学家团队来说还是个新概念，虽然现在已经成为惯例。他回忆说：“整个团队都惊呆了。”然而，托兹越仔细想这件事，就越喜欢它。经过上级的许可，但还没有明确的法律权限，托兹就已经开始审查拟议中的法规。“还好我不是律师，”他笑着说，“因为律师绝不会这么做。”[19]

这种成本－效益分析的首次推广在约翰逊总统任期结束后不久就消失了。尼克松当选后，文森的继任者、军事委员会主席、众议员 L. 孟德尔·里弗斯告诉尼克松政府，他希望把权力交还给将军们。里弗斯对小戏剧的喜爱几乎和他对经济学的憎恨一样强烈，针对成本－效益分析，他公开表示：“我们以永恒的神发誓，它不会再统治这个国家了。”[20] 新任国防部长梅尔文·莱尔德同意将经济学家限制在顾问的角色之内。托兹被从五角大楼转移到附近的一个陆军工兵部队的旧建筑里。

但是大约有 1 000 人，其中很多是经济学家，曾被雇用为约翰逊政府工作，或者保护政府机构不受其影响。[21] 他们中的大多数，包括托兹在内仍然在工作。麦克纳马拉将越南战争当成了一道统计学习题，将敌人的死亡人数作为取得胜利的步骤，这削弱了公众对政府的信任，但具有讽刺意味的是，这却增加了对成本－效益分析的需求。数字提供了一种令人安心的透明度和责任感。没过几年，托兹就在一座更高级的办公楼里工作了。

天　平

在 20 世纪 60 年代中期，每年有超过 5 万美国人死于车祸，这个惊人的数字催生了《最后的吻》这首歌。在这首歌中，歌手唱道“开着我爸爸的车出去约会”。政府多年来一直试图通过强调司机的个人责任来减少交通事故的死亡率，但“事故”这个词本身就暗示了这种方法的局限性。

1965年，拉尔夫·纳德的畅销书《危险无时不在》改变了公众对于这件事的思考。纳德认为，造成事故受害者受伤的不是最初的碰撞，而是与自己车辆内部发生的“二次碰撞”。事故是不可避免的，但伤害是可以避免的——然而汽车公司几乎没有针对这方面的尝试。有记录显示，这个行业对顾客的生命是如此漠不关心，而这是多么可怕。[22]

纳德对汽车公司的攻击是对市场领军行业的攻击。有人提出一个简单的解决方案，如果一个消费者对这个产品不满，那么就去买其他产品好了，然而纳德拒绝接受这种观点。在理想的经济模型世界中，消费者的选择是一个充分完善的机制来强制提高汽车的安全性。在一个拥有三家大型汽车制造商的国家，驾驶对大多数人来说早已从奢侈品变成必需品，纳德认识到有必要找到另一种方式来迫使企业生产更安全的产品。他认识到监管的必要性。

1966年，在约翰逊政府的敦促下，国会成立了交通运输部，并下令新机构降低驾驶的危险性。要求使用安全带、折叠式转向柱、防震风挡玻璃等的规定很快开始见效，拯救了许多的生命。死于车祸的人数在20世纪60年代末和70年代初达到顶峰。尽管美国的人口有了显著的增长，但在过去的半个世纪里，每年的死亡人数仍然低于曾经的那些血淋淋的高峰。

以汽车监管为例，1964—1977年，美国联邦政府设立了11个机构来监督美国人民的健康和安全，其中包括环境保护局和职业安全与健康管理局。政府承担起了保护消费者健康和安全、保护环境质量的责任，尽管它开始放弃自己作为经济监管者的角色。1970年，联邦政府雇用了18 000名经济监管人员和9 700名健康和安全监管人员。10年后，联邦政府雇用了24 100名经济监管人员和66 400名健康和安全监管人员。[23]

这样的监管并不算是新鲜事物。在 19 世纪早期蒸汽船的发明之后，就出现了联邦蒸汽船检查员。[24] 但这种监管的强化是戏剧性的，反映出一种广泛的共识，即不受约束的市场正在产生不可接受的结果。煤尘熏黑了匹兹堡学生的衬衫；在克利夫兰，凯霍加河不断着火。大众媒体的兴起，尤其是晚间新闻，从 1963 年开始，主流的广播电视网络公司将新闻时长从 15 分钟延长至 30 分钟，播放的内容也从地方事件扩展到了国家事件。1969 年，当圣芭芭拉外海泄漏的石油流淌到了加利福尼亚海岸时，这些因石油覆盖而死去的鸟类的画面呈现在了电视上。一个日益繁荣的国家，曾经将大烟囱视为繁荣的象征，现在却将这些大烟囱视为对其生活质量的威胁。

在通用汽车公司承认雇用私家侦探调查纳德的私人生活，以期败坏他的名声之后，纳德的公众支持率有所上升。该公司同意向纳德支付 42.5 万美元作为赔偿，纳德用这笔钱组建了一支由年轻律师组成的名为“纳德突击者”的小分队，他们迫切希望出台更多法规，以保护人们免受伤害。

随着政府扩大监管范围，企业试图利用经济作为挡箭牌。汽车制造商向国会施压，要求国会规定，除非监管机构证明，以金钱来计算，实施安全规定的好处高于合规成本，否则不能实施安全规定。纳德成功地阻止了这种利用经济学来限制监管的做法，他说服国会相信，应该要求企业尽可能去做有益的事情，而不是做有利可图的事情。[25]

这次胜利确立了一个模式。20 世纪 60 年代末和 70 年代初具有里程碑意义的法律基本上没有要求机构计算成本和收益。一些机构明确指示要忽略成本。“有人可能会问，‘对谁来说代价太大了？’”得克萨斯州参议员拉尔夫·亚伯勒是该州最后一位民粹主义民主党参议员，他在关于建立职业安全与卫生管理局的辩论中这样怒吼道。“对于失去手、腿或视力的员工来说，这是不是代价太大了？对一个靠微薄的生活津贴和社会保险养活孩子的寡妇来说，这是不是代价太大了？再比如有那样一个人——一个勤劳的好人，却要一辈子被绑在轮椅上或病床上？这就是我们在讨论工业安全时要处理的问题。我们谈论的是人们的生活，而不是一些冷冰冰的成本计算数字。”[26]

在理查德·尼克松担任总统的头几年，他欣然接受了联邦监管的全面扩张，尤其是在保护环境方面。他在 1970 年 1 月的第一次国情咨文演讲中说道，“这个年代的大问题在于，我们是向周围的环境投降呢，还是与大自然和平共处，开始对我们给空气、土地和水源造成的损害做出补偿呢？”[27]

1970 年 4 月第一次地球日庆祝活动的大规模流行似乎决定性地回答了这个问题。从太空中拍摄的地球照片中，我们从另一个视角看到了地球，地球看起来就像一个脆弱的小球，这张照片得到了广泛的关注，在很多地方都能看到它。我们还能在这里看到地球上生命的轨迹：“1970 年夏，如果你望向华盛顿特区的地平线，你看到的是一层深棕色的污染区。它的气味很难闻。但华盛顿没有工业，却到处都是汽车。”当时还是尼克松在白宫的年轻助手的克里斯托弗·德莫斯这样回忆说道。[28]

1970 年的最后一天，尼克松签署了《清洁空气法案》，要求政府在不考虑成本的情况下建立空气质量标准。德莫斯帮助规划建立了一个新的环境机构——环境保护局，[29] 该机构的第一任负责人威廉·洛克肖斯是一名刚从民权工作中脱颖而出的律师，他通过要求联合碳化物公司大幅减少俄亥俄州玛丽埃塔一家工厂的排放而举国闻名。洛克肖斯说，环境保护局“没有促进农业或商业的义务；只有保护和改善环境的关键义务”。

但尼克松很快就改变了主意。经济增长开始放缓，转移了选民的注意力。随着新规开始产生影响，在华盛顿可以清楚地听到美国企业高管的抱怨。而一些污染最严重的行业，如汽车制造商和钢厂，也面临着来自外国竞争对手的极大压力。

尼克松在 1971 年 8 月的一份环境年度报告中指出，他的观点迅速发生了转变，该报告称政府需要权衡监管的成本和收益。报告说：“以那些必须为国家所寻求的社会进步买单的纳税企业的破产为代价来追求生态的完美，这种想法过于简单化了。”

1971 年 10 月，尼克松任命的（新成立的）管理与预算办公室的首席执行官——经济学家乔治·舒尔茨发布了一份备忘录，要求各机构向他的办公室提交主要监管规定的成本 – 效益分析。[30] 吉姆·托兹是世界上少数几个在利用成本 – 效益分析来评估法规方面有实际经验的人之一，他被雇用来从事评估拟议的环境法规的关键工作。

例如，国会曾指示环保局到 1983 年要做到全国的水道都可以供人们钓鱼和游泳，而环保局提议通过要求彻底阻止一些污染物的排放来达到这一目标。托兹告诉我说：“他们想要做到零污染。”然后我说：“伙计，你们疯了吗？你们就算没有一个经济学博士学位也应该能理解，我们负担不了处理所有这些垃圾的费用。”

环保人士说，托兹关注的是现状，而不是未来。例如，《清洁空气法案》要求大幅降低汽车排放量，而使用现有技术是不可能做到这一点的。时任福特副总裁的李·艾柯卡警告说，强制执行这些规定“可能会阻止汽车的继续生产”。[31] 然而，通用汽车公司却发明了一种叫作催化转换器的过滤器来中和污染。*

生命的价值

20 世纪 40 年代末，空军给兰德公司的第一批任务之一就是找出炸毁苏联的最佳方法。兰德公司的专家仔细考虑了这个问题，并建议空军将一拨又一拨廉价、缓慢的轰炸机送入苏联的防御工事。他们计算了炸弹和飞机的价值，却没有计算飞行员生命的价值。

对神风特攻队战术的支持并没有取悦由飞行员管理的空军，而且兰德发现自己在唯一的主要客户那里正竭力挽回自己的信誉。兰德公司的一些经济学家认为，有必要采取激进的措施：为人类的生命定价。有人写道："在很多方面，生命和金钱是不可比较的，但不幸的是，规划者必须要把它们放在一起进行比较。"[32]

然而，经济学家却不知道如何给生命定价。在最初的几年里，兰德公司改变了分析方法，将成本以美元表示，并将生活成本逐条累加在一起，让政策制定者来决定汇率。但是，随着成本 – 效益分析使用范围的扩大，经济学家逐渐设计出越来越聪明的方法来估计未购买或未出售物品的价格。随着时间的推移，经济学家声称他们可以知道一只失去的手所对应的价值，可以知道在交通上花费一个小时的时间所对应的价值，可以知道一座山——以及一个人生命的价值。

---

* 相信市场的人想当然地认为，公司会寻求任何有利可图的创新机会，就像人们不会把 10 美元钞票留在人行道上一样。1991 年，哈佛大学经济学家迈克尔·波特在《科学美国人》上发表了一篇简短的文章，驳斥了这种观点，称其为盲目乐观的无稽之谈。他断言，监管可以刺激创新，例如，他强调了美国环保署鼓励企业安装节能照明设备的项目。一项审查发现，这些项目中有近 80% 在两年或更短的时间内实现了节能。波特等人提出的证据逐渐推翻了这一理论。

成本 – 效益分析的扩展始于国家公园管理局。1936 年的法律要求美国工程兵团证明公共工程项目的成本是合理的，这给新建大坝的倡导者带来了压力，要求他们对效益进行量化。可是这一工程最有价值的好处是能够从洪水中拯救人们的生命，可惜这些生命的价值仍然无法量化。因此，倡导者寻求其他方法来施加压力。1946 年，负责监督一些水坝建设的内政部要求国家公园管理局对新水坝所建水库的娱乐价值进行评估，从而为乐趣定价。这激怒了公园管理局的官员，他们认为公园是无价的，但该机构的主任不情愿地要求员工证明设施的娱乐性带来的好处能够等同于任何改进的成本，比如船入水的坡道。两年后，由于公园管理局仍然面临压力，他们同意将公园的娱乐价值定为设施改善成本的 2 倍。

为了防止事态进一步升级，公园管理局还致函 10 位杰出的经济学家，征求他们对这个问题的看法。其中有 9 位支持公园管理局。“我认为公园系统的整体效用或合理性根本无法用统计数据来衡量”，有人写道，“试图用金钱来讨论这个问题是危险的。”[33] 而那第 10 个人，哈罗德·霍特林，是北卡罗来纳大学的教授，他证明了总有经济学家站在争论的另一边。他说，政府可以通过人们愿意花多少钱来参观一个国家公园来估算它的价值。反过来，这可以通过每个人在旅游上花费的最大金额，并假设每个人都愿意花同样多的钱推算出来。例如，如果最昂贵的游览花费是 100 美元，而某一年有 1 万人来游玩，那么公园对公众的价值就是 100 万美元。[34]

国家公园管理局没有理会霍特林，但 1956 年，加利福尼亚州的两位经济学家将他的想法应用于对加州费瑟河上一个拟议大坝项目的成本 – 效益分析。他们的报告引起了马里恩·克劳森的兴趣，他是一家年轻的非营利组织“未来资源”的经济学家。一个联邦委员会得出结论说，美国可能会耗尽矿产和石油等原材料，之后福特基金会就出资成立了这个非营利组织。克劳森是首批招聘的员工之一，他对另一种资源的稀缺很感兴趣：他认为国家需要更多的公园，他改进了霍特林的证明方法，用他的话说，就是“对户外娱乐活动进行货币价值评估，在理论上是可行的，在实践中也是可管理的”。[35] 事实证明，克劳森是一位卓有成效的福音传道者。1973 年，联邦政府批准了使用霍特林的方法。

正是联邦监管的反对者首次提出了对人类生命价值的成本 – 效益分析。1971 年，尼克松政府悄悄地成立了一个特别工作组来评估汽车制造商对监管的抱怨。其中一位成员是曾同麦克纳马拉一起工作过的海军研究员霍华德 · P. 盖茨，其敦促该小组进行成本 – 效益分析。这本身还是一个新想法，但盖茨更加深入，坚持认为需要一个有意义的分析来评估人类生命的价值。当时是经济顾问委员会初级经济学家的丹尼尔 · K. 本杰明说：“这让人们感到震惊。很明显，在我们的讨论中，从我们得到的反对意见来看，我们所做的事情与美国政府制定政策的人是格格不入的。”[36]

给人类生活赋予货币价值的想法由来已久。《汉谟拉比法典》实质上是一份为杀人所必须支付的价格列表。价值评估也是购买奴隶的固有行为。随着雇佣劳动在现代早期变得越来越普遍，一个人的价值等同于一个人产出的市场价值。托马斯 · 霍布斯在 1651 年出版的《利维坦》一书中写道：“一个人的价格，或者说价值，和其他所有东西一样，是他的标价；也就是说，与为了使用他的权力所需要给予的一样多。”

也许在成本 – 效益分析中对生命价值评估最重要的先驱是人寿保险的兴起，它于 18 世纪首先在英国流行起来。人寿保险最初让许多人在道德上感到反感，尤其是因为早期的保险通常是以他人的生命为代价购买的，是一种赌博的形式。在1745年的《詹姆士二世党人叛乱》中，代理人在邦尼·查理王子的合约上做得很成功。法国在1793年禁止了人寿保险；在美国，直到19世纪中期，人寿保险一直都被认为是不道德的。但这个行业逐渐成功地将其产品从不道德的投机上升到道德义务，它明确地将保险单的价值与生命的价值等同起来：一位负责任的成年人被要求购买人寿保险，保险金额要经过计算，以抵消过早死亡的经济后果。1915年在旧金山举行的第一届世界保险大会上，一名发言人表示："在这个商业化的时代，把一切（包括人的生命）都简化成金钱等价物，是合适且恰当的。"最早研究保险的学者之一所罗门·S. 修伯纳在普及生命是有金钱价值的这一概念方面尤其具有影响力。他在1924年说："经济思想最重要的新发展将是承认人类生命的经济价值。"[37]

近半个世纪后，盖茨在为事故受害者定价时，借用了保险行业的逻辑。他计算了平均受害者的年龄和平均预期寿命之间的差距，并将其乘以人均年收入。结果是14万美元，按2019年美元计算约合88.5万美元。[38] 同年晚些时候，美国国家公路交通安全管理局在总数上又增加了几项，其中包括丧葬费和给受害人雇主带来的不便，这使死者的生命价值达到了20.07万美元。该机构称这是最低价值。"我们并不是说超出预算是不明智的。"该机构说。[39] 但是人们看数字时有一个习惯，那就是忽略它们的脚注。

两年后，也就是1974年，联邦政府否决了一项规定，理由是成本超过了生命的价值。故事起因是在1967年，女演员杰恩·曼斯菲尔德在新奥尔良郊外的一场可怕事故中丧生。一辆载着曼斯菲尔德的汽车从一辆卡车的尾部滑了过去，那辆卡车被遮蔽在了一团杀虫剂的浓雾之中。汽车前座的三个人全部遇难。一位名人的去世激起了公愤，在这种情况下，约翰逊政府提议要求在大型卡车的尾部安装一根保险杠。监管机构估计，“曼斯菲尔德保险杠”每年可以挽救 180 个生命。但是经过多年的争论，福特政府在 1974 年搁置了这个想法。由于一个人生命的价值被估算为 20 万美元，政府据此得出结论，这些保险杠的应用需要再多挽救 4 倍的生命，加装保险杠所花掉的成本才算是合理的。[40]

显然，生命比人寿保险的赔偿金更有价值：即使是投了全额保险的人也通常不愿死亡，他们的受益人通常也是这样想的。但再加多少钱会改变这个情况呢？ 20 世纪 50 年代，经济学家托马斯·谢林在兰德公司做访问学者时遇到了这个问题，他从未停止过对这个问题的思考。谢林是一位理论经济学家，他对人类行为有着持久的兴趣，这在当时由数学家主导的一门学科中是一件怪事。他是博弈论领域的先驱，博弈论可以粗略地描述为一种设身处地为别人着想的艺术。他在课堂上举了一个很有启发性的例子：明天你要去纽约见一个陌生人。你们同意见面，但没有约定时间和地点。那么你会去哪里，在一天之中的什么时候去，你们才有最大的机会能见到面呢？ *

谢林出生于 1921 年，比弗里德曼和斯蒂格勒年轻十岁。当他 1951 年从哈佛大学获得博士学位时，核战争的威胁已经为人们的生活蒙上了一层阴影，也超过了抑郁症对人类的威胁。谢林对“冷战”动态的研究促使他向肯尼迪政府建议，应该与克里姆林宫建立一条热线，以避免沟通不畅的情况的发生。他的专业知识也让电影导演斯坦利·库布里克来到了谢林在波士顿郊外的家。1962 年，两人花了一整

* 20世纪60年代谢林的学生最常见的回答是：正午，在中央车站的大钟下面。

天时间讨论库布里克的黑色喜剧《奇爱博士》的情节。1965年，这部电影的出现也促使布鲁金斯学会邀请谢林撰写一篇关于人类生命价值这一棘手问题的论文。

谢林说，政策制定者面临的实际问题是，应该花多少钱来解决那些对大量人口构成相对较小风险的问题，比如疾病、交通事故或污染的威胁。他说，在一个民主社会，这是一个应该由政体做出的决定。他们想要降低风险吗？谢林写道："如果他们愿意共同承担费用，拥有这个项目当然应该是他们的特权。如果他们不愿意，让别人为他们承担代价可能是一个错误。"

以前对一个人生命价值的估计是基于这个人对于其他人的价值：比如奴隶之于主人、工人之于雇主、工薪阶层之于其家属。相比之下，谢林认为生命的价值更应该由那个"可能死去的人"来决定。[41]

谢林建议直接去向人们提出这个问题；几位受其论文启发的年轻经济学家转而寻求从工资数据中梳理出答案。风险较大的工作往往工资较高：擦摩天大楼窗户外面的人比擦同一扇窗户里面的人挣得多。经济学家通过比较风险的差异和收入的差异来估计工人对自己生命价值的认定。[42]

这种新方法在20世纪70年代末首次出现在联邦政府。水牛城凯尼休斯学院的经济学教授沃伦·普鲁内拉跟随一位朋友来到华盛顿，在新成立的监管机构之一——消费者产品安全委员会工作。起初，普鲁内拉的工作是为律师的决定辩护。正如另一位初代成员后来观察的，"你几乎不得不小心翼翼来表明你没有将经济因素考虑在内"。[43]但是普鲁内拉逐渐获得了影响力。委员会建立了一个全国性的系统，让医院报告消费者产品造成的伤害，普鲁内拉用这些数据来计算哪些产品造成的伤害最大。他认为欧盟委员会应该优先考虑对这些产品采取行动。他说："其他工作人员和委员花了大约 5 年的时间来培训他们，让他们相信做成本 – 效益分析是最大限度地挽救生命和减少伤亡的方法。"[44]

1978 年，普鲁内拉被要求对家具织物的易燃性标准进行评估。在考察其收益时，他将可以挽救的生命的价值囊括在内，每个生命的价值是 100 万美元。但这项规定被否决了。但在 1981 年，国会要求该机构对未来的规则进行成本 – 效益分析，并采纳了 100 万美元这个数字。

规范监管机构

处理原棉的工人经常出现呼吸问题，医生在 20 世纪 70 年代将其归咎于吸入了棉花粉尘。这种病被俗称为"褐肺病"，因煤矿工人的肺会变成黑色而命名。在尼克松执政期间，联邦监管机构开始要求纺织厂安装空气过滤系统，但白宫对这一提议置之不理。当吉米·卡特 1976 年当选美国总统时，纺织工会认为胜利就在眼前。美国职业安全与健康管理局新任局长尤拉·宾厄姆会见了一群患有褐肺病的纺织工人。一个工人邀请她一起祈祷；宾厄姆说，在寂静中，她能听到工人在艰难地奋力喘息。[45] 宾厄姆决心提供帮助，于是她打消了人们对空气过滤器成本的担忧。她说，在制定安全和健康标准时，经济不应该是"最重要的考虑因素"。[46]

然而，1978 年 5 月，卡特政府再次踩下了刹车。卡特建立了一个由查尔斯·舒尔茨领导的监管审查系统，这位经济学家曾说服约翰逊接受预算成本 – 效益分析，他认为经济学家在政府的工作就是作为一个"倡导效率至上的党派"。[47] 他的一位同事、经济学家威廉·诺德豪斯曾将"褐肺病条例"视为政府对效率漠不关心的一个主要例子。诺德豪斯认为，口罩可以以更低的成本保护工人，他敦促舒尔茨采取“激烈的、对抗性的”立场。[48]

宾厄姆和经济学家之间的斗争很快就进入了公众的视野，经济学家也采取了一些相关措施来推迟或削弱拟议中的监管规定。《清洁空气法案》的起草人、参议员埃德蒙·马斯基在参议院一个委员会上召见了舒尔茨，并抨击经济学家阻碍了国会的意愿。马斯基说：“我们必须进行冗长的经济分析，才能有洁净的空气和洁净的水吗？我可不同意这样的观点。如果是那样，那么我们对于健康的标准正受到经济学的侵害。”

马斯基说，正如他所说的那样，国会已经权衡了国家法律的利弊，“查理·舒尔茨并没有告诉我们任何我们所不知道的事情”，经济学家通过用他们自己的方法计算出的成本和收益来代替是不民主的。[49]在 1979 年的一次演讲中，马斯基警告说，对环境最大的威胁不是污染，而是“反监管机构，因为他们宣称保护人们免受污染的危害代价太大了，负担也太大了”。[50]

众议院民主党人还举行了一场听证会，来表达他们对成本–效益分析的不满，并邀请拉尔夫·纳德来提供娱乐。他没有让人失望，他谴责那些住在“有空气过滤系统的房子”里的精英只会进行所谓的“意识形态算术”。[51]

卡特很苦恼，不过后来他决定支持宾厄姆，让这项标准向前推进。但他认为他的经济学家也有道理。他在 1979 年敦促立法建立一个正式的监管审查程序，他告诉国会，“社会资源是巨大的，但不是无限的”。不言而喻的是，成本–效益分析是一种应对现实的语言。我们将做出选择；问题只是如何去做。

卡特所在的政党拒绝了他的计划，但反对监管的呼声越来越高，米尔顿·弗里德曼再次成为主要发言人。1980 年 1 月首次播出的公共电视连续剧《弗里德曼的自由选择》的一个关键主题是监管的弊端。弗里德曼说，竞争是最好的监管者：一家餐厅的质量是由其他餐厅的供应情况来保证的；钢铁价格受到其他钢厂存在的限制。弗里德曼在与这个节目联合出版的书中写道："用替代供应来源的方法来保护消费者权益的效果，远远超过世界上所有的拉尔夫·纳德加在一起的效果。"[52]

而弗里德曼的观点即将成为政府政策。

"晚上好，"罗纳德·里根在 1981 年就职几周后对着镜头说，"今晚我要给大家做一个关于我国经济状况的报告。我很遗憾地说，我们正处于自大萧条以来最严重的经济混乱之中。"减税措施会有的，但里根说他也会指派副总统乔治·H.W. 布什"小心翼翼地移除政府过度监管的触角，因为这些监管正在扼杀我们的经济"。

里根和他的助手不像尼克松那样对健康和安全监管的价值感到矛盾。他们很确定那是负面的。里根经济顾问委员会主席穆雷·韦登鲍姆撰写过一份被广泛引用的估算报告，称监管给企业带来了每年 1 000 亿美元的负担。韦登鲍姆的工作得到了包括通用电气在内的公司的资助，他的技巧包括重复计数。[53] 但是新一届政府认为，举证责任在于监管的支持者。总统在 1982 年的经济报告中说："我们没有理由认为政府发出的指令比个人做出的选择更能提高个人的经济福利。"事实上，越来越多的文献表明，监管往往会产生意料之外的负面后果。这一派的早期经典著作是山姆·佩尔茨曼 1975 年的一篇论文，佩尔茨曼是乔治·斯蒂格勒的门生，他认为安全带法律杀死了行人，因为司机觉得更安全了，因此他们驾驶时往往会做出有更大风险的行为。

1981 年 2 月，白宫召集监管机构的代表在白宫西侧的那座老办公大楼里开会，这是在一座新古典主义寺庙林立的城市里伫立着的古怪的第二帝国风格建筑。会议的主持人是詹姆斯 · C. 米勒三世，里根任命他领导一个新办公室来完成一项新的任务，这项新任务就是规范监管机构。*

律师收到了一份行政命令的副本，要求对拟议的规则进行成本 - 效益分析，并允许米勒的办公室阻止那些他们认为效率低下的规则。米勒看着律师开始做记录，标出有异议的条目。然后，当他们读到最后一页时，他们看到了里根的签名，他们才意识到其实没有人问他们的意见。这些就是行动的命令。其中一位监管人员放下笔，抬头看着米勒说："詹姆斯，你还有原始版本吗？"[54]

米勒 1942 年出生于佐治亚州的亚特兰大，是自由市场运动的产物。20 世纪 60 年代末，米勒还是弗吉尼亚大学的一名研究生，当时那里是芝加哥学派经济学的温床，他编辑了一本主张结束征兵制的文集，引起了轰动。他的学位论文是对航空公司监管的批评，这个课题之所以引起了他的兴趣，是因为他的父亲是达美航空公司的飞行员。这份论文为米勒在尼克松和福特政府中赢得了一份经济学家的工作。当那份工作比他预期的更早结束时，他回到了美国企业研究所，在那里度过了 20 世纪 70 年代剩下的时间，他在那里制订计划，运用经济学反对监管。

一个矮胖的南方人却有着洪亮的声音，米勒是自由市场的坚定拥护者。例如，他坚持认为消费者应该可以自由地购买低质量的产品，

---

* 这是米勒在里根执政期间的第一份工作。信息和管理事务厅被塞进了管理和预算厅。在里根政府的后期，米勒被任命为联邦贸易委员会的主席，然后回到白宫担任管理预算办公室的主任。

并将消费者监管的兴起描述为“国家保姆主义”。[55] 他还以“接地气”、真诚而闻名，在他的公开讲话中时常夹杂着“见鬼”“讨厌”“做作”等字眼。评论家称他为“米勒淡啤酒”。*

戴上印有亚当·斯密微型浮雕头像图案的领带曾是里根派的一种时尚，尤其是在经济学家中，但很少有人像米勒那样虔诚地一直戴着这种领带。1982 年夏，米勒出现在纽约的一场活动上，脖子上戴了其他东西。一份联邦通讯报道说，这是 18 个月来米勒第一次在公共场合没有戴印有亚当·斯密微型浮雕头像图案的领带。[56]

米勒曾目睹卡特政府找到可靠的理由，软化其经济上对监管的反对；他决心改变自己的论调。他说：“在前一届政府中，他们的意愿是好的，但没有人给他们做后盾。”1981 年初，一位财政部官员做证说，美国国税局不将其监管规定提交给米勒审查。米勒马上给那位官员打了电话。他说：“我就说这么多，‘现在是早上 10 点 30 分，到 12 点 30 分，你们每个委员会成员的办公室里都会有一封信，它会让你们承认你们的信息完全错误’。”他是这么说的，财政部也是这么做的。几十年后，米勒回忆起这件事时，仍然非常兴奋，他说：“那就是当时的我，一名年仅 37 岁的经济学家，却可以告诉那些机构该怎么做事。”[57]

米勒聘请吉姆·托兹担任副主管，负责审查拟议中的监管规定。从福特到卡特执政期间，托兹一直留在政府。他很享受这个角色，他每周工作七天，甚至在往返于位于弗吉尼亚的家的路上都在车上读着那些规定。“我陷入亢奋状态了，伙计，”托兹说，“每次去上班时都是这种感觉。我要做的工作是监管那些监管者。”[58]

---

* 美国威斯康星州密尔沃基市的米勒康胜公司出售的一种口感清淡的啤酒。——译者注

米勒于 1981 年秋离开白宫，担任联邦贸易委员会主席。在卡特执政时期，该委员会一直是监管激进主义的堡垒。米勒告诉我："我带着火力猛烈的枪走进去，但有一段时间要进行肉搏战。"1982 年，联邦贸易委员会西雅图办公室提议召回贝利救生服。这些救生服主要供渔民和深海石油钻井平台上的工人使用，本来是用来让落水的人保持绝缘和漂浮的，但海岸警卫队的一项研究发现，90% 的防护服有危及生命的缺陷。在一份之后被媒体报道的内部备忘录中，美国联邦贸易委员会西雅图办公室的一位官员说，该机构的经济研究局已经推迟了召回，并建议说："如果确实因此发生了死亡事件，那么通过市场力量（例如其在世的继承人提起诉讼）可能就足以解决这个问题。"* 米勒被带到一个愤怒的国会委员会面前，为经济研究局辩护，证明它提出了"一个相关的问题"。[59]

1984 年 10 月，2 岁的乔伊·格里菲斯爬上她祖父的躺椅，从座椅和搁脚板之间掉了下去，导致椅子折叠了起来。由于无法呼吸，她遭受了永久性的脑损伤。[60] 格里菲斯的受伤，以及一系列类似的事件，促使美国消费者产品安全委员会在 1985 年 6 月发布了"全国消费者警报"，警告人们不要使用躺椅。但是在 12 月，委员会的工作人员得出结论，委员会不应该要求对已经售出的椅子或新型号的椅子进行修改。据沃伦·普努拉计算得出的数据，目前有 4 000 万个躺椅被使用，每一个都用了大约 10 年。设计上的改变可能会防止每年一人死亡，因此，按照该机构在 20 世纪 80 年代初采用的每个生命价值 100 万美元的标准，一次成功召回的效益估计为 1 000 万美元。按照这个价格，只有在每个躺椅的固定成本不超过 25 美分的情况下，做出这样的改

---

* 也许值得注意的是，法院系统不是"市场力量"的一个例子。这是政府监管的一种形式。

变才有意义。除了安全警告，普努拉写道："我们的建议是什么也不要做。"[61]

甚至让整个行业都大吃一惊的是：从1986年10月开始，制造商自愿同意改变椅子的设计。然而，旧的椅子却没有被召回。在1987年，一个18个月大的孩子爬上了加利福尼亚州奥兰治县一家日托中心的躺椅，从座位和搁脚板之间摔了下来，造成了永久性的脑损伤。[62]

政府越来越依赖于成本－效益分析，这意味着像普努拉这样的经济学家对生死抉择有重大的影响。哈佛法学院教授卡斯·桑斯坦是成本－效益分析的主要支持者，也是奥巴马政府的监管官员，他说这一进程加强了民主，因为它有助于"把社会问题转化成揭示各种潜在变数并使所有人都能看清楚的术语"。[63]但成本－效益分析也取代了民主，因为它将经济学家的判断置于政治家的判断之上。政府没有澄清这些决定，而是把关键的选择用委婉的词语包装起来，然后再用数百页晦涩的语言对这些委婉的词语再次进行包装。20世纪80年代，媒体模糊地意识到政府正在做一些新的事情，试图把自己的思想缠绕在生与死的数学题上。在1985年，《纽约时报》向各行各业的人询问他们对生命的定价，其中包括一位解剖学教授，他计算出平均每一个人体所包含的原材料的价格，例如其中包括五磅的钙，价值约8.37美元，还有一名警官做证说，一份雇凶杀人合同的起价约为1万美元。[64]这很有趣，但它并没有详述核心事实：经济学家实际上是在决定是否应该允许躺椅压死儿童，而这个决定取决于政府赋予人类生命的金钱价值。

批评人士继续专注于试图让成本－效益分析消失。1981年，美国劳工联合会－产业工会联合会（AFL-CIO）的一位发言人说："我们不喜欢任何以人命为代价的东西。"[65]同一年，来自田纳西州的第三任国会议员阿尔·戈尔抨击成本－效益分析是"一种试图削弱政府重要活动的自私企图”。他对经济学家的傲慢态度摇了摇头，问道：“能为预防新生儿先天畸形分配多少资金呢？”[66] 批评者阻止了一项要求对所有拟议法规进行经济评估的法律的通过。他们在法庭上也取得了一些成功。例如，在 1981 年，最高法院驳回了里根政府试图终止褐肺病条例而做出的努力。法院指出，国会并没有要求职业安全与卫生管理局去权衡利益和成本。[67]

法官同样拒绝了其试图将“向公共水道中排放化学物质进行限制”以及“改变客车安全气囊的要求”这两项规定进行撤销的努力。这些规定可能违背了经济规律，但并没有违犯美国的法律。法官甚至命令各机构重新制定新规定。到 20 世纪 80 年代末，规则制定的步伐开始反弹。[68] 但新规定越来越多地受到成本 – 效益分析的影响。[69]“可是我们还有什么选择呢？”克里斯托弗·德莫斯问道，他在尼克松年轻时曾协助创建环保局，后来接替米勒成为里根的监管机构的监管者。“抛一枚硬币吗？还是问问通灵板？”[70] 毫无疑问，其中存在着理论上的缺陷和不足之处，但是，用卡斯·桑斯坦的话来说，“成本 – 效益分析的一个显著优势是，我们可以真正地参与其中”。[71] 反对成本 – 效益分析的人拒绝参与进来，就是在让位给其他人来决定制定规则的规则。

分析性瘫痪

威廉·维斯库西决心说服自由派接受成本 – 效益分析。

1949 年出生于新泽西州的维斯库西，于 20 世纪 60 年代末在哈佛大学读本科时就对成本 – 效益分析产生了兴趣。他写了一篇关于“水资源项目经济评估”的毕业论文，然后找到了一份工作，内容是与拉尔夫·纳德合著《筑坝西部》(*Damming the West*)，这是一部 1973 年的作品，内容是批判政府在西部河流上修建城墙的意向。这本书并没有将自由主义对成本-效益分析的标准批判作为固有的反对性观点。维斯库西相信量化的价值；他的论点是，政府需要对更大范围的成本进行量化。他警告说，环保主义者正在犯一个战略性的错误，他们反对使用成本-效益分析，而不是努力改进政府所使用的方法。他写道："环境影响将继续被忽视，直到它们被金钱量化。"[72]

维斯库西 1976 年的博士论文是最早使用工资数据来评估人类生命价值的论文之一。他欣然接受了加入卡特政府的机会，但却发现这是一次令人沮丧的经历。1980 年，他第一次试图说服联邦监管机构要重视人类的生命价值时，这位官员回答说："我们不能这样做。这是不道德的。"[73] 在维斯库西看来，对监管的好处不进行充分的核算才是真正的罪过。

20 世纪 80 年代，维斯库西继续完善他对人类生命价值的评估，联邦机构也开始对此产生兴趣。1982 年，德莫斯的白宫办公室拒绝了职业安全与健康管理局要求在工作场所的化学品上贴上警告标签的规定。工会和行业组织都支持这一规定，但德莫斯将其与香烟包装上的警告标签进行了比较，他认为这是一种浪费。职业安全与健康管理局监管分析主管玛丽·艾伦·韦伯要求维斯库西进行独立评估。她在接受《华盛顿邮报》采访时表示："我需要这样一个人，民主党人不会认为他是右翼的工具，而共和党人也不会认为他是一位'激进的、共产主义的、左倾的自由主义者'。"该机构最初的分析根据工资损失来评估人的生命价值，得出的数字是几十万美元。维斯库西给出的估值却在 200 万 ~300 万美元，大约是该机构最初估值的 10 倍，刚好足以表明这一规定的好处将超过成本。德莫斯继续反对，但现在多数人站在监管者一边，于是这项规章开始生效。[74]

关于给生命赋予价值的争论正从“是否要这样做”转向“应该定价为多少”。1985 年，职业安全与健康管理局将生命成本定为 350 万美元，以证明对建筑设备施行新的安全标准的要求是合理的。然而白宫却要求职业安全与卫生管理局使用 100 万美元这个数字，这里存在一个至关重要的区别，因为这项安全标准的估计成本是每挽救一条生命大约需要花费 110 万美元。当美国环保署提议禁止石棉（一种容易被人吸入并具有高度致癌性的矿物）时，白宫认为，该机构应该将每一个生命的估价降低，因为癌症往往需要几十年的时间才能形成。*

维斯库西也可以玩这个游戏。在乔治·H.W. 布什总统执政期间，美国联邦航空管理局要求维斯库西更新他对生命价值的评估。他回复了一个 500 万美元的数字，部分依据是，选择乘坐飞机的乘客往往比较富裕。这引起了汽车制造商的抗议，他们担心运输部的其他部门也会采用这个数字。1992 年，新闻部确定了一个折中的数字，即 250 万美元。即使是这样，对比之前的数字，对人们生命的估值也有了显著的增长。这件事带来的结果包括：1998 年，援引了维斯库西在这方面的工作报告，该部门最终要求在所有大型卡车的后部安装“曼斯菲尔德保险杠”。

许多自由派人士希望克林顿总统在 1993 年就职后放弃成本 – 效益

---

* 贴现是“越早越好”这一概念的形式化表达。如果一个人手里拿着一美元，那么他有两个选择，一个是把它花掉，另一个是用来投资。投资的话，明天就会得到更多的钱。贴现率是一个人需要通过投资并等待一段时间之后获得的回报；更高的贴现率意味着人们更倾向于立即消费。但即使是非常适当的贴现率，也意味着人们对未来的估值非常低。例如，如果拯救一个人的生命在今天的价值是 1 000 万美元，则 3% 的贴现率意味着，现在花 230 万美元在 50 年后拯救一个人的生命才值得。美国法院最终认可了这样一种观点，即未来因石棉而死亡的人数应该大幅降低。因此，石棉在美国仍然是合法的，尽管它在许多其他工业化国家是非法的。

分析。但是克林顿认识到，监管活动在政府工作中所占的比例越来越大，白宫可以通过要求各机构提交规则进行审查来施加更大的影响。[75]在为克林顿政府工作期间独揽监管大权的律师萨莉·卡岑，重启了卡特政府的老路线，即监管是好的，成本–效益分析的应用更是锦上添花。为了与里根形成对比，她花了几个月的时间，就修改监管审查程序达成共识。“我们不认可它但又无法放弃它，”她说，“所以我们只有另一种选择，那就是重写它。”在签字之前，克林顿要求对方提出反对意见。“我坐在那里，心都提到嗓子眼儿了。”卡岑说。但结果是没有人提出任何反对意见。就连副总统戈尔也宣称自己已经转变为重视成本–效益分析的人。因此，克林顿签署了创建新程序的行政命令，并把笔交给了卡岑。[76]

共和党人在1994年控制了众议院后，再次试图通过一项法律，授权对环境法规进行成本–效益分析，以及其他一些原本不需要的规定。哈佛大学经济学家约翰·格雷厄姆认为，制定不考虑成本的规则是对统计数据的谋杀，因为政府或许能够通过更有效的监管来拯救更多的生命。[77]新的众议院议长纽特·金里奇说，环境法规“基于情感和公共关系的理由错误地分配了资源，而没有考虑到科学、工程或经济上的合理性”。[78]

克林顿冷淡地指出，“环境仍然无法自我保护”，他召集民主党人反对这些变化。但政府还宣布，环保局将开始自愿为其因实施管理条例所拯救的生命进行定价。环保组织拒绝参与。一个主要游说团体的负责人解释说：“没有麻省理工学院经济学博士学位的环保主义者待在一个满是新古典主义经济学家的房间里是无法取得进展的。”[79]单纯的禁令被证明是无效的。2000年，在世界地球日30周年之际，克林顿政府的环保局局长卡罗尔·布朗纳发表了一篇演讲，强调环境保护局的使命是在不考虑成本的情况下减少某些污染。“让我再重复一遍这五个字，”她说，“不考虑成本。”接着，环保局公布了指导方针，布朗纳认为这是证明监管价值的必要手段。该机构考虑了维斯库西的26 项研究中的 5 项，并决定以 1990 年的美元价值计算，将生命的价值定为 480 万美元。

在乔治·W. 布什总统的领导下，环境保护局削减了人类生命的价值金额。第一次也是最公开的攻击发生在 2003 年，当时该机构提议对 70 岁以上的人的生命价值打 37% 的折扣。这其中有一定的逻辑：一项增加 10 年寿命的干预措施肯定比一项增加 5 年寿命的干预措施更有价值，因此，一般来说，救一个 20 岁的人的命比救一个 25 岁的人的命更有价值。也有一些合理的反驳：例如，接近生命终点的人可能更看重他们的余生。这些论点经过仔细考虑……不，事实上美国退休者协会一直在大声抗议，直到一位白宫发言人被派去告诉美国公众：“布什政府对人类生命的承诺不应该受到质疑。”[80]

我们得到的教训就是要削减所有生命的价值。2004 年，美国环境保护局在对空气质量法规的分析中悄悄地将生命价值削减了 8%。2008 年，该机构在对船只和火车的空气污染规则进行分析时，没有考虑通货膨胀因素，又削减了 3%。总的来说，生命价值减少到了 690 万美元（以 2008 年的现价美元计算）——经通货膨胀因素调整后，比 2000 年的指导方针减少了大约 100 万美元。[81]

2008 年奥巴马总统当选后，生命的价值开始反弹。布什政府曾拒绝一项将新生产的载客用车的车顶强度提高一倍的计划，该计划本可以每年避免 135 人死于翻车事故。取而代之的是，政府将这个计划改为用较少的支出去小幅度增加车顶的强度，这样做估计每年最多可防止 44 个人死亡。奥巴马政府以其对生命的高度重视为由，要求建造更坚固的车顶。到2016年，环境保护局用掉了1 010万美元，并承诺根据通货膨胀定期进行调整。该机构还启动了一项研究，以癌症是一种特别令人不快的死亡方式这一理论为基础，研究是否应该对预防癌症死亡给予更高的重视，因此人们可能愿意付出更多来降低风险。

在2009年一项全面的气候变化法案失败后，奥巴马政府还试图通过扩大可量化利益的范围来加强环境监管。在此之前，许多联邦环境法规的主要依据都是这一种危害：小颗粒物的排放对健康的影响。而奥巴马政府开始量化第二种危害：碳排放。2010年，一个政府特别工作组得出结论，一吨碳排放造成了大约21美元的经济损失，包括健康影响、农业影响和洪水侵袭。2013年，政府将“碳排放的社会成本”提高到每吨33美元。

双方都承认，监管之争将以经济学的语言进行。桑斯坦写道：“美国经历了一场革命。没有人开枪，没有人死亡，没有人游行，甚至大多数人都没有注意到。尽管如此，它就是发生了。”[82]

到20世纪60年代，大多数工业国家都遭受了类似的环境退化，但一开始，只有美国做出了强有力的回应。1972年，英国记者斯坦利·约翰逊在《英国观察》中写道：“我们看到美国人在一个又一个污染恐慌中辗转反侧，我们感到有些好笑。在那里，他们似乎正在以一种随意的方式在整个元素周期表中工作。”[83]

近几十年来，情况发生了逆转。美国是第一个监管饮用水中砷含量的国家，然而20世纪90年代，世界卫生组织建议将饮用水中砷含量比例的上限设定为一亿分之一，这比美国的一亿分之五的标准要严格得多。克林顿政府提议遵从世界卫生组织的建议，但这一规定在2000年大选前没有最终确定下来，接下来布什政府阻止了它的实施。新墨西哥州阿尔伯克基的共和党参议员皮特·多梅尼西说：“面临找到资金以做到遵守更严格的标准这项艰巨任务的社区，终于可以松一口气了。”因为在当时，阿尔伯克基的水中砷含量在美国主要城市中是最高的。[84]

2002 年，时任通用电气首席执行官的杰夫·伊梅尔特预测，该公司未来将面临的最严厉的监管“近 99%”来自欧盟，而不是美国。该公司将欧洲总部设在了欧盟总部的所在地布鲁塞尔，目的是更好地培养新的监察员。[85]

造成这种分歧的一个原因是经济角色的不同。欧洲联盟对成本–效益分析的价值采取了慎重的态度，特别是在制定环境政策方面。1992 年签订的《马斯特里赫特条约》将“预防原则”奉为监管标准，这意味着监管机构不需要明确的证据来施加限制。欧洲监管机构衡量成本和收益，但他们在无法衡量的风险上比美国同行看得更重。欧盟委员会（欧盟的执行机构）的健康和消费者保护总干事罗伯特·科尔曼在 2002 年说：“那些担任公职的人有责任不让他们最担心的事情变成现实。”[86]

例如，在 2010 年，欧盟禁止了含有双酚 A（BPA）的婴儿奶瓶的使用。双酚 A 是透明硬塑料的一种常见成分，禁用的理由是其对健康的影响存在“不确定性”。与之相反的是，美国食品和药物管理局以同样的不确定性为由，表示不会禁止双酚 A 的使用。只有在奶瓶制造商自愿停止使用后，美国食品和药物管理局才将这种化学物质从批准成分列表中移除。欧洲同样对动物饲料中的抗生素、垃圾焚化炉的烟气排放以及化妆品中的成分施加了更严格的限制。[87]

包括美国政府在内的批评者警告说，欧洲正在阻碍我们前进的步伐。被禁止销售牛肉激素的制药公司辉瑞在 2000 年的一则广告中发出警告：“过度谨慎可能是最大的风险。欧洲的做法可能会压制经济和技术创新的力量，而正是这些力量使我们的世界有了今天的样子。”[88]

但正如该广告本身所暗示的那样，成本－效益分析本质上是政治性的。结果的精确性掩盖了其基本假设的主观性。这是一种经过深思熟虑后做出选择的方法，它的广泛采用提高了政策制定的严谨性，尤其是要求政策制定者承认内在的权衡取舍。但社会可以考虑相同的成本和收益，合理地做出不同的选择。社会可以决定由谁做出这些选择。谢林的关于“成本－效益分析用国家的判断来代替了专家的判断”的观察结果只是一种机会，而不是一种保证。

第三篇

第八章

金钱，是个难题

一个普通（英国）公民的早上是从一阵闹钟的铃声开始的，声音来自一只美国的闹钟。当他从新英格兰的床单上爬起来后，他开始用他的纽约肥皂和扬基安全剃刀刮胡子。他在西卡罗来纳的袜子外面套上一双波士顿靴子，系上康涅狄格的背带，把沃特伯里的手表塞进口袋……他坐在内布拉斯加的转椅上，前面是一张密歇根的卷盖式写字台，他在雪城的打字机上写信，用纽约的自来水笔签名，用来自新英格兰的吸墨纸吸干。信件的副本被放在大急流城制造的档案中。

——F.A. 麦肯齐，《美国入侵者》（1902）[1]

在第二次世界大战的最后几年，尽管美国及其盟友把欧洲和日本的工业中心地带夷为了平地，但经济政策制定者还是为全球贸易的复苏制订了计划。他们希望把各国联系在一起，这既是为了刺激经济恢复增长，也是为了让战争成为一笔不可想象的开支。商业将促进友谊。美国国务院在 1945 年 11 月的一份“提交给世界各国人民审议”文件中写道：“联合国胜利的主要奖励是赋予了我们力量去建立我们想要生活的那种世界，尽管这种力量是有限的、暂时的。”该文件提及了一个新的时代，在这个时代中，各国将“在共同关心的每一个领域合作，特别是在经济领域”。[2]

该计划的核心是 1944 年夏在新罕布什尔州怀特山的布雷顿森林

度假胜地达成的一项固定主要货币汇率的协议。由美国经济学家哈里·德克斯特·怀特领导的该计划的设计者认为，为了提供一个稳定的贸易环境，固定汇率是必要的。* 当外国顾客购买美国商品时，他们必须首先将自己的货币兑换成美元；如果买方支付的是外币，公司必须进行兑换。根据布雷顿森林协定，在机场张贴列出最新汇率的标牌是没有必要的。因为这些币种之间的汇率是固定的，例如，英镑的美元价值就固定在 1 英镑等于 4.03 美元。

该协定还旨在防止一些国家为了降低本国出口产品的价格从而增加吸引力而单方面降低本国货币的汇率，从而损害贸易伙伴的利益。怀特和他的外国同行，包括代表英国参加布雷顿森林会议的约翰·梅纳德·凯恩斯，认为 20 世纪 30 年代早期的竞争性货币贬值导致了贸易的崩溃，使世界陷入萧条，并为战争铺平了道路。有句老话说得好："货物不运过边境，士兵就会跨过边境。"[3]

怀特心中还有一个目标：该协议旨在加强美国在经济上的主导地位。[4] 怀特制定了这些条款，使美元成为最接近于通用货币的货币。在第一次世界大战之前，主要的贸易国家通过承诺将其货币兑换成一定数量的黄金来实行固定汇率。布雷顿森林体系实际上是一种金本位制的替代品：其他国家承诺将其货币兑换成美元，而美国承诺将美元兑换成黄金。[5]

---

* 很少有理论能像主张自由贸易使所有参与国受益这样得到经济学家的广泛认同。我最喜欢的例子之一是 YouTube 上的一个视频，主角是安迪·乔治，一个决定自己动手做三明治的人。乔治记录了自己种植生菜和小麦的过程，从海水中提取盐，挤牛奶，杀鸡。制作这个三明治花了六个月的时间，花费了 1 500 美元。与此同时，麦当劳的鸡肉三明治售价不到 5 美元。这件事反映出的重点是专业化可以节省时间和金钱。一个人写作赚钱，然后用钱买食物；另一个人动手做食物，然后用钱买书。结果是一个人得到了更多的食物，另一个人得到了更多书籍。同样的逻辑也适用于社区、国家以及全球经济。

这一制度在 30 年来基本上成功地稳定了汇率。世界经历了繁荣的复兴，法国人天真地称之为“荣耀的未来”。但布雷顿森林体系却最终削弱了美国的经济主导地位。

问题的根源在于除美国之外，世界上的其他地方也需要美元。在某种程度上，这是一个很好的问题：它意味着世界上的其他国家愿意用商品交换美元，然后坐拥美元，而不是用这些钱从美国购买商品。*

此外，每一美元的购买力稳步上升。联邦德国和日本经济在美国的帮助下反弹。由于被禁止把钱浪费在冲突和殖民地上，它们的经济增长很快超过了美国，尽管德国马克和日元的美元价值仍保持稳定。[6] 对美国消费者来说，结果是德国和日本商品的无限期促销，因为每一美元实际上都可以兑换成德国或日本经济产出增长的固定比例。在芝加哥接受过教育的经济学家马丁·布朗芬布伦纳在 1971 年 7 月对国会委员会表示：“日本人对美国消费者的贡献之大，已经超过了拉尔夫·纳德的想象。”[7] 日本人也很高兴。丰田总裁称美国市场是“丰田的救星”。[8]

然而，对美国制造商来说，美元的升值带来的是加倍的痛苦。它们不仅在出口市场举步维艰，在国内也面临着大量外国竞争对手的涌入。美国经济不得不以牺牲生产为代价向消费倾斜。

布雷顿森林体系禁止单边货币贬值，但它确实允许各国在必要时就汇率变化进行谈判，以适应经济环境的变化。这被视为对金本位刚性的重要改进。凯恩斯把它比作生活在君主专权制和君主立宪制下的区别。[9]

---

* 国家从事贸易的目的是获得进口。大多数国家必须出售出口商品来购买进口商品，但美国可以用美元来交换进口商品，而这些美元中的很大一部分仍掌握在外国人手中，因为外国需要建立美元储备，就像它们建立黄金储备一样。美国货币是对美国政府的一种索偿。如果所有者坚持索赔，它们实际上是在免费把钱借给政府。

但是协议并没有定义必要性。国际货币基金组织总裁佩尔·雅克布森表示，必要性就像一个漂亮的女孩："当你遇到她的时候就能轻易地认出她来。"这是粗鲁的，也是天真的。一个国家以其贸易伙伴为代价使其货币贬值。降低美元的兑换价值将增加美国商品在德国和日本的销售，相应地减少德国和日本商品在美国的销售。但美元贬值不符合其他国家的利益。[10]

相反的是，美国与其昔日的敌人陷入了一种相互依存的关系——德国和日本负责生产，美国负责消费。这巩固了经济模式，并使这种模式一直延续至今。

1962 年，在工会的压力下，肯尼迪政府制订了一项计划，对因外国竞争而失业的美国工人进行补偿和再就业培训。但这是一个假惺惺的姿态：在接下来的 7 年里，工人 1 美元也没有分到。[11]

外国对美元的需求也导致了布雷顿森林体系的崩溃。美国曾承诺按需向外国政府出售黄金，价格为每盎司 35 美元，但外国人手中的美元增长速度远远快于联邦政府金库中的黄金供应量。到 1963 年，外国政府持有足够多的美元，可以买空诺克斯堡的所有黄金，从而将布雷顿森林协定简化为一种为了方便而存在的构想，只要外国停止主张它们的兑换权利，这种构想就会一直持续下去。[12]

美国试图通过减缓美元外流来推迟清算的日子。但在试图维护布雷顿森林体系的过程中，美国逐渐放弃了其增加国家间贸易的既定目标。政府限制了美国银行的对外贷款，并指示五角大楼将美国的煤炭运送给在外国领土上的军队。在 1968 年元旦的一次新闻发布会上，约翰逊总统要求美国人两年内不要去欧洲度假。[13]

美国还试图阻止外国政府赎回它们已经持有的美元。从 1963 年开始，联邦政府出售用美元购买的债券，但用其他货币支付利息，基本上补偿了同意将美国黄金留在诺克斯堡的外国投资者。除了胡萝卜，还有大棒。1966 年，美国国防部长罗伯特·麦克纳马拉提出，如果德国继续从美国回收黄金，美国可能会从联邦德国撤军。担任联邦德国中央银行总裁的卡尔·布莱辛回复了一封保证信，信中说联邦德国很乐意持有美元。[14]

联邦政府甚至考虑过勘探金矿。1968 年 2 月，著名的加州共和党众议员克雷格·霍斯默提议使用核爆炸从地下炸出黄金。霍斯默估计，这种采矿技术的改进可以产出 1 亿盎司黄金，是美国前一年向外国出口黄金总量的 3 倍多。他借用了肯纳寇特铜矿（Kennecott Copper）公司的想法，后者当时正申请在亚利桑那州一座旧铜矿引爆原子弹的许可。[15] 核能的选择仍在计划之中。另一边，华盛顿发起了“金手指行动”，寻找新的黄金来源。除此之外，联邦政府还花钱请科学家采集了 22 个叫作“沼泽马尾草”的植物的样本，以验证其中含有黄金的传言。[16]

与此同时，布雷顿森林体系的终结越来越近。美国做出了无法兑现的承诺。到 1969 年，单是联邦德国就有足够的美元来榨干诺克斯堡。

米尔顿·弗里德曼几乎从布雷顿森林体系创立之初就致力于终结该体系，他告诉所有愿意倾听的人，各国应该让金融市场决定汇率。*

他是第一批呼吁人们注意布雷顿森林体系是由贸易限制支撑和维

---

* 弗里德曼对浮动汇率的支持与他的许多其他立场不同，因为它不是一种旨在恢复某种战前经济体系的反革命努力。他是在倡导一种真正的新事物。他反对金本位制，认为它是武断的，因为它建立在黄金供应的基础上，而且是浪费的，因为黄金需要从地下开采出来，然后储存在金库里。他还认为，任何固定汇率制度都是低效的，因为它需要对整个经济中的价格和工资进行调整。他说，调整单一价格更容易，那就是汇率。令人难忘的是，他将这一点与夏令时进行了比较。他说，每个人都可以调整自己的时间表，“但显然直接改变时间要简单得多”。参见米尔顿·弗里德曼《弹性汇率的案例》，载于《积极经济学论文集》，芝加哥：芝加哥大学出版社，1953 年，第 157—203 页。

持这一事实的人之一。他还颇有先见之明地警告称，只有推迟必要的经济调整，才能保持金融体系的稳定。固定汇率的国家可能会陷入困境，就像试图向相反方向移动的大陆板块一样。

1948 年，他的第一炮打响了，在与加拿大央行副行长一起参加的一个电台小组讨论会上，弗里德曼主动提出建议，建议加拿大让本币自由浮动，从而有效地退出布雷顿森林体系。而当时，加拿大刚刚签署了布雷顿森林协定。[17]

弗里德曼在 1953 年的论文《弹性汇率的理由》中向所有签署了布雷顿森林协定的国家提出了同样的建议。他写道，废除布雷顿森林体系以支持浮动汇率是绝对必要的，为了“实现我们的基本经济目标，即实现和维持一个不受限制的多边贸易的自由和繁荣的国际社会”。[18]

在布雷顿森林体系下，美国企业愿意接受 360 日元而不是 1 美元，因为日本政府保证 360 日元可以兑换成 1 美元。在浮动汇率制度下，政府不保证汇率。美国企业必须自己决定接受 1 美元兑换多少日元。它可能通过查看外汇市场的最新价格来做出这一决定。在外汇市场上，交易员将美元兑换成日元，反之亦然。反过来，这些价格在理论上反映了这两个经济体的相对实力，因为每 1 美元或每 1 日元，都是对该国经济产出的一种要求。

弗里德曼表示，依赖市场将会修正布雷顿森林体系的核心缺陷，因为在没有政治障碍的情况下，汇率将会调整。更好的是，他表示，这些调整将是渐进和平稳的，反映出主要经济体相对实力变化的缓慢步伐。他说，对市场的依赖将支撑贸易，促进繁荣。换句话说，市场将比布雷顿森林体系更好地实现布雷顿森林体系的目标。

弗里德曼和政策制定机构再一次为应对不确定性的最佳方式而角力。各国经济的相互依存关系日益加深，贸易的复杂性和速度也日益加快。政策制定者认为有必要加强管理；弗里德曼和他的盟友倾向于相信市场。

1967 年春，弗里德曼公开与罗伯特·鲁萨辩论，作为建制派的代言人，这是一个合理的选择。[19] 鲁萨在密歇根大学获得博士学位，在肯尼迪政府担任货币事务副部长之前，曾在哈佛大学短暂地教授了一段时间经济学，后来，他成为纽约投资银行布朗兄弟哈里曼的合伙人。从长期的经验中，他得出结论，弗里德曼是一个天真的人。他说，像弗里德曼这样的提议，“在理论上是站不住脚的，在操作上也是行不通的”。货币市场将无法在单一汇率上趋同，而这种波动将削弱贸易。各国政府可能试图单方面干预，但如果无法达成协议，就会“不断引发经济战争”（其形式是竞争性贬值），重演 20 世纪 30 年代的情景：

> 弗里德曼难以置信地问鲁萨，是否有意否认市场会设定价格。
>
> 鲁萨：我否认存在真正的市场。
>
> 弗里德曼：你否认汇率市场的存在吗？
>
> 鲁萨：是的，我否认。
>
> 弗里德曼：外汇市场？
>
> 鲁萨再一次说了“是的”。他坚持：“归根结底，各国之间的经济往来变得过于庞大和复杂。单个外汇交易员和银行家要摸索出一个能够考虑所有这些相互冲突的影响的现行汇率，几乎是不可能完成的任务。”[20]

到 1968 年，保罗·萨缪尔森估计 90% 的学院派经济学家接受了弗里德曼支持可调利率的观点（萨缪尔森自己也算皈依者）。在他们看来，布雷顿森林体系在抑制贸易的同时，也没有考虑到汇率的调整。然而，萨缪尔森表示，他仍然看不到说服政客的希望。他在一档名为“美元危难”（The Dollar in Danger）的电视节目中说：“即使拥有雄辩口才的弗里德曼教授，实现这一目标的可能性也不到百万分之一。我不知道我们是否应该把成年人的时间浪费在讨论这个问题上。”[21]

但市场并没有把决定权交给政治家。跨境投资流动的增长速度甚至超过了商品和服务的国际贸易；这些资本流动的快速变化推动布雷顿森林体系突破了其临界点。

英国首先投降，并于 1967 年 11 月 18 日宣布将开始以 2.4 美元的价格出售英镑。英国经济落后于欧洲大陆的竞争对手，英镑的高价格使情况变得更糟。货币贬值成了一种必要的耻辱。

英国首相哈罗德·威尔逊向公众保证，“在英国，无论你口袋里还是钱包里的英镑”都没有贬值，因为它仍然可以购买同样数量的英国商品。这是一种障眼法——货币贬值的效果是使外国商品更贵。尽管如此，保守党领袖爱德华·希思在宣称“这将被铭记为有史以来最不诚实的声明”时，还是有点过火了。[22]

约翰逊政府迅速发布了一份明确支持布雷顿森林体系的新闻稿。但约翰逊经济顾问委员会主席加德纳·阿克利私下警告称，美国也会需要让美元贬值。这只是时间问题。

经济民族主义

1968 年大选期间，理查德·尼克松请他的首席经济顾问阿瑟·F. 伯恩斯就布雷顿森林体系的未来征询欧洲各国政府的意见。伯恩斯报告说，情况“非常危险”，但并非无法修复。他敦促尼克松寻求一套新的固定汇率。“让我们不要对浮动汇率产生任何不切实际的想法。”伯恩斯指示说。他警告说，回顾 20 世纪 30 年代，“有太多的历史事实告诉我们，汇率波动不仅会导致贸易严重萎缩，而且容易引发国际政治动荡”。[23] 尼克松负责货币政策的首席外交官保罗·沃尔克同意伯恩斯的看法。沃尔克在第一次正式出访海外并被问及浮动汇率时，回答说：“这些想法在学术界已经有了很多讨论，那么就让这些思考局限在学术界吧。”[24]

弗里德曼试图吸引尼克松的注意，他在 1968 年秋发表了一份备忘录，敦促尼克松上任后立即让美元浮动。弗里德曼认为，任何最初的动荡都可以归咎于即将离任的政府，而好处则要归功于尼克松。弗里德曼写道：“在经济方面，似乎只有收益而没有成本。”另外，他警告说，如果尼克松再等下去，“最多一两年”就会出现危机。[25]

尼克松对此不感兴趣。像大多数人一样，他想让下水管道正常工作，但他不想做那个修下水管道的人。在一份描述其外交政策重点的备忘录中，尼克松表示，他希望把重点放在“重大事件”上，即与苏联和中国的关系上，还有欧洲、中东和东南亚。实际上，当谈到外交政策这个尼克松最喜欢的话题时，只有一个领域是他不想听到的。他说得很清楚：“我不想被国际货币问题困扰。”[26] 因此，在两年的时间里，尼克松派沃尔克与外国政府断断续续地进行了一系列谈判。

与此同时，布雷顿森林体系继续分崩离析。法国效仿英国，于 1969 年 8 月将本国货币贬值。第二年春天，也就是 1970 年 5 月，加拿大成为第一个退出该体系的主要国家。[27] 试图加速其崩溃的弗里德曼告诉一位德国记者：“联邦德国正像囚犯一样被绑在美元上。”[28] 其实它更像是一条脐带，将繁荣注入德国经济，代价是通货膨胀，但德国人确实对通货膨胀有持久的恐惧。1971 年 5 月，联邦德国发出警告，允许德国马克兑美元的汇率进行浮动。

1971 年春，一份白宫机密报告强调了美国立场的脆弱，报告称美国很可能出现自 1896 年以来的首次年度贸易逆差——自美国成为工业强国以来，进口的价值将首次超过出口的价值。报告指出，洛杉矶售出的汽车中，每 5 辆就有 1 辆来自日本。

终结布雷顿森林体系的决定始于沃尔克，他在 1971 年 7 月初得出结论——危机已经到来——美国即将耗尽其黄金储备。沃尔克希望维持一个固定利率体系，但他对说服其他国家接受美元贬值 10%~15% 感到绝望，这已经是他认为可接受的最低贬值幅度了。他告诉他的老板财政部长约翰·康纳利，美国应该宣布不再将美元兑换成黄金，以促使其他国家坐到谈判桌前。

得克萨斯州前州长康纳利是一位魅力超凡的保守派民主党人，尼克松把他带进他的政府，不是因为他是一位经济学专家，而是把他当成了一位潜在的继任者。[29] 康纳利明白解决危机的必要性，但真正吸引他注意力的是货币贬值将创造就业的前景。近一年来，失业率一直在 6% 左右徘徊，白宫面临采取行动的压力。

7 月 15 日，尼克松公布了他的计划，他将成为第一位访问共产主义中国的美国总统。但几天后，当他向国会汇报情况时，问题是关于国内经济的。“康纳利和我得出结论，现在是行动的时候了。”尼克松在他的回忆录中写道。[30] 两周后，康纳利带着一幅尼克松喜欢的“大戏”的草稿回来了：减税、工资和物价控制，以及布雷顿森林体系的终结。美国将暂停将美元兑换成黄金，并邀请其他国家就一套新的汇率体系进行谈判。为了促进合作，美国还将在达成协议之前，对进口产品征收 10% 的关税。8 月 12 日，尼克松在他藏身处的办公室里会见了康纳利和乔治·舒尔茨。康纳利和乔治·舒尔茨是芝加哥大学前教授，曾任管理和预算办公室主任，后来取代伯恩斯成为尼克松最喜欢的经济学家。他们一致认为是时候关闭黄金窗口了。舒尔茨后来将该计划描述为“与市场本身的联盟”。[31]

在大萧条时期，联邦政府购买了阿勒格尼山脉东侧大片贫瘠的农田。阿勒格尼山脉位于华盛顿特区以北 60 英里处。在那个非常时期，罗斯福政府决定为联邦工作人员建造一个乡村别墅。卡托廷山公园的大部分露营地最终都对公众开放，但有一个是为总统保留的。德怀特·艾森豪威尔将其称为“戴维营”。

1971 年 8 月 13 日星期五下午，尼克松总统溜出闷热的华盛顿，到山间度假胜地过周末。刚过三点钟，尼克松就把他的顾问召集到总统的小别墅，阿斯彭小屋，郑重地鼓励他们在访客留名簿上签名。有些人已经知道他们聚会的原因，不过其余的人也没有等多久就知道了。尼克松告诉他们，他们即将开始“自第二次世界大战以来最重要的经济行动”。[32] 他们要废除罗斯福建立的其他东西：他们要摧毁国际货币体系。

尼克松的演讲撰稿人威廉·萨菲尔对戴维营的那个周末进行了详尽而戏剧化的记录，因此它常常被描绘成一个有纪念意义的决定性的时刻。更准确地说，那是一个长达 36 小时的戏剧，剧情就是阿瑟·伯恩斯用头撞墙，以试图说服总统放弃康纳利的计划。[33] 被任命为美联储主席的伯恩斯警告说，金融市场将会动荡，贸易将会瓦解，就像 20 世纪 30 年代那样。他说：“《真理报》（*Pravda*）将把这作为资本主义崩溃的标志。”在他的日记中，他用了更强硬的语言，他写道：“黄金之窗明天可能要关闭，因为我们现在的政府似乎不仅没有建设性的领导能力，而且根本没有任何行动能力。这对人类来说是多么大的悲剧啊！”[34]

然而，伯恩斯不是一个坚持原则的人。他与总统私下会面，为旧制度做最后的恳求，然后承诺支持放弃旧制度。一位竞争对手后来写道："当你看到阿瑟'吠叫'时，同时也会看到他在'摇尾巴'。"[35]

当尼克松准备他的演讲时，总统手下的人正聚集在一起吃晚饭。沃尔克确信有些人没有意识到这一决定的艰巨性，他告诉他们，如果他在总统发表讲话之前有10亿美元可以用来投资的话，他就可以赚到足够的钱来偿还联邦债务——当时的债务数字大概是230亿美元。总统的办公室主任H. R. 霍尔德曼摆出一副假正经的样子，向前倾着身子说："具体怎么做呢？"[36]

这时，电话铃响了。是总统打给萨菲尔的，目的是请他传达他的信息：伯恩斯是一颗"罕见的宝石"，是一个好人。第二天早上，恭维还在继续。伯恩斯在他的日记中写道，当总统答应送给大家一件正面印有他们名字的戴维营夹克时，他还额外收到了一副戴维营的眼镜作为礼物。[37]

那个星期天的晚上，尼克松开始了他对全国的电视讲话，他吹嘘越南战争进展顺利，现在是谈论经济的时候了。他说，目前有三个问题：失业、通货膨胀和布雷顿森林体系。为了创造就业机会，尼克松宣布减税数十亿美元。为了抑制通货膨胀，他宣布进行美国历史上第一次和平时期对工资和物价的控制。为了重新平衡贸易，他宣布美国不再保证美元的兑换价值。英镑以及其他所有与美元挂钩的货币的价格，突然成了一个开放性问题。尼克松说："美国已经没有必要再在一只手被绑在背后的情况下进行竞争了。"

总统特别强调让美国人放心，美元贬值不会影响国内商品的价格，就像威尔逊四年前对英国人说的那句真假参半的话一样。尼克松在结束演讲时花言巧语地引用了一位《费城日记》作者在1775年夏天写的一篇文章："许多有思想的人相信美国已经度过了最好的时光。"尼克松说，但现在和当时一样，"我们最好的日子还在前方"。

这是一种经济民族主义的宣言，而在美国，最初得到的反应近乎令人狂喜。道琼斯股票指数创下单日最大涨幅；民意调查显示，尼克松的支持率如此之高，以至一位民意调查专家将其比作"珍珠港"事件后全国人民团结起来支持罗斯福的景象。

正如伯恩斯所预料的那样，共产党人也很高兴。苏联领导人列昂尼德·勃列日涅夫认为，"资本主义制度有可能发生一场深刻的危机"。[38]

世界其他地区的热情就没那么高了。德国一家主要报纸《南德意志报》打出了"向贸易政策宣战"的大字标题。[39]长期以来一直坚持用美元支付的石油生产国威胁要提高价格，这是向着两年后的第一次"石油危机"迈出的第一步。被尼克松要去中国的决定震惊了的日本首相佐藤荣作，在尼克松进行电视演讲的十分钟前接到了美国国务卿威廉·P. 罗杰斯打来的电话。"不要再有下次了！"佐藤说。[40]

在接下来的几年里，汇率波动剧烈，各国浪费了大量资金试图让这些汇率停止变动。坎特伯雷大主教敦促英国人为英镑"虔诚祈祷"。[41]《纽约客》刊登了关于汇率的漫画。法国财政部长瓦勒里·季斯卡·德斯坦表示，货币这一主题已从默默无闻提升到重要地位："国际贸易的扩大，也就是世界经济的增长，正处于危险之中。"[42]瓦勒里·季斯卡·德斯坦发现自己的地位也提升了，从默默无闻到成为国家的大脑，就像他那一代的其他财政部长——联邦德国的赫尔穆特·施密特、英国的詹姆斯·卡拉汉、日本的福田康夫一样。经济学家正走向前台，政策制定者面临界定政府与市场之间新关系的挑战。

转变与震荡

“好了，你们知道我们做了什么了，”在尼克松做完演讲的三天后，康纳利对一屋子被召集来提供建议的经济学家说，“那么我们下一步做什么？”[43]

沃尔克仍希望协商出一套新的固定利率，但舒尔茨有不同的计划。他什么也不想做。他认为是时候让市场来决定利率了。

舒尔茨身材瘦长，彬彬有礼，被一些政府内的竞争对手诋毁为米尔顿·弗里德曼的挑水工人。伯恩斯，一位更著名的经济学家，在说服尼克松的斗争中失败了，他在日记中这样写舒尔茨，“多么遗憾，这个安静的、有说服力的，但可悲的、无知的思想家竟然对总统有如此之大的影响”。[44]然而这是对他的错误评价。舒尔茨并不是一个特别有独创性的思想家，但他罕见地兼具对经济和政治的熟练把握。亨利·基辛格在他的回忆录中写道：“如果让我选择一个美国人，在危机中把国家的命运托付给他，那会是乔治·舒尔茨。”[45]他对一位采访者表示：“我认为，没有人应该渴望管理经济。我认为我们对经济的基本理念是它自己可以管理自己。”[46]

乔治·舒尔茨 1920 年出生在纽约，之后他就像弗里德曼一样，在很小的时候就离开纽约去了新泽西。不过他和弗里德曼的相似之处就到此为止了。舒尔茨的父亲在华尔街工作，他把家搬到了绿树成荫的恩格尔伍德。[47]舒尔茨曾在普林斯顿大学读了一年预科，然后才正式进入普林斯顿大学。之后他又为了加入海军陆战队而推迟了在麻省理工学院的研究生学业。参军期间，他在太平洋作战，并得以晋升为上尉，直到 1946 年才开始继续完成他的学业。在剑桥，舒尔茨遇到了一群对劳动力市场感兴趣的学者，其中包括美国钢铁工人联合会的前研究主管。舒尔茨的论文研究了为什么在大萧条时期，波士顿南部的布罗克顿市的制鞋工人迟迟没有减薪。凯恩斯主义者认为，刚性工资证明了政府干预的必要性；舒尔茨发现市场以一种令人惊讶的方式运作。工资与鞋的价格挂钩。公司没有降低工资，而是把生产转移到更便宜的鞋子上，从而降低了总工资。

舒尔茨从一名研究生摇身变成了麻省理工学院的教师，然后在1957年又转到芝加哥大学。他的办公室就在乔治·斯蒂格勒的对面，他尽可能多地和斯蒂格勒打高尔夫球，通过斯蒂格勒，他和弗里德曼成了朋友。这两个人，尤其是弗里德曼，对舒尔茨的思想都产生了深刻的影响。

芝加哥大学给了舒尔茨第一次尝试管理的机会，让他当上了商学院的院长。他还赢得了劳资纠纷调停人的名声。他说，秘诀不是让人们停止讲原则，而是去讨论实际问题。[48]

1968年秋，当选总统的尼克松邀请舒尔茨担任劳工部部长，舒尔茨接受了这个职位，但有一个条件。他确信，政府对劳资纠纷的频繁干预，会让双方都以为联邦政府会出面调解，从而阻碍任何一方妥协。他要求尼克松支持不干涉战略。第一场测试几乎立刻就到来了。约翰逊政府赢得了一项针对码头工人罢工的禁令，但法院的命令在尼克松就职前几天就过期了，工人再次威胁要罢工。舒尔茨说，他告诉总统："这将在纽约市引发混乱的局面，这看起来似乎是一个国家的紧急情况，但实际上它不是。"[49]他预测，如果政府再等上几周，管理层和工人就会明白政府的态度了。尼克松信守诺言，舒尔茨态度坚决，罢工问题就这样解决了。

但是面对一个更大范围的目标，舒尔茨感到了沮丧。工会和管理层都继续寻求政府援助。1970 年夏，舒尔茨在纽约与企业高管开会时，被问及政府将如何阻止工资上涨。“政府？”温文尔雅的舒尔茨突然勃然大怒，对那些高管说：“你们简直是一帮庸才。”[50]

尼克松注意到了舒尔茨的才能，于是他请这位经济学家就南方几个州废除学校种族隔离的问题进行调解。然后，他提拔舒尔茨掌管管理和预算办公室。就在这项人事变动之后不久，参议员罗伯特·多尔就向尼克松提到，他联系不上总统的一位高级顾问约翰·埃利希曼。“埃利希曼吗？”尼克松回应道，“不用担心他了。我会帮你联系到一个真正有用的人：乔治·舒尔茨。”[51]

1971 年 9 月，舒尔茨安排弗里德曼在康纳利位于华盛顿的家中会面。弗里德曼称赞康纳利放弃了布雷顿森林体系的做法，并反对恢复固定利率。会面结束后，弗里德曼在给康纳利的信中写道：“你所采取的勇敢和坚定的立场值得极大的赞扬。”两个月后，当他听说康纳利正在与欧洲和日本就一套新的固定汇率体系进行谈判时，弗里德曼又写了第二封信，宣称自己“极度沮丧”，并警告称，新的政策“将从胜利的口中重新将失败夺回来”。[52]

康纳利的努力为汇率谈判的基本问题提供了一个有用的例证：这个过程是政治性的，而最终决定性的检验方法是经济。在史密森尼博物馆举行的会谈中，康纳利和他的日本同行水田三喜男躲进了一个摆满样品瓶的房间。康纳利希望日本将日元兑美元汇率提高 20%，表示至少也要有 18%。水田三喜男告诉他这是不可能的：最终的数字必须保持在 17% 以下。水田三喜男说，任何过高的数字“对日本来说都是非常非常不祥的”，因为这个数字是 1930 年日元升值的幅度，当时日本在陷入历史性衰退之前恢复了金本位制。水田三喜男补充道：“决定回归金本位制的财政部长被暗杀了。”[53] 这相当于在康纳利的肚子上打了一拳。8 年前，当肯尼迪在达拉斯遇刺时，当时的财政部长也遭到枪击，差点丧命。最终，康纳利接受了 16.88% 的升值幅度。

当尼克松在 1971 年 12 月宣布《史密森协定》时，他称这是“世界历史上最重要的货币协定”。沃尔克转向尼克松的另一位助手，低声说：“我希望它能撑过三个月。”[54]

实际上，它持续了六个月。[55]这证明市场仍然不愿意接受任意的价格。

在舒尔茨于 1972 年 6 月取代康纳利成为第一位担任财政部长的经济学家之后，向着浮动汇率政策前进的决定性转变终于到来了。舒尔茨毫不犹豫地接受了他自己的建议，即美国应该接受浮动汇率。他终止了政府对外汇市场的干预，以支持史密森学会的交易。然后，他耐心地玩弄手段，等待交易破裂。

1973 年 2 月，他让沃尔克用 4 天时间说服日本和欧洲接受美国的再一次货币贬值。那场谈判持续了大约一个月。沃尔克告诉我：“我现在意识到，我在执行一项不可能完成的任务。没有人会去设计一个新的货币体系，这件事当然更不会由一群助理部长去完成。”

至于尼克松，他把这个问题几乎全权交给舒尔茨来处理。他不再去考虑汇率问题了。沃尔克说：“我听到他说要改革货币体系，而且不止一次地说过，唯一的目的就是他不想‘再发生危机’。”[56]当霍尔德曼告诉总统英国已经使英镑贬值时，尼克松说他不在乎。霍尔德曼继续说道，他告诉总统，意大利可能是下一个。尼克松为了子孙后代的利益，录下了自己的声音，回答道：“哦，我才不想管里拉的事呢。”[57]

欧洲人也厌倦了谈判。一位谈判代表开玩笑说：“国际货币改革最紧迫的方面是恢复固定的周末休息日制度。”[58]到 1973 年 3 月，日元、里拉和英镑都开始相对美元浮动。德国人继续购买数十亿美元，试图维持固定汇率。最后，舒尔茨开始拒绝回复联邦德国财政部长赫尔穆特·施密特的电话。[59] 在 3 月 16 日于巴黎举行的一次会议上，舒尔茨允许欧洲人提出浮动汇率的想法，然后接受了这个建议。[60]

舒尔茨把这些手续留给了他的继任者威廉·西蒙，后者在 1976 年达成了一项使浮动汇率合法化的协议。欧洲人提出了一个复议的机制。美国加入了一项给予美国否决权的条款，并进一步澄清它保留了不考虑任何投票而使美元浮动的权力。华盛顿向世界提供了布雷顿森林体系，却又把它拿走了。

罗伯特·鲁萨和阿瑟·伯恩斯等人曾预测浮动汇率将导致贸易崩溃，但他们大错特错。1971 年，出口和进口的总值相当于世界年经济产出的 1/4。到 2008 年，随着市场成为汇率的仲裁者，贸易额占到了全球 GDP 的 60%。[61]

但舒尔茨和弗里德曼也错了。浮动汇率并没有带来贸易平衡，抑或是稳定。

芝加哥商品交易所是美国第二大城市的第二个交易大厅。期货交易委员会负责最赚钱的商品的期货市场，它允许小麦和玉米的卖家通过在实际收获前出售作物来降低风险。在商品交易所进行的交易主要是处理剩余的作物。它开始是作为买卖鸡蛋和黄油的市场，然后逐渐增加了洋葱、牛等。雄心勃勃的交易所主席利奥·梅拉米德迫切需要新产品的加入。"我们再也发掘不出新的肉的种类了。"他对朋友抱怨道。1967 年，他在《华尔街日报》上读到一篇关于米尔顿·弗里德曼的报道。报告称，弗里德曼断定英国可能会让英镑贬值，所以他开始打电话给芝加哥的银行，看看是否有人会站在贬值赌注的另一边。没有人愿意接受，但弗里德曼认为应该有人愿意。[62]

梅拉米德表示认同。他聘请了芝加哥商品交易所的第一位经济学家，并让他给弗里德曼写信，就如何创建这样一个市场征求他的建议。弗里德曼的原则是认为几乎所有人的来信他都应该回信。于是几周后，弗里德曼回信表示鼓励，但他指出，时机还不成熟，因为在布雷顿森林体系下，汇率变化仍是罕见事件。

尼克松演讲后，梅拉米德亲自写信给弗里德曼，说服他从佛蒙特州的度假屋出发，到纽约的华尔道夫－阿斯托里亚酒店去吃早餐。在那里，他给了弗里德曼 5 000 美元，让他为一个新的货币期货交易金融市场写一份背书。这不是一场强买强卖的交易。弗里德曼本就青睐各种市场，他认为期货市场是浮动汇率制度的必要补充。这将为投资者提供一个表达其对汇率走向看法的工具。就像农民从农作物价格波动的保护中受益一样，企业也将从汇率波动的保护中受益。

1971 年 12 月 20 日，当梅拉米德宣布建立国际货币市场时，弗里德曼的名字充斥在新闻稿中。梅拉米德称这份 5 000 美元的代言合同是芝加哥商品交易所有史以来最好的投资。[63]

弗里德曼曾预测，浮动汇率会随着时间的推移而缓慢变化，因为国家经济的相对实力也会随着时间的推移而缓慢变化。此外，他说，投机者将有助于稳定，因为他们将通过把价格推回到那些基本面的合理水平来赚钱。

但是，接下来，汇率并不只是简单的浮动，而是开始交替飙升和下沉。

经济学家为股市的波动提供了各种相互冲突的理论，却回避了一个现实而又显而易见的解释：股市就是在赌博。[64] 1985 年，每日外汇交易超过 1 500 亿美元；1995 年，达到 1.2 万亿美元；2007 年，达到 3.3 万亿美元。[65] 一个产业突然出现了：它们是工业公司中的货币经理，银行家听从它们的指令，投机者从中获利。*

输家没过多久就开始向岸上冲去。一家中等规模的纽约银行——富兰克林国民银行在 1974 年倒闭，原因是投资者在外汇交易的新世界中蒙受了损失。同样是在 1974 年，德国当局关闭了赫斯塔特银行，该行的座右铭是："储蓄不应该是一场赌博。"这是因为它曾经在美元的波动上押注从而损失了近 5 亿马克。[66] 最糟糕的时刻还在后头：2015 年 5 月，全球四大银行承认操纵美元兑欧元汇率，以牺牲客户利益为代价来获取利润。[67]

所有的这一切——保险、赌博、盗窃，都是实行新制度的代价。[68]

历史告诉我们，不相信市场的凯恩斯是一位成功的投资者，而热爱市场的弗里德曼基本上不名一文。梅拉米德说，他接到弗里德曼的电话，弗里德曼想做空加拿大元，因为他相信，市场会惩罚自由党总理皮埃尔·特鲁多的肆意挥霍。梅拉米德试图说服他放弃，因为加元正在升值，但弗里德曼下定了决心。直到加元再次上涨了 13%，弗里德曼才不得不放弃。[69]

中美共同体

布雷顿森林体系的终结一度降低了美元的贸易价值，并产生了深远的影响。日本通过转向高科技制造业来适应尼克松时代。船厂关闭了；汽车制造商也开始生产更好的汽车。丰田曾经是破车的代名

---

* 浮动汇率的支持者通常认为，保险的可用性大大降低了系统的风险。但是保险很贵。苏珊·斯特兰奇在评论这个问题时引用了一句著名的俏皮话："啊，是的，就像丽兹酒店一样，既向富人开放，也对穷人开放！"参见：斯特兰奇的《赌场资本主义》，牛津：巴兹尔·布莱克威尔出版社，1986年，第116页。

词，却逐渐成为美国汽车工业羡慕的对象。对欧洲国家来说，国际货币体系的结束刺激了欧洲大陆货币体系的建立，并及时创造了泛欧洲货币。

但是美国并没有在经济政策上进行任何彻底的改变，美元很快就反弹了。美元特殊法律地位的终结并没有抑制外国的需求。相反，美元的主导地位增强了。在混乱的浮动汇率制的新世界里，许多国家扩大了美元储备，作为对波动的缓冲。经济历史学家巴里·埃森格林指出，连电影里的反派都还在要求用美元支付赎金。许多国际企业也是如此。这是一种网络效应，很像 Facebook：每个人都在用美元，原因是其他人也都在用美元。

石油垄断联盟欧佩克的一些成员国曾试图找到一个可行的替代方案，但未能成功。联邦德国和日本都反对在国际上使用他们的货币，决心维护以出口为导向的经济体系。日本保持了严格的资本管制，而联邦德国采取了一种不那么正式的方式。1979 年，当伊朗提议将其部分美元储备兑换成德国马克时，德国央行公开表示了抗议。它坚称，只有美国才能在“不损害其经济政策的情况下”发挥这一作用。[70]

卡特政府曾试图指责联邦德国一直降低其货币估值的做法。当美国财政部长迈克尔·布卢门撒尔在接受采访时若有所思地说，当美元过于强势时，德国《法兰克福汇报》就认为，美国在玩一场“自私、冒险的游戏，并且对世界经济几乎没有表现出任何责任感”。[71]

当罗纳德·里根 1981 年宣誓就职时，美元的汇率与 1973 年大致相同。到里根第一个任期结束时，美元的汇率上升了 50%。[72]

1981 年的减税政策要求联邦政府大幅增加借贷，而与此同时，美联储却在压缩货币供应以降低通货膨胀。利率飙升，外国投资者争相购买美元，这样他们就可以参与利润丰厚的向美国放贷的业务。在布雷顿森林体系时代，美国和其他主要国家为了维持汇率稳定，对国际资本流动施加了严格的限制。但美国在 1974 年结束了这些限制，并鼓励其他国家效仿。里根的减税政策、美联储的货币主义、浮动汇率和放松金融管制的相互作用使美元升值，再升值，然后消失。[73]

进口商品大量涌入美国，给美国消费者带来了意外收获的同时，却给国内制造商带来了灾难。1979 年，美国 80% 的胶卷都是柯达生产的；其最大的外国竞争对手日本富士，获得了 4% 的立足点。到 1985 年，柯达在美国市场的份额下降到 64%；富士已经高达 11%。[74] 美元的升值也减少了美国商品在其他国家的销售。来自伊利诺伊州的卡特彼勒公司曾在第二次世界大战后的几十年里主导全球重型建筑车辆市场。然而在 1983 年，该公司报告称，美元升值导致其海外销量减少了一半。它解雇了 2 万名工人，并将一些工作向海外转移。在里根的第一个任期内，100 万个本国的矿业和工厂工作岗位消失了。

美国制造业就业的下降是一个长期趋势，其主要原因是自动化，而不是对外贸易。在 19 世纪 80 年代，工厂和农场雇用了大约 3/4 的美国工人。到 20 世纪 80 年代，尽管工厂和农场的产出继续增长，但这些行业只雇用了大约 1/4 的美国工人。生产率的提高使工人得以从事其他类型的工作。

但是美元的升值加速并扭曲了美国经济的发展。美国失去了在低汇率下仍能生存的工厂和就业机会。与此同时，20 世纪 80 年代初在阿肯色州及周边地区拥有 276 家门店的沃尔玛，在这 10 年结束时已成为美国最大的零售商，其门店数量是 20 世纪 80 年代的 4 倍多，每家门店的员工都是低收入工人，店内也充斥着廉价的进口商品。[75]

里根政府对纺织品、汽车和钢铁的进口施加了一些限制。自第二次世界大战以来，美国贸易壁垒的总量首次开始上升。但是那些墙很容易被绕过。举一个著名的例子，美国对发动机大于700立方厘米的摩托车征收关税的举动，促使日本人专门为美国市场开发699立方厘米发动机的摩托车。

与此同时，奥巴马政府拒绝做一件可能会限制美国经济变化速度的事情：它拒绝压低美元的汇率。这是一个非常纯粹的经济意识形态支配公共政策的例子。美国新任财政部长唐纳德·里根总结道："对于任何一种货币的价值，除了市场可以告诉我们它的价值，没有任何其他的外部衡量标准。"[76]

美国对干预的厌恶并没有得到其主要贸易伙伴的赞同。德国央行在1981—1985年购买了250亿美元；其他央行的购买规模也接近250亿美元。在同一时期，美国只购买了7.54亿美元的马克和日元。[77]

卡特彼勒公司的首席执行官李·摩根在1982—1985年与财政部官员会晤了五次，与里根总统会晤了两次，目的是向政府施压，要求扭转美元的升势。但这些会面毫无成效。一位与会者回忆说，财政部官员，包括负责货币事务的副部长贝里尔·斯普林克尔，"一直在说'市场决定货币的价值'"。[78]

一副圆圆的身材，一张圆圆的脸，戴着圆圆的眼镜，斯普林克尔是一个快乐的人，但却有着僵化的思想。一位美联储官员回忆了将一个斯普林克尔不喜欢的政策汇报给他时的情形："我认为逻辑站在我这边，但他却有着不可动摇的信念。"这位官员表示："我们陷入了僵局，无法取得任何进展。"[79] 1985年，当斯普林克尔被任命为里根的经济顾问委员会主席时，他告诉《纽约时报》，他只会聘用与他观点相同的经济学家。对于其他人，斯普林克尔说："他们对我没有用处，因为我根本不会听他们的。"[80] 迫于国会对美元升值的压力，斯普林克尔谦虚地回应说，市场比官员聪明得多。"对美国来说，告诉外汇市场美元、日元、马克或其他任何货币的汇率应该是多少，在我看来是一种极端的傲慢。”斯普林克尔说道。[81]

看着美国对市场的信心，许多国家也是喜忧参半。美元的升值对世界其他国家造成了第三次石油冲击，这些国家不得不用美元来购买石油。法国总理皮埃尔·莫雷抱怨说，美国正在利用它作为最接近国际货币的发行国的“过度特权”，这是他的一位前任在20世纪60年代创造的一个短语——尽管这种可疑的特权现在是由市场而不是布雷顿森林体系赋予的。[82]

借入美元的外国公司也受到了惩罚。英国航空公司的企业家弗雷迪·莱克推出了伦敦至纽约的每日“空中列车”服务，在广告中使用了轻松愉快的标语，比如“空中劫案的终结”，以及“我是弗雷迪，我是飞来的！”这些航班既便宜又受欢迎；女王伊丽莎白二世于1978年封弗雷迪为爵士。但是问题出现了，弗雷迪·莱克的顾客大多用英镑付款，而他的大部分账单需要用美元支付。除此之外，该公司还借款了3.55亿美元用来购买飞机。随着美元兑英镑的升值，莱克航空公司赚不到足够的英镑来支付美元账单。于是，弗雷迪爵士的公司于1982年2月申请了破产。

然而，最严重的灾难发生在拉丁美洲。故事开始于1973年10月布雷顿森林会议结束后不久，当时欧佩克成员国对与以色列结盟的国家实施了石油出口禁令，包括美国和英国。石油价格迅速上涨，给沙特阿拉伯等产油国带来了意外之财，讽刺的是，他们都选择把这些钱存入美国的银行。作为回报，银行将石油美元注入发展中国家，特别是智利、巴西和墨西哥等拉美国家，这些国家欢迎外国投资，将其作为经济自由化计划的一部分。1979—1982年，拉丁美洲的外债增加了一倍多，从1 590亿美元增加到3 270亿美元。[83]

花旗集团首席执行官沃尔特·里斯顿说，向政府提供贷款是一项理想的业务——利润丰厚，而且相当安全。里斯顿说："国家不像企业，不会破产。"[84] 但是随着美元的飙升，墨西哥在 1982 年 8 月宣布无法支付利息。其他拉美国家紧随其后。联邦监管机构允许银行把这些贷款算作将来有可能偿还的贷款，从而拯救了花旗集团和它的一些竞争对手。[85]

这是一个如今我们非常熟悉的模式的早期实例：私人利润和公共救助。一位贷款人对《华尔街日报》说："当我们能赚钱时，我们这些外国银行家就支持自由市场；当我们面临亏损时，我们就开始相信国家。"[86]

在 1984 年的总统竞选中，一个新术语被用来描述工业中心地带的大片区域。人们称之为"铁锈地带"。[87] 也是在那一年，俄亥俄州的扬斯敦失去了它的旋转木马。在当地游乐园中矗立了 60 年的标志性景观——大旋转木马，在公园关闭时被拍卖了；最终，它在纽约海滨找到了一个新家，被装在一个由法国明星建筑师让·努维尔设计的巨型透明珠宝盒之中。

1984 年，里根以压倒性的优势再次当选，但遏制美国制造业衰退的政治压力也持续增强。新任财政部长詹姆斯·贝克说服里根将美元价值视为政策问题；贝克开始寻求日本的让步。

1985 年 4 月，日本首相中曾根康弘要求每个日本人花上相当于 100 美元的钱来购买外国商品。然后，他带着记者去购物，花了 280 美元买了一件法国衬衫，一件意大利夹克和一条领带，还买了一个英国飞镖给他的孙子。然而，他没有买任何美国制造的东西。[88]

几个月后，日本做出了更实质性的姿态，在纽约的广场酒店与其他主要发达国家签署了一项压低美元汇率的协议。在 1986 年的国情咨文中，里根几乎承认了自己的错误。“我们绝不能再允许汇率的剧烈波动损害我们的农民和其他出口商的利益。”他说。

对日本来说，广场协议加速了去工业化的进程——在日语里的术语是 kudoka，意思是“挖空”。日本公司开始将更多的制造业转移到海外，包括美国。1982 年，本田在俄亥俄州的马里斯维尔开设了第一家美国汽车厂，其他汽车制造商也纷纷效仿。

就像尼克松的货币贬值一样，美元在大约 10 年的时间里一直保持在较低水平，美国制造业也出现了温和复苏。卡特彼勒从 20 世纪 80 年代开始成长为一家效率更高、利润更高的公司。1988 年，该公司的收入超过了 1981 年创下的纪录。卡特彼勒雇用的员工中，美国人减少了，许多人的工资也降低了，但它却重新成了美国最大的出口商之一。

美国很快又回到了它舒适的借贷和消费模式，这一次，它找到了一个能在更大范围内提供资金的国家——中国。

在 1944 年的布雷顿森林会议上，罗斯福政府做出了一个关乎命运的决定：顶住压力，尤其是来自英国的压力，限制贸易顺差。当时美国制造业的主导地位正处于顶峰。在可预见的未来，外国对美国商品的需求很可能超过美国对外国商品的需求，而美国可以通过向外国买家放贷来满足这种需求。

约翰·梅纳德·凯恩斯主张限制此类贷款。他的论点是自私的：他希望英国及其殖民地收回市场份额。但他也认为，从长期来看，保持相对平衡的贸易符合所有人的利益。

美国政策制定者从凯恩斯的观点中看到了一些智慧。美国通过向外国商品开放市场，同时允许其贸易伙伴对美国商品保持更大的限制，来寻求一种平衡。毕竟，美国需要强大的盟友，尤其是为了阻止共产主义的蔓延。以现代标准衡量，美国市场对进口商品开放的政治支持之广，包括商业团体、农民和一些工会，这几乎令人难以置信。亨利·福特二世赞成取消美国对进口汽车的关税。[89] 制定政策的精英却对那些确实在担心外国竞争带来威胁的人缺乏耐心。肯尼迪总统手下负责经济事务的副国务卿乔治·鲍尔愉快地回忆说，他“穿着英国制造的西装、英国制造的衬衫、中国香港定制的鞋，打着法国领带”，去参加美国纺织企业高管的会议。[90] 但是美国阻止了对贸易失衡的任何永久性限制。如果其他国家想借美元来购买美国商品，美国非常乐意满足这些需求。

半个世纪后，美国却变成了一个借钱购买外国商品的国家，它发现自己无法说服它的贸易伙伴，尤其是德国等，去相信每个国家最终都将受益于对贸易失衡的限制。

20 世纪 90 年代中期，人民币与美元紧密联系起来。起初，中国在抑制通货膨胀方面做出努力，避免让汇率波动影响其他亚洲国家。而随着中国经济增速超过美国，人民币汇率也维持在一个相对平稳的水平上。

中国与联邦德国、日本、韩国等国家和地区曾成功采用的战略相似。

为了保持汇率稳定，中国把通过向美国人销售商品所赚来的大部分钱以投资美国国债和其他以美元计价的债券的形式返还美国。这一储蓄计划的效果是推迟了经济增长的好处，放弃了立即消费，以追求更大规模的长期繁荣。

这一举措对美国的影响很小，直到 2000 年，克林顿政府和国会与中国实现了贸易关系正常化。美国对中国的投资大幅增加，从中国的进口也大幅增加。[91] 其他亚洲国家为了在利润丰厚的美国市场上保持自己的份额，也采取了压低本币兑美元汇率的应对措施。外国人持有的联邦债务从2000年的1万亿美元上升到2008年的2.5万亿美元。[92]

美国再次接受了其他国家为美国消费提供资金的意愿。美国再一次牺牲了它的工厂。美国的借贷等因素让其损失了500万个就业机会。[93]

这种压力也塑造和扭曲了美国经济的增长。2011年的一项研究发现，1990—2008年，美国净就业增加的2 730万个工作岗位几乎全部来自不受外国竞争影响的行业，尤其是医疗保健和零售业。从布雷顿森林到俄亥俄州的塞利纳有一条直线，在这条线上，有一个沃尔玛超级购物中心，离沃尔玛一箭之遥的地方有一座更大的建筑物。在那里，曾经有1 000名美国工人，他们每年生产两百万辆哈菲（Huffy）牌自行车。1998年，为了满足沃尔玛对更低价格的需求，哈菲将工厂搬到了中国。自行车更便宜了；但那些好的工作机会却消失了。[94]

拉里·萨默斯在2004年曾表达了他的不满："世界上最强大的国家成了世界上最大的债务国，这肯定有些奇怪。"关于联邦债务的警告，成为所有关于美国经济政策讨论的背景。然而，没有迹象表明世界其他国家计划进行干预。美国借贷的唯一限制似乎是美国人民的嗜好。

1967年，米尔顿·弗里德曼坚持认为，贸易伙伴对美国是有利的。他说："它们对我们说，'看，如果价格再便宜一点你们就愿意买走我们的商品，我们就降价以达成交易'。所以你看，我们别傻了，我们接受这场交易吧。"他还认为，浮动汇率将防止对汇率的持续操纵。"你担心我们会从国外进口很多东西吗？我们不会。"弗里德曼说。任何贸易伙伴都会花掉它们赚到的钱，导致汇率发生调整。他说，对货币操纵的恐惧是"用来吓唬小孩子的噩梦"。[95]

可是弗里德曼错了，而且后果很严重。全球制造业中心曾经从英国中部转移到美国中西部，后来转移到了中国东南部。贸易有助于扩大美国经济的规模。问题出在分配上：当美国的政策制定者把失业带来的巨大痛苦换成更低的物价带来的广泛好处时，大多数美国人走在了前面，但也有相当一部分人落在了后面。[96]

一项研究计算出，约有2/3因与新兴经济体等国家和地区贸易增加而失业的美国工人，最终找到了薪酬相同或更好的新工作。但是，那另外1/3的工人就没有这么幸运了，他们的平均收入减少了约30%。[97]

乔治·卡尼在伊利诺伊州西部的一家冰箱工厂开叉车，直到2004年工厂关闭。10年后，也就是2015年，当我见到他时，他正在密西西比河岸边一个没有窗户的酒吧里小口喝着啤酒，靠联邦政府的伤残津贴生活。卡尼说，他愿意接受贸易促进了美国经济的说法。但贸易基本上是国家征用权的一种形式——国家以更大利益的名义剥夺了他的工作。对卡尼来说，这似乎并不公平。他告诉我："我不相信解雇一个人，剥夺一个人的生计，就可以让其他人赚到更多的钱。"[98]

保罗·沃尔克在2018年出版的回忆录《坚定不移：稳健的货币与好的政府》中写道："我们没有认识到开放市场和快速创新对美国公民来说要付出的成本有多少。"[99]真相更加苦涩。许多经济学家确实预测了这项成本，其中包括保罗·萨缪尔森。1941年，他与人合著了一篇论文，表明发达国家与发展中国家之间的贸易可能会降低发达国家工人阶级的工资。有些人接受卡尔多－希克斯的观点，认为贸易和成本－效益分析一样是合理的，因为政府可以补偿失败者。另一些人甚至建议政府就应该去补偿那些失败者。但是，在美国开始努力鼓励对外贸易75年后，现实情况是，政府在这方面几乎没有做什么努力。经济学家约瑟夫·斯蒂格利茨直言不讳地批评了这种失败，他告诉我："人们一直认为赢家可以补偿输家。但成功者从不会这样做。"[100]

和谐之音

可以理解的是，西欧国家对增加国际贸易将阻止军事冲突的想法特别热衷。1951 年，法国、意大利、联邦德国和三个较小的国家建立了欧洲煤钢共同体，作为迈向经济一体化的第一步。“由此建立的生产上的团结将使人们明白，法德之间的任何战争不仅是不可想象的，而且在物质上是不可能的。”法国外交部部长罗伯特·舒曼说。他出生在法国和德国交界的边境地区——一个既是欧洲煤炭和钢铁工业的中心，又是欧洲大陆上的主要战场的地方。[101]

20 世纪 50 年代中期，当这些国家谈判达成一项更广泛的协议时，英国经济学家詹姆斯·米德发表了一篇备受争议的论文，称布雷顿森林协议将阻碍欧洲一体化。他的观点与弗里德曼的观点非常相似：布雷顿森林体系不允许各国对汇率进行必要的调整。它施加了与金本位同样的约束：如果德国工人的生产率增长速度快于法国工人，法国将被迫在整个经济中降低工资和价格，而不是简单地调整汇率。米德和弗里德曼一样，主张欧洲国家应该让市场来决定汇率。[102]

罗伯特·蒙代尔当时在伦敦经济学院跟随米德学习，他发现米德的论点有悖常理。他说：“我认为非常奇怪的是，那些决心要整合经济的国家竟然要采取行动，瓦解它们的货币体系。”[103] 在 1961 年的一篇论文中，他对米德进行了抨击，他认为米德的论点是一种逻辑结论。米德认为，在不同的经济环境下，灵活的汇率是促进两国经济关系的最佳方式。蒙代尔说，同样的逻辑肯定也适用于国家内部。如果米德是对的，美国将受益于为东北部和中西部的制造业地区创造一种货币，再为南部的农业地区创造一种独立的货币，然后让市场来决定汇率。此外，蒙代尔说，不同国家的一些经济一体化地区，如美国西北部和加拿大西部，将从共享一种货币中受益。蒙代尔的观点是反对浮动汇率，而不是支持多种美国货币或多国货币。“在政治可行性的范围内，”他写道，“国家货币几乎不可能被任何其他安排所取代。”然而，他补充说，“世界上有一个地方，政治和经济都可能支持一种多国货币的试验，那就是西欧。”[104]

无论是蒙代尔还是米德都没有给当时的决策者留下多少印象。欧洲仍然致力于布雷顿森林体系。但争论仍在继续，芝加哥大学不可避免地成了余火未灭的地方。蒙代尔已经成为世界上最著名的国际经济学专家之一，1966 年加入了弗里德曼在芝加哥的学院成为一名教授。一位学生回忆起这两位教授之间的鲜明对比。弗里德曼穿得像个懒汉，但讲课时非常认真，一页一页地讨论论文。蒙代尔穿着最新的欧洲时装，像一个即兴音乐家一样演讲，总是提出许多问题，却很少给出答案。另一位蒙代尔的学生形容说：“课堂的空气中都弥漫着论文主题。”有时两位教授会直接发生冲突。弗里德曼坚持认为，国际经济学很简单：自由贸易、浮动汇率、移除障碍。蒙代尔却对浮动汇率越来越怀疑，也毫不掩饰他的不屑。他在一次这样的辩论中说：“米尔顿，你的问题是缺乏常识。”[105]

到 20 世纪 60 年代末，布雷顿森林体系已不再为欧洲的稳定做出贡献了。1969 年 8 月，法国 10 年来首次让法郎贬值；几个月后，德国将马克升值了。蒙代尔在远处观望，发现自己的理论越来越有说服力，于是他提议创造一种新货币：“欧罗巴”。

正如蒙代尔主张减税一样，其他经济学家基本上对这一计划不屑一顾。蒙代尔被认为是一位杰出的理论家，但他的许多同行都认为，他们比蒙代尔更了解蒙代尔模型的实际含义。在他们看来，他在 1961

年的论文中提出，经济一体化的地区可能受益于单一货币，但谁又能说法国和德国在经济上是一体化的呢?

蒙代尔回应说，创建单一货币将促进一体化。他认为，尤其是美国经济学家，对政治利益过于轻视。他后来说："如果20世纪30年代的欧洲有一种民主管理的共同货币，就不会有第二次世界大战。"[106]而且，蒙代尔是一名加拿大人，这一点也很重要。他认为，每个人都将受益于一个更强大的欧洲，这个欧洲能够在金钱领域和其他任何地方与美国平起平坐，而不是依赖的姿态。

1969年，蒙代尔以一种与现代经济学中枯燥的数学截然不同的语言，完成了他提议建立"欧罗巴"的演讲，他宣称，"欧洲人该觉醒了"。[107]

相反的是，欧洲人却在努力维护布雷顿森林体系。美国在谈判中的核心人物沃尔克说，比利时央行副行长伸出一根手指在他面前挥了挥，并警告说："如果所有这些有关灵活汇率的言论导致整个体系崩溃，你们美国人要血债血偿。"[108]但是，在尼克松1971年的演讲之后，欧洲开始规划自己的道路。尼克松宣布，去年12月，史密森学会协议允许的各国货币与指定汇率的偏差上限是9%。包括法国、联邦德国和英国在内的欧洲核心国家同意将本国货币的波动限制在4.5%以内。

第一次尝试以失败告终。这种安排被称为"隧道里的蛇"，因为它留下了扭动身体的空间，但在20世纪70年代中期的经济动荡中，蛇很快开始离开隧道。不到两个月，英国退出了。意大利没能挺到第一年的年末。法国也经历了退出—回归—再退出的波折旅程。

然而，欧洲一直在努力。欧洲统一的政治必要性很强。1979年，由法国和联邦德国领导的一个核心国家集团宣布了一项名为"欧洲货币体系"的新政。这次持续的时间延长了，主要是因为法国人愿意吃苦。当社会主义者弗朗索瓦·密特朗在 1981 年赢得总统大选时，他承诺要“与资本主义决裂”，而法国则与凯恩斯主义跳起了最后一支舞。随着以英语为母语的国家削减公共开支并提高利率，法国试图通过花钱来恢复繁荣。在以英语为母语的国家寻求放松管制的同时，密特朗将大公司收归国有，将最低工资提高了 10%，并将每周工作时间缩短了 1 小时。

但在 1983 年，随着通货膨胀的加剧和法国参与欧洲货币体系的压力，密特朗和顾问把自己关在爱丽舍宫里 10 天。其中一位成员——财政部长雅克·德洛尔说，一个“现代化的少数派”说服他相信市场。密特朗宣布了后来被称为“转向紧缩”的政策。随着国家致力于降低通货膨胀，公司恢复私有制，削减公共开支，工资增长放缓。失业率达到了 10%；法国仍留在欧洲货币体系中。政治学家雷内·雷蒙德表示：“社会党人转而接受了他们此前怀疑的观点：私营企业的重要性、赢利动机等。用现代化的思想代替社会主义的思想是一个巨大的变化。”[109]

1982 年，欧盟委员会经济事务主任、意大利经济学家托马索·帕多亚－斯基奥帕发表了一篇论文，重新提出了创建泛欧洲货币的理由。他怀着沮丧的心情写作，为民族主义的复兴所困扰。和他那一代许多受过良好教育、生活富足的欧洲人一样，他是作为欧洲公民长大的。他能流利地说四种语言，他更喜欢用英语工作，因为他说英语是最简洁和精确的语言，他还曾在联邦德国和比利时生活过。[110]

帕多亚－斯基奥帕写道，欧洲货币体系与布雷顿森林体系一样，本质上是有缺陷的，其原因也基本相同。它没有足够的灵活性来应对主要参与国之间经济关系的变化，也没有足够的刚性来迫使它们改变国内政策。金融体系面临的压力即将加大，因为新兴市场成员国正在取消资本管制，允许投资自由流动。货币在欧洲国家之间的流动是一体化的主要经济利益之一，但它也使固定汇率难以维持。从长远来看，只有两个可行的选择：要么让汇率浮动，要么采用单一货币。[111]

法国希望联邦德国对欧洲其他国家的经济健康负责，以此作为统一货币的先决条件，就像美国对所有五十个州实施单一的财政政策，将资金从繁荣的地区转移到困难的地区一样。联邦德国希望欧洲其他国家效仿自己的节俭和效率。但到了 20 世纪 90 年代初，两国都准备达成协议。法国人想要一种能在金融市场赢得更多尊重的货币。密特朗对意大利总理朱利亚诺·阿马托说，他已经厌倦了生活在“不稳定的资本的支配之下，这些资本并不代表任何真正的财富，也不代表真正的商品。这是一种令人无法容忍的不道德行为”。[112] 联邦德国人希望达成一项货币协议，以保持他们依靠出口谋生的能力，他们还需要欧洲对德国统一计划的政治支持。

该协议于 1992 年 2 月 7 日在荷兰的城市马斯特里赫特签署。[113] 东道主、荷兰首相吕德·吕贝尔斯是一位受过培训的经济学家，他把自己的国家称为“荷兰公司”。在“多市场，少政府”的口号下，他大幅削减监管，将国有企业私有化，并削减支出。[114] 但是对于吕贝尔斯和他的客人来说，对市场的热爱并没有延伸到浮动汇率上。当乐队演奏起莫扎特的音乐时，吕贝尔斯举起一杯香槟，喊出了在赌场中轮盘转动时会喊出的那句话：“买定离手；静待结果。”[115]

这句话大致可以翻译为“木已成舟”，但欧洲尚未将怀疑者说服。蒙代尔的一个同事跟他赌了一瓶酒，说这个计划不会实现。结果是蒙代尔赢了。怀疑论者继续低估了政治上的必要性。伦敦政治经济学院欧洲政治经济学教授保罗·德·格劳威表示：“欧盟委员会确实邀请了经济学家发表他们的观点。这是一个达尔文式的过程。开始我被邀请了，但当我表达了我的怀疑，我就不再被邀请了。最后就只剩下热衷于这一观点的人了。”[116] 参与国，甚至是德国，都捏造了财政要求，以便欧元能够如期面世。* 1999 年 1 月 1 日，11 个参与国对新的欧元标准实行固定汇率。

同年晚些时候，蒙代尔获得了诺贝尔经济学奖。诺贝尔经济学奖的颁奖词称，他提供了一种模型，使欧元的支持者和批评者都愿意使用，但该奖项被广泛解读为针对他创造了一种新货币所给予的荣誉。[117] 在斯德哥尔摩，蒙代尔站在观众面前，高唱着弗兰克·西纳特拉的《我的方式》(*My Way*)。3 年后，欧洲发行了 60 亿欧元纸币和 400 亿欧元硬币。比利时财政部长带着记者来到一台自动取款机前，取出了 150 欧元，并宣布："我要从给自己买一杯比利时啤酒开始花掉这些钱。"[118]

在最重要的方面，欧元是德国的货币。欧洲中央银行的总部设在法兰克福，它是在保持低通胀的指令下运作的。此外，在创建欧元的协定中，德国对其新合作伙伴的经济健康承担了有限的责任。欧洲其他国家不得不与德国共舞；而德国必须做那个挑选音乐的人。[119]

起初，这似乎是一笔不错的交易。共享一种货币确实增加了贸易。一项巧妙的研究发现，采用欧元的前法国殖民地与欧元区成员国之间的贸易增长了 76%。[120] 欧洲国家发现，它们可以用与德国几乎相同的利率借钱。起初，这似乎是一笔不错的交易：他们借入大量资金，并将其中相当一部分用于购买德国商品。整个欧元区，尤其是不太富裕的外围国家，经济繁荣程度有所提高；不平等有所下降。[121]

但这里有一个陷阱。欧洲央行理事会成员帕多亚 – 斯基奥帕最

---

* 例如，意大利宣布了一项特殊的一次性"欧洲税"，以将其财政赤字降低到这一年所要求的水平。法国依靠的是法国电信的一次性付款。

早将欧元描述为一种“无政府货币”。欧洲繁荣地区仍然没有任何机制来缓解不可避免的经济衰退带来的痛苦。如果密西西比州的经济衰退，美联储不会通过降低利率来恢复经济增长，因为那样会导致得克萨斯州的通货膨胀。相反，联邦政府在密西西比州投入了更多的钱。但在欧洲，密西西比和希腊、西班牙一样，唯一的出路就是惩罚工人。一位经济学家在考察欧洲形势时发现，“当事情进展顺利时，固定汇率制度就会像鸟儿一样歌唱。当事情进展不顺利时，它就会像大象一样拉屎。”[122]

2008 年危机之后，欧洲外围国家开始感受到这一教训的重要性。同美国一样，他们借钱消费，过着入不敷出的生活。但与美国不同的是，它们无法通过借入更多资金或降低本国货币的价值来重振经济增长。欧洲央行以降低利率的形式提供了一些援助，但其政策是针对整个欧元区进行校准的，这意味着对西班牙或希腊来说，刺激措施是远远不够的。德国和其他经济实力较强的国家大多拒绝以政府支出或债务减免的形式提供帮助。除了德国和几个较小的邻国，整个欧元区的失业率居高不下，不平等现象加剧。欧洲大部分地区经历了“失去的 10 年”。

然而，欧元不仅经受住了考验，而且在那些受创最严重的国家中仍然很受欢迎。在芬兰，经通胀因素调整后，2017 年的人均经济产出比 10 年前下降了 5%，但芬兰人仍比 20 年前，即该国与德国挂钩之前富裕。国家领导人继续把宝押在货币联盟的好处上。“贬值有点像体育运动中的兴奋剂，”芬兰财长亚历山大·斯塔布在 2015 年表示，“它可能会给你一个短期的刺激，但从长远来看，它是没有好处的。我们同任何人一样，都需要结构性改革、结构性调整；我们需要提高我们的竞争力，同时还需要一点运气。”[123]

第九章

智利制造

两年前，一位经济学家朋友说，在他认识的经济学家中，我和他是唯一没有致力于不发达国家发展的经济学家。但由于他去年开始帮助一个不发达国家进行了发展，所以现在的我感到很孤独。

——查尔斯·希奇，《经济学的用途》（*The Uses of Economics*）（1960）[1]

1942 年，美国向巴拉圭输送了一名名叫阿尔比昂·帕特森的普林斯顿毕业生，作为向新大陆其他国家传授繁荣秘诀的一部分。[2] 帕特森的工作是帮助这个南美国家的农民种植更多的粮食，但由于缺乏现有农业状况的基本信息，他的工作受到了阻碍。他写信回家，请求一位经济学家帮助收集数据，但没有得到任何回应。多年后，帕特森态度冷淡地回忆说："当时华盛顿还没有经济学家。"[3] 接着他去了当地的大学，但是那里的经济学家并不认同他关于经济发展的观点。大多数拉美经济学家希望通过工业化追求繁荣，就像美国在 19 世纪所做的那样。相比之下，美国希望南美专注于出口食品和原材料，并从美国工厂进口商品。美国政策制定者的贪婪与国家对于支持工业化的信念交织在一起，导致巴拉圭走上了共产主义道路。帕特森认为巴拉圭的经济学家是"粉红色"的。[4]

当帕特森于 1953 年得到晋升并被派往智利时，他决定重塑智利的经济，第一步就是改造当地的经济学家。“我们需要做的是改变这些人的构成，从而对非常糟糕的教育现状起到影响作用”，他这样告诉美国大使。[5]就在几个月后，芝加哥大学经济系的系主任西奥多·W.舒尔茨意外地走进了帕特森的办公室。当时舒尔茨作为联邦委员会的负责人访问智利，该委员会被派去调查促进拉丁美洲发展的最佳途径，他的任命预示了一个结论：他可能是“教育是通往繁荣之路”这一理论在全世界范围内最主要的支持者。教育使舒尔茨得以逃离达科他州一个贫困的农场，他相信世界上其他地方也能做到这一点。他写道：“应该减少欠发达国家的钢铁厂和其他大型工厂，增加对这些国家人民的投资，就像我们对自己的投资一样。”[6]后来，舒尔茨因为这些想法获得了诺贝尔奖，他给美国代表团的其他成员也留下了深刻的印象。来自康涅狄格的前参议员威廉·本顿在回国后写道，“要为人类的福祉做出贡献，对拉丁美洲的大学进行必要的发展是最好的办法之一，几乎没有什么其他方法可以与之相媲美”。[7]

同样认同这一观点的帕特森去了智利大学，并在美国政府的资助下，提议与芝加哥大学的经济系建立合作关系。帕特森说，他选择芝加哥不仅是因为舒尔茨，而且因为他认为芝加哥大学经济学院的教授是全美国“最好的自由市场团队”。智利大学经济学系系主任路易斯·埃斯科巴尔·塞尔达也因同样的理由拒绝了他的邀请。他后来把芝加哥的提案比作“把所有的学生送到苏联的帕特里斯·卢蒙巴大学去”。[8]为了在对市场的信心和对国家计划的信心之间找到一条中间道路，塞尔达从纽约的哥伦比亚大学聘请了一位经济学教授来改进课程。

帕特森没有被吓倒，然后敲开了圣地亚哥天主教大学的门，这是一个不那么严格的机构，专门为保守派精英的子女服务。经营这个地方的主教告诉帕特森，他欢迎为农业教育提供资金。

“让我们忘掉农业吧，”帕特森回答，“让我们在经济上一起努力吧。”[9]

在新大陆的所有西班牙殖民地中，智利是最偏远的——一个夹在安第斯山脉和太平洋之间的狭长地带，最北端是地球上最干燥的地方——阿塔卡马沙漠。当地居民和游客都称智利是一个岛国；当地的西班牙语至今很难让外人理解。

早期的定居者发现了少量的黄金，然后开始饲养动物和种植小麦，他们把可用的土地分割成少数由佃农耕种的大庄园。查尔斯·达尔文在 19 世纪 30 年代访问智利时发现，类似“封建制度”的社会体制使大多数智利人都处于极度贫困之中。

在接下来的几十年里，智利人通过出口他们脚下的“土地”而获得了一定程度上的繁荣——首先是开采硝酸盐，然后是铜。[10] 但是随着美国的工业化和繁荣，智利的发展仍停滞不前。1913 年，智利的人均收入是美国的 50%，到 1975 年，这个数字变成了 27%。[11]

第二次世界大战后，随着智利人口的激增和投票权的扩大，政治领导人开始以更大的紧迫感追求经济增长，试图打破大型的农业区，开始促进工业化。[12] 劳尔·普雷维施是一位阿根廷经济学家，被联合国聘请来管理一个致力于南美发展的智库。他说，可持续的繁荣是建立在制造业基础上的，他建议通过高关税等措施保护国内产业免受外国竞争。

这种对生产的重视，以及政府对工业的扶持，正是英国成为世界上第一个工业强国的秘诀。这也是亚历山大·汉密尔顿在他 1791 年著名的《制造业报告》中为年轻的美国写下的处方。汉密尔顿写道：

“通过提高对外国商品的收费，政策制定者可以让国内制造商以低于所有外国竞争对手的价格出售产品。”现代经济学始于一场反对这种被称为重商主义的思想的抗议运动。英国经济学家大卫·里卡多坚持认为，开放边境贸易将使国家繁荣。他曾建议葡萄牙专注于酿酒，并从英国购买布料，这是出了名的。但里卡多关于贸易比保护主义更有效的证明只适用于某个特定的时间点。一个听从里卡多建议的国家可能仍然是一个由酿酒师组成的国家，而一个投资于发展的国家可能会实现更大的繁荣。

美国听从了汉密尔顿的建议，超越英国成为世界领先的经济体。19 世纪 20 年代末和 30 年代初，德国经济学家弗里德里希·李斯特在宾夕法尼亚度过了几年政治流亡生活，其间，他吸收了汉密尔顿的思想。然后，他指导自己的国家去保护新兴产业免受外国竞争，因为这是十分有价值的做法。英国在 19 世纪倡导自由贸易，李斯特挖苦地指出：“这是一种常见的聪明做法，当一个人爬到了屋顶，他会踢倒他爬上去的梯子，以剥夺别人在他之后爬上来的机会。这就是亚当·斯密……以及他在英国政府的所有继任者的世界主义学说的秘密所在。”[13]

李斯特转而又对日本明治维新的领导人产生了重大影响，他们按照这个方法建立了另一个世界工业强国。[14] 日本的几个邻居，包括韩国等，都在 20 世纪仿效了日本的做法。

但是，美国和英国一样，他不希望其他国家效仿自己的繁荣之路。美利坚帝国是世界上已知的最大、最强的帝国，它主要是依靠一种经济控制体系，而不是政治控制。他们的目标不是统治其他国家，而是赚钱。在追求这一目标的过程中，美国在 20 世纪一再表明，关于自由，它最感兴趣的是促进贸易的自由。它帮助推翻了危地马拉、伊朗和印度尼西亚等国的民选政府，因为这些国家对美国的资本主义缺乏足够的热情。当托马斯·杰斐逊从英国政治哲学家约翰·洛克那里抄袭了他最著名的一句话时，他改掉了其中一个最关键的词。洛克说，人类不可剥夺的权利包括生命、自由和财产；杰斐逊用“追求幸福”一词取代了“财产”。* 在属于美国世纪的时期，美国的外交政策又用回了最初洛克的版本。

智利试图发展工业基地。在 20 世纪五六十年代，政府参股了智利的主要铜矿，国家补贴的工厂生产智利制造的汽车、收音机和冰箱等产品。但是，阿尔比昂·帕特森、芝加哥大学和美国政府都在进行帮助以确保智利不会取得成功。如今，智利人的平均收入是中国台湾居民的一半。

1956 年秋，第一批智利学生来到芝加哥大学，他们受到了经济学教授阿诺德·哈伯格的庇护。哈伯格是国际发展方面的专家，会说一口流利的西班牙语。第二次世界大战期间，美国陆军认为，哈伯格学习西班牙语是为国家服务的最佳方式，但在完成研究生学业后，他被分配到伊利诺伊州一个德军战俘营工作。在“冷战”期间，他的西班牙语被证明更有价值。在他的监督下，该大学面向拉美学生的项目迅速扩大；20 世纪 60 年代，芝加哥 1/3 的经济学研究生来自智利和其他拉丁国家。

哈伯格和其他芝加哥大学的教授在课堂上剖析了拉美的经济政策，详细阐述了自由市场的替代方案，并鼓励学生以同样的思路去写作。哈伯格把自己描述成一位经济学实用主义的传教士。他说：“我比大多数经济学家更相信经济力量的强大和普遍，更相信经济政策有

---

* 洛克的名言是“生命、自由和不动产”。

能力做各种事情。”他想要传达的最重要的一课是一个“坚定的、毫不动摇的信念，即市场力量确实有效”。在他看来，这是事实而不是信仰的问题。意识形态使人们误入歧途；经济学以真理为基础。他说：“我们的工作是确保那些做出决定的人听到健全的经济学的声音。这就是我一直奋斗的目标，也几乎是我职业生涯的全部努力。”[15]

智利学生对米尔顿·弗里德曼的了解相对较少。所有经济学的研究生都选修了他的经济学理论课程，其中一些智利学生参加了他的货币研讨会，但只有一个学生——罗尔夫·勒德斯在弗里德曼的指导下写了一篇论文，不出所料，题为“智利货币史”（A Monetary History of Chile）[16]。即使在这种情况下，弗里德曼也是一位心不在焉的导师——他没有读过勒德斯著作的最终版本。“他告诉我，‘有的经济学家读书，也有的经济学家写作，而我就是一个写作型的经济学家’。”勒德斯回忆道。[17]

在芝加哥，智利人自称“芝加哥之虎”，他们不仅讨论改革智利，而且讨论改革拉美其他国家。回到智利，他们发现这个国家对他们的想法没什么兴趣。他们曾被保证在天主教大学从事教学工作，但他们的空谈、年轻却傲慢的态度并没有得到那些只比他们小几岁的学生的认可。这些年轻的小教授被戏称为“洛杉矶芝加哥男孩”。更糟糕的是，在大学之外，他们更加被忽视。一份 1959 年对该项目影响的评估报告轻描淡写地指出：“智利社会没有充分认识到它可以从发现其经济的有关新知识中获得的全部潜在价值。”[18] 在天主教大学工作了几年的经济学家詹姆斯·O. 布雷说，智利人得出的结论是：“芝加哥人要么是北方佬政策中被利用的不诚实的工具，要么就是真的非常愚蠢。”[19]

但随着智利政治转向“左”翼，“芝加哥男孩”开始在保守派中找听众，寻求一种平衡。1967 年，一群商人出资让经济学系在离学校几英里的地方开办了自己的校区。1968 年，智利的主流媒体《水星日报》开辟了一个由“芝加哥男孩”撰写和编辑的经济版块。但他们仍然是局外人。在 1970 年的总统大选中，智利人面临三个候选人：社会主义的萨尔瓦多·阿连德，他想要在经济管理上加倍努力；中间派的拉多米罗·托米克；保守派的豪尔赫·阿列山德里，他与一些“芝加哥男孩”见了面，然后告诉一名助手，“把那些疯子赶出去，我不想再见到他们”。[20]

阿连德险胜后，一些芝加哥男孩离开了智利。其中一个回忆起，在圣地亚哥机场，一个共产主义青年团对他进行了搜身，然后他心里想道：“谢天谢地，我终于要离开这个糟糕的国家了。”[21]

自由经济给予自由

在智利，正如在美国一样，自由市场经济的优势始于对政府经济管理的信心的丧失。阿连德大幅增加了公共开支，创造了短暂的经济繁荣，随之而来的是通货膨胀。政府对此采取了广泛的价格管制措施，结果可想而知：面包太便宜了，以至养猪的农民买面包当动物饲料，而成千上万的家庭主妇敲打着锅碗瓢盆在总统府前游行，抗议食品短缺。

国家分为两派，一派为剥削寻求补偿，另一派则努力避免被政府征用。卡车司机被政府计划征用其卡车的谣言吓得惊慌失措，发动了一场瘫痪性的罢工。中央情报局在尼克松总统的指示下“让经济形势变得令人触目惊心”，尽其所能地加深智利的痛苦，例如，通过派钱给罢工的卡车司机。但对于一个新政府，美国想要做得更多的是收集它的信息，这比破坏本身更重要。[22] 1973 年 9 月 11 日，智利军方夺取了政权；阿连德用菲德尔·卡斯特罗送给他的枪自杀了。

其中一名“芝加哥男孩”塞尔吉奥·德·卡斯特罗回忆说，当他看到智利军队轰炸总统府时，他感到“无比幸福”。[23] 由于预见到政变的可能性，德·卡斯特罗组织了一个小团队来完善阿列山德里在1970年竞选时拒绝过的经济理念。他们争先恐后地打印这份文件，并把它的副本交给智利的新领导人。他们称这份文件为“砖头”，因为它太大太重了。

但是，由陆军将军奥古斯托·皮诺切特领导的军政府夺取政权是为了扭转阿连德的经济革命，而不是开始一场新的革命。[24] 政变后的几天，皮诺切特问他的助手，他一直听人说起的那块“砖头”是什么。这名助手说，他不想打扰皮诺切特，所以没有让他注意到这个问题，“因为这是有史以来最自由的市场和曼彻斯特式的资本主义计划”*。军方不倾向于让市场来做决定。当一位顾问建议结束对面包价格的控制时，皮诺切特把他带到一个军营，对他说：“来吧，你来向大家解释，为什么面包一直在涨价。”[25]

然而，随着智利经济继续下滑，扭转阿连德的政策似乎不足以作为纠正措施。皮诺切特告诉顾问，在过去的几十年里，这个国家尝试了不同程度的经济管理，但都没有奏效。[26] 米尔顿·弗里德曼经常说，推销一个想法的最佳方式是确保它已经准备好了。当将军动身去寻找一些新鲜的想法时，“芝加哥男孩”已经把它们摆在桌面上，等待将军的到来了。

为了证明这一点，他们求助于弗里德曼本人。1975年3月，弗里

---

* “曼彻斯特式”是“自由市场”的同义词，源于这座英国工业城市所扮演的角色，它是倡导终止《谷物法》(Corn Laws)等保护主义政策的早期温床，更广泛地说，它主张贸易是繁荣的引擎。

德曼和哈伯格前往智利，参加了为期 1 周的公开演讲和私人会议，其中包括与皮诺切特时长 45 分钟的会面。按照他的习惯，弗里德曼在公共场合和私人场合都提出了同样的建议：智利应大幅减少新货币的制造，而这反过来就要求政府大幅削减支出。与皮诺切特会面后，他在给皮诺切特的信中回忆了这种被他称为“休克疗法”的货币主义处方。他写道，渐进式的改变是“不可行的”，因为经济上的痛苦可能会导致另一种思想的产生。[27] 正如他在接受《商业周刊》采访时所言：“我唯一担心的是，他们推行这种方法的时间已经足够长，力度也足够大了。”[28]

智利的保守派精英向外国经济学家寻求建议的历史很长，而且建议总是一样的：政府需要节食。19 世纪 50 年代，智利聘请了一位法国经济学家提供了这一建议。20 世纪 20 年代，埃德温·凯默勒被普林斯顿大学教授称为“安第斯山脉的金钱医生”。[29] 而到了 20 世纪 50 年代，《读者文摘》将哈佛大学教授朱利叶斯·克莱因称为“欠发达国家的私营企业医生”。[30] 弗里德曼的来访带来的新进展不在于他给出的建议，而在于皮诺切特把它记在了心里。[31] 1975 年 4 月，将军在塞罗·卡斯蒂略的总统别墅召集他的经济顾问，决定对智利进行休克疗法。

经济学家喜欢把自己比作愿意治疗任何病人的医生。但是医生需要征得病人的同意。“芝加哥男孩”却未能获得智利人的政治同意。他们只说服了一个人；智利的其他人民就别无选择了。军政府杀死了 3 000 多名反对者，还有数千人流亡国外。阿连德手下的智利驻美国大使奥兰多·勒特里耶在 1976 年的《国家》杂志上发表的一篇文章中写道，皮诺切特政权对异见人士的残酷镇压，促成了其对经济的残酷改革。一个月后，智利特工遵照皮诺切特的命令，在华盛顿特区中部炸毁了勒特里耶的汽车，将他杀害了。[32]

包括德·卡斯特罗和卢德尔在内的一些最著名的芝加哥男孩后来都同意勒特里耶的观点，即皮诺切特执政期间实施的政策的确需要一个专制的政权。德·卡斯特罗在2012年告诉一位纪录片制作人，他当时并不知道政权的暴行。那如果他知道呢？他停顿了一下，说："我还是会给予帮助，就如同我曾经的做法一样。"[33]

近7年来，德·卡斯特罗在更广泛的领域行使权力，来重塑智利的经济。

1930年1月25日，德·卡斯特罗出生在邻国玻利维亚的一个智利移民家庭，但当时他的母亲是回到圣地亚哥生的孩子。他的父亲在一家专门经营英国商品的进口公司工作，后来在采矿业中取得了成功。大萧条对智利的打击几乎与美国一样严重，玻利维亚也遭受了同样的打击，但德·卡斯特罗的童年基本上没有受到影响。[34]在他13岁的时候，他被送回圣地亚哥的格兰赫上学，这是一所精英私立学校，强调学习英语的重要性。毕业后，他到加拿大继续上学，然后再次回到圣地亚哥，进入天主教会学校。当舒尔茨和哈伯格来到这里就芝加哥交换计划进行商议时，他正在上大学四年级。当时的会面由德·卡斯特罗担任翻译，这也是他被选为第一批去芝加哥的学生的原因。获得硕士学位后，他回到了天主教会学校，领导了一场反对老教师的改革，并被任命为经济系主任。他很少投入精力搞研究；从一开始，他就对政府感兴趣。

他的传记作者帕特里夏·阿兰西亚·克拉维尔是一个富有同情心的人，他称德·卡斯特罗"聪明，没有政治野心，深信他的想法是对智利有利的"。[35]在与皮诺切特的早期会议上，德·卡斯特罗主张将纺织厂私有化。皮诺切特并不感兴趣，他宣称："先生，我可是那个握着壶柄的人。”德·卡斯特罗反驳说：“好吧，总统先生，最后你手中剩下的可能就只有那一个柄了。”[36]

德·卡斯特罗先是担任经济部长，后来又担任财政部长，正如他所承诺的那样，他一上位就开始大幅削减政府开支。公共部门在经济活动中所占的份额从 1973 年的 40% 下降到 1979 年的 26%。

德·卡斯特罗还向智利开放了进口，将最高关税税率降至 10%，并取消了一系列其他限制。日本汽车和摩托车涌入智利，每周多达 2 000 辆，使 1975—1981 年乘用车的数量增加了一倍。[37] 那些不太富裕的社区的商店里开始出售美国的旧衣服。

然而，在拥抱贸易的过程中，智利放弃了工业化的梦想。在军事统治的第一个 10 年里，超过 10 万个工厂工作岗位消失了，约占总数的 1/5。[38] 1977 年 9 月，一名记者在圣地亚哥贫民区的比奥莱塔·帕拉（智利人把这样的地方叫作卡拉姆帕，这是当地人对蘑菇的称呼）对一个街区内的 22 户家庭进行了调查，发现只有 8 个人有固定工作。“这里的有些家庭一天只吃一次玉米面。”胡里奥·罗恰说。他是比较幸运的人，因为他做过兼职柳条编织工。他说：“这里没有人有钱买那些他们宣称很便宜的日本电视机。”[39] 在拉斯雷加斯的卡拉姆帕，一位买不起牛奶给孩子喝的母亲说，她不敢抱怨。“你必须明白，以前虽然情况很糟糕，但我们可以去任何我们想去的地方，我们可以减轻自己的负担，”她说，“但现在我们不能了。”[40]

芝加哥男孩和弗里德曼曾警告皮诺切特，休克疗法会造成相当大的痛苦，但他们也表示，这种痛苦是短暂的。弗里德曼在圣地亚哥的一次公开演讲中对智利人说：“你会惊讶地发现，人们会以多么快的速度被不断增长的私营经济所吸收。”[41] 勒德斯说，他和他的同事也完全预计到了经济增长将减少经济不平等。相反的是，在 20 世纪 70 年代后期，官方失业率一直保持在 10% 以上，不平等现象加剧了。

20 世纪 70 年代末，随着经济终于从衰退中复苏，自由市场政策的支持者开始为他们所谓的经济奇迹叫好。弗里德里希·哈耶克在 1977 年访问智利后表示，智利在经济上和政治上均受益匪浅。他说："即使是在备受诽谤的智利，我也找不到一个人不同意这个观点，那就是皮诺切特执政时期的个人自由比阿连德执政时期要大多了。"[42] 但是他的方法论可能因为他无法采访到那成千上万已经被杀害或被流放的人而缺乏说服力。

4 年后，也就是 1981 年，哈耶克自由市场协会在智利召开了一次会议，这个决定被广泛认为是一个认可的标志。但没有什么值得庆祝的理由。20 世纪 70 年代末 80 年代初的经济增长只能抵消皮诺切特早期的经济衰退。1973 年皮诺切特夺取政权时，智利的人均收入比拉丁美洲的平均水平高出 12% 左右。到 1981 年，这一差距再次接近 12%。[43]

接着，德·卡斯特罗和"芝加哥男孩"第二次对智利经济造成了重创。

20 世纪中叶的经济学家支持跨境贸易自由，但不支持跨境投资自由。他们认为，限制国际资金流动是保持经济稳定的必要条件，尤其是在较小的国家。资本流动的绝对规模可能造成扭曲；资本流动的波动可能导致危机。凯恩斯在 20 世纪 40 年代写道："没有什么比资本资金的流动必须要受到监管更确定的事了。"[44]

结束这些限制是弗里德曼和金融业珍视的目标。弗里德曼的反对超出了他对政府的正常厌恶。他指出，纳粹利用资本管制来巩固政治权力；在他看来，这是"使国家能够控制其公民的最强有力的工具之一"。[45] 正如任何不自由的贸易都是迈向共产主义的一步，任何不自由的资金流动都是将社会推向极权主义的一步。

随着凯恩斯主义在20世纪70年代的崩溃，资本管制也随之崩溃——意识形态环境的变化，以及遏制金融业复苏的实际困难，都使资本管制成为牺牲品。1974年1月，弗里德曼的朋友、财政部长乔治·舒尔茨宣布取消美国对资本流动的限制。“我很高兴，”他告诉投资者，这一举措恢复了他们“把资金投到你认为最有前途的地方的自由”。[46]

1978年，当弗里德曼第一次与玛格丽特·撒切尔共进晚餐时，他敦促撒切尔将消除英国自第二次世界大战以来实施的资本管制作为她上任后的首要任务。1979年10月，撒切尔就任英国首相几个月后，就暂停了这些控制措施。“玛格丽特·撒切尔万岁！”弗里德曼听到这个消息后说。[47]

智利是第一批摆脱资本管制的小国之一，当时拉丁美洲的债务激增。此外，智利还大幅放松了金融监管，允许国内最大的两家企业集团收购最大的两家银行。这对大幅增加借贷产生了意料之中的效果。到20世纪80年代初，智利向外国债权人支付的利息是所有拉美国家中负担最重的，占其年经济产出的12.9%。[48]

具有讽刺意味的是，麻烦开始了，因为美国接受了弗里德曼在另一个问题上的建议。美国联邦储备委员会抗击通货膨胀的行动推高了利率，智利的借款人发现无法偿还以美元计价的债务。随着经济的崩溃，德·卡斯特罗坚持认为应该由市场来区分赢家和输家。但是公众舆论和皮诺切特转而支持政府出手干预；德·卡斯特罗因而被免职。

“比起他们应该做的事，这里的每个人都有点做过头了，在这件事上，政府有很大的责任。因为没有任何措施可以阻止它。”一位智利商人抱怨道。[49]当政府介入，将大部分的银行业国有化，提高关税，恢复监管时，智利人开始拿“芝加哥社会主义之路”开玩笑。

但是皮诺切特并没有在这条新路上停留太久。首先，智利已经放弃了其他类型经济学家的供应。皮诺切特政权清除了各个大学的经济学教授，撤掉了那些不鼓吹自由市场路线的教授。在智利大学，6 名经济学学生在 1973 年政变后的几天里在校园里遭遇枪击。[50] 当时的一个学生赫伯特·阿吉雷还遭到了监禁和拷打。他告诉我他很幸运，因为他最终被释放了。但当他出狱时，他知道最好不要继续进行经济学研究。因此，他转而修读计算机科学并获得了学位。

随着经济的改善，皮诺切特任命了一批新的自由市场派经济学家。智利政府已将经济衰退的代价社会化；现在，它允许富人从经济复苏中获利。国际货币基金组织和世界银行强化了这条道路，它们向智利政府提供了财政援助。[51]

这些机构是布雷顿森林体系的一部分，旨在鼓励国际经济的发展。它们在 20 世纪 80 年代作为市场自由事业的狂热分子出现，其中包括投资美元的跨境自由流动。这种自由是智利危机的原因之一，但他们并没有因此改变看法，他们认为这也是一种补救措施。[52]

有趣的是，国际货币基金组织的激进化是由法国社会主义者而不是美国和英国的保守政府促成的。[53] 法国财政部长雅克·德洛尔认为，资本管制主要惩罚的是中产阶级，因为富人只是逃避规则。他说，结束控制是对不平等的打击。

长期以来，联邦德国与弗里德曼一样，出于同样的历史原因，厌恶资本管制。[54] 在法国的支持下，欧洲共同体于 1988 年下令停止一切管制。第二年，在法国的要求下，经济合作与发展组织通过了一项非正式但有影响力的承诺，取消了资本管制。

20 世纪 90 年代，随着经济合作与发展组织开始增加一些新兴经济体的成员，它要求这些国家取消资本管制。但它不需要去推动这个问题，因为发展中国家渴望接受成功的表象。墨西哥在1994年首先满足了加入该组织的要求，结果它就立即遭遇了一场金融危机。捷克共和国于1995年加入，很快也遭遇了金融危机。

法国社会主义者、经济学家、国际货币基金组织总裁米歇尔·康德苏也支持取消货币管制，对此，他极力反对这一显而易见的结论。康德苏说："试图通过回归一个实行外汇管制、市场不那么开放的封闭经济体系来防止金融危机，这将是一个巨大的错误。要做到这一点，就要努力让时光倒流，放弃全球化带来的好处。"[55]

康德苏凭他的观点获得了胜利，但20多年后，经济学家还没有找到证据证明资本的自由流动促进了增长，或减少了不平等。[56]世界一再学到的是，资本流动能够而且确实会导致金融危机。[57]

米尔顿·弗里德曼被广泛描述为智利经济转型的教父。有些人认为这是一个标志性的分水岭。1976年12月，罗纳德·里根在广播评论中说："似乎当米尔顿·弗里德曼说话时，智利有人在倾听。如果在华盛顿有，哪怕只有一次，有人在意：'他说了些什么呢？'那该有多好。"[58]

其他人则把它看作一个"红字"，一个耻辱的象征。当弗里德曼访问智利一年后获得诺贝尔奖时，其他学科的四位获奖者都写了抗议信；一个言辞激烈的质问者打断了颁奖仪式。[59]在弗里德曼的余生中，关于智利的问题是他永远甩不掉的尾巴。

对弗里德曼的关注掩盖了他在智利扮演的角色是典型的美国外交政策这一事实。20世纪60年代中期苏哈托对印尼的血腥接管是一个特别具有教育意义的先例。事实上，1972年，"雅加达"（Jakarta）这个词被喷在圣地亚哥各处的墙上，作为对阿连德支持者的一个尖锐的警告。[60]福特基金会在加州大学伯克利分校资助了一个针对印度尼西亚经济学家的培训项目。苏哈托在大学里向其中一个经济学家学习过；他上台后，任命了几位被称为“伯克利黑手党”的经济学家，推行开放贸易、国有企业私有化并严厉打击通货膨胀的标准政策。[61] 尽管印尼的技术专家并不像智利的同行那样推动自由市场的措施，但伯克利的自由主义和芝加哥的保守主义都给了我们教训，它们之间的相似之处提醒我们，美国主流经济学家之间的差异很容易被夸大。

哈伯格统计，他的学生中有超过 20 人曾在整个拉丁美洲担任央行行长或财政部长。里根政府认为芝加哥大学的项目非常成功，以至在 20 世纪 80 年代末，时任国务卿的乔治·舒尔茨启动了一项培训新一代拉美经济学家的计划。在咨询了哈伯格之后，政府选择了四所大学（其中包括圣地亚哥天主教大学），其中经济学系的教职人员要由在美国接受培训的教授主导。[62]

但无论是里根、撒切尔，还是任何民选政府，都没有试图在自己的国家全面推行智利式的经济改革。1982 年，哈耶克写信给撒切尔夫人，敦促她以智利为例。撒切尔回答说：“我相信你会同意，在英国，由于我们的民主制度和需要高度共识的情况，智利采取的一些措施在这里是相当不受欢迎的。”[63]

智利人也抓住了最早结束“芝加哥男孩”统治的机会。1988 年，皮诺切特举行了全民公决，希望国家能批准另一个 8 年的独裁统治。这位将军依靠的就是他在经济上的成绩；他的对手与之抗衡，并以较大优势获胜，为 1990 年的新政府选举扫清了道路。

“公平的经济增长”

对大多数拉美国家来说，1982 年的债务危机是“迷惘的一代”的开始。直到 1998 年，墨西哥人的平均收入才恢复过来。[64]

相比之下，对智利来说，这场危机标志着由自然资源出口带动的经济繁荣的开始。这是“芝加哥男孩”经济计划的基石。用 20 世纪 70 年代末担任智利央行行长的芝加哥男孩阿尔瓦罗·巴登的话来说：“如果比较优势决定了智利只能生产甜瓜，那么我们就只生产甜瓜，不生产别的。”[65]

这种策略的回报是显而易见的。圣地亚哥是智利的首都、商业中心，也是目前为止智利最大的城市，是一个现代化的大都市，有着闪闪发光的天际线，一个被当地人称为圣地亚哥的曼哈顿——“圣哈顿”的金融区，街道上满是来智利寻求更好生活的移民。甚至这个国家面对的问题也日益变为繁荣带来的问题：人们对肥胖的担忧取代了对饥饿的担忧；消费者担忧的是背负的债务，而不是担忧贫困。

铜仍然是智利最重要的出口产品，但智利在水果、木材和鲑鱼方面开发出了新的产品线。这种肉色粉红的鱼原产于北半球；50 年前，智利沿海是没有鲑鱼的。但在 1974 年，美国联合碳化物公司发现，智利南部沿海寒冷的避雨水域是一个有希望开展人工饲养鲑鱼新业务的地点。急于吸引投资的军政府很快与日本和挪威的公司达成了协议。到 20 世纪末，智利成了世界第二大鲑鱼生产国，仅次于挪威。夜间航班将新鲜的鱼肉片运送到迈阿密，然后从那里运送到美国各地的超市和餐馆。

智利的经济增长大大缓解了该国曾经极端贫困的境况，鲑鱼养殖在南部沿海地区发挥了主导作用，该行业为 7 万多人提供了就业岗位。[66] 但是利润的分配是不均的。将鲑鱼从智利运输到北半球的费用是昂贵的；为了与北方的渔场竞争，智利必须降低生产成本。挪威鲑鱼业工人的工资是智利工人的 3 倍多。[67] 在皮诺切特的统治下，雇主阻止工会的成立。民主制度回归后，一些工人成立了工会，但智利法律仍然对发达国家里的劳资谈判施加了一些最严格的限制。2001 年，一家鲑鱼加工厂的女员工举行罢工，要求每月加薪 15 美元，而她们的月平均工资为 130 美元。作为回应，该公司解雇了 10% 的女性员工，做到了真正意义上的“每十人杀一人”。[68]

智利在相对低价值的食品生产领域也一直在努力取得成功。2015 年，丹麦航运巨头马士基在智利港口城市圣安东尼奥投资 2 亿美元开设了一家工厂，生产将智利水果运往海外市场所需的冷藏集装箱。这个工厂被誉为一个突破性的胜利——它证明了智利经济正在创造薪水更高的工作岗位。尽管在皮诺切特时期制定的智利宪法严格限制了政府支持私营企业的能力，智利还是为工厂员工的培训项目提供了资金。但不到 3 年，也就是 2018 年春，马士基宣布关闭工厂，将生产线转移到中国。该公司表示，他们很难在智利找到合适的当地供应商，来供应制造集装箱所需的零部件。[69]

同样，在智利开采的铜越来越多是送到其他国家去提炼的。智利主要的铜业公司——智利国家铜业公司对智利经济非常重要，因此一直处于国有状态。但智利国家铜业公司前董事帕特里西奥·梅勒表示，智利未能将眼光放得长远一些。他说：“我们占有全世界铜业市场的 30%，为什么这 30% 的研究和开发却没能在这里完成呢？为什么 30% 的机器不是这里制造的呢？这就是你应该去发展竞争优势的地方。”[70]

相反，智利试图以牺牲未来为代价来降低成本。在圣地亚哥和海洋之间的佩托卡省，茂密的牛油果树林像绿色的地毯一样铺在干枯的山丘上。智利人也会吃这种水果——他们会在热狗表面抹上牛油果泥，但实际上大部分牛油果都用来出口了。牛油果的需求量非常大，以至种植者都快要抽干该地区的河流了，这导致当地居民失去了饮用水源。这一产业对智利来说非常重要，所以政府并没有对其加以限制，而是用卡车将水送到村庄，但那些水通常很脏。一位村民说："为了把好吃的牛油果送到欧洲人手里，我们喝的水里都是牛粪。"[71]

圣地亚哥仍然是一个同时拥有市中心的摩天大楼（屋顶上有大量的直升机停机坪）和城市边缘的大量贫民区的城市，然而不平等的经济增长却并不是造成这种现状的主要原因。智利的不平等主要是其政治领导人对民众漠不关心的结果。

衡量收入不平等的标准方法是评估纳税和政府福利发放后家庭收入的分配情况。毕竟，这是一个活生生的不平等现实。按照这个标准，智利的不平等程度在发达国家中是一个极端的例外。

但在所有发达国家，收入的初始分配（不包括税收和政府转移）都是高度不平等的。智利的不平等程度实际上比法国、德国或美国要小。但智利的不同之处在于，它的政府在减少不平等方面做出的努力几乎比任何其他发达国家都要少。[72]

智利拥有丰富的自然资源，可以用这笔钱来建立一个更加慷慨的社会安全网。智利央行估计，政府支出占经济的比重远低于平均水平。[73]但智利政治的一个显著特点是，人们普遍认为政府不应该做得更多。

民主的回归只导致了经济政策的温和转变。政府采取了一些措施来缓解皮诺切特时代的不平等，比如提高最低工资和对外国资本实施控制。但重点是连续性。的确，新政府在自由贸易、降低关税和社会福利项目上的开支增加了一倍，但以发达国家的标准来衡量，这些开支仍然是紧缩的。

"芝加哥男孩"和他们的崇拜者说，智利的繁荣促使政治左派拥抱了市场经济。实际上，在 1990 年，智利还不如古巴繁荣。[74]

皮诺切特第一届政府的财政部长亚历杭德罗·福克斯利告诉我，新政府之所以强调连续性，是因为它断定智利人不想再经历一段破坏性的变革时期。他说："他们不希望再次受到冲击。他们想要对自己的生活有良好的感受。"[75] 政府也受到皮诺切特时期制定的法律以及皮诺切特本人的约束，因为他在 1998 年之前一直是国家军队的领袖。

但智利人对再分配的厌恶比对皮诺切特的厌恶更持久。2000 年，国家选举社会党人里卡多·拉各斯为总统，这是继阿连德之后首次由社会党人当选总统。但是，拥有杜克大学经济学博士学位的拉各斯，听起来并不像其他地方的社会主义者。在 20 世纪 90 年代初担任交通部长期间，他通过招募私营公司修建收费公路，扩大了国家的高速公路系统。作为总统，他宣布促进经济增长是他的首要任务，"然后我们将讨论如何分配增长的成果，而不是将这个顺序倒过来，"[76] 他补充说，"在我看来，有一个喜欢发动政变的将军是极其危险的，但更危险的是有一个民粹主义的财政部长。"甚至智利的社会主义领袖也更喜欢皮诺切特而不是阿连德。[77]

在过去的 20 年里，情况并没有发生太大的变化。智利的政府时而自由，时而保守，但经济政策基本保持稳定。

这种对不平等漠不关心的后果，从出生一直延续到死亡。

富裕的智利人出生在私人诊所的私人房间里。智利的主要报纸《水星日报》会刊登在圣地亚哥最豪华诊所里出生的新生儿的名字。在城市的另一边，在这座城市最好的公立医院里，12 位产妇共用一间产科病房。婴儿死亡率从 1973 年的 63‰下降到 2000 年的 9.2‰，只比美国高一点。但这只是平均值。2000 年，罗埃斯佩霍的婴儿死亡率是罗巴尔内奇亚的 4 倍，而在罗巴尔内奇亚，富人可以住在安第斯山脉低坡上的豪宅里。[78]

政府为老年人提供的保障更少。社会保障体系在20世纪80年代早期被私有化。建筑师何塞·皮涅拉是智利第二代自由市场经济学家之一。他做过"芝加哥男孩"的学生，后来在哈佛大学获得博士学位，并加入皮诺切特政府，他的使命就是用新制度取代智利政府支持的养老金制度。[79]他在1981年5月1日推出了这个新制度，因为他说，这个计划"给了我们国家的工人自由和尊严"。[80]这个制度已经被30多个国家模仿，其中大部分是南美、亚洲和东欧的发展中国家。2001年，美国总统乔治·W.布什在白宫接待了里卡多·拉各斯，并表示美国可以"从智利那里吸取一些教训"。*的确，在自由市场政策的性质方面，很难想象到比这更好的教训了。该制度要求智利工人将至少10%的工资投入私营公司，这有助于深化金融市场，并推动了企业部门的扩张。但是这种养老金制度并没有提供足够的养老金。每月的平均津贴是根据工人的个人贡献计算的，只有300多美元，这比法定的最低工资标准还要少。最根本的原因是经济不平等：大多数智利人没有足够的钱供自己养老（皮诺切特预料到自己的制度会失败，他坚持要求军人继续领取政府保证的最低养老金）。一个复杂的问题是，智利政府正在资助一个垄断联盟，这是一个由几家投资公司组成的小团体，他们对储蓄计划收取过高的费用。其结果是产生了一个将财富从穷人转移到富人的体系——这与大多数发达国家的社会保障工作方式完全相反。

2016年，近10%的智利民众走上圣地亚哥和一些小城市的街头，抗议养老金制度，这是自皮诺切特下台以来规模最大的政治示威。"我

---

* 布什的确做到了。2005年，他提出了美国社会保障体系的部分私有化。

已经工作了一辈子，我想停下来休息一下，但是我做不到。”路易斯·蒙特罗说。他今年 69 岁，每月的退休金只有 150 美元。“我不知道我们老了以后应该怎么办。”[81]

从许多方面来看，智利已经成为拉丁美洲最繁荣的国家，智利人为此感到自豪，他们倾向于把自由市场视为神奇的调味品。委内瑞拉曾经是拉丁美洲国家中“最繁荣的国家”，它的痛苦在智利被广泛视为政府干预经济政策的危险的反面教材。在 2017 年智利大选期间，右翼候选人何塞·皮涅拉的弟弟塞巴斯蒂安·皮涅拉警告称，他的对手将把这个国家变成“智内瑞拉”。塞巴斯蒂安和他的哥哥一样，也是一位拥有哈佛大学博士学位的经济学家。最终，皮涅拉轻松获胜。

智利的政治也受到民众参与度下降的影响。社会学家阿尔贝托·马约尔表示，低收入的智利人感到无力改变自己的命运。他说：“你可以朝一个地主开枪，但你不能朝一个银行开枪。”与此同时，据统计，中等收入的智利人甚至比穷人更不愿意投票。马约尔说，这是因为中产阶级很少与政府互动。他们的水、电由私人公司提供；他们把孩子送到私立学校；他们在私人诊所接受治疗；他们在私人道路上开车。富人和穷人都想得到政府帮助，但智利的中产阶级并不在乎。

然而，在年青一代中有明显的失望迹象。2011 年，学生走上街头，抗议高昂的教育费用，一些人举着“少一点弗里德曼，多一点凯恩斯”的标语。7 年后的 2018 年夏天，几所大学的学生举行了罢课，把桌子堆到学校门口，抗议性侵案件的处理方式，但这反映了一种更广泛地被剥夺公民权的感觉。我小心翼翼地穿过路障，和学生坐在智利大学法学院门前的台阶上，这里长期以来一直是培养国家政治领导人的孵化器。

“没有人能说今天的国家不是更繁荣。这是有数据的。”该校 24

岁的学生玛丽亚·阿斯图迪洛说，“但这种增长方式意味着很多人无法获得教育、健康和食物。”她说，政治左派已经“睡着了”，默许了自由市场政策，而不是与不平等做斗争。她的朋友，21 岁的伊西多拉·帕拉也附和说，她对当前这一代政治领导人不抱什么希望。

“他们固守自己的方式，”帕拉说，“我们在等待着他们的死亡。”

中国台湾制造

第二次世界大战后，美国官员认为智利是一个具有巨大经济潜力的国家。而对于地球另一端的中国台湾，美国视其为一个慈善案例。* 美国在国共内战中支持了失败的一方。1949 年，蒋介石带着 100 多万人穿过台湾海峡撤退到了台湾。[82]

1950 年 6 月，朝鲜战争时，美国正在寻找退路，认为蒋介石可能仍然是一个有用的盟友。同智利一样，美国派遣传教士去中国台湾指导如何正确地管理经济。然而，从那时起，故事就完全不同了。1950 年，中国台湾的人均经济产出约为智利的 1/4。到 1980 年，中国台湾已经与智利持平了。到 2010 年，中国台湾的人均收入是智利的 2 倍。[83]

简而言之，中国台湾实现了智利无法实现的经济繁荣。中国台湾人均肉类消费量是 20 世纪 50 年代其祖辈的 2 倍，居住面积是其祖辈的 7 倍。[84] 当地人的预期寿命比同龄的美国人长得多。中国台湾仍然是发达社会中经济较为平等的地区之一。

原因之一便是，台湾没有完全遵从所谓的经济学家的建议。20 世

---

* 从智利到中国台湾的旅程几乎整整绕过了半个地球。

纪下半叶，工程师[85]把经济看作一架机器，不怕对其进行修修补补。台湾的一位技术官员称，台湾经济是一个庞大的工程系统，需要极其仔细和周密的规划。[86]他们既向经济学家征求意见，也听取他们没有征求的意见。随着时间的推移，他们对市场力量的欣赏与日俱增。但在台湾，工程师仍然控制着局面。*

台湾发展中的开放政策可能比较重要，因为它创造了有利于经济增长的环境。国民党打破了岛上规模巨大的甘蔗和水稻种植园的农业模式，并把土地分给了从前的佃农。孙中山先生曾向耕种者宣传“耕者有其田”，而日本对中国台湾实行殖民统治，所以这些来到岛上的新势力急于将这种统治打破。[87]国民党将农场租金上限设为收入的37.5%，远低于57%的平均水平。这在佃农中引发了一场婚姻热潮，他们突然发现自己有足够的钱去组建家庭了；这些女性被称为“37.5%新娘”。[88]接下来，台湾当局出售公共土地。最后，在1953年，它开始细分私人土地，使农民中自耕农比例从1949年的36%增加到了82%。[89]这是一个绝妙的举动，它不仅让农民得到了土地，而且还让前土地所有者获得了台湾当局所有的工业企业的股份作为补偿，将财富从农业转移到了工业。

第二次世界大战后被派往中国台湾的第一代美国官员支持土地重新分配；他们在韩国推出了一个类似的项目。但艾森豪威尔政府终止了这些努力，并解雇了领导这项工作的美国经济学家，因为他怀疑经济学家是共产主义者。[90]

回顾20世纪，从贫困到繁荣的国家和地区与那些没有达到目标

---

* 当然，智利和中国台湾之间还有其他差异。智利拥有丰富的自然资源，这降低了其发展工厂的紧迫性。在1950年，智利也是一个相对富裕的国家，而且离美国更近，因此成为美国出口市场的一个更诱人的目标。就中国台湾而言，它拥有一些资本和人才。

的国家和地区之间的关键区别很可能是土地所有权的分配：由自耕农组成的国家和地区比由种植园组成的国家和地区的状态更佳。[91] 东亚比较繁荣的地区，例如日本、韩国和中国台湾等，都瓜分了大地主的土地，并把土地分给了大众。那些保留了过去土地所有制的国家，如泰国、马来西亚和拉丁美洲国家，并没有实现相应的增长。

土地改革的直接好处是创造就业。农场里总能雇到更多的工人。到 20 世纪 60 年代中期，中国台湾一英亩农田的粮食产量是美国一英亩农田的 8 倍。[92] 从长远来看，土地再分配对台湾的发展有两个重要的影响。首先，它创造了广泛的消费者基础——小资本家。其次，它最小化了寻租精英和依赖政府的贫困家庭的数量和政治权力。

发展经济学家古斯塔夫·拉尼斯注意到，他的同事难以影响许多发展中国家的政策，因为他们设定目标的优先次序不对。经济学家强调效率是公共政策最重要的目标，而政治稳定和分配公平则是由此带来的增长的好处。拉尼斯说，这个顺序应该颠倒过来。首先人们必须同意，政策是公平的，是有利于稳定的，然后才可能关心提高效率。台湾的财富再分配为追求经济增长打下了广泛的群众基础。

台湾工业化的策划者是尹仲容，他 1903 年出生于湖南。尹仲容的母亲受过良好的教育，这在当时实属罕见。他跟随她的脚步，于 1925 年从著名的上海交通大学电气工程专业毕业。作为一名年轻的官员，他的工作引起了宋子文的注意。宋子文是一名高级政府官员，是孙中山的妻弟和蒋介石的妻兄。

第二次世界大战期间，宋子文派尹仲容到华盛顿谈判援助事宜。战争结束后，宋子文把尹仲容带进国民党最高经济规划圈。为了接受教育，尹仲容于 1950 年和 1951 年分别前往日本，研究明治维新时期的历史。明治维新时期是 19 世纪末 20 世纪初日本工业发展的初期。

尹仲容后来写道，对于一个“落后的国家和地区”来说，我们得到的教训就是“政府必须起到统筹全局的作用，至少在一开始需要这样做。完全依赖自由经济是不够的”。[93]

尹仲容决定专注于三个行业：电力、化肥和纺织。他有理由认为，这些是现代经济的基石。他迈出的第一步树立了一个榜样。政府为一家化肥厂提供了 250 万美元的融资，为一家水电厂提供了 100 万美元的融资，然后大幅提高了进口化肥的关税。它要求农民用产出的大米来支付化肥的费用，兑换的“汇率”是有利于政府的。政府又将收益投入工业发展。[94]

尹仲容对台湾纺织业的建设方式甚至更浅显易懂，他向企业提供来自美国的纱线，同时提供用于购买设备的贷款，然后向他们承诺会收购成品布料。

为了保护这些新兴产业，台湾开始了工业化进程：1951—1954 年，台湾的产出几乎翻了一番，[95] 但几乎从一开始，主流经济学家就试图说服尹仲容及其上司放开经济。1953 年，美国向中国台湾派遣了一个使团，其中包括两名与蒋介石关系密切的美籍华人经济学家。他们的基本建议与米尔顿·弗里德曼为外国政府开出的处方一样：让货币自由浮动，以促进贸易，并对外开放市场。[96]

尹仲容不能怠慢这个使团。中国台湾在外国工具和原材料上的花费远远超过了它从出口农产品如糖、芦笋和蘑菇罐头中获得的利润。1950—1965 年，美国平均每年向中国台湾提供 1 亿美元的非军事援助，占中国台湾额外进口成本的 91%。[97] 因此，尹仲容没有对来访的经济学家置之不理，而是先认真地倾听了他们的话，然后礼貌地拒绝了他们的建议。沮丧的台湾经济学家邢慕寰公开表示，他认为尹仲容是“一个固执的官僚，满脑子都是计划经济的意识形态”。[98]

然而，在20世纪50年代中期，尹仲容的思想开始转变。1955年，他因卷入腐败丑闻而一度失去工作。后来他被无罪释放并复职，但在那段非自愿休假期间，他学习了经济学。有一天，他出现在邢慕寰的家门口，想就这位经济学家写过的一篇文章进行一番讨论。自此之后，两人成了朋友。

尹仲容意识到他的发展战略已经达到了极限。例如，台湾的服装产量超过了本地的需求，而其复杂的贸易控制体系也阻碍了企业寻求海外市场。一些纺织厂开始倒闭。美国官员警告说，援助的大门不会永远敞开。中国台湾需要美元来购买发展所需的机器和原材料，这意味着它需要向其他国家和地区出售更多的商品。

1957年，尹仲容提出，当局应该鼓励出口纺织品和少数精心挑选的其他类型的制成品。在当时，这被认为是一个令人惊讶的想法。没有多少明显的成功案例可供台湾效仿，蒋介石的许多顾问更是表达了反对，认为本土发展应是重点。“台湾怎么可以寄希望于与发达地区竞争呢？”一位官员问道。[99] 尹仲容反驳说，中国台湾有一个重要的优势：实际上，它可以出口廉价劳动力。

尹仲容赢了。1960年，当局签署了一项为期4年的计划，投资超过10亿美元发展出口产业，其中大约1/3的资金由美国提供。[100] 美国一位官员在台湾一所大学发表了热情洋溢的演讲，称该计划将使中国台湾成为亚洲发展的榜样。即使是台湾当地的乐观主义者也认为这就是一份“精神食粮”。尹仲容的首席助手李国鼎说：“没有任何迹象表明，一个更加繁荣的经济增长时代正在到来。”[101]

然而，在接下来的30年里，台湾通过出口制造业产品，从贫穷走向繁荣。* 海滨平原被密集的多层房屋和金属屋顶的工厂覆盖，看起来有点像克利夫兰的成功版本。1963 年尹仲容去世时，他的朋友将他的去世归咎于过度劳累，并提议在他的墓志铭上写一句话，一句在琳琅满目的各色商品上都留下印迹的话——“台湾制造”。

在出口商背后，本土经济也在蓬勃发展。[102] 20 世纪 50 年代，一家名为志成的公司开始生产蟑螂喷雾剂，后来又增加了清洁产品。随着经济的增长，它推出了名为“伯朗先生”的咖啡系列产品，在岛上无处不在的街角市场上销售。后来，“伯朗先生”有了自己的专卖店。随着台湾实现真正的繁荣，这家老牌的蟑螂喷雾剂公司开始生产一种名为噶玛兰的单一麦芽威士忌。[103]

自由市场革命的支持者为台湾的崛起而欢呼。1978 年，哈耶克的蒙特佩莱林学会在台北市召开会议，但这次会议引起的关注远不及几年后在智利召开的会议。弗里德曼在《新闻周刊》中写道，中国台湾和其他东亚地区的经济增长“主要依靠市场力量”。[104] 世界银行在 1987 年发表了一份颇具影响力的报告，用类似的措辞描述了东亚的经济崛起。

很难理解聪明的人怎么会得出这样的结论。也许部分原因是，台湾在做自己想做的事情的同时，也对美国的赞助者讲了他们想听的话。[105] 台湾当局在 1958—1961 年降低了其货币的兑换价值，以增加出口对外国买家的吸引力，但它没有让货币汇率浮动。相反，在接下来的 20 多年里，台湾一直保持着新台币兑美元的汇率不变。随着台湾经济的扩张，美国人购买中国台湾商品的有效折扣也随之增加。到

---

* 1952 年，农产品占中国台湾出口的 92%。到 1972 年，这一比例为 16.7%。近几十年来，这一比例一直低于 1%。

20 世纪 80 年代中期，中国台湾近一半的出口都流向了美国。

此外，还有贸易壁垒降低的措施。它几乎愿意出口任何东西，但从 20 世纪 50 年代到 70 年代，相关税率基本上保持不变。[106]

关键企业仍然不是市场化的，而管制私营企业的政策之手没有表现出任何顾虑。[107] 例如，为了增加纺织品出口，企业被要求出口其至少 60% 的产品，否则就会面临罚款。而成功的出口商则可以享有最优惠的贷款条件。这些政策都为台湾的管制经济注入了市场纪律：利用国际市场，而不是依靠自己，来挑选其应当支持发展的企业。

尹仲容给他的继任者留下了一个警告。尽管政府在培育新产业方面扮演着关键角色，但他表示，当局需要避免建造“温室”。当局可以播下种子并培育它发芽，但企业终归需要在市场上扎根。[108]

1969 年成为经济部长的孙运　和尹仲容一样，也是一名受过培训的电气工程师。20 世纪 40 年代，他曾在美国田纳西流域管理局工作，随后负责台湾电网的重建。他熟悉里卡多的比较优势理论，但并不为之所动。它没有提到一个国家通过发展新的专业领域可以变成什么样子。在上任后不久的一次韩国之行中，一家政府资助的研究所给孙运　留下了深刻印象，该研究所的工作人员主要是在美国接受过培训的韩国科学家。1973 年，他说服台湾当局通过出资扶植来发展一个台湾本地的研究所——工业技术研究所。如今，该研究所有 5 000 多名拥有高等学位的研究人员，几乎所有人都专注于开发商业上可行的创意，要么与现有公司合作，要么作为新公司的种子。孙运　称这个研究所是他的“第六个孩子”。[109]

20 世纪 70 年代初，孙运　回避了自由市场经济学家的建议，决定通过对公共工程的大规模投资来恢复经济增长，其中包括建设一个新的国际机场、一家钢厂和一家造船厂。

孙运　还决定开创一个新的行业。1974 年 2 月，孙运　和他的几个同事在台北一家豆浆店和潘文渊一起吃早餐。潘文渊是一位美籍华人工程师，在美国无线电公司工作。潘文渊告诉孙运　，台湾应该进军半导体制造业。这是一个大胆的建议。彼时台湾的工厂专门生产廉价的仿冒品，并不拥有尖端技术。官方历史记载，孙运　当时只问了两个问题——需要多长时间？需要多少钱？——然后他就爽快地点点头说："好的。"[110]

通过那家新研究所的努力，中国台湾与美国无线电公司达成了一项授权协议，并向美国派遣了 37 名工程师进行培训。1977 年，研究所开办了一个实验工厂。两年后，它创建了一个合资企业，并建立了一个大规模的工厂。政府还在特别税收优惠的支持下，投资了一个新的商业园区，作为在产品中使用台湾半导体的工厂的基地。到 1983 年，台湾私营企业开始生产玩具、手表、计算器和电脑，电子产品已超过纺织品，成为台湾的主要出口产品。30 多年过去了，半导体仍然是台湾经济的核心产业。[111]

成功带来了新的挑战。为了在经济增长的同时保持新台币和美元之间的汇率，中国台湾需要坐拥从美国赚来的一大笔钱。20 世纪 80 年代初，随着美元币值飙升，中国台湾每月的外汇储备约为 10 亿美元，超过了日本，接近联邦德国。向台湾人民解释为什么当局不把这些钱花在公共服务上变得越来越困难。一位反对党的政治家提议每个人都应该分得 2 200 美元。[112] 更加困难的是，台湾当局还要向美国解释为什么美国的进口商品被排除在中国台湾市场之外。

台湾的经济青春期已经走向了尾声，在海内外的重压下，台湾当局开始降低其在经济中的作用。台湾当局允许当地货币对美元升值近

40%，并放松了对资本流动的控制。关税大幅降低；进口增加。

台湾走向繁荣的一个显著特征是，新财富的分配相对均衡。台湾当局没有通过重新分配来实现这个结果。以发达社会的标准来看，税收和支出都是适度的。相反，通过创建一个小农社会，然后投资于教育，台湾为其大部分人口提供了财力和智力资本，使他们能够过上富裕的生活。经济学家西蒙·库兹涅茨的著名论断是，经济增长导致不平等先上升，然后下降。在台湾，它首先带来了下降，然后就保持在这个低位。[113]

许多经济学家仍然相信，中国台湾不是其他国家及地区的榜样。他们认同拉里·萨默斯在 20 世纪 90 年代初担任世界银行首席经济学家期间提出的判断："对于大多数发展中国家而言，依靠不完善的市场，而不是不完善的政府，有更大的机会促进增长。"[114] 有一种观点认为，如果减少政府的监管，中国台湾和韩国的经济增长会变得更快，而弗里德曼并不是唯一坚定地持有这种观点的人。[115]

然而，台湾当局并不认同这一判断，它仍在对经济的发展进行监管。导游告诉我，中国台湾公立研究所有两座建筑，设计得就像张开的双臂拥抱工业一样。所内有一个展厅，展示了该研究所与中国台湾企业和其他外国公司合作的成果：不会爆炸的锂电池、能净化饮用水的伞、测试世界上最小的半导体质量的新设备。"社会越小，也许我们就越有必要采取自上而下的方式，"主管该研究所与产业界关系的苏孟宗表示，"我们负担不起像美国那样的方式。"[116]

实际上，现在美国也做不到了。国家也总是在管理工业的发展。由国家资助创新的历史十分悠久，包括电话、铁路、飞机、疫苗和电脑。如果你正在阅读的这本书是纸质书，那么你看到的就是一个罕见的例外。印刷术是由古腾堡个人发明的。如果你是在任何一种电子设备上阅读这本书，那么毫不意外，你看到的就是政府资助下的科技成果。

经济学家马里亚纳·马祖卡托指出，各国政府拥有无与伦比的资源来资助高风险研究；相比之下，企业倾向于在路径明确后进行投资。她写道："如果创新符合公众利益，那么公共部门就应该发挥作用，促使创新成果的产生，而不是观望着期待奇迹的到来。"[117]

第十章

纸做的鱼

如果资本主义和民主主义很快都将被重商主义的复苏永远扫除（这似乎是可能的）……那么，商业银行将获得一种若有似无的荣耀感，因为它也许促成了社会向新时代的过渡。

——亨利·西蒙斯，《自由放任主义的积极纲领》（1934）[1]

1970年6月在纽约美元储蓄银行存了5 000美元的顾客可以从一份感谢礼物清单中挑选一种礼物，包括一台搅拌机、一台咖啡机和一台熨斗。东纽约储蓄银行提供的是牛排刀。在第一国民城市银行，穿着金色条纹连衣裙的"金色女孩"为了一份"金色奖品"注册成了银行的新客户，头等奖是2 500美元现金。[2]

银行选择用礼品来吸引顾客，因为他们不能用更高的利率来吸引顾客。自20世纪30年代以来，联邦政府一直对金融业实行广泛的控制。政策制定者指责该行业造成了大萧条的发生，他们决心阻止任何新的不正当行为。这些规定包括对银行的存款利率和贷款利率设定上限。* 1970年，几乎所有纽约的银行都打广告说会支付最高利率，但是为了吸引客户，他们必须提供更多的服务。

---

* 利率上限，也被称为高利贷法，早在大萧条之前就存在了。它们是前现代法典的标准特征，并一直延续到现代。但在美国，这些法律在大萧条之前的几十年里逐渐被放宽或废除。

越来越多的人认为，只是承诺给客户一些赠品是远远不够的。随着通货膨胀侵蚀了银行支付的存款利息的价值，客户将大量资金转移到美国国债等替代产品上。[3] 金融体系的其他部分也存在类似问题。许多州和地方政府都受到法律的约束，限制它们为债券支付的利率，它们也在努力吸引投资者。1969 年 10 月，加州政府想要出售 13 亿美元债券，主要目的是用于学校建设，但它却无法以 5% 的最高法定利率来出售。因此奥克兰东部、快速发展的都柏林通勤郊区的两所新学校的建设计划被迫暂停了。[4]

在接下来十年的大部分时间里，专注于改写规则的努力未能跟上通胀上升的步伐。[5] 由于聪明的企业家创造了更多有价值的地方来储存资金，银行继续损失存款。巨额资金存在大西洋彼岸的“欧洲美元”银行账户中，超出了美国监管机构的监管范围。更多的钱被存入“货币市场”互惠基金，这些基金被设计成银行账户的样子。[6] 华尔街经纪公司美林创建了支付更高利率的代用支票账户。[7]

对于纽约最大的银行之一——花旗银行来说，1979 年秋，保罗·沃尔克转向货币主义后，这场慢动作的危机进入了一个新阶段。随着利率的飙升，银行的借贷成本也越来越高，超过了允许收取的贷款利率。花旗银行尤其容易受到冲击，因为其首席执行官沃尔特·瑞斯顿押注在利率将很快下降之上。他相信他的朋友、曾经的网球搭档米尔顿·弗里德曼宣扬的货币主义。但由于现实情况超出了他的预期，这家银行还是蒙受了损失。[8]

其中，较大规模的亏损发生在一个相对较新的业务领域——信用卡贷款。但花旗银行的首席说客汉斯·H. 安格尔米勒意识到，信用卡借贷可能也是最容易恢复赢利的业务，因为它钻了联邦法律的空子。就在一年前，也就是 1978 年，最高法院裁定，信用卡公司可以向美国任何地方的客户收取其所在州法律允许的最高利率。[9] 花旗银行的信用卡部门需要的是一个新的安家之处。

花旗银行副董事长查尔斯·E. 隆列出了五个法律宽松或可能愿意制定新法律的州。名单上的五个名字之一是南达科他州，它已经在采取行动取消利率上限。1979 年 11 月，该州的银行家协会向立法机关请愿，要求取消贷款利率上限，理由是高通胀和利率上限的双重作用让当地银行无利可图。这项法案顺利地通过了立法机关的审查，并于 1980 年 2 月 19 日被签署成为法律。[10]

但这还不够。根据联邦法律，银行需要获得进入一个新的州的邀请。花旗银行高管飞往南达科他州，承诺将带来 400 个就业岗位。该公司将邀请信的文本发给了南达科他州州长比尔·詹克洛。这个对于花旗银行至关重要的提案是在 1980 年立法会议的最后一天提出的，并于当日获得两院通过，由詹克洛在日落之前签署成为法律。他还宣布，对就业的需求是一个紧急情况，因此该法律立即生效。

花旗银行甚至在纽约也推动通过了一项类似的法律，之后依然信守了自己的承诺。该公司将 400 个工作岗位从长岛（美国纽约州东南部岛屿）搬到了苏福尔斯（美国南达科他州东南部城市）。在适当的时机下，它还额外增加了 2 600 个就业岗位。

其他公司迅速效仿花旗银行，有效地放松了对信用卡贷款的管制。这一结果为后来几轮放松监管设定了模板。贷款大幅增长，对一些人来说，即使在高利率的情况下也能轻松获得贷款，这是一种鼓舞。然而，对另一些人来说，这是灾难性的。到 20 世纪 90 年代中期，随着信用卡使用的扩大，每年申请个人破产的人口比例几乎增加了 5 倍。[11]

与此同时，消费者团体呼吁放松对存款利率的管制。代表老年人的组织“灰豹”起诉联邦银行监管机构，称限制银行利率是对那些收入不高的人的一种歧视，因为富人能够把储蓄放在更有利可图的地方。“灰豹”组织讽刺地提议说，银行应该被要求在其分支机构的窗户上张贴告示：“警告：储蓄存款可能对你的财富构成危险！”这项活动得到了拉尔夫·纳德和美国退休者协会等消费者组织的支持。[12]

1979 年 5 月，卡特总统扩大了对经济放松管制的承诺，要求国会逐步取消对银行存款的利率上限。国会在第二年通过了一项法案，内容是到 1986 年将彻底结束这一限制。里根政府当时认为这还不够快。新上任的财政部长唐纳德·里根极力要求解除管制要“越快越好”，1982 年，国会同意加速这一进程。[13]

利率上限的取消给银行打了一剂强心针，但同时它也在存贷银行生存的平行世界中造成了浩劫——那是一些专注于抵押贷款的专业银行，它们被允许支付比普通银行更高的存款利率。许多存贷银行被剥夺了特权，为了生存，它们只能进行高风险投资。

20 世纪 80 年代末 90 年代初的清理工作花费了纳税人约 2 100 亿美元。这似乎很多，但放松管制的法案才刚刚开始到来。

有一种怀旧的说法认为，政策制定者本可以通过维持 20 世纪中叶的银行监管体系，来阻止现代金融危机的发生，但这种说法几乎没有根据。这些规定，包括利率上限，在被取消之前就被打破了。相反，失败的地方在于，政策制定者几乎没有努力为这个迅速变化的行业制定新规则。金融监管机构公开蔑视金融监管。他们坚称，市场参与者将会是不当行为的监督者，来维护金融市场的稳定。

这种信念深受经济学家的影响，他们热爱各种市场，但对金融市场产生了一种特殊的崇敬。这种信念最纯粹的表达方式被称为“有效市场理论”。它将金融市场视为教科书中最接近完美的东西。芝加哥大学经济学家尤金·法玛在 1965 年为这种信念提供了一个正当的理由。法玛审查了 1926—1960 年新建立的股票价格数据库，结论是，这些价格充分反映了所有现有的信息。[14] 用经济学的话说，这些价格是“有效的”。[15] 这反过来又暗示市场是稳定的，是可以自我修正的，而监管作用微乎其微。

对金融业来说，20 世纪的最后 25 年是一个创新和爆炸式增长的时期，法玛对金融市场的乌托邦式观点，对说服政策制定者相信政府不需要为新兴的金融活动领域制定新规则产生了影响。在这些新市场中，规模最大、最重要的是迅速发展的信用衍生品交易。

衍生品是对其他价格走势的押注。已知的最早的例子几乎和最早的文字一样古老：美索不达米亚农民在收获之前就签订合同，以特定价格出售未来的收成。现代衍生品起源于美国的新月沃土，伴随着在南北战争前不久芝加哥期货市场的建立。这些粮食合同作为一种保险形式在市场上销售，允许农民通过在收获前锁定价格来降低风险。但衍生品也可以用来放大风险。例如，投资者可以承诺一笔交易，来出售他们实际上还未拥有的粮食，并押注在他们将能够以比自己的售价更低的价格购买到粮食，以用于交付他们承诺的粮食数量。

随着金融监管的放松，新的市场逐渐开放，而新的风险也随之产生，金融工程师创造了新的衍生品来防范这些风险，也为赌博提供了新的机会。20 世纪 70 年代中期放松汇率管制带来了第一次大繁荣。20 世纪 80 年代放松利率管制引发了第二次繁荣。但与 20 世纪 90 年代初开始的信用衍生品浪潮相比，这两次大繁荣都相形见绌。当时，聪明的银行家推广了信用衍生品，让投资者押注在借款人可能无法偿还债务上。[16]

事实证明，信用衍生品市场规模巨大。仅一种被称为信用违约掉期的产品的价值就从 20 世纪 90 年代初的几乎为零增长到 2007 年估计的 62 万亿美元，超过了当年全球经济产出的价值。[17]

大萧条时期的法规谨慎地限制了商业银行的活动，但行业律师得出结论，这些法律没有预料到新的衍生品，也没有阻止银行进入市场。这促使一些监管机构提出有必要出台新规。美国最重要的金融监管机构之一——纽约联邦储备银行的主席 E. 杰拉德·科里根于 1992 年 1 月在一次对着一群银行家的演讲中，摆出一副无辜的样子。他告诉与会者，他很难理解为什么这么多投资者突然需要信用保险。这个信息是要控制赌博。“我希望这听起来像是一个警告，”他说，“因为它的确就是。”[18]

该行业的回应是在 1993 年发布了一份大规模报告，详细介绍了衍生品交易的最佳实践，报告的标题原本应该是“看看我们有多么负责任”。它的本质内容是清楚地阐释了政府没有必要介入。然而，银行家却给出了一个有用的建议，那就是告诉客户在与银行家打交道时要小心。[19]

一个新成立的代表衍生品行业的贸易组织的负责人马克·布里克尔是一位虔诚的自由主义者，他喜欢引用哈耶克的警告：监管带来的是创新的死亡。布里克尔说：“市场比任何政府都能更好地纠正过度行为。市场纪律是最好的纪律模式。”[20]

第二年，也就是 1994 年，加州奥兰治县申请破产，原因是该州的财务主管为了追求更高的回报，在投资衍生品上损失了 10 多亿美元。县里的纳税人花了 23 年才把损失还上。[21] 同样在 1994 年，宝洁公司在衍生品上损失了超过 1.5 亿美元，并起诉新市场的领头羊——信孚银行。其中一份证据是一盘信孚银行培训课程的录像带，在这盘录像带中，指导者展示了涉及两家蓝筹股公司的衍生品交易案例，然后很有帮助地解释说，信孚银行的作用就是“敲他们竹杠”。[22]

这不仅仅是夸张的说法。保罗·沃尔克曾向诺贝尔经济学奖得主威廉·夏普询问，这些创新对经济增长的贡献有多大。“一点也没有。”夏普说。他解释道，在他看来，衍生品的作用只是允许一些人从其他人手里拿到钱。但他补充说：“这本身就非常有趣。”[23]

备受瞩目的奥兰治县和宝洁公司的案例曾一度使一些国会议员对该行业的保证表示怀疑。其中一些人提议进行立法。布里克尔对这些法案表达了无情的蔑视，他对任何愿意听他讲话的人说，国会是无能为力的。政策制定者也同意他的看法。美联储主席阿兰·格林斯潘平静地对国会说：“金融市场，包括衍生品市场的风险，正在受到私人机构的监管。”[24] 在从纽约联邦储备银行调到高盛担任高管后，他表示应允许该行业解决自身的问题。财政部的这方面专家弗兰克·纽曼公开反对监管，然后接受了一份在信孚银行的工作。这两个人都很幸运，因为拥护当时的主流意识形态是一个人致富的捷径。[25]

这些议案毫无用处，也没有重新引起人们的兴趣。1995 年，新加坡的一名交易员在衍生品上赌博，摧毁了英国久负盛名的巴林银行。当被问及从中吸取的教训时，布里克尔表示，英国央行本应更谨慎地管理其风险。[26]

格拉姆博士

菲尔·格拉姆是得克萨斯州农工大学的经济学教授。1969 年，温迪·李在面试一份在经济系担任教职的工作时，格拉姆遇到了她。仅仅在她来到大学城（美国得克萨斯州城市）六周后，他们就结婚了。[27] 他们都对市场有着同样的热爱，对政府有着同样的厌恶。

格拉姆说，他的观点植根于他的生活经验，他告诉一位采访者："我不仅仅是对自由企业制度有信心，而且我有证据。"[28] 这是一种奇怪的证据。1942 年出生于佐治亚州一个军人家庭的格拉姆，曾从州立大学毕业，之后通过获得政府奖学金来攻读了博士学位，博士毕业后的他在得克萨斯州农工大学找到了一份教职工作，并在 30 岁那年获得了终身职位。30 年来，在格拉姆的求学之路上，政府一直为他提供帮助，因此他确信在他的余生中，政府都会持续给予他支持。

然而，格拉姆却决定从事一种与众不同的政府工作。1978 年，他被选为众议院议员。他是作为一名民主党人进入众议院的，但他第一次引起轰动却是因为在 1981 年与众议院预算委员会中占少数的共和党人合作，通过了目的为削减开支的一揽子计划。1983 年，当众议院民主党领袖蒂普·奥尼尔将格拉姆从委员会中除名时，格拉姆辞去了国会议员的职务，重新以共和党人的身份注册，并在五周后的一次特别选举中赢得了同样的席位。他告诉选民："我必须在奥尼尔和你们大家之间做出选择，我决定和你们站在一起。"奥尼尔对他做出了这样的评价："在我看来，比起里根先生，格拉姆对这个国家的乱局负有更大的责任。"[29]

1984 年，格拉姆赢得了一个参议院席位。马克·麦金农是其竞选对手的顾问，他告诉《华盛顿邮报》说，格拉姆很容易被低估，因为"他看起来像只乌龟，但叫起来像只公鸡"。麦金农补充说："他有一种不可思议的能力，能比任何人都先感知到公众的情绪。"[30] 格拉姆是一种新型民粹主义的传播者，他作为一个管道，为越来越依赖联邦政府、越来越对这种依赖感到愤怒的美国人发泄不满。

回到华盛顿后，他没花多少时间就重新获得了公众的关注。1985 年，他成功地通过了第一项联邦立法，在自动削减开支的支持下，对联邦政府实施强制性开支限制。这项立法被法院否决了，但它为以后的努力指明了方向。一位新参议员是如何设法提出一项具有里程碑意义的法案的？“我等待着其他人提出解决问题的办法，”格拉姆后来说，“但一直没有人提出来。一直到第 97 号时，我的确有了一个想法。在政治辩论中最有力的话是，‘我有一个想法’。”[31]

温迪·格拉姆随丈夫搬到华盛顿，在里根反监管运动的前线谋得一份工作，在联邦贸易委员会担任詹姆斯·C. 米勒三世的助手。她的人生故事为自由企业提供了更好的案例。她的祖父母是在夏威夷甘蔗地里工作的韩国移民。她父亲在一家甘蔗公司当上了经理。1945 年出生的温迪毕业于卫尔斯理，之后在西北大学获得了经济学博士学位。她在得克萨斯州待了不到 10 年，但说话带有明显的得克萨斯州口音。

她很快获得了升职，并接替了米勒以前的工作，负责审查拟议中的监管规定，她的强硬立场使里根把她称为“我最喜欢的经济学家”。[32] 1987 年 12 月，里根提名温迪·格拉姆为商品期货交易委员会主席。格拉姆为该机构的工作人员设计了一套课程，包括大宗商品交易员和保守经济学家的演讲，以反复灌输她的观点：监管扼杀了经济增长。“这里来一点监管，那里来一点监管，很快经济发展就会被官僚作风所抑制。”[33] 她还努力限制委员会对蓬勃发展的衍生品市场的监督。在 1993 年 1 月下台之前，她的最后一项举措是，确定对某些类型的能源价格押注进行豁免，这是一家快速发展的休斯敦能源公司——安然所努力寻求的改变。5 周后，她加入安然公司董事会，继续反对对衍生品的监管。那年秋天，她为《华尔街日报》写了一篇文章，反对新规定的提议。她敦促她的前同事和国会不要“过度监管我们不理解的东西”。[34]

在布鲁克斯利·波恩于 1996 年 8 月接任温迪·格拉姆的职位成

为商品期货交易委员会主席后不久，她就被格林斯潘邀请共进午餐，格林斯潘解释了他的观点，即市场会监督欺诈行为。波恩很困惑：作为一名律师，她经常在案件中为金融诈骗的受害者做代理。她的客户包括亨特兄弟——传奇行动中的受害者。亨特兄弟是得克萨斯州石油产业的一对继承人，他们在 20 世纪 70 年代末垄断了白银市场。她知道亨特兄弟的行为不是被市场而是被商品期货交易委员会阻止的。[35]

信贷衍生品市场很快引起了波恩的注意。令她震惊的是，银行业连最基本的监管形式都坚决反对，比如对记录的保存和报告的要求。"这让我十分迷惑，"她说，"这个市场领域里有什么东西必须要隐藏起来？为什么它必须是一个完全生存在暗处的市场？这让我很怀疑，也很困扰。"[36]1998 年初，她的职员开始准备向监管迈出试探性的第一步——向公众征求意见。然而，这个行业还来不及有机会反对，克林顿政府就试图叫停波恩的计划。《华盛顿邮报》报道，时任财政部长罗伯特・鲁宾副手的拉里・萨默斯打电话给伯恩，告诉她："现在我的办公室里有 13 位银行家，他们说，如果你继续这样做，你将引发第二次世界大战以来最严重的金融危机。"[37] 那年 4 月，波恩应召与鲁宾、格林斯潘和美国证券交易委员会主席阿瑟・莱维特开会。这些男人轮流说服她放弃这件事。

在华盛顿，对监管的厌恶达到了如此之高的程度，以至一个关于讨论制定规则的提议就引发了轩然大波。

波恩公布了这项提案，但并没有引发预期的危机。然而，这确实促使政府其他部门的反对者发表了一份不同寻常的公开声明，表达了"严重关切"，质疑了美国商品期货交易委员会的权威，并敦促国会进行干预。在 7 月的一次听证会上，萨默斯对国会表示，波恩给"原本可以繁荣发展的市场蒙上了一层来源于监管方面不确定性的阴影"。

然而他有一个富有同情心的听众：菲尔·格拉姆。“我没有看到任何证据表明这是一个陷入困境的市场。”格拉姆说。[38]

不到两个月，一批新的证据像一把锤子重重地砸在了地上。长期资本管理公司是一个规模庞大的对冲基金，由一群真正的教授领导，他们的理论为放松监管提供了支持。而在20世纪90年代末期，像一个轰然倒塌的建筑一样，它以一场轰轰烈烈的失败而告终。由于监管的缺乏，而非前景不佳，再次引发了一场危机。波恩称这是一记“警钟”，但其他人都无动于衷。萨默斯和格林斯潘已经知道市场容易崩溃，所以他们都不再相信市场是完全有效的。萨默斯曾写过一句不朽名言来作为反驳，这句话只有五个字：“白痴在身边”。[39] 与一些夸张的描述相反，格林斯潘对金融危机有一种健康的恐惧。但两人都认为，对市场进行约束是两个不完善的选择中更好的那一个。1998年末，长期资本管理公司倒闭后，国会再次广邀天下贤士，格林斯潘做证说：“据我所知，我们无法采取任何一套监管措施来防止人们犯下愚蠢的错误。”[40]

克林顿政府要求国会暂停波恩的规则制定权。[41] 菲尔·格拉姆决定更进一步。1995年，他成为参议院银行委员会主席，在这个职位上，他在减少监管方面比在减少政府开支方面做得更成功。* 2000年12月，他在一项覆盖范围更广的法案中悄悄加入了一项条款，禁止政府对衍生品市场的大部分进行监管。行业游说者布里克尔十分高兴，因为该

---

* 1999年，格拉姆发起了《格拉姆－里奇－比利雷法案》，该法案彻底拆除了商业银行与金融市场之间的壁垒，允许花旗集团等公司创建金融超市，在从掠夺性抵押贷款到企业合并融资等一系列广泛的金融活动中寻求利润。“我们来这里是为了废除《格拉斯－斯蒂格尔法案》的，因为我们已经认识到，政府不是解决问题的答案，”格拉姆当时说，他指的是新法案中所规定的对大萧条时期的法律的废除。“我们已经知道，自由和竞争才是解决问题的方法。”他说。但是实际上，对这条1999年法律的颂扬和谴责都有些过头了。监管者其实已经主动打破了大部分壁垒。

法案“把大门钉死”了。[42]

对外国竞争的恐惧加剧了对放松管制的支持。纽约州民主党参议员查尔斯·舒默对同僚表示，1999 年通过的一项投票决定，让大型银行成为金融超市，这严重关系到“美国作为全球金融中心的主导地位的未来”。[43] 反对衍生品监管的言论也类似。

在大西洋的另一边，政策制定者也提出了类似的观点。伦敦证券交易所在大英帝国的鼎盛时期曾是全球金融的热门中心，但在第二次世界大战后的几十年里，它的地位已日渐式微。其成员资格仅限于由交易英国公司股票的公司获得。

然而，一些经纪公司仍然赚到了很多钱，部分原因是它们同意不在价格上相互竞争。客户可以任意选择经纪人，但费用都是一样的。在 20 世纪 70 年代中期，美国监管机构迫使华尔街公司停止集体定价，而后竞争导致价格下降。受此启发，英国监管机构对伦敦证交所展开了调查。

接手了这项事务的撒切尔政府更倾向于让交易所制定自己的规则。撒切尔的内部智库“政策组”的负责人约翰·雷德伍德是市场导向政策的忠实拥护者。在 1984 年 6 月的一次演讲中，他把伦敦的经纪人比作“在一座巨大的城堡里的一群骑士”，他们以至高的尊重对待彼此，而去抢劫其他人。[44] 他又延伸了这个比喻，说解决的办法不是征服城堡，而是说服骑士放下吊桥。

到 20 世纪 80 年代中期，交易所的领导人已经准备好向现代化进军。他们同意取消固定佣金，并向外国公司开放。

撒切尔的一些顾问警告说，对价格竞争的重新强调将鼓励不道德的行为。这是对人类境况的一种敏锐的解读。以 20 世纪 90 年代以色列海法市为例，那里的日托中心通常在下午 4 点关闭。父母接孩子很少迟到，因为他们知道他们的迟到会给老师带来压力。尽管如此，这种情况还是会经常发生，而且往往是同一群人。一位名叫乌里·格尼兹的经济学家说服六间日托中心宣布一项新规定：迟到的家长将被罚款。然后，他将结果与四个继续在荣誉制度下运行的中心进行了比较。结果怎么样呢？在对迟到者收取罚款的日托中心，迟到的家长人数大约增加了一倍：结论是，面对罚款，家长更有可能迟到。因为家长觉得他们可以多花点钱来购买一些用在工作、逛街或健身上的时间。而他们不需要感到内疚，因为他们付了钱。而且这种行为上的转变比这项规定持续得更久：即使取消了罚款规定，家长还是继续迟到。因为一项社会规范已经被一项交易所取代了。[45]

在金融市场，最重要的转变之一是银行家有义务为客户利益行事的观念逐渐地消亡。可以肯定的是，在放松监管之前，银行家曾花费大量精力掠夺客户的资本。但我们很难避免得出这样的结论：近几十年来，他们以极大的热情这样做着，并取得了极大的成功。花旗集团前首席执行官约翰·里德辩称，华尔街交易公司与商业银行的整合，取代了强调长期关系的文化，而将重点放在短期获利回报上。[46]对不端行为的奖励也成倍增长，而当局对惩罚白领犯罪却表现得出奇地漠不关心。

然而，当撒切尔夫人的助手就这个问题展开辩论时，大多数人都站在了价格竞争这一边。英国财政大臣尼格尔·劳森坚称，英国需要跟上竞争对手的步伐。雷德伍德表示，投资者将监督市场。他说："总的来说，人们对待自己的钱的时候都很谨慎。"[47]

1986 年 10 月 27 日，伦敦证券交易所的改头换面被称为“大爆炸”。美国和欧洲大陆的银行纷纷涌入历史悠久的金融区——伦敦金融城，像一堆吃豆人一样，吞并了历史悠久的英国经纪公司。[48]威特斯将伦敦比作“温布尔登”（由外国球员主导的网球赛事）。[49]

经纪费用迅速下降了一半，伦敦市场的交易量大约翻了一番。[50]长期的影响是恢复了伦敦作为金融中心的地位。伦敦开始超越纽约，成为各种以美元计价的金融资产、外汇和美国房地产市场等高杠杆赌博交易的首选市场，这一切都要归功于一个重要的事实：伦敦的监管比美国更少。竟然有其他政府在放任主义的态度上超越美国政府，这似乎令人震惊。但事实的确如此。1997 年，英国将所有监管部门合并为一个机构；它的第一任主席后来解释说，它的原则是不干涉私人交易。他说：“关于一个成年人在私下自愿做的决定？那真的只是他们自己的问题。”[51]

随着资金的涌入，伦敦在码头上建造了一个新的金融区，人们曾经在这里向船只装货。对英国经济来说，货币的流动比制成品的流动更为重要。来自金融公司的公司税占比从“大爆炸”前的 12% 上升到 2000 年 36% 的峰值。[52]

但是，收益却流向了少数人，借用雷德伍德的寓言，只有“城堡里的骑士”获得了收益。为了得到这些钱，骑士摧毁了全球经济。[53]

泡沫危机

从 20 世纪 90 年代末开始的近 10 年间，消费者维权人士将有关滥用抵押贷款行为的报告带到了位于华盛顿特区的美联储总部。他们告诉美联储官员，老太太被骗走了她拥有了几十年的房子，年轻的家庭则卖掉了他们无法负担的首套房产。他们带来了欺诈性贷款文件的复印件。但这些都没有起到作用。因为美国最重要的金融监管机构对美国历史上最大规模的白领犯罪事件之一根本不感兴趣。*

美联储官员告诉维权人士，只有在整体经济健康受到威胁时，他们才会对滥用贷款行为感兴趣。而且，作为经济学家，他们不会把奇闻逸事当作证据。他们想要的是数据。

随着故事越来越多，维权人士的失望也越来越大。美联储拒绝发起系统性调查，是为了确保不会发现系统性问题。

“我在 2005 年的一次美联储会议上站起来说：‘要有多少奇闻逸事的发生才能让它成为你们眼中的现实？’一位愤怒的消费者维权人士回忆道，‘要多少成千上万的奇闻逸事才能说服你们相信？’”[54]

这一番愤怒的质问，得到的答案却是：美联储主席艾伦·格林斯潘已经决定，什么都不做。当格林斯潘在 1987 年 8 月宣誓就任美联储主席时，他就承担了监管银行和保护客户的责任。

但他却没有做到这一点。

格林斯潘成为美国最重要的金融监管者，尽管他有一个深刻而不可动摇的信念：金融监管比无所作为更糟糕，因为它助长了一种虚假的安全感。他批评了他所看到的监管支持者的一种倾向，即认为发现问题就等于解决问题。他认为市场参与者应该进行自我保护。

在 2018 年的一次采访中，格林斯潘告诉我：“我当然不是被雇来执行我认为是错误的监管政策的。总统不会任命我来做一个负责执行监管的美联储主席。”

他说，他选择尊重自己的就职誓言，允许美联储理事会的其他成

---

* 这一点仍然存在争议。许多政客和银行家更愿意将此次危机描述为不负责任的结果，但在很大程度上，这是合法行为。然而，坊间和统计数据显示，欺诈行为普遍存在，简直是压倒性的。参见，阿特夫·米安和阿米尔·苏菲的《在2002—2005年的信贷扩张期间，按揭贷款申请被虚报收入》，2015年2月，国家经济研究局工作论文，编号20947。

员就监管问题制定政策。他说，他遵循的个人政策是在理事会投票时随大流。

但格林斯潘在监管问题上并非被动。就像衍生品一样，他极力主张政府退出市场。这就好像当地的警察局长决定，无论是他还是其他人，都不会执行任何警务工作。

艾伦·格林斯潘于 1926 年 3 月 6 日出生于纽约。他喜欢演奏音乐，所以他去茱莉亚音乐学院学习了两年，然后辍学加入了一个爵士乐队。他发现自己可以胜任这份工作，但无法成为明星。他利用休息时间阅读商业书籍，为乐队其他成员准备纳税申报单，并于 1945 年退出演艺界，进入纽约大学商学院学习。

这所学校是一个注重实用性的地方，它主要是培训从事商业职业的人。经济学的教学是以经验为导向的，这种方法被象牙塔式的学者贬低为“没有理论的测量”。[55] 但这很适合格林斯潘。他对那些没有实地测量就撰写理论的经济学家持怀疑态度。

格林斯潘搬到住宅区的哥伦比亚大学读研究生，然后辍学到美国国家工业会议委员会工作，这是一个由大公司资助的纽约研究机构。格林斯潘挚友罗伯特·卡维什说：“当时如果你认真学习经济学的话，你就会成为一名教师。”而罗伯特自己就成了这些人中的一员——他成了一名教授。“这中间有一个等级制度：最高的等级是做教师；第二等是为政府工作；第三等是去商界弄脏你的双手。艾伦选择了最后一条路。”[56] 很快，格林斯潘就体现出了自己对世界大型企业联合会的客户的价值。在一份广为流传的报告中，格林斯潘计算了朝鲜战争中联邦开支的规模。实际的数字是保密的，但格林斯潘却根据公开记录进行了逆向推算。例如，通过分析对铝的需求可能产生的影响。几年后，美联储的一位同事爱丽丝·里夫林去找格林斯潘，发现他躲在一个小会议室里，和一群来自不同联邦机构的低级别的经济学家在讨论数据。“艾伦脱掉外套，卷起袖子，让我印象深刻的是，他们都是直呼其名的，”里夫林回忆道，“这是一个数字处理人员的工作会议，他也是其中之一。”[57]

1953 年，一位名叫威廉·汤森的债券交易员对格林斯潘在世界大企业联合会的报告印象深刻，他提议与这位有为的年轻人成为合作伙伴。5 年后，汤森去世了，但心存感激的格林斯潘让他的名字留在了屏幕之上，并把汤森 – 格林斯潘打造成了一家领先的经济咨询公司。

咨询业是格林斯潘攀登纽约金融界顶峰的电梯。他是犹太人，在20世纪50年代，他认为自己在大公司里的机会有限。他说：“我知道，如果我从管理层的底层做起，我就会一直停留在那里。我认为我必须绕过这个体系，我也非常有意识地这样去做了。”[58]

1952 年，格林斯潘娶了一位名叫琼·米切尔的加拿大艺术家，琼·米切尔把他介绍给了信奉自由主义的小说家艾茵·兰德。格林斯潘与米切尔的这段婚姻在持续大约一年后就结束了，但他并未因此切断与兰德的关系，他们一直保持联系，并因此转移了格林斯潘生活的重心。她把他对经济学的理解置于政治框架内。“经过长时间的讨论和许多持续到深夜的争论，她所做的是要让我思考为什么资本主义不仅是有效和实用的，而且还是道德的。”他说。[59]

1964 年冬，格林斯潘首次以公共知识分子的身份在曼哈顿的罗斯福酒店发表了关于“自由社会经济学”的 10 场系列演讲。讲稿是由兰德编辑过的，格林斯潘讲得很认真，严格按照事先准备好的讲稿来讲。他说，他的目的是“展示为什么自由放任的经济是唯一的道德和实际的经济组织形式”。[60]在两年前出版的《资本主义与自由》一书中，米尔顿·弗里德曼曾提出政府的作用有限，而格林斯潘的这次演讲把政府描绘成了作用更为有限的角色。值得注意的是，格林斯潘谴责美联储的存在是“美国的历史性灾难之一”。[61] 他还强烈反对政府为限制大公司发展而做出的努力。在 1965 年的一篇文章中，格林斯潘猛烈地抨击了对铝业巨头——美国铝业公司的反垄断起诉，该公司是他最重要的咨询客户之一。“美国铝业公司因为太成功、太高效、是一个太优秀的竞争对手而遭受谴责。”格林斯潘写道。[62]

格林斯潘的政治活动影响了他的咨询工作。汤森 – 格林斯潘公司的长期雇员洛威尔·威尔特班克告诉记者迈克尔·赫什：“汤森 – 格林斯潘有一条铁律，该公司发出的任何信息都不应被解释为主张政府扩大对经济的干预。如果说我们在政府政策方面有任何主张的话，我们的主张就是放松管制。”[63]

在 20 世纪 60 年代末，格林斯潘让他的公司为他的政治活动来服务。他自荐成为尼克松在 1968 年参加总统竞选活动的顾问。他通过利用汤森 – 格林斯潘的计算机分析民意调查数据，从而一举成名。他拒绝接受新政府的工作，尽管他曾在建议终止征兵制的委员会工作，也曾在建议终止利率管制的委员会工作。然而，在 1974 年的夏天，尼克松的情况岌岌可危，濒临被弹劾的境地，格林斯潘同意担任总统的经济顾问委员会主席。他说：“当我们的政治自由和经济制度面临生死存亡的时候，我本人保持着相当强烈的利己主义，而我认为现在就是这样的关键时刻。”[64]

在格林斯潘的就职听证会结束几个小时后，尼克松就辞职了。格林斯潘成了杰拉尔德·福特政府的首席经济学家。他邀请他的母亲和艾茵·兰德参加了他的宣誓就职仪式。

他在华盛顿的第一次任职给我们上了一课：经济学家的影响力是有限的。他帮助说服福特反对对纽约市实行紧急救助，这一立场因《纽约每日新闻》的标题“福特致纽约：去死吧”而不朽，但这项提议最终被否决。[65] 他反对的一项要求银行披露抵押贷款利率的法律，也被否决了。然而，格林斯潘却仍旧觉得这份工作很有成就感，他对福特仍怀有深深的敬意。晚年时，他只在办公室里摆了两张政客的照片——撒切尔和福特。

在 1976 年福特败给吉米·卡特之后，格林斯潘终于完成了他的经济学博士学位，并将他发表的一系列文章提交给了纽约大学。他回到了过去的生活，成为一名收入颇丰的顾问，同时在共和党政治中保持着活跃的角色。他支持里根总统竞选时提出的减税和削减开支的计划，这使他的声望大增。然而，就像他和尼克松的关系一样，格林斯潘与里根时期的白宫也保持着一定的距离，他定期访问白宫提供建议，但仍在私营部门工作。然而，有一份公共部门的工作，他非常愿意接受。时任财政部长的詹姆斯·贝克在 1987 年打电话给格林斯潘，请他到自己家做客。当格林斯潘到达时，他发现还来了另一个“贝克”——霍华德·贝克，他是总统的幕僚长。这两位贝克问格林斯潘是否愿意接替保罗·沃尔克担任美联储主席。

格林斯潘和沃尔克对货币政策的看法基本一致：他们都希望消除通胀。但他们对金融监管的看法截然不同。

大萧条时期，联邦政府在两种银行之间筑起了一堵墙。这堵墙的目的是保护商业银行的安全，因为商业银行一直从事着收取存款和发放贷款的传统业务。墙的另一边是华尔街的疯狂世界：从事证券交易的经纪公司、安排并购交易的投资银行以及对冲基金等新生事物。

到 20 世纪 80 年代中期，美国最大的几家商业银行都迫不及待地想加入华尔街的狂欢。1985 年初，纽约最大的三家银行——摩根大通、花旗集团和信孚银行——请求美联储允许它们对经纪业务进行有限的回报，这是自大萧条以来的第一次。里根政府完全赞成，但沃尔克拖延了时间，拒绝安排投票。最后，政府通过任命和他一样渴望推倒这堵墙的美联储董事会新成员，迫使他采取行动。这一事件恶化了沃尔克与白宫之间的关系。[66]

格林斯潘是摩根大通的董事会成员，他曾公开支持公司进入证券市场的申请，他说："我从来没有看到过一个建设性的监管。"[67] 在他被提名为美联储主席的那一周，白宫呼吁国会进一步减少限制，以帮助美国银行与外国竞争对手竞争。等待参议院批准的格林斯潘明确表示，他并不认同沃尔克的疑虑。[68]

格林斯潘作为美联储主席的漫长任期被誉为低失业率和低通胀率的时代。华盛顿记者鲍勃·伍德沃德称赞格林斯潘为经济黄金时代的"大师"。作为一个年轻的有线电视频道——美国全国广播公司财经频道直播了格林斯潘在政策会议的早上抵达美联储的画面，该频道的分析师对他公文包的大小进行了解读。他的头像被印到了T恤衫上，也被印到了杂志封面上。

他的标志性胜利部分源于他的不作为原则：20世纪90年代中期，他顶住了加息的压力，正确地判断出经济可以在没有通胀的情况下增长，因为技术提高了美国工人的生产率，而与此同时，全球化抑制了消费价格和工人的议价能力。

他的巨大失败也部分源于他的不作为原则：他一再拒绝遏制金融业的过分行为。他有一个贯穿始终的解释，他说，市场参与者将从失败中吸取教训。然而，格林斯潘从来没有做到过。

1984年，一位名叫查尔斯·基廷的亚利桑那州房地产开发商聘请格林斯潘担保林肯储蓄贷款公司的财务实力。格林斯潘给出了肯定的结论，称林肯的管理人员“在选择和进行直接投资方面经验丰富，十分内行”。实际上，基廷和他的公司参与了一场广泛的金融欺诈，即使以20世纪80年代的高标准来衡量，这也是一场引人注目的金融欺诈。20世纪80年代是一个见证了金融欺诈领域重大创新的时代。1989年，这家储蓄银行破产，纳税人损失了20亿美元。“我当然感到尴尬。”格林斯潘在林肯公司失败后对记者说。随后，他道歉的措辞与他在2008年金融危机后的著名言论惊人地相似，当时他对国会表示，他对市场纪律的失败“感到非常痛心”。“我不想说我很痛苦，但事实是我真的很痛苦，”他在1989年说道，“我对林肯公司的遭遇感到非常惊讶。”[69]

1987年，在拉丁美洲债务危机之后，格林斯潘预测“国际借贷在未来几年将会更加谨慎”。他补充说：“我认为没有必要实施任何新政策。”[70]在1994年信用衍生品第一轮出局之后，格林斯潘把这次损失描述为教育意义上的。他说：“因此，与1994年初盛行的模式和判断相比，今天的公司模式和判断应该更加健全。”[71]在1998年长期资本管理公司倒闭后，格林斯潘再次坚持，政府不应该加强为对冲基金提供资金的银行的监管，也不应该加强对允许对冲基金如此迅速地烧钱的信用衍生品的监管。直到2008年金融危机之前，格林斯潘一直持这种观点。他在2007年的回忆录中写道：“在当今世界，我看不出增加更多的政府监管会有什么帮助。除了让市场运转，我们别无选择。”[72]

到20世纪90年代中期，银行开始热情地涉足向“次级”客户提供高利率抵押贷款的业务，这些客户没有资格以最佳或“最优惠”的利率获得贷款。这些银行设立了子公司来发放这些贷款：大多数借款人从富利银行或富国银行获得抵押贷款；次级贷款的借款人去了富利金融公司或富国银行金融公司。消费者维权人士也开始记录其他差异。次级贷款机构收取过高的费用并附加惩罚性条款，它们的贷款主要集中在低收入和少数族裔社区。这些银行称，这项新业务是为那些没有资格获得传统贷款的客户提供服务而进行的诚挚的努力。可是那些数字却讲述了一个不一样的故事。许多次级借款人本可以获得优质贷款。最终，少数族裔借款人获得次级贷款的频率远高于财务状况相似的白人借款人。

消费者维权人士敦促监管银行的美联储也对这些子公司进行监管。1998 年 1 月，美联储正式拒绝了这一要求。其理事会一致投票决定不审查银行次级贷款子公司的做法，也不调查消费者对这些子公司的投诉。克林顿政府批评了这一决定，但美联储没有让步。银行业据此得出了一个合乎逻辑的结论，随即通过次级抵押贷款子公司，热情地扩大了放贷规模。1998 年 3 月，第一联合银行收购了货币商店公司，后者是一家加州的放贷机构，雇用了前棒球运动员吉姆帕尔默和菲尔·里祖托来做宣传，鼓励人们拨打 1-800-LOAN-YES（1-800-贷款-确认）来申请贷款。次月，也就是 1998 年 4 月，花旗集团宣布与旅行者保险公司合并，后者的次级贷款业务被更名为花旗金融。到 2004 年，在所有高利率的抵押贷款中，至少有 12% 是由美联储拒绝进行监管的公司发放的。2007 年 8 月，前美联储理事爱德华·格拉姆利克哀叹称，抵押贷款市场“就像一个有谋杀发生的城市，但却没有警察在巡逻”。[73]

由参与者监管市场的想法从根本上是有缺陷的。半个世纪的“自我监管”经验充分证明，即使是最精明老练的客户，也经常成为金融行业专业人士的牺牲品。市场是靠信息运行的，而内部人士通常掌握着更多的信息。监管的缺席就相当于一张偷窃许可证。一个普通成年人一生中会从那些银行家那里获得几笔抵押贷款，而这些银行家仅仅在每天的午餐之前发放的贷款数就比这个数字还要多。文书工作让人应接不暇；语言令人费解。而最容易上当的借款人往往是那些最缺乏分析细节能力的人。

毕泽房屋在21世纪头十年里向首次购房者出售房屋和抵押贷款。在夏洛特市郊外的南切斯，有一家毕泽房屋的分部，在楼盘项目周围的木栅栏上挂着一条横幅，上面写着："首付一美元就可入住。"然而社区还没建成，栅栏就开始倒塌了。马克和莉娅·廷利夫妇于2001年在那里买了一栋房子。莉娅在马丁·玛丽埃塔采石场给卡车称重，每小时赚11美元。马克在一家建筑用品店开叉车，薪水比莉娅还要少一点。他们从来不认为自己能买得起一间房子，但开发商毕泽房屋承诺帮他们搞定首付款，并在头两年里帮助支付部分抵押贷款。"房子的事就这么定了吧，"销售代理告诉莉娅，"你都怀孕了，你需要一个属于自己的家。"[74]

当销售代理告诉莉娅不要在贷款申请中包含她要支付的车款时，她没有提出任何质疑。她在自己签署的申请表上准确地列出了自己的收入，但在毕泽房屋准备好的最终版本中，她的月收入被虚报了187美元，这样才能达到申请贷款的限额。最重要的是，廷利夫妇说，他们没有考虑过毕泽房屋两年后不再帮忙支付抵押贷款时他们应该怎么办。数以百万计的美国人同样意识到了他们正住在一间他们负担不起的房子里；而他们中的许多人最终还是失去了那间安身之所。[75]

教育往往被指定为对抗掠夺性贷款的补救措施，但这是远远不够的。低收入借贷者不仅受教育程度较低，而且生活压力也大。经济学家森德希尔·穆莱纳坦已经证明，贫穷确实会使人衰弱。他写道："贫穷对一个人认知能力的影响，比一整晚不睡觉更大。"[76]危机年代的美联储主席本·S. 伯南克在他的回忆录中写道，他终于得出了一个与他的智力成长背景不符的结论。他写道："我们发现，几乎不可能对某些金融产品做出足够清晰的披露。就像易燃的睡衣一样，有一些产品也应该远离市场。"[77]

但那是在危机之后发生的事了。政府在危机前几年的监管方式浓缩在一张 2003 年拍摄的照片中。照片中，两名银行监管人员与两名银行游说者合影，还有一叠用红丝带捆扎着的文件。一个监管者拿着一把链锯；另一个监管者拿着一把花园剪刀。每个人都在微笑。

照片中的监管者之一詹姆斯·吉勒兰表示，他的机构——储蓄机构监理局的职责是让储蓄机构"在不受监管干扰的情况下自由运作"。储蓄机构，也被称为储贷机构，仍然倾向于关注抵押贷款。随着房地产市场的繁荣，吉勒兰裁掉了他所在机构 1/4 的员工。他还暂停了对消费者保护法遵守情况的检查，指示储蓄机构进行"自我检查"。正是在这段时间里，因迪美——一家加利福尼亚的储蓄银行，借了一笔每月 1 482 美元的贷款给一个叫西缅·弗格森的布鲁克林人，他今年 85 岁，患有老年痴呆症，每月收入 1 126 美元。[78] 在金融危机之前，有很多这样的故事——很多奇闻逸事都被认为是无关紧要的。

格林斯潘说，经济预测能力是"担任美联储主席最重要的资格"。[79] 在他看来，中央银行家的工作是预见未来并为之做好准备。但他没有预见到房地产市场的崩溃。他一再表示，房地产价格不存在泡沫，房地产本身不适合投机，如果房价下跌，"可能不会对宏观经济产生重大影响"。[80]

他不明白，华尔街的银行已经转变成了房产－金融公司，美国贸易伙伴积累的巨额储蓄被重新注入美国，外国投资者的资金渠道被用于抵押贷款，从而导致了房价和金融市场的膨胀。[81] 他允许这些银行像赌场一样经营，让投资者对房地产市场的未来进行精心的押注，利用衍生品极大地扩大了投机规模，同时也加大了随后爆发的危机的规模。[82]

他有很多同行者。在 2005 年 8 月格林斯潘退休前不久的一次会议上，他被誉为一位伟大的公仆。当一位名叫拉古拉姆·拉詹的芝加哥经济学家敢于提出金融创新正在让世界变得更危险时，拉里·萨默斯称拉詹“有点勒德主义”。* 萨默斯回应了几年前他对波恩的攻击，他补充说，即使只是谈论这些事情也是有破坏性的。[83]

用纸来做鱼

偏远、简朴、人口稀少的冰岛在 20 世纪通过用鳕鱼换取面包和酒、木材和窗户、汽车和汽油等一切其他东西而走向繁荣。

20 世纪 50 年代，喷气式飞机旅行的出现使冰岛得以发展第二项有利可图的出口业务：吸引外国人前来观赏原始的大自然景象，喷泉、冰川、温泉，以及北美大陆板块边缘的陡峭岩壁。冰岛创建了最早的廉价航空公司之一——冰岛航空公司，其广告主打飞往欧洲大陆的廉价航班，该航线中途会经停雷克雅未克；比尔·克林顿也是该航班的年轻乘客之一。[84] 20世纪60年代末，冰岛创造了第三项出口业务。该国在融水河上修建大坝以产生大量电力，并鼓励建造两座需要大量电力的铝厂。[85]

渔业、旅游业和铝业组成了冰岛的经济，直到 20 世纪 80 年代，

* 19世纪初英国手工业工人中参加捣毁机器的人被称为勒德分子。勒德主义者指仇视一切新奇的发明乃至科技进步的人。——译者注

冰岛发现了米尔顿·弗里德曼这号人物。

在接下来的 20 年里，冰岛像其他任何国家一样，全力支持金融去监管化。一位经济学家将随后的繁荣描述为“人类历史上银行系统最快速的扩张”。[86] 2001—2007 年的 7 年里，扣除物价因素，冰岛人的平均收入几乎翻了一番，到 2017 年甚至达到了 61 930 美元。随后一场巨大的冲击就到来了。

繁荣和萧条都是更大范围内的金融危机的缩影。

冰岛不是一个进行极端自由化试验的明面上的候选者。它是一个拥有斯堪的纳维亚式福利的民主国家，经济由少数家族企业集团主导。但到了 20 世纪 60 年代末，冰岛的鱼类资源逐渐枯竭。

首先，这个国家试图赶走外国拖网渔船。1972 年，冰岛要求在距海岸 50 英里的区域内拥有专属捕鱼权。1975 年，冰岛将边界移至距海岸 200 英里的区域。当英国渔民拒绝遵守规定时，冰岛部署了用于切断他们渔网的船队。“鳕战”（Cod Wars）以冰岛的完全胜利而告终，但并没有解决过度捕捞的问题：冰岛正在使自己破产。

20 世纪 80 年代中期，冰岛决定尝试一些新东西：印第安纳大学经济学家 H. 斯科特·戈登曾提出，渔民之所以贫穷，是因为每个人都被允许尽可能多地捕捞鱼类。为了防止过度捕捞，冰岛政府设定了总捕获量的上限，然后在渔民中分配份额。1991 年，政府引入了一项创新，允许渔民买卖他们的权利，这被称为“纸鱼”。效率最高的渔民很快就巩固了渔业，因为他们可以为捕鱼权支付最高的费用。渔船队消耗的燃料总量下降了 30%，因为只有更利于捕鱼的船只才会被留用。渔获物的价值增加了 44%，因为这些人也更擅长卖鱼。鱼皮可以用于化妆品的制作。鱼肝可以用于提取酶。干鳕鱼头被运到尼日利亚做汤料。[87]

1991 年的改革是由新总理大卫·奥德松提出的，他也希望将市场改革扩展到冰岛经济的其他领域。奥德松是新一代知识分子和政治家中的一员，他们赞赏美国和英国转向市场主义的做法。他喜欢回忆 1984 年米尔顿·弗里德曼访问冰岛时的那一幕，当被问及冰岛问题的解决方案时，弗里德曼的回答是："解决方案就是自由。"[88]

奥德松接受了这个建议。他将企业所得税税率从 45% 下调到 18%，并出售了国有银行、电话公司和鱼类加工厂。冰岛还加入了欧洲经济区，这是一项允许货物、服务、人员和货币自由流动的贸易协定。2001 年 3 月 27 日，在许多关于经济成熟度的讨论中，政府宣布将让市场决定冰岛货币"克朗"的贸易价值。

这是大胆的一步。克朗是世界上规模最小的独立货币，过去 30 年的经验表明，小国很容易被跨境资金的自由流动压垮。但经济学家坚称，之前的那些国家，如 20 世纪 80 年代的智利和 20 世纪 90 年代的泰国，之所以成了受害者，是因为未能完全接受放松管制。奥德松接受了他们的观点，即冰岛需要更进一步开放其金融市场，并让其货币自由浮动。[89]

2008 年夏，我第一次去冰岛的时候，在雷克雅未克的一家餐馆里花了相当于 20 美元的当地货币买了一碗汤。这家餐馆看起来并不特别高档，我不禁想知道其他食客是怎么谋生的。

阿尔曼·奥尔瓦尔德森或许可以给出解释。他出生于一个工人阶级家庭，20 世纪 90 年代初在波士顿大学努力攻读商学学位。冰岛刚刚开放了一个股票市场，奥尔瓦尔德森在最早的经纪公司之一——克伊普辛（Kaupthing）找到了一份工作。到了 21 世纪初，奥尔瓦尔德森掌管了公司的伦敦办事处，并拥有了惊人的财富。他在危机后的回忆录中以幽默的口吻叙述了他在这期间的所作所为，基本上可以描述为把借来的钱不断地注入冰岛。[90] 奥尔瓦尔德森对这种大手大脚花钱的行为的解释是，冰岛人从小就被灌输了贫困会伴随生活的思想。他写道，冰岛语中代表贷款的“lan”一词也代表“运气”。冰岛人也从小就被灌输了通货膨胀会持续的思想。冰岛克朗于 1920 年从丹麦克朗中分离出来；从那时起，冰岛货币贬值了 99.5%。[91] 其结果是，人们尽可能地借钱，并尽快地把钱花掉。

政府借钱在遥远的东部高地建造了一座水电站。（冰岛人口虽少，但国土面积差不多和俄亥俄州一样大。）电力被保证供应给东部海岸的一家新建的炼铝厂，从而给雷扎尔菲厄泽镇上那些从前以打鱼为生的渔民提供就业岗位。但实际上由于经济状况良好，大多数建筑工人都是从波兰输入的，他们居住在旧城区外的一个新建的小城里。

冰岛人也会去借钱。2001—2005 年，冰岛每年登记的新车数量几乎都以 2 倍速增长。[92] 2007 年，冰岛销售的路虎揽胜轿车数量比斯堪的纳维亚半岛其他国家的总和还要多，尽管冰岛仅占该地区人口的 1% 左右。[93] 许多汽车贷款是以日元计价的——那个位于世界另一端的完全不同的岛国的货币，原因是日本的利率很低。冰岛人还利用私人银行和国有抵押贷款机构住房融资基金争夺市场份额的机会，以房屋价值作抵押大举借贷。

冰岛人利用充裕的廉价资金进行贸易往来。其中，“纸鱼”特别受欢迎。2000 年，当时的价格是每公斤鳕鱼约 800 克朗。到 2008 年，这个数字达到了 4 400 克朗。按照这个价格，“纸鱼”的库存价值大约是每年捕捞价值的 50 倍。[94] 更具冒险精神的冰岛人被称为“风险维京人”，他们也投资外国资产，包括美国航空公司、一支英国足球队和一家俄罗斯啤酒厂。有人在他伦敦的办公室里安放了一尊 10 英尺高的维京人雕像。不知什么原因，它拿着一把吉他。[95]

克伊普辛（Kaupthing）银行的竞争对手之一，冰岛国民银行，在过去的 20 世纪里，从为拖网渔船提供融资的必要业务中赚取了微薄的利润。在 21 世纪，为了追寻更伟大的命运，这家银行为自己改名为格里特利尔，这个名字源于一个古老的维京传奇故事中关于天堂的一部分的描述："有一个叫作格里特利尔的大厅 / 有几根金子做成的柱子 / 屋顶也是用银做的。"[96]

玛尔・沃尔夫冈・米卡曾是美国的一名股票经纪人，在 2005 年前后回到冰岛。在美国，他花了三个月的时间参加培训，并完成了一项书面考试，才得以接触到客户的资金。而在冰岛，培训只进行了一天，也没有考试。米卡说，他和他的同事经常被迫使用英语单词，因为金融业的发展速度超过了冰岛语言的发展速度。[97]

1998 年，冰岛银行系统的规模与冰岛经济大致匹配。而 10 年后，银行系统的规模已经达到了经济的 9 倍之大。[98]

相对来说，冰岛及其金融机构仍不为人知。直到 2005 年 11 月，一家外国银行发表了一份关于克伊普辛银行的信用分析报告。克伊普辛银行是冰岛金融界的明星。早期的报告往往是闪闪发光的。自由市场体系再次证明，金钱的流通速度比知识要快。

丹麦丹斯克银行的经济学家拉尔斯・克里斯滕森是为数不多的公开持怀疑态度者，他在 2006 年发表了一份报告，警告投资者保持距离。作为回应，冰岛商会委托哥伦比亚大学经济学教授弗雷德里克・米什金撰写了一份报告，证明冰岛金融体系的健康状况。米什金和冰岛前总理奥德森的继任者、经济学家盖尔・哈尔德一起出席了在纽约举行的一场活动，这场活动被称为"冰岛的真实故事"。两年后，也就是 2008 年 2 月，冰岛商会驳回了冰岛可以与斯堪的纳维亚其他国家相比较的想法，“因为我们在很多方面都比他们优越”。[99]

尽管如此，来自大型投资者的资金流开始减少，因此冰岛的银行开始瞄准零售市场。欧洲经济区允许银行为整个欧元区的居民提供服务，冰岛的银行也提供高利率，以鼓励欧洲人开设储蓄账户。“嗨，我是约翰 · 克里斯，一个非常有名的演员……”在一则广告中，这位前英国巨蟒剧团的演员试图为克伊普辛发声。

克伊普辛崩溃后，克里斯毫无歉意地抱怨说，冰岛似乎既无法控制它的银行，也无法控制它的火山。[100]

2008 年 10 月 6 日，星期一，距雷曼兄弟在美国的破产引发的全球金融危机最严重的阶段还不到一个月，哈尔德在电视上报告说，冰岛的经济正被卷入一场可能以“国家破产”告终的大旋涡。然后他真正地敲响了警钟，以“上帝保佑冰岛”这句话结束了他的演讲。在冰岛，上帝并不是人们常用来寄托希望的神，当然也不是被公众人物用来自我安慰的一个选择。

但人们仍然引用了这句话。因为这句话里包含了冰岛所面对的问题的严重程度。

克朗不能兑换成外币，所以政府被迫从其他斯堪的纳维亚国家借钱来购买食物。冰岛人获得的大部分财富都消失了。成千上万的人失去了他们的住房、他们的爱车和他们退休的希望。在我们看来，成千上万的数字仿佛不算什么，但是在冰岛，这已经占到人口总数的很大一部分了。

反过来，欧洲人失去了他们注入冰岛的大部分资金。仅德国就向冰岛运送了 213 亿美元的货物，相当于向冰岛每个男人、女人和孩子送去了 7 万美元。大部分资金来自国有银行，这些银行是由德国纳税人出资纾困的。*“他们浪费了我们本可以花在学校、警察和街道上的数十亿美元。”一位德国议员愤怒地说。也许他们忘记了是政府允许这样的事情发生的。[101]

冰岛的故事，像危机的其他部分一样，很容易归结为银行家和借款人的不负责任。正如一位银行家在 2009 年接受记者采访时所说的：“当车祸发生时，人们不会责怪汽车，也不会停止驾驶汽车。他们只会责怪司机！衍生品也是一样的，错不在工具，而在使用工具的人。”[102]

20 世纪上半叶，正是这个错误阻碍了对减少交通事故死亡人数的努力。最终开始挽救生命的是对事故发生原因的认识，汽车需要被重新设计以减少灾难的发生。

即使在两次危机之间，臃肿的金融部门也在拖累包括美国在内的发达国家的经济增长。长期以来，经济学家一直认为，金融增长带来了经济增长，但最近的研究表明，与大多数事物一样，适度才是最好的享受，这句话对金融也适用。世界上受过高等教育的人口中，有相当一部分基本上从事的是收费业务。高债务水平令需求承压。对短期收益的关注是以可能增加长期繁荣的投资为代价的。金融业往往侧重于消费者贷款，因为它更容易从个人借款者身上获利；它倾向于关注短期交易，因为它看重即时回报。金融业还更倾向于低风险的交易，比如建筑贷款，而不是把钱投在一些看上去有前途的长期发展中去。[103]

冰岛似乎吸取了教训。该国将 36 名银行家送入监狱，并缩减了

---

* 在全球金融危机的背景下，这些数字仍然显得很小。德国最大的国有银行之一巴伐利亚银行在冰岛损失了10亿美元，这个数字仅仅是在美国抵押贷款上损失的1/5。

金融业规模，对外国投资施加了严格的限制。

冰岛克朗的崩溃引发了该国出口行业的反弹，其中最主要的是旅游业，而这一行业受益于冰岛最近的恶名。旅游业占出口的比重从 2010 年的 18% 上升到 2015 年的 31%，首次超过了渔业和铝业。[104]

桑德拉·索比约恩多蒂尔在经济繁荣时期曾在金融业工作。2010 年，她从雷克雅未克搬到了冰岛另一边的小镇雷扎尔菲厄泽，在这里，美国铝业集团运营着冰岛的第三家炼铝厂。她买下了一家名为塔尔基森的集餐饮与住宿功能于一体的酒店，这家酒店曾在 8 个月前倒闭。2013 年，她建了一栋楼，里面有 20 多间客房。2016 年，她又在附近开了一家酒店，房间数量增加了一倍，达到 80 间。但随着这样的发展步伐，冰岛逐渐发现了其中的问题，自己正在努力解决一个老问题的新版本：从前是钱太多，而现在变成游客太多。全球化是一根消防水管。所有的国家都需要水。但它们也必须注意自己到底能喝下多少。

结　论

好吧，就算你没有承诺给我们一个完全没有荆棘的玫瑰园，也不能给我们一个完全没有玫瑰的荆棘园吧？

——沃尔特·海勒，《经济：旧神话与新现实》（1976）[1]

2002年，在庆祝米尔顿·弗里德曼90岁生日的活动上，时任美联储理事的本·伯南克向他致敬："我想对米尔顿和安娜（施瓦茨）说：关于大萧条，你说的对，是我们的错。我们非常抱歉。但是多亏了你，我们不会再犯这样的错误了。"[2] 弗里德曼没有活到看到伯南克兑现承诺的那一天。他于2006年11月去世，骨灰被撒在旧金山海湾。[3] 第二年，美国经济陷入了大萧条以来最严重的危机。

弗里德曼与其他人一样，在造成这场危机的过程中发挥了巨大的作用，但他也留下了有效的指令来抑制损失，这是他遗产复杂性的一个标志。危机爆发前不久，伯南克接替格林斯潘成为美联储主席。他信守诺言，向金融系统注入大量资金，直到大型银行重新站稳脚跟，开始运作。2009年12月，当伯南克进入美联储董事会时，围坐在长桌旁的官员起立为他鼓掌。彼时，经济衰退已经结束，失业率也已经开始下降，各界广泛认为伯南克功不可没。

那个星期，轮到伯南克登上《时代周刊》杂志的封面了。

属于经济学家的时刻并没有挺过经济大衰退。2008年10月13日，周一下午 3 点，当美国九家最大银行的首席执行官被护送到财政部一间镀金装饰的房间里时，属于经济学家的时刻或许就结束了。政府曾试图通过在公开市场上购买债券来支持银行，但市场已经崩溃，因此政府决定通过持有大型金融公司的股权来拯救金融系统。

或许，这只是金融危机期间发生的十几幕不同寻常的场景之一；其实哪一个都不重要。在大衰退最严重的时候，只有最愚勇的纯粹主义者还在坚持，认为应该任由市场自生自灭。* 米尔顿・弗里德曼在谈到约翰・梅纳德・凯恩斯时说，如果他活得够久，他就会站在自由市场反革命运动的前沿。如果弗里德曼再多活几年，或许他也会认识到开展反革命运动太过火了。法国总统尼古拉斯・萨科齐说："认为市场总是正确的想法是疯狂的。自由放任的政策已经结束了。"

但在对市场的信念中成长起来的一代经济学家和政策制定者仍然被这种思想牢牢地控制着，其中许多理念也受到法律和习惯的束缚。坚持这些政策并期待更好的结果是愚蠢的。但接下来会发生什么也并非显而易见。1979 年，卡特总统给一位值得信赖的顾问写了一封充满哀叹的信，而世界各国领导人肯定都为之动容。"我通过这些教训明白了什么是行不通的。但怎样做才是行得通的呢？" 与 20 世纪 30 年代和 20 世纪 70 年代一样，21 世纪 10 年代也是混乱的 10 年。

巴拉克・奥巴马在经济衰退最严重的时候就职。在一群怀着些许忏悔情绪的技术官员的建议下，他短暂地接受了凯恩斯主义的主张，即政府可以提供帮助。被任命为美国国家经济委员会主席的拉里・萨默斯曾在 2001 年表示，政府在经济低迷时期对消费进行刺激的方案已经"过时"了，因为它的优点已经被"证伪"了。2009 年，他改变

---

* 愚勇的纯粹主义者的集会，无疑是坚定且独特的。

了主意。当一位记者要求萨默斯描述政府的计划时，他只用了一个词作为答案：“凯恩斯”。[4] 奥巴马政府推动国会通过了 7 870 亿美元的经济刺激计划，其中包括建设更多铁路的资金。[5] 联邦政府在失业救济等社会保障项目上的支出也迅速增长。

发达国家的政府把钱塞进了这个缺口。世界主要经济体——二十国集团（G20）的领导人于 2009 年 9 月在匹兹堡会晤，发表了一份联合声明宣布：“我们不能休息，直到全球经济完全恢复健康，全世界努力工作的家庭都能找到体面的工作。”他们也很清楚这意味着什么，并补充说，“我们将避免任何早于预期时间撤回用于刺激经济的资金的行为。”

一些经济学家大呼抗议。意大利经济学家阿尔贝托·阿莱西纳和西尔维亚·阿达尼亚在 2009 年 10 月发表的一份研究报告中称，政府可以通过减少预算赤字来刺激经济增长。换句话说，就是通过减少支出而不是增加支出。[6] 几个月后，也就是 2010 年 1 月，美国经济学家卡门·莱因哈特和肯尼斯·罗格夫发表了一篇论文，旨在确定政府借贷的红线。他们说，当一个国家的债务超过其年度经济产出的 90% 时，经济增长就会下降。[7] 欧盟委员会经济和货币事务负责人奥利·雷恩开始谈论“90% 规则”。国际货币基金组织的首席经济学家称 90% 的门槛是“一个很好的参考点”。莱因哈特和罗格夫在数学计算上犯了一个重要的错误，但过了好几年才被人发现。[8]

与此同时，凯恩斯主义的时代很快就过去了。在美国，2010 年 1 月，也就是奥巴马就职 1 年后，他突然将政策转向紧缩，承诺冻结非军事的自由开支。奥巴马说：“全国各地的家庭都在勒紧裤腰带，做出艰难的决定。联邦政府也应该这样做。”几周后，他成立了一个委员会，为平衡预算提出建议。2010 年秋，共和党赢得了众议院的控制权，结束了任何出台更多刺激措施的机会。

欧洲撤退的速度更快。2010 年 4 月，阿莱西纳应邀在马德里举行的欧盟经济和财政部长会议上发表演讲。他对与会者说，“大规模地、可靠地和果断地”削减政府债务将刺激经济增长。部长在会后的官方公报中提到了阿莱西纳的工作。[9]

那年 6 月，主要经济体的领导人再次聚会，这次是在多伦多，他们完全否认了先前的承诺。尤其是欧洲人，他们对希腊债务危机的开端感到非常不安。这一次，联合声明表示，发达国家已同意在未来三年内将其预算赤字削减一半。

2010 年 5 月就任英国首相的戴维・卡梅伦采取了增税和削减支出的行动。卡梅伦的一位部长埃里克・皮克尔斯解释说，是公共开支导致了这场危机。他说：“人们责怪银行家，但我认为，大政府和大银行一样应该受到指责。”[10] 在卡梅伦执政的 6 年里，英国削减了大约 100 万个公共部门的工作岗位。卡梅伦说，削减开支的目标“不仅是短期的，而且是永久性的”。与此同时，英国金融业上演了一场壮观的反弹，拉大了伦敦极大的繁荣与内陆地区经济停滞之间的差距。

由于更慷慨的安全网计划，德国的赤字增长比美国更快。2010 年春，德国也转向了紧缩政策。最大的削减是国防预算，包括结束征兵制。德国财政部长沃尔夫冈・朔伊布勒在解释该计划时，提到了莱因哈特和罗格夫的工作。4 年后的 2014 年，朔伊布勒很高兴地告诉联邦议院，德国政府不打算增加总债务，实现了自 1969 年以来的首次联邦预算平衡。

德国及其北欧盟友也开始对处境艰难的南欧实施紧缩政策。欧洲中央银行敦促西班牙修改其宪法，加入平衡预算的要求。在意大利和希腊，民选政府首脑辞职，取而代之的是主张紧缩的经济学家。

在希腊，是欧洲央行前副行长卢卡斯·帕帕季莫斯。在意大利，是前欧洲部长、市场导向经济智库布鲁盖尔（Bruegel）的负责人马里奥·蒙蒂。

几乎只有一小部分前美联储经济学教授愿意坚持努力恢复经济增长。2010 年 11 月，在失业率仍为 9.8% 的情况下，美联储结束了 40 年来对通胀的单一关注，并启动了刺激就业增长的行动。美联储主席伯南克表示，美联储正在打击“对人力和经济潜力的浪费”。失业者的健康状况和预期寿命都在下降；他们丧失了一些技能，包括阅读的能力；或许最令人沮丧的是，一些研究发现，长期失业甚至会影响到失业工人的下一代，其子女的人生前景及终生收入都会因此受到损害。美联储已经将基准利率降至接近于 0 的水平，从而稳定了短期利率。为了进一步降低长期利率，美联储开始大量购买国债和抵押债券，迫使私人资金进入风险更高的市场，从而起到了降低借贷成本的作用。格林斯潘对此并不以为然，他曾在 2013 年抱怨说：“2008 年金融危机之后，美国央行官员试图推高通胀率的做法，实际上是史无前例的。”[11] 他错误地预测，这种努力可能导致两位数的通货膨胀率。[12]

伯南克的继任者珍妮特·I. 耶伦于 2014 年上任，是一位更有力的降低失业率的倡导者。在耶伦就任美联储主席后的首次演讲中，她讲述了三位芝加哥居民找工作的故事。“他们提醒我们，”她说，“统计数据背后是真实存在的人，他们正在挣扎着讨生活，渴望着有机会过上更好的日子。”

2011 年，与伯南克一起读研究生的意大利经济学家马里奥·德拉吉成为欧洲央行新任行长。次年，他在伦敦宣布，欧洲央行将“不惜一切代价保护欧元。相信我，这就足够了”。欧洲央行随后开始效仿美联储的刺激计划。同样在 2012 年的日本，自由民主党领导人安倍晋三在一次竞选活动中承诺大力振兴经济，包括货币扩张、财政刺激和供给主义改革。于是日本选民在这次竞选中，将自由民主党推上了权力宝座。“安倍经济学”中大杂烩的内容几乎与米尔顿·弗里德曼对政府经济政策的看法形成了鲜明的对比，“安倍经济学”中包含了弗里德曼曾竭力反对的一切。

就连新西兰政府也指示央行关注失业问题。

但各国央行的努力都还不够。经济增长依然缓慢；数百万人常年失业，许多人甚至都懒得尝试去找一份工作。

西方民主国家可能已经从中国吸取了教训，这将是一个恰当的转变，因为中国在面对危机时吸取了西方的教训。

20 世纪 70 年代末，一些中国政策制定者和知识分子开始谨慎地断言，通过遵循他们所谓的“客观经济规律”，中国能够实现更大的经济增长。[13] 这是一个大胆的言论，但是中国的新领导人邓小平同志对 1978 年的日本之行留下了深刻的印象，并希望知识分子重新参与到政策制定中。邓小平将这种方法描述为“实事求是”。中国邀请来自东欧社会主义国家和美国的经济学家。1980 年，福特基金会出资邀请一批美国知名学者在北京颐和园附近的一个小岛上花了 7 周时间来教授经济学。保罗·萨缪尔森的教科书随后被翻译成中文。1980 年，中国还邀请米尔顿·弗里德曼进行访问。

弗里德曼的旅行并不成功。当人们读到有关这次访问的描述时，很难判断是弗里德曼还是他的东道主更加失望。至少中国人知道了他们不想要什么。相反，他们向凯恩斯主义者寻求建议，凯恩斯主义者赞成由政府精心管理的市场经济，而这类西方经济学家在他们自己的国家已不再受到重视。英国经济学家亚历山大·凯恩克罗斯于 20 世纪 80 年代初前往中国，并会见时任中国总理，这是一位致力于市场改革的高级官员。有关会议结束后，凯恩克罗斯在日记中写道，这一切“似乎是很自然的，直到有人停下来想一想，总理从一群外国经济学家那里征求建议，而不是所有的外国经济学家都可以期待在自己的国家得到同样的关注”。[14] 玛格丽特·撒切尔政府对凯恩克罗斯的建议不感兴趣，但中国却感兴趣。

1985 年，凯恩克罗斯、匈牙利人雅诺什·科尔奈、美国人詹姆斯·托宾等学者受邀来到中国游览长江。他们之间的讨论进行得并不是那么顺利。历史学家朱利安·格尔茨报道称，有一次，一名口译员急哭了，因为她找不到合适的中文词汇来解释当时所说的话。但访客，尤其是科尔奈和托宾，给人留下了深刻的印象。吴敬琏先生，是中国最著名的经济学家之一，他后来回忆起那次访问，总结道：“一个具有宏观经济管理的市场应该是中国经济改革的首要目标。”[15] 科尔奈的一本著作在第二年被翻译成中文，很快就卖出了 10 多万册，成为畅销书。

后来，中国经济日益增长。2008 年危机来袭时，中国政府扩大了支出规模。

奥巴马政府没有重复罗斯福整顿金融业的努力。相反，政府对锈迹斑斑的监管体系进行了翻新和扩建。最引人注目的变化之一是成立了一个新的机构——消费者金融保护局，来做美联储不会做的事情。

银行家不必为他们在引发危机中所扮演的角色负责。2009 年 3 月，奥巴马在白宫召集美国银行业高管，警告他们注意言谈举止。他告诉他们：“我的政府就是你们和干草叉的利齿之间唯一的阻隔。”在古老的西部片里，善良的司法官保护他的囚犯不受暴徒的伤害，这样他们就可以接受审判。但这一次几乎没有审判。截至 2018 年，约有 355

名银行家、抵押贷款机构、房地产经纪人和借款人被判犯有与金融危机有关的罪行。但他们几乎都是小人物。没有大型金融公司的高管入狱。而在 20 世纪 80 年代的储蓄贷款危机之后，定罪的人数仅为这次的 1/3 左右。[16]

政府救助了银行业，但在帮助借款人方面却没有做出相应的努力。奥巴马决定依靠抵押贷款公司来调整无法负担的贷款。他避免了直接干预，这是他的主要政治对手希拉里·R. 克林顿和约翰·麦凯恩在 2008 年总统大选中提倡的做法。此外，奥巴马政府没有要求企业投入必要的资源来履行其法律义务，而且对不当行为的警告反应迟缓。太阳信托银行堆积了大量来自房主的求援申请，直到储藏室的地板都被压弯了，然而这些申请信竟都未开封。一项联邦调查的结论是："太阳信托银行非但没有帮助有需要的房主，反而是完全忽视了自己的法律责任，给许多房主造成了财务损失。"[17] 对于这些犯罪，联邦政府没有起诉太阳信托银行，也没有追究太阳信托银行任何员工的责任。

未能追究银行家责任的一个原因是，司法部担心经济效率。埃里克·霍尔德是奥巴马政府的司法部长，是霍尔德主义的提出者。霍尔德主义认为，检察官在对企业提起诉讼之前，应该考虑"附带后果"。霍尔德在 1999 年担任克林顿政府司法部副部长期间的一份备忘录中阐述了这一观点。政府对安达信会计师事务所在 21 世纪早期的安然公司欺诈案中所扮演的角色的起诉成了证据：这家会计师事务所关门了，成千上万的人被迫寻找其他工作。2008 年金融危机之后，霍尔德和他的副手重申了他们的观点，即经济考虑压倒了传统的正义观念。霍尔德于 2013 年在国会做证时说："对我们来说，起诉他们确实变得很困难。当时有迹象显示，如果你起诉他们，如果你真的提出刑事指控，就会对国家经济产生负面影响，甚至可能对世界经济产生负面影响。"[18]

霍尔德似乎没有注意到允许犯罪不受惩罚的影响。

金融危机长期以来侵蚀着人们对自由民主的信念。一项关于 1870 年以来发达国家金融危机的研究发现，极右翼政党往往是受益者，它们将繁荣的丧失归咎于移民和少数族裔，从而赢得了民众的支持。[19]

这次也不例外。至少自“9·11”恐怖袭击以来，西方的民族主义情绪一直在上升；经济大衰退加剧了这一趋势。[20]

2016 年 6 月，英国投票决定退出欧盟。同年 11 月，唐纳德·特朗普当选美国总统。2018 年，巴西人选出了他们的新总统，民族主义者雅伊尔·博索纳罗，他以同特朗普相似的形象参加竞选。

特朗普对经济及其基本组成部分、统计数据和推理的蔑视，在当代美国总统中是无与伦比的。新政府第一份预算中的数字甚至没有加和。政府推动减税计划在国会获得通过，却没有花心思提交一份正式的分析报告。监管被搁置一边，甚至没有尝试进行任何成本或收益的分析。总统通过威胁阻止他不喜欢的公司合并，在一定程度上恢复了反垄断执法。

最重要的是，特朗普拒绝了经济学家对贸易的看法。特朗普的贸易顾问彼得·纳瓦罗拥有哈佛大学博士学位，但他不是传统的经济学家。他说贸易是国与国之间的战争；他曾导演一部名为“中国制造的死亡”（Death by China）的纪录片，纪录片的开头是一幅动画，内容是一把标着“中国制造”的刀刺向流着血的美国地图。特朗普的首席政治顾问斯蒂芬·班农也持类似观点。班农说：“全球主义者摧毁了美国工人阶级，在亚洲创造了中产阶级。现在的问题是美国人不想再被耍了。”[21]

甚至在特朗普抵达华盛顿之前，双边贸易就已经下滑。2012—2016 年，全球贸易的美元价值每年都在下降，之后才开始温和复苏。[22]

但是新总统开始履行他的职责了。就职典礼结束后，特朗普将椭圆形办公室重新装饰成金色，然后坐下来签署了一项命令，要求美国退出一项拟议中的环太平洋国家贸易协定。他还敦促美国公司重新考虑迁往其他国家的举措。主流经济学家认为，只要企业对市场力量做出反应，外包对美国经济就有好处。新一届政府却没有这样做。美国副总统迈克·彭斯说："自由市场已经找到了解决这个问题的方法，而美国却在任它逝去。"[23]

2017 年夏，也就是现代经济学诞生大约 240 年后，特朗普在空军一号上完成了一篇即将发表的演讲。他抓起一支笔，在页边空白处写道："交易是不好的。"[24]

洪流之后

伊利诺伊州的盖尔斯堡是一个坐落在中西部广阔农田中的小型工业城镇，在 20 世纪的大部分时间里都是一派繁荣景象。罗纳德·里根在那里度过了部分童年时光；他的一张一年级的成绩单被陈列在东大街一家古玩商场的圣物盒里。但在 1970 年左右，盖尔斯堡开始衰落。迈克尔·帕特里克 1959 年刚从高中毕业就来到了当地的电冰箱厂，他在 2015 年告诉我，在人们的记忆中，盖尔斯堡的工厂和工作岗位一直在减少。有的公司倒闭了，有的开始应用机械化代替人工，有的迁往新的城市。他说，20 世纪 70 年代开始发生变化的是，新公司不再出现。当工厂关闭后，厂房闲置，无人入驻；当人们失业后，他们很难找到新的工作。2016 年，盖尔斯堡有 10 500 名处于适宜工作年龄的男性，他们中几乎一半人是没有工作的。[25] 这个惊人的数字值得强调，因为我们最熟悉的衡量失业的标准——失业率，严重低估了美国的失业规模。政府统计了正在求职的人数。2016 年，盖尔斯堡大约有 6% 的男性在求职，但该市 41% 的适宜工作年龄的男性既没有工作，也没有积极找工作。一些人退休了，一些人是安于现状的，但更多的人只是单纯地因为找不到工作，从而选择了放弃。

那些找到工作的人往往不得不妥协：开车去皮奥里亚的工厂上班，单程就要一个小时，或者接受无规律的工作时间，抑或是接受更低的工资。2004 年电冰箱厂关闭后，特雷西·沃纳找到了两份工作：白天做教师助理，晚上做看门人。在电冰箱厂工作的最后一年，她赚了大约 3.7 万美元；而在 2015 年，她只赚到了 2.1 万美元。

美国从制鞋转向债券交易，在很大程度上是政策制定者无力控制的必然结果，而且其造成的影响许多都是非常有利的。技术进步大大减少了制造汽车或电脑所需的工人数量，制造业在全球的分布也更加均衡。如果美国的政治家接受了另一种不同的政策，那么成千上万的美国人仍然在盖尔斯堡制造冰箱，或者在匹兹堡制造钢铁，或者在卡罗来纳皮埃蒙特的纺织厂制造棉布，然而美国的历史没有其他可供选择的版本。[26]

但其实大可不必这么痛苦。在属于"经济学家的时刻"里，政策的转变加速了美国经济的发展，并将利益集中到少数富豪的口袋里。美元的高价格和对低通货膨胀的单一承诺加速了制造业的衰退，使人们更难找到新的工作。越来越多的失业工人压低了工资。一种显而易见的抗衡力量是来自工会的力量，但却被精英的反感和政府对企业集中的容忍所侵蚀，这种容忍将谈判的权力转移给了雇主。

联邦政府在 1938 年通过了一项最低工资法案，但该法案与通货膨胀无关，因此提高最低工资取决于国会的决定。经通胀调整后，最低工资在 1968 年达到峰值。在属于"经济学家的时刻"里，美元贬值了 40%。

经济学家认为工资是对市场的准确判断。用曾在乔治·W. 布什政府担任财政部长的经济学家约翰·斯诺的话来说就是："人们将根据他们对企业的价值获得报酬。"[27]

就连保罗·萨缪尔森和詹姆斯·托宾等自由派人士也将工会视为垄断联盟，并坚持认为最低工资法会增加失业，这种共识让政客更容易攻击工会，忽视工资问题。[28] 与此同时，在现实世界中，工资是由雇主和工人之间的拉锯战决定的，而雇主总是赢家。[29]

这些冲击和变化最重要的影响很简单：工人们在美国这块大馅饼上分到的比例越来越少。如图 1 所示，自 20 世纪 70 年代初以来，美国工人拿到手里的工资占经济产出的比例一直在下降。

图 1　蛋糕的份额较小：应计工资 / 国内生产总值

资料来源：U.S. Bureau of Economic Analysis.

然而，美国经济面临的最大问题并不是传统制造业的衰落或工厂工作岗位的减少。相反，这是服务业经济增长的方式。随着工作岗位转移到医疗保健和零售等领域，雇主利用了这种宽松的环境。经济增长最快的部分是照顾老年人的工作，而老年人的群体如此庞大是因为当年的婴儿潮一代如今已上了年纪。到 2026 年，美国预计将增加更多工作岗位的 10 种职业中，有一半实际上都是不同叫法的护理人员。[30] 这些工作往往需要良好的体力和精力；他们的工资也往往很低，福利微薄，工作也没有保障。预计在未来 10 年增加最多工作岗位的行业是“个人护理助理”，该行业在 2016 年的平均年薪为 2.31 万美元。

如果说 20 世纪中叶的标志性工作场所是一家将工人提升为中产阶级的汽车工厂，那么现代经济的缩影就是一家医院，里面有几名拿着高薪的医生和一大批拿着低薪的辅助人员。

其中一个后果是不平等现象的卷土重来，规模之大令人震惊。从第二次世界大战到 20 世纪 70 年代，美国的经济增长以大致相同的速度拉动了所有的船只。自 20 世纪 70 年代初以来，经济增长一直不稳定，收益主要流向了拥有游艇的人。1971 年，收入最高的 10% 的家庭的收入占总收入的 31%。到 2016 年，这一数字达到了 48%。[31] 不平等程度已攀升至杰伊·盖茨比时代的水平。

某种程度的不平等不仅不可避免，而且是可取的。资本主义是一种竞争；金钱就是奖赏。坚信市场道德价值的乔治·斯蒂格勒也看到了这之外的好处。他说，产量最大化的重点“是最大化，而不是产量。人们为争取更多收入而进行的斗争是有益的，因为在这个过程中，他们学会了独立、自立、自律，简而言之，他们成了更好的人”。[32]

但是在 21 世纪的美国，最终获得最高收入的人往往是那些高收入家庭的孩子。社会流动性是僵化的；市场的教训是，赢家总是同样的一群人。越来越清晰的事实是，不平等已经不利于经济增长了。2014 年经济合作与发展组织的一项研究发现，贫富差距越大的国家，增长越慢。[33] 一个原因是贫困家庭的孩子接受教育的机会更少，这限制了他们的经济潜力。2017 年，一项针对智利 18~24 岁的年轻人接受教育情况的统计显示，家庭收入最低的 1/5 人群中，有 33% 的人进入了大学，而收入最高的 1/5 人群中，这一比例为 53%。[34] 在美国，公共教育质量的差异和公立大学成本的上升产生了类似的影响，尽管没有那么显著。

经济不平等也扭曲了公共政策，因为政客面临着更大的压力，既要调节精英阶层的寻租行为，又要向穷人提供帮助。不平等削弱了共同使命感，这让在教育、研究和基础设施方面维持必要水平的公共投资的政治支持变得更加困难。

不平等的加剧意味着美国经济的表现并没有看起来那么强劲。大多数美国人可能认为在“经济学家的时刻”里，美国经济超过了法国经济。他们是对的。但是，如果把这两个国家最富裕的 1% 的家庭排除在外，情况就大不相同了。对于 99% 的家庭来说，法国的收入增长比美国快得多。[35]

一个强大的社会保障体系是市场经济的必要支撑，正如市场经济是一个强大的社会保障体系的必要支撑一样。经济史学家卡尔·波兰尼注意到，在 19 世纪，对市场的依赖和提供最低生活标准的承诺在一场“双重运动”中同时上升。波兰尼将这两股力量描述为对立的：公平侵蚀资本主义；资本主义侵蚀公平。[36] 比较乐观的看法是，这些力量可以存在于生产紧张之中，就像在 20 世纪中期，美国同时扩大了其安全网和市场经济。相比之下，近几十年来，美国在追求经济增长时没有充分考虑到社会保障体系的力量，而事实证明，正是这种不平衡造成了破坏。乔治敦大学经济学家皮埃特拉·里沃利认为，与贸易水平更高的其他发达国家相比，美国国内对贸易的反对更强烈，因为美国的社会保障体系要弱得多。例如，美国是唯一不提供全民医疗保健的发达国家。如果工厂倒闭后失去工作的人仍然有医疗保险，如果培训费用是人们负担得起的，如果他们能在有新工作的地区找到住房，并可以支付照顾孩子的费用，那么转型是可控的。否则，这些人可能会对全球化更加愤怒——而且有充分的理由。

此外，金钱也不能解决所有问题。失业不仅仅意味着缺钱，缺失的还有目标和机会。阿尔弗雷德·卡恩的观点是正确的：人们不能简单地将民主国家的“公共利益”与“消费者利益”等同起来。他坚持认为，作为生产者和“城市化文明中的公民”，人们也有自己的利益，而这一观点是正确的。

2010 年，生活在突尼斯这个经济快速增长的国家的水果商贩穆罕默德·布瓦吉吉的自焚引发了“阿拉伯之春”。“阿拉伯之春”本不应该发生。[37] 但是突尼斯人并不满意。他们想要自由、健康、幸福，而中东的抗议之火仍在燃烧。传统经济学家阿马蒂亚·森写道：“经济增长本身不可能被理智地视为目的。发展必须更加关注改善我们的生活和我们享有的自由。”[38]

在某些情况下，解决办法是降低市场效率。效率并不是市场的主要目的。社区可以决定他们想从市场中得到什么。将医科学生与培训项目匹配起来的市场，其结构相当于让一对已婚夫妇原地离婚。这是没有效率的，但它被认为是重要的。

政府已经通过各种方式为美国人提供了市场保护，但大多数情况下，这些保护都是以牺牲其他人的利益为代价，只为富裕的美国人提供的。对工会的反感还没有延伸到专业的垄断联盟中，比如房地产经纪人协会，他们从卖房者那里榨取 6% 的佣金。政府还允许医生限制新上岗医生的培训名额，这也是美国医生的收入大约是其他富裕国家医生的 2 倍的原因之一。分区法和其他对建筑的限制提高了工作集中地区的房价，这对现在的房主来说是好事，对其他人来说则是坏事。

政府如何将保护范围扩大到包含那些不够幸运的人的程度呢？

例如，决策者应该考虑到，损失一美元的痛苦通常超过获得一美元的快乐；放慢改革的步伐可以减轻痛苦；用经济学家弗兰克·奈特的话来说，市场“有时必须怀抱仁慈之心进行调节”。奈特是芝加哥大学教授，他任职的时间要早过弗里德曼和斯蒂格勒的时代。[39]

最重要的是，在评估公共政策时，明确考虑潜在成本和收益的分配将使社会受益。不平等的加剧在很大程度上是因为政策制定者还没有决定阻止它。

在一个经典的课堂游戏中，教授把学生分成两人一组。一名学生得到了 10 美元，并被告知要支付给另一名学生一些钱。如果第二名学生接受第一名学生提供的数额，那么第一名学生就按约定支付那笔钱并持有剩下的钱。如果第二名学生拒绝，第一名学生就得把 10 美元还给老师。可以看出，只要第二名学生选择接受，就可以得到经济上的好处，哪怕只有一分钱。但是当被支付的数额少于 3 美元时，学生通常会选择拒绝。他们宁愿把钱烧掉，也不愿让第一名学生多得一些钱。英国政府在 20 世纪 70 年代的一次调查中也得到了类似的结果。它提供了以下选择：（1）每个人每周得到 4 英镑；（2）你每周得到 5 英镑，但有些人每周可以得到 6 英镑。80% 的受访者选择了第一个选项，宁愿每周少赚 1 英镑，也不希望其他人得到更多。[40] 行为经济学家理查德·塞勒表示：“人们通常认为，‘经济人’更关心财富，而不是公平和正义等问题。对‘最后通牒博弈’的研究证明了这种简单的表征是错误的。”[41]

有时，正确的答案是不要市场。国会委员会在每次听证会上都会为公众保留几个席位。然而，排在队首的人通常都是没有兴趣参加听证会的。因为他们都是被一些公司花大价钱雇来排队的，目的是为那些游说者或华盛顿精英的其他成员保留席位。经济学家可能会告诉你，这对有时间又需要钱的排队者有好处，对愿意花钱而不愿花时间的游说者也有好处。但这不利于民主。因为人们所拥有的财富不是均等的，赚钱的能力也有差异。有些人天生富有，有些人逐渐变得富有，而有些人天生贫穷并只能一直贫穷下去。对市场的依赖给了有钱人优先权。

如果这看起来是一个微不足道的例子，那么我们来思考一下另外一个：在发达国家中，美国是唯一允许靠收入来决定谁能获得医疗保健的国家。或者我们再想一下，在大多数地区，一个好的公立学校的学习机会是通过在富人区购买一所房子来获得的。越来越多的城市的司机要通过付费来使用不那么拥挤的高速公路车道。一些司法管辖区的犯人可以通过支付更高的费用来住进条件更好的牢房。其他国家的公民可以通过在美国进行最低限度的投资来购买美国公民身份。

弗里德曼表示，市场限制了人们必须达成一致的议题数量，从而强化了社会。他在 20 世纪 60 年代写道："市场的广泛使用减少了社会结构的压力，因为它使从众行为与它所包含的任何活动无关。市场所涵盖的活动范围越广，需要明确政治决定的问题就越少。"[42]

这是对人性的误解。人际关系更像肌肉，而不是纺织品。它们通过使用来得到加强。经济学家阿尔伯特·O. 赫希曼在他 1970 年出版的迷人的著作《退出、呼吁与忠诚》中指出，一个人在一段令人失望的商业、个人或政治关系中有三种选择：离开、抱怨或默默忍受。他写道，离开越容易，失望的人会抱怨的可能性就越小。离开越容易，这个人就越不可能寻求改善关系。例如，作为富人的家长并不会寻求改善城市里的学校。因为他们可以选择搬到郊区。美国是一个建立在

“最好向前看”理念上的国家。我们的祖先离开了他们出生的地方，来到这里；他们向西，再向西迁移。他们离开了城市，去往郊区，又往远郊走去。他们构建了一个市场社会，而市场的定义特征就是拥有离开的自由。

我们的问题是拥有太多的市场，同时也伴随太多的退出和离开。如果说你能从这本书中学到些什么，那么我希望是：知识的市场是由人们建造的，以人们所做出的种种选择为目的，同样，它们也可以再次被人们改造和重建。

市场经济仍然是人类最伟大的发明之一，是创造财富的强大机器。但是，衡量一个社会的标准是金字塔底层的生活质量，而不是金字塔顶端的。过去半个世纪对繁荣分配不平等的故意漠视，是自由民主的生存现状正受到民族主义煽动者考验的一个重要原因，就像在 20 世纪 30 年代那样。

我不知道这条绳子能撑多久，也不知道它能承受多大的重量。答案可能是很长一段时间，也可能是很大的重量，尽管自 2008 年以来不断上升的不满情绪会引发一些担忧。然而，我相信，如果我们能够找到减轻压力的方法，我们之间的共同纽带将维系更长时间。

致　谢

几年前，我读了托马斯·麦克劳的《监管的先知》(*Prophet of Regulation*)，这本书讲述了美国经济监管方式的演变。读过这本书之后，我的脑海中留下了特别深刻的印象，尤其是书中所讲到的一个概念，即当前的经济监管方式是相对较新的。在过去15年里，当我为一系列报纸撰写有关经济政策的文章时，我发现自己经常会想起麦克劳的观点，即20世纪70年代的监管进入了一个他称为“经济学家的时刻”的新时代。我了解到在其他政策领域也有类似的革命，我也开始更多地了解这些革命所取代的东西。

这本书的基本构思在我脑海里萦绕了好几年。2016年秋，克里斯·帕里斯·兰姆说服我，是时候动笔把它们写出来了。克里斯成了我的经纪人，他帮助我建立了这样一个前提：这个“经济学家的时刻”已经结束了，我们现在面临的问题是接下来会发生什么。在他的帮助下，这本书才得以成形，他真的太棒了。此外，我还要感谢他在格纳特公司的同事。

利特尔·布朗出版社的凡妮莎·莫布里担任了我的编辑，她把赌注放在了我这个第一次写书的作者身上。我非常感激她对这个项目的热情，但最重要的是要感谢她作为一个编辑所拥有的技能，经过她的努力和付出，这本书看起来好了很多。一次又一次，在她的帮助下我明白了努力的方向。我也很感谢利特尔·布朗出版社其他许多帮助过我的人，他们帮助我进行创作并将这本书销售了出去。

当我还是个孩子的时候，我就梦想着为《纽约时报》撰稿。在2010年，这个梦想实现了，将近10年过去了，我仍然认为自己非常幸运，能跻身世界上最好的记者之列。我很感谢伊丽莎白·巴米勒和迪安·巴奎给我时间来写这本书。我还要感谢我的编辑，他们鼓励了我的好奇心，包括汤姆·雷伯恩、达蒙·达林和黛博拉·所罗门，以及我所在的经济版块的同事。我从你们所有人身上都学到了一些东西。

写书是一项独立的事业，这是我所预料到的；写书同时也是一项集体事业，这是我所没有想到的。对这本书做出贡献的人很多，以下是我必须要列出的一部分人的名单。

汤姆·雷伯恩作为我的编辑，他的名字要再出场一次。他对文章中所描述的事件有着深刻的了解，他以记者的身份报道了其中许多事件。作为一名编辑，他表现出的优雅和谨慎，以及他的怀疑精神都给我留下了不可磨灭的印记。

亚伦·斯塔格夫 – 贝尔福特对许多学科进行了有价值的研究，特别是反垄断执法的历史，法律和经济的兴起以及乔治·斯蒂格勒的贡献。我很感激他的热忱，以及他对于追寻那些鲜为人知的逸事的意愿。曼努埃尔·包蒂斯塔·冈萨雷斯阅读了每一章的草稿，特别注意了对于经济概念的描述。他帮助我纠正和厘清了一些问题，当然，如果有遗留错误，都不是他的责任。他还翻译了一些西班牙语的原始资料。萨姆·迪恩充当了我在尼克松总统图书馆里的“眼睛”和“手”。

国会图书馆恰好在我家附近，我在那里度过了无数的时间。坐在宽敞的阅览室里，我阅读着一本书并查找其来源，有时我觉得自己正受益于维多利亚时代的互联网。工作人员像使用了魔法一样迅速地变出了这些文字，至今这都让我感到奇妙无比。

我在智利、冰岛和中国台湾的旅行是我为写这本书所做的研究中最有意义的部分，这拓宽了我对另一种经济政策的现实后果的理解。我非常感谢维克多·埃雷罗，他是我在智利的向导。他作为一名记者、一名翻译和一个取之不尽的信息来源为这本书做出了贡献。作为这其中的任何一个角色，他都是不可或缺的。我还要感谢其他一些智利记者的帮助和好客，特别是伊莎贝尔·雷耶斯·布斯托斯、帕斯卡尔·邦内福伊、卡罗拉·富恩特斯和拉斐尔·瓦尔德韦亚诺。在中国台湾和冰岛，语言障碍没有那么大的束缚，但我要感谢克里斯·霍顿的款待和他的知识，以及神奇的谷歌翻译。

我很感激所有阅读和评论这本书的人。特别感谢罗伯特·利坦、尤尼·阿佩尔鲍姆、彼得·康提－布朗和杰瑞德·伯恩斯坦，他们给了我一条足够好的建议，让我写在便利贴上时刻提醒自己："这不是一本推理小说。"

梅尔文·巴克曼、瑞秋·布朗和希拉里·麦克伦查阅了成千上万的事实和引文。我对他们找到的一些细节感到惊讶，对因为他们的仔细观察从而改进了文章的一些段落表示感激。我还要感谢特伦特·达菲，他编辑了最后的手稿。他们都表示不会对我的书中出现的错误负责任，这真是既老套又真实。

这本书借鉴了我作为《纽约时报》驻华盛顿记者的报道，以及我之前为《华盛顿邮报》《波士顿环球报》《夏洛特观察家报》所做的工作。在《纽约时报》工作的最大乐趣之一，就是有机会与政策制定者和经济学家交谈，包括书中提到的大多数在世人士。本书中涉及引用采访中的对话时会在尾注中注明。

作为一名记者，我会与人们谈论经济政策对他们生活的影响，而他们的话对于我对经济政策的理解产生了深远的影响。其中一些人会出现在这本书中。我很感激他们，因为他们愿意与我这个陌生人分享他们的故事，尤其是这其中包含了许多痛苦的经历。

除了我自己的报道和我的历史研究，这本书也是站在了许多早期作品的肩膀上，这些作品深刻地影响了我的叙述和结论。关于这些引文和事实的具体信息我在引用中都有标注。如果你对我的推荐感兴趣，想进一步阅读这些资料，请访问如下网址：BinyaminAppelbaum.com。

我的父母在一间堆满书的房子里将我养大，那其中也包括他们自己的书。他们鼓励我的好奇心，教我明辨是非，给我提供一切机会来追求梦想。他们是我的英雄。

我的每一个孩子也都想要在这个致谢栏目里拥有一句送给自己的话，当然，相比于他们带给我的欢乐，这是我所能做的最微不足道的一件事情。米拉，我爱你。托马斯，我爱你。

我要把最好的留到最后：我的妻子凯佳·威尔。因为在我们的"合作关系"中，她承担了更重的部分，才使得这本书的诞生成为可能。她对这本书的贡献，多到我数不清。我要对她献上我的爱、我的感谢，还有我的庄严承诺"所有的盘子都由我来洗"。

华盛顿特区　2019 年 4 月

注　释

引　言

1. Michel Houellebecq, *The Elementary Particles*（NewYork：Knopf，2000），4.
2. 这则逸事出自威廉·奈柯克的传记 *Volcker：Portrait of the Money Man*（New York：Congdon and Weed，1987）。沃尔克在2018年的一次采访中告诉我，他不记得与妻子谈话的具体内容，但这与他当时的感受是一致的。“我确信自己处在角落里，”他说，“我在那里待了5年，却从未见过（纽约联邦储备银行）行长。你写了一份备忘录，寄给了你的上级，而你的上级又把它寄给了他的上级。”
3. 1952年沃尔克入职时，美联储董事会中没有经济学家。唯一较早的例子是在1914—1936年担任美联储董事会成员的阿道夫·C. 米勒，他在哈佛大学获得了经济学硕士学位，并担任了20多年的金融学教授。有农业背景的人通常会作为重要经济部门的代表而被任命为董事会成员，1952年，这个职位由艾奥瓦州的养猪户鲁道夫·M. 埃文斯担任。当时，美联储12家地区储备银行中有2家银行的行长拥有经济学硕士学位：1951年被选为亚特兰大联邦储备银行行长的马尔科姆·H. 布莱恩，他曾担任美联储经济学家；1952年6月被选为明尼阿波利斯联邦储备银行行长的奥利弗·S. 鲍威尔。
4. 1970年1月，马丁在担任美联储主席的最后一天与尼克松政府的年轻职员理查德·T. 麦考马克谈话时发表了上述言论。我要感谢达拉斯联邦储备银行前总裁理查德·费舍尔，是他将麦考马克与马丁的谈话内容告诉了我。参见 Henry E. Mattox，*A Conversation with Ambassador Richard T. McCormack*（Xlibris，2013），56。
5. 凯恩斯在自己的祖国推广了自己的思想，但同样遭到了拒绝。1933年，时任财政部长的内维尔·张伯伦在议会上谈到凯恩斯的建议时说：“据我所知，没有哪位财政部长曾故意让他的预算失衡。”引用罗斯福的原话，参见 Frances Perkins，*The Roosevelt I Knew*（New York：Viking，1946），215。
6. Michael A. Bernstein，*A Perilous Progress：Economists and Public Purpose in Twentieth-Century America*（Princeton，N.J.：Princeton University Press，2001），138.
7. Fritz Machlup，ed.，*International Monetary Arrangements：The Problem of Choice*（Princeton，N.J.：Princeton University Press，1964），6.
8. 政府阻止费城银行合并一案在第五章有更详细的讨论。
9. 麦克劳在他1984年的代表作 *Prophets of Regulation*（Cambridge：Belknap Press，1984）中创造了这个短语来描述经济学在监管政策中的崛起。
10. 1965—2009年，经济学家在七人董事会中占据多数席位。1973—2009年，至少有一半地区的储备银行行长是经济学家。而且，1978—2009年，除了美联储货币政策制定委员会——

联邦公开市场委员会的两次会议外，经济学家在所有会议上都获得了多数票。唯一的例外是 1995 年的两次会议。

11. 舒尔茨的三位继任者也获得了经济学博士学位：W. 迈克尔·布鲁门塔尔（1977—1979）、劳伦斯·萨默斯（1999—2001）和约翰·斯诺（2003—2006）。

12. Marion Fourcade, *Economists and Societies*：*Discipline and Profession in the United States, Britain, and France, 1890s to 1990s*（Princeton, N.J.：Princeton University Press, 2009）, ebook loc. 1675.

13. 在中世纪的欧洲，对面包价格的管制是一种标准做法。在法国，它一直延续到现代。20 世纪 70 年代，政府设定了基本法式长棍面包的价格（法式长棍面包本身就是 20 世纪的创新），但未设定高档面包的价格。1978 年，政府宣布结束价格管制。和其他行业一样，许多消费者更喜欢低价的劣质面包。

14. 关于这次意义非凡的游览，以及中国与西方经济学家和思想更广泛交流的最佳讲解，参见 Julian Gewirtz, *Unlikely Partners*：*Chinese Reformers, Western Economists, and the Making of Global China*（Cambridge：Harvard University Press, 2017）。

15. Charles L. Schultze, "The Role and Responsibilities of the Economist in Government," *American Economic Review* 72, no. 2（1982）.

16. James Landale, "Thatcher's Mad Monk or True Prophet ?," BBC Radio 4, April 7, 2014. Timothy Noah's *The Great Divergence*：*America's Growing Inequality Crisis and What We Can Do About It*（New York：Bloomsbury, 2012）调查了美国不平等加剧的原因。Angus Deaton的*The Great Escape*：*Health, Wealth, and the Origins of Inequality*（Princeton, N.J.：Princeton University Press, 2013）提供了更广阔的视角，包括国际环境和不平等带来的好处。

17. 20 世纪 70 年代中期平均值为 2.160%，80 年代为 2.156%，90 年代为 1.98%，即使剔除受经济危机影响的 2008 年和 2009 年，21 世纪头 8 年的年平均值仍然只有 1.7%。这些数据来自美国商务部经济分析局公布的官方 GDP 估计值。

18. 我在 2008 年满 30 岁，但我这一代人收入能力的下降并不是经济衰退的结果。1973—1983 年出生的男性中收入超过父辈的平均比例是 43%。2017 年，皮尤研究中心发布报告称，只有 37% 的美国人认为自己的孩子会有更好的经济水平。这些数据来自经济学家拉吉·切蒂和他的合作者的研究工作，参见 OpportunityInsights.org 和 Pew's Global Indicators。

19. "The Growing Gap in Life Expectancy by Income：Implications for Federal Programs and Policy Responses," 2015, National Academies of Science, Engineering and Medicine；参见 https://doi.org/10.17226/19015。

20. Simon Schama, *The Embarrassment of Riches*：*An Interpretation of Dutch Culture in the Golden Age*（Berkeley：University of California Press, 1988）, 222. 哈佛大学经济学家丹尼·罗德里克认为，经济语言之所以在政治交流中普遍存在，是因为它综合了科学和叙事。经济学家得出的结论据称是科学的，而且他们善于以"公众意识中容易出现的"故事的形式传达这些结论，比如税收正在削弱的简单故事。美联储前主席本·S. 伯南克在回忆录中解释自己成为经济学家的原因时写道："我发现自己善于解释事情。"在大众传播时代，对有效地阐述事情的需求日益增加。政治学家杰弗里·K. 图利斯通过计算得出，卡特总统在其四年任期内发表的公开演讲比整个 19 世纪所有美国总统发表的演讲都要多。

21. 直到 1840 年，邮资都是一经收到即付，而且价格相当高。威廉·J. 伯恩斯坦在他撰写的贸易史一书 *A Splendid Exchange*（New York：Atlantic, 2008）中写道，当议会批准使用邮票时，那个时代自由贸易的主要倡导者理查德·科布登"据说曾高兴地喊道，'《谷物法》出台了'"。关于《经济学人》的更多角色信息，请参见 Cheryl Schonhardt-Bailey, *From the Corn Laws to Free Trade*：*Interests, Ideas, and Institutions in Historical Perspective*（Cambridge：MIT Press, 2006）。

22. 长期以来，各国政府一直试图统计人口数量。圣经的第四本书叫作《民数记》，因为它记录了人口普查的详细信息。世界上许多伟大的帝国，包括古埃及、古中国和古罗马，都曾尝试人口普查，并取得了不同程度的成功。但是人口数量的统计仍不常见，更详细的调查则实属罕见。英国直到 1801 年才进行第一次现代人口普查。1791 年，在亚历山大·汉密尔顿试图为他的《关于制造业的报告》收集有关美国经济的信息时屡屡受挫。哈特福德枪械制造商彼得·柯尔特写信给汉密尔顿说，他既不能估计自己的年产量，也不能估计自己的年收入，在这一点上，并非只有他自己面临这种情况。"我们无法精确地确定必要的事实，"曾被汉密尔顿索要有关宾夕法尼亚州农民信息的朋友蒂莫西·皮克林写道，"因为我怀疑一千个美国农民中是否有一个是根据实际耕种、田地面积和产量来做决策的。"参见 Eli Cook, *The Pricing of Progress*：*Economic Indicators and the Capitalization of American Life*（Cambridge：Harvard University Press, 2017）。

23. 1848 年，德·鲍被任命为路易斯安那大学的政治经济学教授（这所学校现在被称为杜兰大学）。历史学家马里恩·富卡德发布报告说，1880 年美国仅有三位政治经济学教授。到 1910 年，这个数字增加到 51 人。截至 2017 年，美国大约有 13 000 名经济学教授。在过去的半个世纪里，成年人中从事经济学教授工作的比例增加了一倍多，当然这一比例仍然很小。

24. 斯坦福大学的历史学家乔治·弗雷德里克森形容黑尔珀的书很可能是"美国有史以来出版的最具政治影响力的书"。这本书在纽约报纸编辑贺拉斯·格里利出资发行第二版之后收获了众多读者，该书出版的一部分原因是反驳南卡罗来纳州的政治家詹姆斯·亨利·哈蒙德 1858 年发表的题为"棉花为王"的演讲，哈蒙德在演讲中展示了一些数据，并声称这些数据体现了南方经济体卓越的生产力。到南北战争时期，黑尔珀的书已经卖出了 20 多万册。德·鲍的统计工作具有讽刺意味，他是奴隶制和分裂主义的强烈支持者。参见 Cook, *The Pricing of Progress*。

25. Diane Coyle, *GDP*：*A Brief but Affectionate History*（Princeton, N.J.：Princeton University Press, 2014）, 13.

26. Arnold Harberger, "Sense and Economics：An Oral History with Arnold Harberger," conducted by Paul Burnett in 2015 and 2016, Oral History Center, Bancroft Library, University of California, Berkeley.

27. H. R. Haldeman Diaries, National Archives, August 16, 1971；参见 nixonlibrary.gov/sites/default/files/virtuallibrary/documents/haldeman-diaries/37-hrhd-audiotape-ac12b-19710816-pa.pdf.

28. Hobart Rowen, "Juanita Kreps' Introspective Farewell," *Washington Post,* November 3, 1979.

29. J. H. Dales, *Pollution, Property and Prices*（Toronto：University of Toronto Press, 1968）, 100.

30. 最近的一些作品影响了我对美国政治中保守主义运动和对市场充满信心的兴起之间关系的理解，其中包括：Bernstein, *A Perilous Progress*；Kim Phillips-Fein, *Invisible Hands*：*The Businessmen's Crusade Against the New Deal*（New York：Norton, 2010）；Lisa McGirr, *Suburban Warriors*：*The Origins of the New American Right*（Princeton, N.J.：Princeton University Press, 2001）；Kevin Kruse, *One Nation Under God*：*How Corporate America Invented Christian America*（New

York：Basic Books，2015）；Rick Perlstein，*Before the Storm：Barry Goldwater and the Unmaking of the American Consensus*（New York：Hill and Wang，2001）。

31. McGirr，*Suburban Warriors*，7.

32. 经济学家布拉德·德朗计算得出，公元前1 500年一个普通工人的生产率是公元前10 000年一个普通工人的4.7倍。这是一个缓慢的变化速度。正如他所指出的那样，这意味着任何人在一生中都难以观察到生产力的进步。此外，在工业革命之前，生产力的提高通常意味着更多的人口，而不是更高的生活水平。参见Brad DeLong，*Slouching Toward Utopia：The Economic History of the Twentieth Century*（New York：Basic Books，2018）。

33. 阿尔钦、德姆塞茨的论文逻辑是亲市场流派的一个经典案例。文章作者指出，工人和雇主在一个开放市场中达成了协议，在这个市场中，双方可以自由地寻求最优选项，而且每个人都充分了解所有可用的机会。在这一假设基础上，他们提出了一个简明的论点：工人需要一个能够评估自身劳动的价值并且防止偷懒的裁判，所以他们把集体产出中的财产权让给了裁判——公司。换句话说，这篇论文假设监管缺失，从而得出没有必要进行监管的结论。2011年，它被评为《美国经济评论》有史以来发表的最重要的20篇论文之一。参见Armen A. Alchian and Harold Demsetz，"Production，Information Costs and Economic Organization，" *American Economic Review* 65，no. 5（December 1972）。

34. "在维护和加强竞争性资本主义方面最利害攸关的群体是我们社会中的少数群体，他们很容易成为大多数人不信任和敌意的对象——黑人、犹太人、在外国出生的人，这只是最明显的例子。"参见Milton Friedman，*Capitalism and Freedom*（Chicago：University of Chicago Press，1962），21。

35. McGirr，*Suburban Warriors*，253.

36. 罗纳德·里根是这类强调个人主义的诗人。罗杰斯指出，里根"喜欢说他的政治对手只把人民看作群体成员；相反，他的政党把美国人民视为个人"。这一点在他的言辞中表现得很明显。"在里根对人民的颂扬中，复数名词往往会变为单数。"这是许多自由市场运动的演说家都强调的重点。"（乔治）吉尔德的英雄般的独立企业家，（罗伯特）卢卡斯的预期效用最大化，（裘德）万尼斯基的鱼和椰子商人，科斯定理中庭审过程中的牧场主和农场主的公共利益最大化问题。想象一下现在的市场，就是一群社会上自由选择的独立经济个体，不受社会约束。"参见Daniel T. Rodgers，*The Age of Fracture*（Cambridge：Belknap Press，2003）。

37. J. R. Kearl et al.，"A Confusion of Economists?" *American Economic Review* 69，no. 2（1979）.

38. Jonathan Schlefer，*The Assumptions Economists Make*（Cambridge：Harvard University Press，2012），189.

39. George F. Will，"Passing of a Prophet，" *Washington Post*，December 8，1991.

第一章 市场无处不在

1. "The Intellectual Provocateur，" *Time*，December 19，1969.

2. 伯纳德·罗斯克的书*I Want You! The Evolution of the All-Volunteer Force*（Santa Monica，Calif.：Rand，2006）对这一章准备工作有重要价值，这本书包含了一些原始资料的数字档案——一种真正的公共服务。自1973年草案结束以来，大约每十年举行一次回顾性会议，其记录也是一种宝贵的资源。安德森在2003年的活动上分享了他的回忆。参见"The All-Volunteer

Force：30 Years of Service," September 16, 2003；available at c-span.org/video/?178209-1/volunteer-force-30-years-service。

3. Martin Anderson, "The Making of the All-Volunteer Armed Force," in *Cold War Patriot and Statesman：Richard M. Nixon*, ed. Leon Friedman and William Levantrosser (Westport, Conn.：Greenwood Press, 1993), 173.

4. Milton Friedman and Rose Friedman, *Two Lucky People* (Chicago：University of Chicago Press, 1998), 220. 弗里德曼在 1968 年写给一位祝福者的信中也表达了同样的观点："像我这样的人的主要作用并不在于说服任何人，而是把想法公开表达出来，以便在出现与当前问题特别相关的情况时，这些想法可以被提出来"。Friedman to Zadon, November 19, 1968, Milton Friedman Papers, box 214, Hoover Institution Archives, Stanford, Calif.

5. Friedman and Friedman, *Two Lucky People,* 381.

6. "我们过去常说，每个人都喜欢和米尔顿争论——当他不在场的时候"。George Shultz, quoted in William Simon, *A Time for Reflection* (Washington, D.C.：Regnery, 2004), 73.

7. "A Moynihan Report," *New York Times,* June 27, 1971. 莫伊尼汉补充说："并不是说我完全同意弗里德曼说的每一句话，而是简单地说，他能提出你真正需要倾听的想法，目前还没有一个能与之媲美的人。"

8. 索洛对弗里德曼的看法可以用他那句著名的俏皮话来概括：一切都能让弗里德曼想起金钱。好吧，索洛继续说道，一切都能让他想起性，但他并没有把这个写在每篇文章中。Robert M. Solow, "Review of *A Monetary History,*" in *Modern Economic Classics — Evaluations Through Time,* ed. Bernard S. Katz and Ronald E. Robbins (New York：Garland, 1988), 339–346.

9. Lawrence H. Summers, "The Great Liberator," *New York Times,* November 19, 2006.

10. Andrei Shleifer, "The Age of Milton Friedman," *Journal of Economic Literature* 47, no. 1 (2009)：123–135.

11. Friedman and Friedman, *Two Lucky People,* 29.

12. "成为一名经济学家似乎比成为一名应用数学家或精算师更能切合时下的热点问题"。Milton Friedman "Milton Friedman," in *Lives of the Laureates,* ed. William Breit and Barry T. Hirsch (Cambridge：MIT Press, 1986), 83.

13. 20 世纪 20 年代，大学新生的着装规范十分普遍。例如，斯坦福大学的新生被要求戴有红色纽扣的绿色帽子；哥伦比亚大学的学生被要求系黑色领带和穿黑色袜子；威廉姆斯大学的学生被要求系蓝色领带。参见"Princetonian Compares Freshman Rules of Discipline in United States Colleges," *Stanford Daily,* April 29, 1924。

14. Friedman and Friedman, *Two Lucky People,* 58.

15. Ibid., 81.

16. Ibid., 84.

17. 米尔顿·弗里德曼在这一点上从不让步。他坚持认为，为了赢得这场战争，必须采取扣缴规定。更广泛地说，弗里德曼的自由意志主义观点从未采取孤立主义或和平主义的形式；他还支持美国在 2003 年入侵伊拉克，他的妻子对此强烈反对。他确实对在财政部任职期间共同撰写《向通胀征税》一书表示遗憾，该书采用了凯恩斯主义中关于通货膨胀机制的观点。他在 2000 年的一次采访中说："这不是什么值得我骄傲的事情。"

18. 这一问题需要在容量和动力之间权衡。研究小组最终决定选用小型、大容量的机枪。参见

Patricia Gates Lynch, "Interview with W. Allen Wallis," May 14, 1996, Association for Diplomatic Studies and Training Foreign Affairs Oral History Project, Library of Congress。

19. John B. Taylor, "Interview with Milton Friedman," in *Inside the Economist's Mind*: *Conversations with Eminent Economists,* ed. Paul A. Samuelson and William A. Barnett(Malden, Mass.: Blackwell, 2007), 133–134.

20. 关于弗里德曼的思想发展的最全面和最具说服力的叙述是美联储经济学家爱德华·纳尔逊于 2018 年未出版的手稿,"Milton Friedman and Economic Debate in the United States, 1932–1972," 2018, books A and B; available at https://sites.google.com/site/edwardnelsonresearch/.

21. 弗里德曼在哥伦比亚大学取得了博士学位,而非芝加哥大学。他在哥伦比亚大学读研究生的第二年获得了奖学金,并回到那里完成了研究工作。他的顾问是西蒙·库兹涅茨,西蒙·库兹涅茨因在开发衡量国家经济活动的统计方法方面发挥的开拓性作用而获得了诺贝尔奖。该论文的一个版本发表于 *Income from Independent Professional Practice*(New York: National Bureau of Economic Research, 1945)。弗里德曼对医学界的看法一直没有改变。1969 年,他在接受采访时说:"我经常开玩笑地问人们,'你认为美国最强大的工会是什么'?几乎从来没有人给出正确的答案,那就是美国医学协会。"

22. 半个多世纪后,自由主义经济学家保罗·克鲁格曼重温这本小册子,对弗里德曼赞不绝口:"他的演艺才华加上收集信息的能力使他成为自亚当·斯密以来自由市场的最佳代言人。"参见 Paul Krugman, "Who Was Milton Friedman?," *New York Review of Books* 54, no. 2(February 15, 2007)。

23. 插入的注释部分写道:"这意味着,即使从那些把平等置于正义和自由之上的人的角度来看,租金管制也是愚蠢至极。"参见 Milton Friedman and George J. Stigler, *Roofs or Ceilings? The Current Housing Problem*(Irvington-on-Hudson, N.Y.: Foundation for Economic Education, 1946), 10。弗里德曼和斯蒂格勒都认为自由市场是解决经济不平等的最佳途径,但他们支持某些形式的政府干预。斯蒂格勒在 1949 年的一次演讲中说:"我们应该寻求通过扩大教育体系、改善劳动力流动性、消除劳动垄断、为贫困儿童提供医疗保健等方式,使劳动收入分配更加平等。"参见 George Stigler, *Five Lectures on Economic Problems*(London: Longmans, Green, 1949)。弗里德曼长期以来一直倡导劳动所得税收抵免。

24. Tony Judt, *Postwar*: *A History of Europe Since 1945*(New York: Penguin Press, 2006), 69.

25. Brian Doherty, "Best of Both Worlds: An Interview with Milton Friedman," *Reason,* June 1995.

26. Milton Friedman, "Neo-Liberalism and Its Prospects," *Farmand,* February 17, 1951.

27. Milton Friedman, *Capitalism and Freedom*(Chicago: University of Chicago Press, 1962), 36.

28. 1960 年,弗里德曼首次给戈德华特写信,抱怨参议员对国际资本流动监管的看法。1961 年,戈德华特在观看了教授与参议员约瑟夫·克拉克的辩论后找到了弗里德曼,约瑟夫·克拉克是宾夕法尼亚州的自由主义者,曾让戈德华特分心。两人于 1962 年在美国企业研究所所长威廉·J. 巴鲁迪的家中初次见面。欲了解戈德华特及其在美国历史上的地位,参见 Rick Perlstein, *Before the Storm*: *Barry Goldwater and the Unmaking of the American Consensus*(New York: Hill and Wang, 2001).

29. Milton Friedman, "The Goldwater View of Economics," *New York Times Magazine*, October 11, 1964.

30. Milton Friedman, "Why Not a Voluntary Army?," *New Individualist Review* 4(Spring 1967): 3–9.

31. 杰斐逊在给詹姆斯·门罗的一封信中提出了这一论点；他在其他信件中也重复了这一论点。1812 年战争期间，国会拒绝批准征兵，因此杰斐逊认为华盛顿特区应当被占领并烧毁。参见 *The Writings of Thomas Jefferson*（Washington，D.C.：Thomas Jefferson Memorial Association of the United States，1905），13：261。
32. John Lilburne，Richard Overton，Thomas Prince，and William Walwyn，"An Agreement of the Free People of England"（1649）.
33. Robert Taft，"Compulsory Military Training in Peacetime Will Destroy Government by the People，" in *The Papers of Robert A. Taft*，ed. Clarence E. Wunderlin Jr.（Kent，Ohio：Kent State University Press，2003），3：53.
34. 加尔布雷斯坚决反对征兵制，他和弗里德曼一样都认为征兵制是一种税。他没有成功地让史蒂文森同样坚定地发声，也许这就是史蒂文森一直在选举中失败的原因。这位候选人在俄亥俄州扬斯敦的法院台阶上面向人群发表演讲："我注意到，关于满足日益紧迫的对经验丰富的专业军事人员的需求问题上，很可能意味着，我们将要在可预见的未来转而采用除征兵以外的其他方法来招募这类人员。"参见 "Text of Stevenson Talk at Youngstown，" *New York Times,* October 19，1956。
35. Thomas D. Morris，"Statement，Hearing Before the House Committee on Armed Services，" Cong. Rec. H9942（June 30，1966）.
36. Richard J. Whalen，"Here Come the Conservatives，" *Fortune,* December 1963，108–109.
37. Samuel Lubell，*The Future of American Politics*（New York：Harper and Brothers，1952），196.
38. Walter Y. Oi，"The Costs and Implications of an All Volunteer Force，" in *The Draft：A Handbook of Facts and Alternatives,* ed. Sol Tax（Chicago：University of Chicago Press，1967），221–251. 男性必须在他们 18 岁生日时登记参军，但他们直到 19 岁才有资格应征入伍。
39. Tax，*The Draft,* 307–308.
40. 发给地方征兵委员会的一本小册子上写道："选择性服役分类过程的主要成果之一是将人力资源引导到许多符合国家利益的事业、职业和活动中。""如果没有学生延期服役计划，许多年轻人就不会接受高等教育……尽管教师的工资在历史上一直很低，但许多年轻人仍然从事这项工作，从而寻求延期服役待遇。"参见 Selective Service Administration，"Channeling，" July 1，1965, reprinted in *Columbia Daily Spectator,* October 24，1967。
41. Austin Wehrwein，"Protesters End Chicago U. Sit-In，" *New York Times*，May 14，1966.
42. 组织者详细叙述了会议情况：参见 Tax，*The Draft.*
43. 我衷心感谢华特的妻子马乔里·欧伊与我们分享她关于华特的回忆，以及有关华特日常生活和工作的大量第一手或二手资料。
44. Oi，"Costs and Implications of an All Volunteer Force，" 221–251. 五角大楼的理由如下：想象一个有着 100 名年轻人的国家。国家要求每个人报出服兵役的价格。第一个是爱国者，他提出每年只需要 1 美元；第二个提出 2 美元；第三个提出 3 美元；以此类推，直到第 100 个人说他只需要 100 美元。国家必须付给每个人相同的工资。如果它想要一支 10 人的武装部队，第 10 个人想要每年 10 美元，所以总费用将是 100 美元。为了组建一支 20 人的军队，政府必须支付第 20 人要求的工资，也就是 20 美元，所以总费用将增加到 400 美元。理论上征兵制的成本更低。比方说，一个国家想要一支 10 人的军队，他决定给每个士兵每年象征性地支付 5 美元的工资。它仍然有 5 个志愿者，然后征召 5 个人，总共花费 50 美元。一支 20

人的军队所节省的费用甚至更多。

45. Tax, *The Draft*, viii.
46. John J. Ford, “Looking Back on the Termination of the Draft,” 2003；参见 rand. org/content/dam/rand/pubs/monographs/MG265/images/webS0881.pdf。
47. 美国参与第二次世界大战时，弗里德曼 29 岁，但他因在财政部工作而被豁免参军。在 1996 年的一次采访中，弗里德曼说他留在财政部是为了避免参战。战争期间，他的第二份工作在哥伦比亚大学，同样保留了他的参军豁免权。参见“Rose and Milton Friedman：Our Early Years,” *Hoover Digest*, 1996。
48. Martin Anderson, *The Federal Bulldozer：A Critical Analysis of Urban Renewal, 1949-1962*（Cambridge：MIT Press, 1964）, 56.
49. Martin Anderson, *Impostors in the Temple*（New York：Simon and Schuster, 1992）, 37.
50. Martin Anderson, “An Analysis of the Factors Involved in Moving to an All-Volunteer Force,” April 1969 and July 10, 1969, Martin Anderson Collection, Richard Nixon Presidential Library, Yorba Linda, Calif.；available at nixonfoundation.org/2015/02/ towards-volunteer-force/. 弗里德曼和欧伊在芝加哥会议上发表的演讲被《新个人主义评论》转载，这是一本由芝加哥大学学生出版的自由主义杂志。参见 Milton Friedman, “Why Not a Voluntary Army?,” 3-9。
51. Patrick J. Buchanan, “Memo to RN, October 23, 1967,” *in The Greatest Comeback*（New York：Crown Forum, 2014）, 376.
52. Robert B. Semple Jr., “Nixon Backs Eventual End of Draft,” *New York Times*, November 18, 1967.
53. 尼克松政府以一种可理解的谨慎态度追踪公众对征兵制的意见。1970 年 1 月的哈里斯民意调查首次发现大多数民众更喜欢志愿军，结果显示这一比例为 52%。参见 Memo from David J. Callard to Robert Odle, “Public Relations Regarding an All-Volunteer Force,” March 11, 1970, reprinted in Rostker, *I Want You!*, G1133.pdf。
54. Richard Nixon, RN：*The Memoirs of Richard Nixon*（New York：Grosset and Dunlap, 1978）, 522. 这只是部分解释。尼克松最感兴趣的是外交事务。尼克松对记者西奥多 · H. 怀特说：“我一直认为，这个国家可以在没有总统的情况下自行管理国内事务，我们需要的是一位负责外交事务的总统。”当谈到国内事务时，尼克松希望赢得选举。尼克松在 1985 年的一封信中承认了这一政治算盘，他写道：“在我决定支持志愿军的过程中，真正起决定作用的是越南战争引起的征兵动乱。但是，如果我不相信志愿军在经济上是可行的，在军事上是可以接受的，我就不会在选举结束之后仍然坚持到底了。”参见 Richard Nixon to Robert K. Griffith, January 29, 1985, in Robert K. Griffith Jr., *The U.S. Army's Transition to the All-Volunteer Force*（Washington, D.C.：Center of Military History, 1997）, 43。
55. 这一纲领的确切措辞是：“当军事人力需求明显减少时，我们将让美国选择性服役制度置于待命状态，取而代之的是一支通过适当的薪酬和职业奖励招募到的志愿军。”参见“Republican Party Platform of 1968,” August 5, 1968；available at presidency.ucsb.edu/documents/republican-party-platform-1968。
56. “Humphrey Urges Bill of Rights for Draftees；Raps Nixon Plan,” *Chicago Tribune*, August 18, 1968.
57. Richard Nixon, “The All Volunteer Armed Force,” CBS Radio Network, October 17, 1968, reprinted in Nixon-Agnew Campaign Committee, *Major Speeches and Statements by Richard M.*

Nixon in the Presidential Campaign of 1968(1968).

58. Rostker, I Want You! 509.

59. 这部分内容基于沃利斯和欧伊的书面回忆以及我对马乔里·欧伊的采访。参见 Lynch, "Interview with W. Allen Wallis"(the transcription misspells Oi's name as "Hoig")。参见 Walter Oi, "Historical Perspectives on the All-Volunteer Force : The Rochester Connection," in *Professionals on the Front Line : Two Decades of the All-Volunteer Force*, ed. J. Eric Friedland et al.(Washington, D.C. : Brassey's, 1996), 44. 在 2017 年 3 月 10 日的一次采访中，我问马乔里·欧伊对这次突然结束的旅行有何感想。在那时，总的来说，她的一生都在与经济学家特别是欧伊一同生活。她笑了。她说："我不知道你和那个层次的学者有过多么密切的联系，这不仅仅是一份工作；而是一种完整的生活方式。"

60. Richard Nixon, "Memorandum to Melvin Laird, February 2, 1969," Anderson Collection, box 1, folder 8, Nixon Library.

61. 这段话摘自安德森的会议记录。参见 Martin Anderson, "President's Office, 14 March 1969, 4 : 30 p.m.," Anderson Collection, box 1, folder 9, Nixon Library。这些记录与总统宣布成立全志愿武装部队委员会时的公开声明是一致的："我已指示该委员会制订一项全面计划，以消除征兵制，转向全部由志愿人员组成的武装部队。"参见 "Statement by the President Announcing a Commission on an All-Volunteer Armed Force," March 7, 1969, in *The Report of the President's Commission on an All-Volunteer Armed Force*(Washington, D.C. : GPO, 1970), vii. 安德森在 1991 年的一篇报道中提到了这次会议的另一个版本。他说，尼克松回应了盖茨的顾虑："这正是我希望你担任主席的原因。如果你改变主意，认为我们应该终止征兵，我就知道这是个好主意。"参见 Anderson, *The Making of the All-Volunteer Armed Force*(Palo Alto, Calif. : Hoover Institution, 1991), 5。不过，安德森出版的作品充满了艺术修饰和可证实的不准确之处。

62. "Memo from David J. Callard, August 28, 1969," Anderson Collection, box 38, folder 2, Nixon Library.

63. 由于威斯特摩兰是在非公开会议上交流的，因此没有会议记录。我能找到的最早的记录，引用自弗里德曼 1981 年 6 月 2 日写给里根总统的一封信，这封信可以在弗里德曼在胡佛研究所发表的论文中找到。弗里德曼随后记录了一些稍有不同的版本，包括在 1998 年的回忆录中也有记录。双方都进行了充分的交流。赫尔希将军经常提及雇佣兵之幽灵，他的盟友借用了这条战线。与此同时，弗里德曼在 1966 年芝加哥会议上发表了自己的答辩稿，参议员戈德沃特在 1967 年的一篇文章中也使用了类似的措辞。

64. 盖茨在给弗里德曼的一封信中描述了这次会面，弗里德曼当时未能出席。他还感谢特别报告员"做出了最大的贡献，对报告案文提供了实质性帮助，并解决了我们一些最棘手的辩论问题"。参见 Thomas S. Gates to Milton Friedman, March 12, 1970, Friedman Papers, box 209, folder 7, Hoover。

65. Memo from Callard to Odle, "Public Relations Regarding an All-Volunteer Force," G1133.pdf.

66. *Report of the President's Commission on an All-Volunteer Armed Force*, 9–10.

67. "Draft Extended After War, Foreign Policy Debate," *CQ Almanac 1971.*

68. "Anti-War Senators Divided over Draft," United Press International, June 4, 1971.

69. David Rosenbaum, "Lottery Is Held to Set the Order of Draft in 1970," *New York Times*, December 2,

1969. 第一批抽签对象是年龄为 19~26 岁的没有服过兵役的男性，随后的年度抽签只包括新一批 19 岁的新人。

70. 1973 年 1 月 26 日，白宫预算办公室主任卡斯帕·温伯格告诉尼克松："我们只是维持在一个水平上，而不是有这么大的和平红利。"众议院少数党领袖杰拉尔德·福特众议员插话说："总统先生，美国人民想要全志愿军，所以他们必须为此付出代价。"参见 Douglas Brinkley and Luke A. Nichter，eds.，*The Nixon Tapes*，1973（Boston：Houghton Mifflin Harcourt，2015），26–28。

71. Melvin Laird，lecture at Department of Defense conference "The All-Volunteer Force：30 Years of Service，" Washington，D.C.，September 16，2003；参见 c-span.org/ video/?178209-1/volunteer-force-30-years-service。

72. 1970 年 6 月 22 日，尼克松总统签署了一项法案，将全国大选的投票年龄降到 18 岁。12 月，当最高法院裁定各州仍然可以设定更高的投票年龄时，国会以惊人的速度做出了回应。1971 年 3 月 10 日，参议院投票修改宪法，仅仅两周后，众议院以 401 票赞成、19 票反对的结果通过了该法案。包括康涅狄格州在内的五个州在众议院投票当天批准了该修正案。1971 年 7 月 1 日，北卡罗来纳州和俄克拉荷马州立法机构批准了该修正案，成为美国的法律。

73. "Last Draftee Glad He's Out，" *New York Times*，May 31，1982.

74. Griffith，U.S. *Army's Transition to the All-Volunteer Force*，32.

75. Beth Bailey，*America's Army：Making the All-Volunteer Force*（Cambridge：Belknap Press，2009），ebook loc. 1108–1144.

76. *Tax*，*The Draft*，459. The speaker was Timothy McGinley，a Labor Department official.

77. 现役军人的规模已经减半，从盖茨委员会估计的 260 万人减少到 2017 年的大约 130 万人。

78. David Woods，"Last Draftee，Who Tried to Hide，Now Believes in Service，" Newhouse News Service，June 22，1993.

79. Martin Anderson，presentation at Department of Defense conference "The All-Volunteer Force：30 Years of Service，" Washington，D.C.，September 16，2003；参见 c-span.org/video/?178209-1/volunteer-force-30-years-service。

80. Melvin Small and William D. Hoover，*Give Peace a Chance：Exploring the Vietnam Antiwar Movement*（Syracuse，N.Y.：Syracuse University Press，1992），117.

81. Scovill Wannamaker Currin Jr.，"An Army of the Willing：Fayette' Nam，Soldier Dissent，and the Untold Story of the All-Volunteer Force"（Ph.D. diss.，Duke University，2015）.

82. 这一比例与最近部署在叙利亚打击伊斯兰国武装分子的比例相差无几，但规模要小得多。参见 "Department of Defense Contractors in Afghanistan and Iraq，" May 13，2011，Congressional Research Service。

83. *Report of the President's Commission on an All-Volunteer Armed Force*，155. 美国通常用负债为其战争提供资金，这进一步限制了公众对冲突的担忧。许多经济学家认为借钱和提高税收没有什么区别，因为选民知道债务必须偿还，这意味着最终必须提高税收。历史上，政治家一直十分成功地忽视了这一理论。众议员大卫·欧贝在 2009 年提出了一项有趣的提案，要求政府征收所得税附加费，以弥补战争开支。

第二章 弗里德曼大战凯恩斯

1. Karl Polanyi, *The Great Transformation*: *The Political and Economic Origins of Our Time* (1944; repr., Boston: Beacon Press, 2001), 35.
2. John Maynard Keynes, "An Open Letter," *New York Times*, December 31, 1933. 当这封信发表的时候，凯恩斯已经50岁了，是一位杰出的公共知识分子和经济政策制定者。然而，在1933年之前，他在经济理论上几乎没有留下什么痕迹。他的传记作者罗伯特·斯基德尔斯基指出，他的思想遗产主要源自他在生命的最后几年所发展和拥护的思想。
3. 凯恩斯主义的关键在于储蓄不同于投资。塞在床垫下的钱也是如此，存在银行的钱也是如此。增加银行系统中的货币数量并不一定会增加银行发放贷款的意愿，也不一定会增加对贷款的需求。当政府通过征税或借贷从私营部门获取资金时，这些资金既来自收入，也来自储蓄。因此，从储蓄中得到的那部分钱就会被重新使用。
4. 萨缪尔森在1948年首次出版的教科书《经济学》及其系列版本中，连续三十年定义了美国的主流经济学。他也是塑造经济学实践的主导力量，包括向数理的转向。萨缪尔森在1985年表示："我可以说，在谈论现代经济学时，我就是在谈论我自己。""我的手指插进了每一个馅饼。"但在这本书中，他只是客串演出，因为他在公共政策辩论中扮演的角色相对较少。当肯尼迪总统要求萨缪尔森担任他的经济顾问委员会主席时，萨缪尔森拒绝了。他后来解释说，他不想为难他的妻子和孩子。当肯尼迪要求詹姆斯·托宾任职时，托宾问他的妻子，为什么他不能效仿萨缪尔森，直接说"不"。"嗯，"她回答说，"保罗必须与保罗·萨缪尔森的良心同在，而你需要与吉姆·托宾的良心同在。"托宾前往华盛顿，后来在肯尼迪总统图书馆的口述历史采访中讲述了他妻子的话。引用萨缪尔森的话，参见 his "Lord Keynes and the General Theory," Economica 14, no. 3 (1946)。
5. 在费利克斯·弗兰克福特的敦促下，凯恩斯给《泰晤士报》写了这封信。弗兰克福特告诉凯恩斯总统会接受这个观点，并送给罗斯福一份样本。参见 Nicholas Wapshott, *Keynes Hayek*: *The Clash That Defined Modern Economics* (New York: Norton, 2011), 157–160。
6. Frances Perkins, The Roosevelt I Knew (New York: Viking, 1946), 215. 这种说法经常被引用作为证据来证明罗斯福不理解凯恩斯的论点。这当然是凯恩斯的观点，他告诉帕金斯："他认为总统从经济角度来说，更具文化修养。"对双手着迷的凯恩斯后来写道，罗斯福有着"像商人一样的短圆指甲"，这并不是一种恭维。在1965年一篇关于凯恩斯的文章中，《时代》同样报道了总统在会后说的话："我一个字也听不懂。"然而，历史学家埃里克·劳克韦认为，罗斯福理解凯恩斯，并且表达了一种政治判断。
7. 罗斯福入主白宫时，虽然从一开始他就支持在紧急救济项目上增加赤字开支，但他仍秉持传统的平衡预算的承诺。他在1936年的一次竞选演讲中说："我们承担政府的最终责任，即在其他人没有钱可花的时候花钱。"第二年，罗斯福开始收紧开支，经济逆转了其脆弱的发展势头。这说服罗斯福在1938年接受了一个更加积极的赤字开支计划。此后不久，美国开始转变为"民主的军火库"，这留下了一个问题，即在没有战争的情况下，罗斯福会在多大程度上接受凯恩斯主义思想。尽管政府当时没有报告失业数据，但劳工统计局在1948年估计，1939年的失业率为17%，1944年下降到1%，而1944年是战争爆发的最后一年。一些历史学家确实强调了罗斯福新政支出计划的贡献。比如，参见 Eric Rauchway, *The Money Makers*: *How Roosevelt and Keynes Ended the Depression*, Defeated Fascism and Secured a Prosperous Peace (New York: Basic Books, 2015)。

8. 温斯顿·丘吉尔的战时联合政府曾在 1944 年发布过一份白皮书，称政府应该对“高水平和稳定的就业率”负责。
9. 经济顾问委员会的第一任主席埃德温·G. 诺斯是一位农业经济学家，罗斯福的几位经济顾问也是农业经济学家。这个专业在当时比较普遍，以专注于研究实际问题闻名。农业部是联邦政府最早将经济学家的存在制度化的部门之一，并于 1921 年成立了农业经济局。经济顾问委员会的第二任主席利昂·凯瑟林是一名律师，曾在经济学领域做过一些研究工作。除了 1974—1977 年担任美联储主席的艾伦·格林斯潘之外，后来的每一位美联储主席都拥有经济学博士学位。格林斯潘在离职后获得了经济学博士学位。
10. 怀尔德的传记作者卡罗琳·弗雷泽总结说，怀尔德与她女儿有同样的政治信念。参见 *Fraser*，*Prairie Fires*：*The American Dreams of Laura Ingalls Wilder*（New York：Metropolitan Books/Henry Holt，2017）。
11. 这本书的作者是年轻的加拿大经济学家洛里·塔希斯，他曾在剑桥学习凯恩斯主义。威廉·F. 巴克利在《上帝和耶鲁人》（1951）一书中对塔希斯发起了一场更为著名的论战，这场论战是美国保守主义复兴中的一股塑造力量。然而，当它出现时，塔希斯已经失去了他的听众。参见 Rose Wilder Lane，“*Review of The Elements of Economics*，”National Economic Council Review of Books，August 1947，1–8。
12. 菲利普斯的这篇论文是“The Relation Between Unemployment and the Rate of Change of Money Wages in the United Kingdom，1861–1957，”Economica 25，no. 100（1958）。提供“菜单”的文章是 Paul A. Samuelson and Robert M. Solow，“Analytical Aspects of Anti-Inflation Policy，”American Economic Review 50，no. 2（1960）。
13. Daniel Stedman Jones，Masters of the Universe：Hayek，Friedman and the Birth of Neoliberal Politics（Princeton，N.J.：Princeton University Press，2012），191.
14. 引文来自 1969 年筹款委员会的一项研究而进行的采访。研究对象是委员会的长期成员。参见 John F. Manley，The Politics of Finance：The House Committee on Ways and Means（Boston：Little，Brown，1970），92–93。
15. Julian E. Zelizer，*Taxing America*：*Wilbur D. Mills*，*Congress and the State*，1945–1975（Cambridge，Eng.：Cambridge University Press，1998），84.
16. “The Federal Revenue System：Facts and Problems，”Joint Economic Committee，1956.
17. 20 世纪 60 年代，披头士乐队的会计回忆了乐队在避税方面取得的巨大成功，称乐队成员是“不想纳税的邋遢男孩”。歌词出自 *Taxman*，这是披头士 1966 年由乔治·哈里森创作的专辑《左轮手枪》中的一首歌。
18. 1960 年，共和党的竞选广告指出，肯尼迪连续六次未能出席有关财政政策的会议。保罗·萨缪尔森后来谈到肯尼迪时表示：“我在那个委员会面前多次做证……他从来没有参加过一次会议。”
19. 在一次与经济顾问会面的早期会议上，一位哈佛大学教授刚开始讲得很快，一位同事提醒他放慢速度，把会议当作一堂导论课。这位教授回答说：“哦，杰克的经济学成绩是 A。”他指的是肯尼迪参加了哈佛大学的经济学入门课程。肯尼迪说：“那是在 1940 年，我得了个 C。”教授便放慢了速度。参见“Council of Economic Advisers：Walter Heller，Kermit Gordon，James Tobin，Gardner Ackley，Paul Samuelson，Interview by Joseph Pechman on August 1，1964，”43，John F. Kennedy Library Oral History Program，John F. Kennedy Presidential Library，Boston。

20. Charles Lam Markmann and Mark Sherwin, *John F. Kennedy：A Sense of Purpose*（New York：St. Martin's, 1961）, 67. 虽然基本观点保持一致，但在流通过程中有许多略有不同的版本。这是我能找到的最早的版本。

21. "Council of Economic Advisers Interview by Joseph Pechman," 79–80.

22. 汉弗莱举了个不太好的例子。海勒住在河东一个叫格罗夫大学的地方。这所大学拥有土地，并将土地租赁给教职工，要求他们雇用一名建筑师。铸就了一个活生生的 20 世纪美国建筑博物馆。

23. 海勒在几次采访中都叙述了这次会面，他的讲述有高度一致性。引文和会面的细节皆来自罗伯特·索贝尔，*The Worldly Economists*（New York：Free Press, 1980）, 119。

24. Walter W. Heller, *New Dimensions of Political Economy*（New York：Norton, 1966）, 15.

25. 海勒言辞巧妙的一个例子就是他将联邦赤字描述为"如同一个黑洞将本应用于私人投资和经济增长的储蓄被无情地抽走了"。参见 Kyle Crichton, "Walter Heller：Presidential Persuader," *New York Times*, June 21, 1987。

26. Walter W. Heller, "Activist Government：Key to Growth," *Challenge*, March–April 1986.

27. 一些凯恩斯主义者认为政府开支具有足够的价值，他们认为政府可以通过增加税收和花费这些钱来促进经济增长。凯恩斯主义经济学家詹姆斯·托宾在 1960 年发表于《新共和》上的一篇文章中写道："共产党正在告诉全世界，只有他们知道如何调动经济资源来实现经济高速增长。"这篇文章基于他在竞选期间为肯尼迪写的一份备忘录。托宾说，经济学家比共产党人知道一个更好的方法：增加联邦政府的开支。他说，为了筹集资金，政府应该提高税收。他写道："增加税收是实现经济增长的代价。"然而，托宾并不赞成把钱埋在老矿井里。他警告说，只有政府将资金用于投资而非消费，支出才会奏效。参见 James Tobin, "Growth Through Taxation," *New Republic*, July 25, 1960。

28. 相比之下，许多传统的凯恩斯主义者并不认同海勒的计划。哈里·杜鲁门的首席经济顾问利昂·凯瑟林表示，肯尼迪接受了"涓滴经济学"，并援引了在美国政治中有着悠久历史的形象。威廉·萨菲尔在他的《政治词典》中称赞了威廉·詹宁斯·布赖恩，他在 1896 年发表的著名演讲《黄金十字架》中抨击共和党人为富人服务，并承诺"他们的繁荣将渗透到底层人民"。另一个常见的比喻是将这种税收政策比作给马喂麻雀的粮食。

29. 梅隆的观点预示了供给经济学的逻辑。关于高税率，他说："纳税人通过各种可能的手段来规避应税收入，政府从高税收中得到的好处比从低税收中得到的好处要少。"Andrew Mellon, Taxation：*The People's Business*（New York：Macmillan, 1924）, 13. 现代分析人士普遍认为，经济扩张，而不是减税，才是收入增长的主要动力。比如，参见 Christina D. Romer and David H. Romer, "The Incentive Effects of Marginal Tax Rates：Evidence from the Interwar Era," February 2012, National Bureau of Economic Research。

30. 理查德·里夫斯报道称，杜邦公司董事长克劳福德·格林沃尔特在 1962 年 8 月中旬告诉肯尼迪，公司的运营能力是 80%，这证实了海勒的论点，即问题在于需求不足。参见 Richard Reeves, *President Kennedy：Profile of Power*（New York：Simon and Schuster, 1993）, 333。

31. 肯尼迪在 1962 年 6 月的一次演讲中首次提出减税的想法，但直到 12 月演讲之前，他一直保持观望态度。参见 Herbert Stein, *The Fiscal Revolution in America*（Washington, D.C.：AEI Press, 1996）, 406–408。

32. Heller, *New Dimensions of Political Economy*, 35.

33. 1964 年 9 月 21 日，狄龙在肯尼迪总统图书馆进行的一次口述历史采访中说出了这番话，条件是在狄龙死后五年内，内容必须保密。
34. Reeves, *President Kennedy*, 454.
35. 罗伯特·卡罗用充满爱意的细节叙述了约翰逊的谈判过程。参见 The Passage of Power（New York：Knopf, 2012）, 466–483。
36. 1963 年，米尔斯在一次呼吁减税的演讲中说："我们为控制财政开支所能创造的最大心理因素是拒绝向美国财政部提供额外收入。"
37. Rowland Evans and Robert Novak, *Lyndon Johnson：The Exercise of Power*（New York：New American Library, 1966）, 372.
38. 凯恩斯主义经济学家詹姆斯·托宾在回顾历史时为"水涨船高"的做法进行了辩护："新经济学的实践者不必直面分配问题。很明显，如果他们的宏观经济政策生效并取得了成功，那么 20 世纪 60 年代的经济复苏和增长对于提高穷人和处境艰难的人的收入所起的作用将远远大于任何可以想象的再分配，而且在政治和社会上造成的分裂也会小得多。"参见 James Tobin, *The New Economics One Decade Older*（Princeton, N.J.：Princeton University Press, 1974）, 53。
39. "我们不能放松提高经济政策效率的努力，"海勒在 1966 年出版的《政治经济学的新维度》一书中写道，"显然，除非我们结合改进的经济管理水平，下定决心将良好的经济和巨大的繁荣转化为美好的生活和社会，否则这一承诺将无法实现。"
40. Lyndon B. Johnson, *The Vantage Point*（New York：Holt, Rinehart and Winston, 1971）, 74.
41. "We Are All Keynesians Now," *Time*, December 31, 1965. 保罗·沃尔克后来对英国记者斯蒂芬·费伊说："重现当时的情绪几乎是不可能的，但经济学界有一种欣欣向荣的感觉，因为他们真的认为自己克服了经济繁荣与萧条的一轮循环。"参见 William Greider, Secrets of the Temple（New York：Simon and Schuster, 1987）, 332。约翰逊有时会被错误地引述为曾广为断言不会再有衰退。他没有那么大胆。在 1970 年出版的一本书中，自由主义经济学家阿瑟·奥肯的论述比他的前任上司更加精辟："现在人们普遍认为，经济衰退是可以从根本上预防的，就像飞机失事和飓风一样。但我们并没有将空难从陆地上排除，也不清楚我们是否有智慧或能力消除衰退。"参见 Okun, *The Political Economy of Prosperity*（Washington, D.C.：Brookings Institution, 1970）, 33–34。
42. 2014 年，在约翰逊向贫困问题宣战的 50 周年纪念日上，时任众议院预算委员会主席的威斯康星州共和党人保罗·瑞安宣称这场战争已经"失败"。现有的证据展示了一个不同的结论。参见 Christopher Wimer et al., "Trends in Poverty with an Anchored Supplemental Poverty Measure," December 2013, Columbia Population Research Center, Columbia University。
43. 一名国会工作人员说，海勒"几乎是以一己之力让经济学在政府人员眼中变得既受人尊敬又实用"。参见 Michael A. Bernstein, *A Perilous Progress：Economists and Public Purpose in Twentieth- Century America*（Princeton, N.J.：Princeton University Press, 2001）, 138。
44. Heller, *New Dimensions of Political Economy*, 3.
45. 马丁本人并没有声称是这句话的原作者。1955 年 10 月，他在美国投资银行家协会纽约分会前的一次演讲中首次使用了这一描述："正如一位作者所说，在最近贴现率上调之后，美联储处于监护人的地位，在聚会刚刚真正热闹起来时，他就下令把酒杯拿走。"
46. William McChesney Martin, "Does Monetary History Repeat Itself ?"（commencement speech at

Columbia University, June 1, 1965）；参见 https://fraser.stlouis fed.org/files/docs/historical/martin/martin65 0601.pdf。

47. 这句话摘自马丁 1970 年 1 月的一段对话。参见 Henry E. Mattox, *A Conversation with Ambassador Richard T. McCormack*（Xlibris, 2013）, 56。

48. Joseph Califano, *The Triumph and Tragedy of Lyndon Johnson*：*The White House Years*（New York：Touchstone, 1991）, 131–132.

49. 弗里德曼将这一事件记叙为他与凯恩斯唯一的互动。这篇论文是对凯恩斯的朋友阿瑟·庇古的著作的批判。凯恩斯拒绝在《皇家经济学会经济期刊》上发表这篇文章，因为他把这篇论文拿给庇古看，庇古并不欣赏这番评论。这篇论文随后被哈佛大学《经济学季刊》接受并发表。参见 John B. Taylor, "Interview with Milton Friedman," in Inside the Economist's Mind：Conversations with Eminent Economists, ed. Paul A. Samuelson and William A. Barnett（Malden, Mass.：Blackwell, 2007）, 122。

50. Leon Keyserling, "Testimony Before Subcommittee on General Credit Control and Debt Management of the Joint Committee on the Economic Report," March 12, 1952.

51. Milton Friedman and Anna Jacobson Schwartz, A Monetary History of the United States（Princeton, N.J.：Princeton University Press, 1963）, 300.

52. A. A. Walters, "Milton Friedman," in *The New Palgrave*：*A Dictionary of Economics*, ed. John Eatwell et al.（London：Macmillan, 1987）.

53. 近期的学术研究——特别是爱德华·纳尔逊的研究表明，弗里德曼从 20 世纪 40 年代中期开始关注货币供应的重要性——这是货币主义的核心原则。早期的研究一般认为弗里德曼关注货币供应的时间是 10 年后，也就是 20 世纪 50 年代中期。尼尔森最早的记录是在 1946 年的一次广播中，弗里德曼说："限制货币供应是一个远没有受到应有关注的问题。"参见 Edward Nelson, "Milton Friedman and Economic Debate in the United States, 1932–1972," 2018, book A；参见 https://sites.google.com/site/edwardnelsonresearch/。

54. Milton Friedman, "Inflation and Wages," Newsweek, September 28, 1970.

55. 洛克菲勒基金会储备委员会主席沃尔特·斯图尔特是 20 世纪 20 年代在美联储工作的经济学家。参见 Milton Friedman to Walter Stewart, January 12, 1949, Milton Friedman Papers, box 33, folder 35, Hoover Institution Archives, Stanford, Calif。经济历史学家比阿特丽斯·切里耶发表报告称，弗里德曼在 1947 年或 1948 年的一次会议上发表了类似的、不那么合格的言论。参见 Beatrice Cherrier, "The Lucky Consistency of Milton Friedman's Science and Politics," in *Building Chicago Economics*：*New Perspectives on the History of America's Most Powerful Economics Program*, ed. Robert Van Horn et al.（Cambridge, Eng.：Cambridge University Press, 2011）, 353。

56. 弗里德曼的结论是，货币的数量比流通速度更为重要，流通速度是货币使用的频率。他的批评者经常指责他断言流通速度是稳定的。相反，他的复杂立场最好被概括为流通速度是不相关的。罗伯特·L. 赫泽尔认为 1952 年发表的言论是货币主义的首次声明。参见 Robert L. Hetzel, "The Contributions of Milton Friedman to Economics," *Federal Reserve Bank of Richmond Economic Quarterly* 93, no. 1（Winter 2007）：1–30。

57. Milton Friedman, "Discussion of the Inflationary Gap," *in Essays in Positive Economics*（Chicago：University of Chicago Press, 1953）, 253.

58. Erin Jacobsson, *A Life for Sound Money*: *Per Jacobsson*(Oxford: Clarendon Press, 1979), 262. 几年前，弗里德曼曾在哈佛大学发表演讲，并收到了东道主、自由主义经济学家约翰·加尔布雷斯的一封感谢信："据我所知，学生似乎并没有受到永久性伤害。我希望你的同事没有察觉到你身上有什么令人不安的变化。经再三考虑，我希望他们会做到。" J. K. Galbraith to Milton Friedman, March 27, 1951, Friedman Papers, box 27, folder 13, Hoover.

59. 经济历史学家丹尼尔·斯特德曼·琼斯在他的《宇宙的主宰》一书中描述了哈罗德的备忘录及其冲突。这份备忘录全文引人入胜："通过限制货币数量来降低价格的想法是前凯恩斯主义的。凯恩斯把一半的精力都花在了反对这个想法上。几乎没有50岁以下的经济学家会同意这一观点。如果保守派被认为与任何这样的想法有关，那么这可能会促使许多中间派经济学家加入工党的行列，更重要的是，(工党党魁)盖茨凯尔很可能会成功地激励他们对这项政策进行痛斥和嘲笑。我真诚地希望不要有政府发言人暗示政府赞同这种过时的学说。" Macmillan was sympathetic to Keynes; his family's publishing firm, Macmillan, was the British publisher of Keynes's works.

60. 该文件通常被称为"拉德克利夫报告"。参见 *Report of the Committee on the Working of the Monetary System*(London: HMSO, 1959), 489。

61. 托马斯·库恩的经典著作 *The Structure of Scientific Revolutions*(Chicago: University of Chicago Press, 1962), 归纳总结出科学范式的追随者很少会改变他们的想法。一种新的模式占据主导地位，老一代人被取代。

62. 保罗·道格拉斯是芝加哥大学一流的经济学教授，他于1948年以伊利诺伊州民主党人身份当选美国参议院议员，成为首批在国会任职的经济学家之一。道格拉斯在推动杜鲁门政府赋予美联储独立运转方面发挥了关键作用。

63. Robert Solow, "Friedman on America's Money," *Banker*, November 1964. 这篇评论转载于 Bernard S. Katz and Ronald E. Robbins, eds., *Modern Economic Classics*: *Evaluations Through Time*(New York: Garland, 1988)。

64. Milton Friedman and Walter Heller, *Monetary vs. Fiscal Policy*: *A Dialogue*(New York: Norton, 1969), 16.

65. 米尔顿·弗里德曼将罗斯·弗里德曼描述为撰写这些专栏和其他受欢迎著作的"完全合作伙伴"。他可能低估了她的角色。爱德华·纳尔逊引用了这个过程的描述："他们会打开自己的盘式磁带录音机，他会扮演一个无知的街头男人，开始问她问题，她不断激励他找到一种更好的解释方式；他们可能会录几个小时。然后罗斯·弗里德曼会把整篇文章抄录并编辑下来……最后写成一篇专栏文章。" 参见 Edward Nelson, "Milton Friedman and Economic Debate in the United States, 1932–1972," 2018, book B, p. 123; https://sites.google.com/site/edwardnelsonresesearch/。为《新闻周刊》交替撰写专栏的还有第三位经济学家，占据了最中间位置的是耶鲁大学教授亨利·沃利奇。

66. 这位官员就是亨利·沃利克，他于1974年离开耶鲁，进入美联储董事会。他在1977年写道："民选代表已经看到了货币主义学说的吸引力，因为它淡化了财政政策的影响。" 参见 James M. Buchanan and Richard E. Wagner, *Democracy in Deficit*: *The Political Legacy of Lord Keynes*(1977; repr., Indianapolis: Liberty Fund, 2000), 55。

67. Milton Friedman to Vermont Royster, December 3, 1963, Friedman Archives, box 32, folder 15, Hoover. 三天后，弗里德曼给罗伊斯特写了一封道歉信，解释道："我的反应部分是由于过高

的期望。我已经习惯了被所谓的自由主义权势集团忽视、曲解和误解，并且早已习以为常。但《华尔街日报》做同样的事情，这一点不管是过去还是现在，都确实令人失望。”

68. Milton Friedman, “The Role of Monetary Policy,” *American Economic Review* 58 (March 1968): 1–17.

69. Milton Friedman, *Dollars and Deficits*: *Living with America's Economic Problems* (Englewood Cliffs, N.J.: Prentice-Hall, 1968), 94.

70. James Tobin, “The Natural Rate as New Classical Macroeconomics,” 1993, Cowles Foundation Papers 1061.

71. 次年，弗里德曼演讲的一个版本在《美国经济评论》上发表，名为《货币政策的作用》。经济历史学家罗伯特·戈登有趣地指出，弗里德曼受到了芝加哥大学经济学系与拉丁美洲之间密切关系的影响。在拉丁美洲，通胀与失业显然没有可预测的关系。参见 Robert J. Gordon, “The History of the Phillips Curve: Consensus and Bifurcation,” *Economica* 78, no. 309 (2011)。另一位经济学家埃德蒙·菲尔普斯几乎在同一时间分别得出了与弗里德曼类似的结论。菲尔普斯的研究工作在技术上更为复杂；弗里德曼则是更好的推广者。无论如何，两人都承认他们正在复兴一个古老的想法。例如，苏格兰经济学家大卫·休谟在 1752 年写道：“在整个英联邦中，很容易追溯货币的发展轨迹；我们会发现，它必须首先加快每个人的勤奋程度，然后才能提高劳动力的价格。”

72. 这个故事假设人们最初并不知道别人是否得到了意外之财。因此，一开始，他们表现出自己的购买力增加了。只有随着时间的推移，人们才意识到圣诞老人是为每个人而来的。此外，尽管第一笔意外之财会令人感到意外，但人们更有可能将第二笔意外之财视为通货膨胀。这是弗里德曼理论的一个重要部分。他认为，经验会削弱持续刺激计划的价值，迫使政府印刷更多的钱来达到同样的效果。

73. 弗里德曼认为，货币政策的效果是在“长期多变的滞后效应”之后才显现出来的，这是一个典型的例子。如今，这种观点已变得如此传统，以至于弗里德曼很少受到赞扬，人们也不再记得他的观点一度饱受争议。

74. Friedman and Heller, *Monetary vs. Fiscal Policy*: *A Dialogue*, 30. 海勒还指出，弗里德曼的方法只有在美国允许美元对外币汇率浮动的情况下才会奏效。这在当时似乎是一个强烈的反对意见，因为美元对外国货币的价值是固定不变的，但美国从 1973 年开始实行浮动汇率制，本书第八章讲述了这一故事。

75. 在费城举行的美国经济协会的 2018 年会议上，罗伯特·霍尔于弗里德曼 1968 年发表演讲的五十周年纪念活动上讲述了这些回忆。

76. 值得注意的是，从现代的角度来看，美联储官员忽视了名义利率和实际利率之间的区别。名义利率是国家规定的利率，比如说，每年 6%。然而，如果通货膨胀率以每年 3% 的速度增长，那么实际利率只有 3%。如果次年通货膨胀率上升到 4%，那么名义利率将上升到 7%，而实际利率不会增加。20 世纪 60 年代，美联储官员未能理解利率上升是因为通胀率上升，因此利率上升不太可能抑制借贷。这是弗里德曼取得完全胜利的又一个例子，这次胜利几乎被人遗忘了。在 20 世纪 50 年代和 60 年代，他坚称实际利率和名义利率之间存在显著差异。传统的经济学家不这么认为。这一争端直到 20 世纪 60 年代末才得到解决，因为实际上，在通货膨胀保持在低水平的那些年里，两者之间几乎没有什么差别。如今，人们普遍认为，实际利率和名义利率之间的差别很大。

77. 弗里德曼的预测既反映了货币供应量的持续增长，也反映了他对经济学最持久的贡献之一——他的“永久收入假说”。他认为，收入的短期变化对消费的影响有限，因为人们会试图根据他们的收入预期，在一段时间内保持稳定的消费水平。如果人们预期收入会恢复，他们会动用储蓄来维持稳定的消费水平，只是这种调整比较缓慢。参见 Alan Blinder, *Hard Heads, Soft Hearts*（Reading, Mass.: Addison-Wesley, 1987）, 74。

78. A. A. Walters to Milton Friedman, December 4, 1969, Friedman Papers, box 186, folder 3, Hoover.

79. Milton Friedman, “The Counter-Revolution in Monetary Theory,” 1970, Institute of Economic Affairs, no. 33.

第三章　一个国家，未充分就业

1. Alan Blinder, *Hard Heads, Soft Hearts*（Reading, Mass.: Addison-Wesley, 1987）, 33.

2. 这是一个很好的例子，警醒过去的成果并不能保证未来的表现。到本年代末，英国的工党和美国的民主党都会因为高通货膨胀而失去权力。关于尼克松的观点，参见 Allan H. Meltzer, *A History of the Federal Reserve*, vol. 2, book 2, *1970–1986*（Chicago: University of Chicago Press, 2009）, 791。

3. 尼克松是在他的经济顾问赫伯特·斯坦因的建议基础上做出这个决定的。参见 Allen J. Matusow, *Nixon's Economy: Booms, Busts, Dollars and Votes*（Lawrence: University Press of Kansas, 1998）, 187–189。

4. *Public Papers of the Presidents of the United States, Richard Nixon*, 1971（Washington, D.C.: GPO, 1972）, 608.

5. George Stigler, Memoirs of an Unregulated Economist（New York: Basic Books, 1988）, 44.

6. 尼克松对乔治·蓬皮杜做了这番评价。他还说，伯恩斯很快就会变成一个典型的官僚主义者，所以在为时已晚之前从他的脑海中获取想法是很重要的。*Foreign Relations of the United States, 1969–1976*, vol. 3, *Foreign Economic Policy, 1969–1972; International Monetary Policy, 1969–1972*（Washington, D.C.: GPO, 2001）, 91.

7. Rowland Evans and Robert D. Novak, *Nixon in the White House: The Frustration of Power*（New York: Random House, 1971）, 13.

8. 尼克松在 1962 年出版的回忆录《六次危机》中写道：“不幸的是，阿瑟·伯恩斯后来被证明是一个精准的预言家。”10 月份通常是就业率上升的月份，失业人数增加了 45.2 万人。世界上所有的演讲、电视广播和选区的努力都无法掩盖这一不争的事实。

9. Edward Nelson, “Milton Friedman and Economic Debate in the United States, 1932 – 1972,” 2018, book B, p. 521; 参见 https://sites.google.com/site/edwardnelson research/。

10. 弗里德曼对选择一位经济学家领导美联储普遍感到高兴，尤其是选择伯恩斯领导美联储。弗里德曼表示：“从一开始，主席都是令人钦佩的人，都是能干的人，他们努力做到最好。我不是在质疑他们的动机或意图，但他们都曾在私企或私人银行工作，阿瑟·伯恩斯有完整的经济领域背景。”参见 Edward Nelson, “Milton Friedman and the Federal Reserve Chairs, 1951–1979,” October 23, 2013, Federal Reserve Board, 26–27。

11. Arthur Burns, *The Business Cycle in a Changing World*（New York: National Bureau of Economic

Research/Columbia University Press, 1969), 85.

12. Donald F. Kettl, Leadership at the Fed (New Haven : Yale University Press, 1988), 118. 与两人都有过密切合作的安娜・施瓦茨认为，弗里德曼对伯恩斯的认知有误。爱德华・纳尔逊记录了施瓦茨的有关印象："阿瑟在佛蒙特州有一席之地，靠近米尔顿，米尔顿会和他谈论货币理论，阿瑟会抽烟斗，点头，米尔顿认为他同意他的观点。"关于伯恩斯思想不断演变的观点，参见 Nelson's own account in "Milton Friedman and Economic Debate in the United States, 1932–1972," 2018, book B, pp. 225–226 ; https : //sites.google.com/site/edwardnelsonresearch。

13. 伯恩斯在 1971 年 3 月对参议院银行、住房和城市事务委员会上说："我想把话说清楚，我认为我们的财政政策和货币政策不足以控制通货膨胀。"

14. 伯恩斯一再否认自己受到白宫压力的影响。但包括他的日记和尼克松总统办公室的录音带在内的公开材料使这种辩护站不住脚。梅尔策的结论是："上述大量证据证明尼克松总统敦促伯恩斯采取扩张政策，并且伯恩斯同意这样做。"参见 Meltzer, History of the Federal Reserve, vol. 2, book 2, 798。其余最好的辩护是马图索在《尼克松经济学》中提出的，他认为尼克松的动机是确信经济需要刺激，而伯恩斯也出于同样的原因接受了这一观点。

15. John Ehrlichman, *Witness to Power : The Nixon Years* (New York : Simon and Schuster, 1982), 254.

16. Stephen Axilrod, *Inside the Fed* (Cambridge : MIT Press, 2009), 61–62.

17. 这尤其具有讽刺意味，因为两人第一次见面是在艾森豪威尔政府的内阁会议上，当时的副总统尼克松表示赞成提高最低工资，认为这有助于共和党人赢得工人阶级的支持，而时任经济顾问委员会主席的伯恩斯则反对政府价格管控。伯恩斯一直在公开场所和私下里反对价格管制，直到价格管控成为替代他通过提高利率来完成自己工作任务的另一选择。尼克松长期以来也一直声称不喜欢价格管制，他将此归因于他在联邦机构的橡胶轮胎小组工作的个人经历，该机构在第二次世界大战期间负责价格管控。"几乎在尼克松的每一次讲话中，都有一段关于工资和物价管控的可怕的文件范例"，威廉・萨菲尔回忆说，他写了许多这样的演讲稿。几年后，尼克松在回忆录中写道，1971 年实施管制的决定是"错误的"，但他还是这样做了。

18. Milton Friedman and Rose Friedman, *Two Lucky People* (Chicago : University of Chicago Press, 1998), 387. 尼克松不断维系着这种关系。1972 年，当他听说弗里德曼要接受心脏手术时，总统打电话给梅奥诊所并祝弗里德曼身体健康。尼克松："我说，'他们在干什么'？他们说，'我们在给他做心脏手术'。我说，'好吧！没关系！不要动你的大脑'。因为我们需要你。我们期待着你能以一颗健康的心脏和同样智慧的大脑归来。"弗里德曼回应道："我只希望他们能像你对待这个国家一样照顾我。"对弗里德曼来说，幸运的是医生的手术做得更好。

19. "Baby Chicks Killed and Cooked for Feed," *New York Times*, June 25, 1973.

20. Iain Macleod, *Hansard Commons*, November 17, 1965, 1165.

21. Robert Samuelson, *The Great Inflation and Its Aftermath* (New York : Random House, 2008), ch. 3.

22. 滞胀可以用凯恩斯主义的理论框架来解释，但当时人们对其解释还不甚了解。重点在于，油价上涨迫使人们减少石油或其他商品的消费，从而增加了失业率。美国采取经济刺激措施，推高了通货膨胀率。为什么经济刺激计划无效？最初的问题是石油供应的减少，因此向石油体系中注入资金推高了价格。这是需求方对供应方问题的回应。那些没有刺激经济的国家，包括德国和瑞士，经历了经济衰退，但没有经历更高的通货膨胀。

23. 布雷顿森林体系及其固定汇率制度的终结（见第八章）影响了货币主义的走向。固定利率制度为货币供应量设定了一个目标；在缺失目标的情况下，各国需要制定一个新的目标。德国中央银行的决策受到瑞士裔美国经济学家卡尔·布鲁纳的影响。他是一位讲德语的货币主义者；1979 年，他发起了康斯坦茨研讨会，即一个在德国传播货币主义思想的年度会议。参见 Andreas Beyer et al.,"Opting Out of the Great Inflation：German Monetary Policy After the Breakdown of Bretton Woods," September 2008, The Great Inflation Conference, National Bureau of Economic Research。

24. 在诺贝尔颁奖晚宴上，弗里德曼开玩笑说，接受一个由瑞典中央银行赞助的奖项是很尴尬的，因为该奖项提议应该取消中央银行。

25. James Cooper, *Margaret Thatcher and Ronald Reagan*（Houndmills, Eng.：Palgrave Macmillan, 2012）, 38.

26. 宣布这些目标是国际货币基金组织提供 39 亿美元紧急贷款的条件之一，这一决定有时被描绘成强加给英国的决定。然而，工党政府早在 1976 年 4 月就已经宣布打算设立货币目标，远早于救助计划出台。

27. *The Economists Conference on Inflation*（Washington, D.C.：GPO, 1974）, 123.

28. 福特的确在一开始对弗里德曼的一些观点表示赞同。他在 1975 年 2 月的一次演讲中说："失业是 8.2% 的暂时失业的美国工人最关心的问题，但是通货膨胀是当今美国全部人民的普遍敌人。"国会似乎也对弗里德曼的观点更加重视，在 1975 年通过了一项决议，指示美联储设定货币供应目标，并定期报告其成果。弗里德曼总是乐于接受权宜之计下的联盟，他乐观地称这是自 20 世纪 30 年代金本位制结束以来"最重要、最具建设性的变革"。但实际上，这样做的目的是向美联储施压，要求其印刷更多的钞票，以降低失业率。实际上，伯恩斯以向国会提交报告的形式颠覆了新的要求，这种方式使追踪货币供应量的增长几乎成为不可能。

29. 引文出自一封写给乔治·舒尔茨的信。最后一行写道："我冒昧地给阿瑟寄去了这封信的副本。"参见 Milton Friedman to George Shultz, November 5, 1971, Milton Friedman Papers, box 33, folder 15, Hoover Institution Archives, Stanford, Calif。

30. "总的来说，我个人认为，控制通货膨胀的最好办法，不是使货币短缺，不是试图提高利率，也不是设法使人们失业，依靠福利和失业救济金来应付这些困难，而是让我们的人民重新就业，降低利率，保持我们的经济以合理的速度增长。"参见"Interview with Jimmy Carter," Business Week, September 20, 1976。

31. 卡特说："我承诺，如果我当选，我们将永远不会把失业和衰退作为对抗通胀的工具，我们绝不会为了经济计划而牺牲别人的工作和生计。我们将实施一系列计划，同时解决失业和通货膨胀问题，因为我们不会在单独解决这两个问题上取得任何进展。在我的第一个任期结束时，这种平衡、协调的方法将使总体失业率降至 4%，通货膨胀率降至 4% 或更低。"参见"Inflation and Unemployment," October 5, 1976, reprinted in *The Presidential Campaign 1976*（Washington, D.C.：GPO, 1978）, 631。

32. 米勒曾经营一家工业联合企业 Textron。其他入围者包括通用电气和杜邦的首席执行官。参见 Meltzer, *History of the Federal Reserve*, vol. 2, book 2, 923。弗里德曼向来乐观，他告诉《纽约时报》，他赞同选任米勒。当伯恩斯被任命时，弗里德曼曾盛赞任命一位经济学家是一种向好的转变。米勒上任后，弗里德曼宣称，美联储最好由非经济学家领导。参见 Ann

Crittenden, "The President's Choice," New York Times, January 1, 1978。

33. Donald Janson, "Rioting Follows Protests by Truckers in Levittown, Pa.," *New York Times*, June 26, 1979.

34. 1973—1979 年，美国物价的累计变化率为 49%，工资的累计变化率为 54%。参见 Meltzer, History of the Federal Reserve, vol. 2, book 2, 848。

35. 政府制定的大量规定都没有考虑到通货膨胀，这导致了一些现实问题。随着名义收入的增加，人们进入了更高的税率等级，导致税后实际收入减少。通货膨胀还侵蚀了财富，因为法律限制了银行可以支付的储蓄利率。通货膨胀侵蚀了政府福利的价值，比如社会保障。但到了 1981 年，经修订的联邦法律通过规定定期调整以抵销通货膨胀，解决了以上三个问题。

36. William Greider, *Secrets of the Temple*（New York：Simon and Schuster, 1981）, 44.

37. 麦克林布表示，他 1973 年的收入为 9 000 美元，1978 年为 1.5 万美元，相当于 1973 年的 1.023 6 万美元。参见 Steven V. Roberts, "Poll Shows Majority of Americans Altering Life Because of Inflation," *New York Times*, June 5, 1978。这不是唯一的例子。例如，钢铁工人的平均工资从 1972 年的每小时 4.72 美元上升到 1982 年的每小时 11.91 美元。按实际价值计算是增长了 10%。参见 John Hoerr, *And the Wolf Finally Came*（Pittsburgh：University of Pittsburgh Press, 1988）, 113–114。

38. James M. Buchanan and Richard E. Wagner, Democracy in Deficit：*The Political Legacy of Lord Keynes*（1977；repr., Indianapolis：Liberty Fund, 2000）, 66–67.

39. W. Carl Biven, *Jimmy Carter's Economy*：*Policy in an Age of Limits*（Chapel Hill：University of North Carolina Press, 2002）, 54.

40. 米勒被普遍认为是一个效率低下的美联储主席，但卡特加重了这一问题。他首先决定裁掉财政部长迈克尔·布卢门塔尔，这让金融市场感到不安。由于无法说服一位主要银行家或企业高管接手这项工作，他将米勒调到财政部，让美联储副主席、佛罗里达州一位名叫弗雷德里克·舒尔茨的政客担任代理主席，这进一步让市场感到不安。

41. "Transcript of Federal Open Market Committee Meeting," July 18, 1978；参见 federalreserve.gov/monetarypolicy/files/FOMC19780718meeting.pdf。

42. Samuelson, *Great Inflation and Its Aftermath*, 119.

43. 卡特先把这份工作提供给了美国银行的首席执行官汤姆·克劳森。目前还不清楚奥巴马是否清楚自己当初选择沃尔克时的所作所为。卡特的高级国内政策助理斯图尔特·艾森斯塔特在接受记者威廉·格雷德采访时说："大家都知道他什么？我们知道，他能干、聪明，而且人家都知道他是保守派。""人们不知道的是，他将实行一些非常具有戏剧性的变化。"然而，在他自己 2018 年出版的回忆录中，艾森斯塔特把卡特的决策描绘成有意识、深思熟虑的，并引用卡特的话说："我决定继续下去，因为我认为这对国家更有利。"假设卡特理解他所选择的方向，但并不理解沃尔克为实现这一目标要付出多大努力，这看似是合理的。沃尔克回忆起在 1980 年竞选期间有人告诉他，卡特曾经说过："上帝啊，他们没必要非得是货币主义者。"参见 Stuart E. Eizenstat, *President Carter*：*The White House Years*（New York：St. Martin's, 2018）, 338。不过，沃尔克回忆说，他问卡特，货币政策是否让他失去了 1980 年的大选。"他脸上露出一丝苦笑，他说，'我认为还有一些其他原因'。"参见 Paul Volcker and Christine Harper, *Keeping at It*：*The Quest for Sound Money and Good Government*（New York：

PublicAffairs, 2018), 111.

44. Joseph B. Treaster, *Paul Volcker : The Making of a Financial Legend* (New York : John Wiley, 2004), ebook loc. 1752.

45. Paul Volcker, "The Problems of Federal Reserve Policy Since World War II" (senior thesis, Princeton University, 1949), 77.

46. William R. Neikirk, *Volcker : Portrait of the Money Man* (New York : Congdon and Weed, 1987), 54.

47. William Silber, *Volcker : The Triumph of Persistence* (New York : Bloomsbury, 2012), 31.

48. Paul Volcker and Toyoo Gyohten, *Changing Fortunes : The World's Money and the Threat to American Leadership* (New York : Times Books, 1992), xiv.

49. 约翰·康纳利，尼克松政府时期沃尔克精干的财政部长，曾经威胁沃尔克除非他理个发，买一套合身的西装，否则要解雇他。参见 Greider, *Secrets of the Temple*, 68.

50. 罗伯特·卡维什的回忆出自 2018 年 4 月 5 日对作者的采访，其他逸事来自内科克，*Volcker : Portrait of the Money Man*.

51. 金钱很重要，但沃尔克说："在我看来，在这种情况下制定政策的实质是急需在不确定情况下做出判断。" 参见 Paul Volcker, "The Contributions and Limitations of Monetary Analysis," September 16, 1976 ; available at newyorkfed.org/medialibrary/media/research/quarterly_review/75th/75article7.pdf。

52. Paul Volcker, "The Role of Monetary Targets in an Age of Inflation," *Journal of Monetary Economics* 4, no. 2 (1978) : 329–339. 央行行长基本不重视透明度。相反，他们长期以来一直把出人意料的做事方式视为一种有用的工具。美联储没有宣布政策的变化；交易员只能根据利率的变动来推断决策。沃尔克很早就提出管理预期是有价值的。

53. 伯恩斯在国际货币基金组织的一次会议上发表了题为"中央银行业的痛苦"的演讲。他并没有错。美联储历史学家唐纳德·F. 凯特尔的一项巧妙的分析统计了 1961—1975 年，白宫经济顾问委员会向总统报告货币政策情况的 91 起案例。在 44 个案例中，他们判断美联储做得很好；在 47 个案例中，他们判断货币政策过于紧缩。没有一次得出的结论是利率太低。国会民主党人在过去的十年里，也一直对美联储抑制经济增长的所有迹象吹毛求疵。如果美联储试图维护其独立性，国会本可以剥夺这种独立性。直到 1980 年民意调查显示，选民一直认为通货膨胀是比失业更大的问题。参见 Kettl, *Leadership at the Fed*, 138。1990 年，沃尔克下台几年后，他在同一次会议上发表了讲话。沃尔克的演讲题为"中央银行的胜利？"

54. Silber, *Volcker : The Triumph of Persistence*, 168.

55. 沃尔克在前往贝尔格莱德的途中曾在联邦德国停留，当地官员敦促他抑制通货膨胀。一些报道将其描述为很有影响力；沃尔克说，这只是简单地肯定了他所选路线的重要性。参见 Volcker and Gyohten, *Changing Fortunes*, 168. See also Axilrod, Inside the Fed, 99。

56. 只有十位总统参加了会议。沃尔克的替代者还没有在纽约联邦储备银行接任，明尼阿波利斯联邦储备银行的马克·威尔斯也没有出席，他是新政策的积极支持者。参见 "Transcript of Federal Open Market Committee Conference Call," October 5, 1979; federalreserve.gov/monetarypolicy/ files/FOMC19791005confcall.pdf。

57. 沃尔克对货币主义的信奉通常被描述为一种加快利率提高的策略，一方面是因为美联储不需要批准快速提高利率，另一方面是因为它可以否认直接责任。好处是真实存在的，但我觉得这个解释不能令人信服。每个人都理解美联储正在提高利率，而且我认为在记录中没有理由怀疑沃尔克自己的说法：（1）他看到了货币主义的一些真理；（2）他想传递一个信息，即美联储决心控制通胀。沃尔克担任主席后的第一个行动就是回复弗里德曼的祝贺信。弗里德曼曾写道，如果沃尔克转向货币主义，他将不难超越他的前任。沃尔克眨了眨眼作为回应。他写道："在我们前进的过程中，我不会因为你们宣扬货币主义的理论而感到不高兴。"他希望弗里德曼能传达这一回应；沃尔克则急于让人们相信美联储正在改变方针。参见 Silber, *Volcker*: *The Triumph of Persistence*, 149.

58. Treaster, *Paul Volcker*, ebook loc. 2669.
59. 这个笑话背后有一个核心事实：沃尔克辞职的传闻在前一天就已经在华尔街传开，引发诸多交易中断，以至于美联储发表正式声明予以否认。
60. Volcker and Gyohten, *Changing Fortunes*, 170.
61. 放松金融管制加剧了这种痛苦，这个故事在第十章中有全方位讲述。在以往的经济衰退中，美联储通过将利率提高到银行可以收取贷款的水平，从而移除众所周知的"酒杯"。但国会最近取消了这些上限，允许银行与美联储同步加息。这意味着美联储不得不大幅提高利率，以实现同样的借贷下降。由于无法阻止人们购买住房，美联储只好迫使他们破产。
62. Louis S. Jacobson, Robert John LaLonde, and Daniel Gerard Sullivan, "Earnings Losses of Displaced Workers," American Economic Review 83（September 1993）: 685–709.
63. "Transcript of Federal Open Market Committee Meeting," July 9, 1980, 76；参见 federalreserve.gov/monetarypolicy/files/FOMC19800709meeting.pdf.
64. Greider, *Secrets of the Temple*, 461.
65. 沃尔克在 1979 年 10 月的一个星期六晚上的记者招待会上坚称，他没有料到会使经济陷入衰退。沃尔克在回答记者提问时说："嗯，你对此有不同的看法。我不认为这会在这方面产生重要影响。"此后，他承认这是一种误导：他认为衰退是不可避免的，他认为美联储的行动会加速经济衰退的开始。"故意设计的？不，"他在回忆录中写道，"设计时能否清楚地认识到，不断加速的通胀进程迟早会以经济衰退告终？当然是可以的。"参见 Volcker and Harper, *Keeping at It*, 138–139。
66. 其他官员也表达了类似的担忧。美联储副主席弗雷德·舒尔茨对威廉·格雷德表示："我的手心出汗了？我每天夜不能寐？答案是我两者都有。我一直在这些团体面前演讲，房屋建筑商、汽车经销商和其他人。如果有人站起来对你大喊'你这个浑蛋，你会害死我们的'，这也不是什么坏事。真正让我放在心上的是，当这个家伙站起来，以一种非常安静的方式说，'州长，我做汽车经销商已经 30 年了，我努力工作来维系这个生意。下周我就要关门了'。然后他坐了下来。这真的让你很忧心。"
67. Treaster, Paul Volcker, ebook loc. 171.
68. "Interest Rates," CBS Evening News, December 20, 1981, Vanderbilt TV News Archive.
69. Beryl Sprinkel, "U.S. Approaches to Monetary Issues"（speech given in Paris, September 1981）, in *The Political Economy of the United States*, ed. Christian Stoffaes（Amsterdam: North-Holland, 1982）, 85.
70. Greider, *Secrets of the Temple*, 363.
71. 在 1975 年的文章《衰退与通货膨胀》中，里根写道："正如我们最优秀的经济学家之一所说，从长远来看，通货膨胀不能维持充分就业，除非通货膨胀增速越来越快。"那些试图把里根描绘成对弗里德曼观点一无所知的人，需要先解决里根长期记录中的这一项和其他事项。弗里德曼本人的判断是直截了当的。“毫无疑问，里根理解货币数量与通胀之间的关系。”参见 John B. Taylor，“Interview with Milton Friedman，” in *Inside the Economist's Mind*：*Conversations with Eminent Economists*，ed. Paul A. Samuelson and William A. Barnett（Malden，Mass.：Blackwell，2007），118。

72. 里根的许多顾问都认为弗里德曼是总统经济顾问中的佼佼者。唐纳德·里根说：“首先很明显，他受到了米尔顿·弗里德曼经济理论的影响。”埃德温·米斯说：“米尔顿·弗里德曼教授是学术顾问中特别重要的一位。”关于哈洛的引文部分，参见 Michael Hirsh，*Capital Offense*（Hoboken，N.J.：John Wiley，2010），31。

73. 一些作者更重视里根对黄金的兴趣。比如，请参见 Sebastian Mallaby's detailed account of Reagan's views on monetary policy in *The Man Who Knew*：*The Life and Times of Alan Greenspan*（New York：Penguin Press，2016）。想要了解万尼斯基和里根之间的信件往来，请参见 Jude Wanniski to Donald Rumsfeld，February 1，1982，Jude Wanniski Papers，box 18，folder 6，Hoover。

74. Rowland Evans and Robert Novak，*The Reagan Revolution*（New York：E. P. Dutton，1981），69.

75. 斯坦福大学经济学家、权威货币政策学者约翰·泰勒认为，沃尔克和里根受到了 20 世纪 70 年代理性预期理论兴起的影响。弗里德曼认为通货膨胀预期是基于过去的经验；新的学派假定人们的行为是由对未来政策路径的预期所塑造的。如果人们确信政府会将通胀保持在低水平，他们就会开始这样做——例如，接受较小幅度的工资增长。这将使政府毫无痛苦地减少通货膨胀。沃尔克对这套理论很熟悉，但他将其支持者形容为“螺丝球”。里根最重要的顾问之一马丁·安德森向里根提出了这些想法，将其作为抑制通货膨胀可能并不那么痛苦的证据。但没有迹象表明里根相信这一点。沃尔克和里根已经准备好面对痛苦。

76. 这句话出自我 2018 年 4 月 5 日对沃尔克的采访。里根与沃尔克的关系从来都不简单。在他们的第一次会议上，里根问沃尔克为什么需要一个中央银行。但他在上任第一年就多次拒绝参加对美联储行动的公开批评。当他在 1982 年 1 月表示担忧时，这是在暗示美联储未能适当控制货币供应量——换句话说，货币主义不足，从而加剧了经济衰退。沃尔克是那些信任里根的人之一。

77. Neikirk，Volcker：*Portrait of the Money Man*，110.

78. Paul Volcker，“No Time for Backsliding”（remarks before the National Press Club，Washington，D.C.，September 25，1981）；参见 https：//fraser.stlouisfed.org/ title/451/item/8243。

79. “Income and Poverty in the United States：2017，” U.S. Census Bureau，September 2018；参见 census.gov/content/dam/Census/library/publications/2018/demo/ p60-263.pdf。

80. Greider，*Secrets of the Temple*，403–412.

81. John M. Berry，“Volcker Defends Targets Under Heavy Senate Barrage，” Washington Post，July 21，1982. 尽管沃尔克注意到了形势的转变，但他仍坚称美联储将继续其行动。在同一次听证会上，他说：“对于那些直接感受到衰退痛苦的数百万人来说，如果他们认为实际上一切都是徒劳的，那么这将是最残酷的一击。”然而，美联储已经悄悄地开始降低利率。这一变化在数据中显而易见，尤其是在回顾历史时，但沃尔克如此煞费苦心地将其重要性降至最低，以至于《纽约时报》完全忽略了这一点。关于听证会的报道标题为“美联储将坚持 1982 年的紧缩目标”。

82. 在这些年里，流通速度以每年 3.4% 的平均速度增长，年度偏差相对较小，部分原因是金融体系的严格监管。Todd G. Buchholz，*New Ideas from Dead Economists*（New York：Plume，

2007), 247.

83. Margaret Thatcher, "Speech to the CNN World Economic Development Congress," September 19, 1992, *in The Collected Speeches of Margaret Thatcher*, ed. Robin Harris (New York : HarperCollins, 1997), 543. 经济历史学家罗伯特·斯基德尔斯基指出，货币主义在英国采取了不同的形式。政府的目标是更广泛地衡量货币供应量，包括信贷创造在内，也就是说，它考虑到了流转速度的变化。在这方面，撒切尔政府忽视了从弗里德曼身上学到的教训。然而，英国式的货币主义并没有表现得更好。

84. Margaret Thatcher, "Speech to Conservative Party Conference, October 10, 1980"; 参见 margaretthatcher.org/document/104431.

85. 然而，德国央行在超过一半的时间里没有实现这些目标，这表明即使在联邦德国，货币主义的重要性也体现在它发出的信息中，而不是它的实际应用中。参见 George M. von Furstenberg and Michael K. Ulan, *Learning from the World's Best Central Bankers* (Boston : Kluwer, 1998), 127。

86. Greider, *Secrets of the Temple*, 684.

87. 参见 Milton Friedman, "Monetarism in Rhetoric and in Practice," Tokyo, June 22, 1983 ; 参见 imes.boj.or.jp/research/papers/english/me1-2-1.pdf。两年后，他在 1985 年向国会联合经济委员会做证时详细阐述了他的判定："人们普遍认为，货币主义在 1979—1984 年在美国做了尝试，但在实践中行不通。这与事实相去甚远。1979 年 10 月，美联储在绝望中接受了货币主义的花言巧语。它当时没有，后来也没有采取货币主义政策。"他表示，如果美联储遵循了他的方案，"失业率就不会像现在这样上升。产出绝不会跌到如此低的水平"。

88. *Hansard Commons*, vol. 191, May 16, 1991, col. 413.

89. 萨缪尔森曾经有句名言："让那些愿意制定国家法规的人来写吧——如果我能写出教科书的话。"这句话包含很多东西。但在这种情况下，弗里德曼改变了国家法规，因此萨缪尔森不得不修改教科书。此外，到了 20 世纪 90 年代，他的教科书的销量已经远远超过了年轻作者，这些年轻作者关于凯恩斯主义思想的讨论变得更少了。参见 Alan O. Ebenstein, *Milton Friedman*(New York : Palgrave Macmillan, 2007), 156–157。

90. George M. von Furstenberg and Michael K. Ulan, "A Sea Change for New Zealand," in *Learning from the World's Best Central Bankers*, 207–242.

91. 20 世纪 80 年代上半叶，法国的通货膨胀率远高于德国，而在这十年的后半期，法国的通货膨胀率仍略高于德国。20 世纪 90 年代上半叶，法国的通货膨胀率明显低于德国，但法国继续支付通货膨胀溢价。到了 21 世纪后半叶，随着货币联盟的临近和实现，这种差距被消除了。参见 Don Brash, *Incredible Luck*(Auckland : Troika Books, 2014), ebook loc. 431。

92. 布拉什有时被描述为一个养猕猴桃的农民。这暗含了一部分真相。他在 1981 年买了一个猕猴桃园，但据他自己说，这是一个避税天堂。

93. 衡量物价上涨的最佳方法往往是高估通货膨胀率，一般为 1 个百分点左右。原因之一是难以衡量给定产品质量的变化。例如，最新的 iPhone 比原来的 iPhone 具有更高的价值。因此，0~2% 的目标相当于瞄准了零，有一定的误差。

94. 通常情况下，弗里德曼呼吁新西兰退出汽车制造业，这让当地人备感愤怒。他将该行业描述为保护主义效率低下的一个特别突出的例子。大约十年后，当地最后一家汽车制造厂倒闭了。参见 "Interview with Donald Brash," *The Region*, Federal Reserve Bank of Minneapolis,

June 1999。

95. Paul Goldsmith, *Brash*(Auckland : Penguin, 2005), 175.

96. Neal Wallace, *When the Farm Gates Opened*(Dunedin : Otago University Press, 2014), 21.

97. 国际清算银行是中央银行的中央银行，致力于促进国际货币流动，并为建立国际标准提供论坛，如巴塞尔银行资本标准。这也是第一次世界大战后建立的国际机构中唯一幸存下来的例子。亚当·勒博在 *Tower of Basel*(New York : PublicAffairs, 2013) 一书中讲述了国际清算银行的历史。

98. 格林斯潘倾向于这样一种观点，即央行官员应该制造一些混乱以抑制金融投机。格林斯潘在美联储任职初期曾对一群记者表示："如果你们觉得我说得过于清晰明了，那么你们一定是误解了我的话。"这并不是常见的问题。经济学家罗伯特·索洛表示："这是央行官员的职责。""它们就像乌贼：它们喷出一团墨水，然后就跑开了。"参见 Linton Weeks and John M. Berry, "The Shy Wizard of Money," *Washington Post*, March 24, 1997. For Don Kohn's quote, see Mallaby, *The Man Who Knew*, 382。

99. Keith Bradsher, "Economics by Ripples," *New York Times*, May 30, 1994.

100. 格林斯潘解释说，低通胀创造了"一种迫使生产率提高的环境。它迫使那些希望继续经营的人采取那些他们以前在温和通胀的环境下不愿采取的行动，比如缩小餐厅的规模、减少加班时间、减少经理人的司机，因为那时候仅仅通过提高价格来维持利润率比较容易"。四分之一个世纪过去了，仍然没有证据表明将通货膨胀率从 2% 降低到 1% 有显著的经济效益。事实上，格林斯潘在 2018 年的一次采访中告诉我，他认为 2% 的通货膨胀率是最理想的。此外，低通胀是以高失业率为代价的，这可能会减少创新，因为企业可以依赖廉价劳动力，而不是投资机器。在我写这篇文章的时候，美国正处于一个长期的低通货膨胀和缓慢的生产力增长时期。参见 "Transcript of Federal Open Market Committee, July 2–3, 1996," 67 ; available at federalreserve.gov /monetarypolicy/files/FOMC19960703meeting.pdf。

101. 经济学家克里斯蒂娜·罗默和戴维·罗默得出的结论是，美联储的表现好像是在寻求维持平均 7.3% 的失业率，尽管在这 17 年间，对可持续失业率最低水平的估计平均不到 6%。三角洲的人口数是我自己计算的。参见 Christina D. Romer and David H. Romer, "The Evolution of Economic Understanding and Postwar Stabilization Policy," 2002, National Bureau of Economic Research。

102. 经济顾问委员会主要由学术经济学家组成，是一个内部智囊团。成立国家经济委员会是为了协调政府的国内经济政策。

103. Bob Woodward, The Agenda(New York : Simon and Schuster, 1994), 73.

104. Blinder, Hard Heads, Soft Hearts, 33, 36, 51, 77.

105. Bob Woodward, Maestro : *Alan Greenspan and the American Economy*(New York : Simon and Schuster, 2000), 127.

106. 讽刺的是，这并没有阻止布兰德提出的争议。在美联储年度杰克逊霍尔年度会议上的讲话中，他以谨慎的措辞暗示美联储可以在刺激就业增长的同时保持对通胀的控制。媒体基于他早期的工作，把这描绘成对格林斯潘的攻击。专栏作家罗伯特·萨缪尔森是通胀问题上的绝对论者，他认为布兰德"缺乏领导美联储所需的道德或智力素质"。

107. 克林顿重复了布林德的策略，提名爱丽丝·里夫林为副主席。里夫林告诉我，克林顿让她担任这一职务，是因为他对格林斯潘倡导通货膨胀的做法感到担忧，希望她担当平衡的角色。尽管如此，克林顿最重要的决定是让格林斯潘连任第三个任期——然后是第四个任期。

108. 一些经济学家仍然否认人们对通货膨胀感到困惑，或者至少否认这种困惑会造成重大后果。与此同时，在现实世界中，电影公司利用通货膨胀来宣传票房纪录——这些纪录只是名义上的纪录，因为从来没有哪部电影超过《乱世佳人》——这是因为电影公司认为人们被通货膨胀搞糊涂了。看来好莱坞对人性有更好的把握。

109. Binyamin Appelbaum, "Possible Fed Successor Has Admirers and Foes," *New York Times*, April 24, 2013.

110. 在耶伦看来，将通胀率降至 3% 以下的主要好处是减少税收扭曲。耶伦说，通过修改税法来解决这些问题更有意义。参见 "Transcript of Federal Open Market Committee, July 2–3, 1996"; federalreserve.gov/monetarypolicy/files/FOMC19960703meeting .pdfz。在格林斯潘的继任者本 · S. 伯南克的领导下，美联储在 2010 年通过了 2% 的通胀目标。有趣的是，他这样做是为了表明自己决心将通胀率推回到这个水平。格林斯潘对此感到震惊，他写道："2008 年金融危机之后，美国央行行长试图将通胀率推高，这几乎是前所未有的。"他错误地预测，这一努力可能会导致通胀率重回两位数。参见 Alan Greenspan, *The Map and the Territory*（New York：Penguin Press, 2013）, 269。

111. 世界范围内通货膨胀率的下降在很大程度上是由全球化而不是中央银行的具体政策选择造成的。参见 Kenneth S. Rogoff, "Globalization and Global Disinflation," in Monetary Policy and Uncertainty：Adapting to a Changing Economy（Kansas City, Mo.：Federal Reserve Bank of Kansas City, 2003）, 81。

112. Greg Ip, "Is Bernanke an Inflation Dove? Yes, but …," *Wall Street Journal*, October 31, 2005.

113. Lawrence H. Summers, "The Great Liberator," *New York Times*, November 19, 2006.

114. Robert E. Lucas, "Macroeconomic Priorities," *American Economic Review* 93, no. 1（2003）: 1–14. 卢卡斯是一群聪明的经济学家中的领军者。到 20 世纪 70 年代中期，这些经济学家发展了弗里德曼的研究，认为货币政策即便是对短期经济状况也不太可能产生持续影响。干预不仅是不可取的，而且是不可能的。实际上，这恢复了约翰 · 斯图尔特 · 密尔旧时对货币的描述，那只不过是一层面纱而已。这些数学上精妙的证明的问题在于，它们完全是胡说八道。很明显，货币政策造成了后果；经济学家的工作就是解释这些后果，更好的是驾驭这些后果。正如罗伯特 · 索洛在 1980 年向美国经济协会发表的总统演讲中提到的那样，"我记得有一次读到，人们仍然不理解长颈鹿是如何将足够的血液输送到头部的；但很难想象会有人因此得出长颈鹿没有长脖子的结论"。然而，这些更为极端的表述对决策者的影响相对较小。20 世纪 90 年代后期担任美联储理事的劳伦斯 · H. 梅耶在他的回忆录中写道，美联储官员需要知道的一切都是弗里德曼说的，而自那以后的一切都无关紧要。

115. Robert Lucas Jr., "The Industrial Revolution：Past and Future," *in 2003 Annual Report*（Minneapolis：Federal Reserve Bank of Minneapolis, 2004）; available at minneapolisfed .org/publications/the-region/the-industrial-revolution-past-and-future.

116. 失业率不包括那些没有积极寻找工作的人。1979 年，在滞胀最严重的时候，大约有 350 万处于工作黄金年龄（年龄在 25 岁到 54 岁之间）的美国男性处于观望状态。到 2007 年，在大温和时期，大约有 850 万适龄美国男性处于观望状态。按百分比计算，美国劳工统计局说，25~54 岁男性的失业率从 1979 年 1 月的 8.9% 上升到 2008 年 1 月的 14%。直到 21 世纪初，女性劳动力参与率的增加抵消了这一趋势。此后，女性的劳动参与率也有所下降。参见 Robert Skidelsky, *Money and Government*: *The Past and Future of Economics*(New Haven: Yale University Press, 2018), 202。

117. 1928 年，在大萧条时期，10% 最富有的人群手中拥有的财富比重达到了 84.4% 的峰值，然后在 20 世纪的大部分时间里有所下降，在 1986 年达到了最低点 63.6%。从那以后，它一直在攀升。参见 Emmanuel Saez and Gabriel Zucman, "Wealth Inequality in the United States Since 1913: Evidence from Capitalized Income Tax Data," October 2014, National Bureau of Economic Research Working Paper 20625。

118. Richard W. Fisher, "Balancing Inflation and Growth," London, England, March 4, 2008; available at dallasfed.org/news/speeches/fisher/2008/fs080304.aspx.

第四章 免税代理

1. John Kenneth Galbraith, *Money*: *Whence It Came*, *Where It Went*(Boston: Houghton Mifflin, 1975), 86.

2. 该事件记录保存在 Randall Weston Hinshaw, ed., *Inflation as a Global Problem*(Baltimore: Johns Hopkins University Press, 1972), 127.

3. Robert Mundell, "On the History of the Mundell-Fleming Model," *IMF Staff Papers* 47(2001).

4. Robert A. Mundell, "The Appropriate Use of Monetary and Fiscal Policy for Internal and External Stability," *IMF Staff Papers* 9, no. 1(March 1962). 这篇论文主张在不区分减税和增加支出的情况下，实施财政刺激。随后，他又增加了一个脚注，说明减税是首选手段。不过，蒙代尔后来告诉历史学家布莱恩·多米特洛维奇，他直到 20 世纪 70 年代初才坚定地认为减税优于增加开支。"这是一个很难回答的问题，但这个问题直到 70 年代初才最终得到解决。在 20 世纪 60 年代初，我在模型中强调了在供给副作用和预算效应之间减税和财政刺激没有区别。当时的经济学界几乎全是凯恩斯主义者，这就是为什么我的政策组合理念如此容易被接受。但我从自己最早的著作中就意识到了税率对供给的副作用，这些著作完全是在古典主义框架下进行的。"参见 Brian Domitrovic, Econoclasts: *The Rebels Who Sparked the Supply-Side Movement and Restored American Prosperity*(Wilmington, Del.: ISI Books, 2009), 307。

5. Howard R. Vane and Chris Mulhearn, "Interview with Robert A. Mundell," *Journal of Economic Perspectives* 20, no. 4(Fall 2006): 93.

6. 尼克松的一位经济顾问赫伯特·斯坦因在解释 1969 年提高企业所得税的决定时写道："在历史的这个关头，有更重要的事情要做，那就是处理联邦预算，处理国民产出，而不是让已经非常快的增长率更高。"参见 Allen J. Matusow, *Nixon's Economy*: *Booms*, *Busts*, *Dollars and Votes*(Lawrence: University Press of Kansas, 1998), 42。

7. Domitrovic, Econoclasts, 91. 蒙代尔在 1999 年获得诺贝尔奖时表示，他将用这笔钱继续修建这座城堡，随后进入第四个十年的修缮。参见 Sylvia Nasar, "Nobel Economics: Spending the Check," *New York Times*, December 5, 1999。

8. Robert A. Mundell, "The Dollar and the Policy Mix: 1971," Essays in International Finance, no. 85(May 1971). 这篇论文是蒙代尔在博洛尼亚会议上讲话的版本。从技术角度讲，1962 年早些时候的那份报告是关于固定利率制度下的经济体。1971 年的论文将这一论点扩展到浮动汇率制度的经济体。

9. Hinshaw, *Inflation as a Global Problem*, 123.

10. Robert L. Bartley, *The Seven Fat Years*: *And How to Do It Again*(New York: Free Press, 1995), 59.

11. John N. Turner, "Budget Speech in the House of Commons," February 19, 1973; available at budget.gc.ca/pdfarch/1973-sd-eng.pdf.

12. 另一位年轻的芝加哥教员罗伯特·卢卡斯在 1998 年的一次口述历史采访中说，他在拉弗之前就得到了这份工作，但他拒绝了，转而专注于自己的研究，这项研究最终为他赢得了诺贝尔奖。就拉弗而言，他在公共政策领域的职业生涯永久性地改变了政府的税收方式。"我的猜测是，我、艺术和美国经济都因此变得更好。"卢卡斯说。参见 Bennett T. McCallum, "An Interview with Robert E. Lucas Jr.," in *Inside the Economist's Mind*: *Conversations with Eminent Economists*, ed. Paul A. Samuelson and William A. Barnett(Malden, Mass.: Blackwell, 2007), 66。

13. 这首诗出自《阿尔弗雷德·普里奥里》；参见 "Money Machine," *New York Times*, May 16, 1971。除了要花招，拉弗的模型肯定不是凯恩斯主义的模型这一事实也是嘲弄的原因。拉弗使用了几种方法来评估可能的经济增长，其中一种方法将资产价格视为投资者经济预期的准确晴雨表。这个想法是"有效市场理论"的一个方面，刚刚在芝加哥得到发展，但仍远远脱离主流。拉弗笑到了最后：他的预测正中靶心。但他说得相当正确——预测中的靶心是运气问题。在他看来，对该模型的批评是误入歧途的，没有考虑到特定年份预测的准确性。

14. Domitrovic, Econoclasts, 106.

15. George Melloan, *Free People*, *Free Markets*: *How the Wall Street Journal's Opinion Pages Shaped America*(New York: Encounter, 2017), 183.

16. Jude Wanniski to Donald Rumsfeld, February 12, 1975, Jude Wanniski Papers, Hoover Institution Archives, Stanford, Calif.

17. 这段引述和逸事都出自 Alfred Malabre Jr., *Lost Prophets*(Cambridge: Harvard University Press, 1994), 180。

18. Jude Wanniski, "Theory and Policy: Mundell to Reagan," October 22, 1999; available at polyconomics.com/ssu/ssu-991022.htm.

19. Jude Wanniski, "It's Time to Cut Taxes," *Wall Street Journal*, December 11, 1974. 随着时间的推移，万尼斯在引用别人的观点时用了越来越少的篇幅，而用更多的篇幅来阐述他自己关于减税好处的古怪主张，例如坚称"毒品、酗酒、离婚和个人虐待可能开始减少"。他说，更好的是，通过赢得俄罗斯人的尊敬，减税可以赢得"冷战"。参见 "The No. 1 Problem," New York Times, February 27, 1980。

20. 这场著名会议的记述基于万尼斯基的书面记录，对拉弗和格雷丝·玛丽·阿内特·特纳的采访以及档案研究。史密森尼博物馆展出的这张餐巾纸是真品，是 1974 年 9 月 13 日献给唐纳德·拉姆斯菲尔德的，他当时是切尼的老板。万尼斯基、拉弗和特纳一致认为，会议发生在 1974 年 11 月，拉姆斯菲尔德当时不在场。切尼在他的回忆录中写道，会议在 11 月举行，拉姆斯菲尔德出席了会议。拉姆斯菲尔德在他的回忆录中写道，这次会面发生在 1975 年。我经过深思熟虑的观点是，史密森学会、拉姆斯菲尔德和切尼在不同程度上对事实感到困惑。参见 Binyamin Appelbaum, "This Is Not Arthur Laffer's Famous Napkin," *New York Times*,

October 13, 2017。

21. Howard R. Vane and Chris Mulhearn, "Interview with Robert A. Mundell," *Journal of Economic Perspectives* 20, no. 4 (Fall 2006): 104. 后来，拉弗就以单一税率征收个人所得税的提案，为许多主要政客（包括民主党和共和党人）提建议。他告诉我，有一种理论论据支持进一步提高税率，对低收入人群征收更高的税率，因为低税率对高收入人群的经济影响最大。但他说，这在政治上是站不住脚的。

22. Tyler Haggerty, "Forty Years Ago, a Mob of Students Stormed the Bank of America Building," Daily Nexus, February 25, 2010. 警察殴打了一名学生，他刚刚发表了激进辩护律师威廉·昆斯特勒的演讲。在公共场合和光天化日之下的殴打，是这场骚乱的直接诱因，最终导致圣巴巴拉银行分行被烧毁。鲍威尔在他的备忘录中写道，在过去的 18 个月里，美国银行的分支机构遭到了 39 次袭击，"22 次是爆炸装置，17 次是火焰炸弹或纵火犯"。

23. 鲍威尔的备忘录 "Attack on American Free Enterprise System," was dated August 23, 1971. For the memo and the reaction，参见 Kim Phillips-Fein, I*nvisible Hands*: *The Businessman's Crusade Against the New Deal* (New York: Norton, 2010), 156–165。

24. Lee Edwards, The Power of Ideas: *The Heritage Foundation at 25 Years* (Ottawa, Ill.: Jameson Books, 1997), 9.

25. Jacob S. Hacker and Paul Pierson, *Winner-Take-All Politics*: *How Washington Made the Rich Richer — and Turned Its Back on the Middle Class* (New York: Simon and Schuster, 2010), 116.

26. Morton Kondracke and Fred Barnes, *Jack Kemp*: *The Bleeding-Heart Conservative Who Changed America* (New York: Sentinel, 2015), 31.

27. Ibid., 38.

28. 1976 年 4 月 9 日，《华尔街日报》的一篇社论首次使用了"财政主义者"这个词。在后来的用法中，这个词通常被删除。

29. 为了回应尼克松政府拒绝动用部分拨款的做法，国会民主党人通过了一系列预算程序改革的立法，其中包括成立预算委员会监督这一过程，以及成立国会预算办公室提供独立分析职能。

30. 福克斯，原名安娜贝尔·巴蒂斯特拉，她告诉美联社："当我遇到米尔斯先生时，我甚至不知道他是谁。当他们告诉我他是筹款委员会的成员时，我不知道那是什么。"米尔斯在接下来的一个月里再次当选。几周后，他出现在波士顿一家脱衣舞俱乐部的舞台上，福克斯是该俱乐部的主要演员。事实证明这有点过分；米尔斯同意放弃筹款委员会主席的职位，寻求治疗酗酒的方法。关于乌尔曼的角色信息，请参见"Alice Rivlin, Oral History," December 13, 2002, Miller Center of Public Affairs, University of Virginia, Charlottesville。

31. "Q&A with Alice Rivlin," *Bryn Mawr* S&T, October 21, 2009.

32. Martin Tolchin, "The Bearer of Bad News Has Fewer Friends," *New York Times*, July 4, 1982.

33. Judy Flander, "Top Government Economist Takes Over Congressional Budget Office," *Washington Star*, February 25, 1975. 谈到她的丈夫，里芙林说："他从来没有兴趣管理家务，不像你今天听说的一些年轻的丈夫。"两年后他们离婚了。

34. 第一个可以对美国经济进行大规模模拟的程序是 19 世纪 50 年代末在布鲁金斯开发的。到 20 世纪 60 年代末，包括宾夕法尼亚大学银行和大通曼哈顿银行在内的一些主要机构已经创造了自己的经济模式。

35. “这些影响在数量上是否重要还远不清楚。”里芙林写道。愤怒的加利福尼亚州议员约翰·鲁西洛特在 1978 年 7 月 11 日在国会上阅读这封信，记录在 July 11，1978：124 Cong. Rec. 20135（1978）.

36. “Backstage at the Budget Committee,” *Washington Post*, April 11, 1980.

37. Paul Craig Roberts, *The Supply-Side Revolution*（Cambridge：Harvard University Press, 1984）, 47.

38. 这份价值 25 万美元的合同落入了大通计量经济学协会手中，该协会是大通曼哈顿银行的分支机构，由经济学家迈克尔·K. 埃文斯经营。在研究这个模型时，埃文斯自由地发表了支持降低资本利得税率的观点。国会降息几个月后，埃文斯与大通银行分道扬镳，接受了 180 万美元的股票买断，这使他成为新法律的主要受益人。参见 Lawrence Rout, “Forecaster's Fate,” Wall Street Journal, March 4, 1981。

39. Milton Friedman, “The Limitations of Tax Limitation,” *Heritage Foundation Policy Review*, Summer 1978, 11.

40. Edward Nelson, “Milton Friedman and Economic Debate in the United States, 1932– 1972,” 2018, book B, p. 222；available at https：//sites.google.com/site/edwardnelson resesearch/.

41. Milton Friedman and Rose Friedman, *Two Lucky People*（Chicago：University of Chicago Press, 1999）, 441.

42. 拉弗不想将他搬到南加州大学叙述为流亡般的游历，但他当时还是叙述了。“太可怕了，”他在 1981 年说，“我知道在上帝主宰的地球上，我不可能在这个行业里成功。所以我选择了其他途径——媒体、政治程序、咨询。”参见 Paul Blustein, “Supply-Side Theories Became Federal Policy with Unusual Speed,” *Wall Street Journal*, October 8, 1981。

43. Sue E. Jares, “Arthur Laffer Is a Man with All the Reasons for a Big Tax Cut,” *People*, April 7, 1979.

44. Kit R. Roane, Joe Rubin, and Dan McKinney, “The Populist Politician and California's Property Tax Revolt,” RetroReport.org, October 17, 2016.

45. Howard Jarvis and Robert Pack, *I'm Mad as Hell*：*The Exclusive Story of the Tax Revolt and Its Leader*（New York：Times Books, 1979）, 107.

46. John Kenneth Galbraith, letter to the editor, Newsweek, December 18, 1978. 虽然消防部门仍在运作，但 13 号提案限制了加州资助公共服务的能力。1978 年，该州对每名学生资助的排名为第 14 位；2018 年，该州排名第 43 位。13 号提案还将税收负担从富人转移到了不那么富有的人身上，因为地方政府用销售税和公用事业税取代了财产税收入。对新开发项目征税是另一个受欢迎的解决办法——这导致了该州社会福利住房的短缺。这项措施被宣传为保护房主；实际上，这对于那个时候碰巧拥有房子的人来说是一笔意外之财。加利福尼亚州的住房拥有率已经下降。参见 Mac Taylor, “Common Claims About Proposition 13,” California Legislative Analyst's Office, September 2016。

47. 坎普在 1977 年 4 月提出立法，将个人所得税率降低 30%。他赞扬“罗伯特·蒙代尔教授关于如何打破菲利普斯曲线、以低通货膨胀率实现低失业率的建议”。1977 年 6 月，同样是共和党人的罗斯同意支持参议院的一个版本，条件是削减要分三年进行。这样做的效果是将减税总额减少到 27%，但这并没有取消把减税描述为减少 30% 的通常做法。

48. Alan Greenspan, *The Age of Turbulence*：*Adventures in a New World*（New York：Penguin Press, 2007）, 238.

49. Richard Cheney to Jude Wanniski, September 19, 1978, Wanniski Papers, box 25, Hoover.
50. Martin Feldstein and Shlomo Yitzhaki, "The Effects of the Capital Gains Tax on the Selling and Switching of Common Stock," *Journal of Public Economics* 9, no. 1 (February 1978).
51. 斯泰格尔关于 1978 年《税收法》这一更广泛法案的修正案获得通过。卡特政府接受了这一方案，将其作为肯普—罗斯提案版本的替代方案。而肯普—罗斯提案的势头正盛。卡特在 1978 年中期选举的前一天签署了这项法案。一个月后，斯泰格尔死于心脏病，享年四十岁。参见 Domitrovic, Econoclasts, 161–173。
52. "Forecasting the Supply Side of the Economy," Joint Economic Committee, May 21, 1980.
53. 广播中的文字来自记者罗兰·埃文斯和罗伯特·诺瓦克的活动记录，他们对经济问题，尤其是供给方经济问题比大多数同行更感兴趣。参见 *their The Reagan Revolution* (New York：E. P. Dutton, 1981), 61. 里根的民调专家、拥有经济学博士学位的理查德·沃思林告诉这位候选人，年龄是他在选民面前的最大弱点，主张减税是唯一有效的补救措施。莫妮卡·普拉萨德在 2016 年 5 月纽约大学税收政策学术讨论会上发表的《1981 年里根减税案中新自由主义的大众起源》中引用了沃思林的话，他在一份备忘录中写道："只有在与限制税收相结合的情况下，这位有'共和党'经济信念的 70 岁老人才能获得成功。" Wirthlin wrote in a memo quoted by Monica Prasad, in "The Popular Origins of Neoliberalism in the Reagan Tax Cut of 1981," May 2016, New York University Tax Policy Colloquium.
54. 工资税的增加常常被忽视。这个比率从 1970 年的 9.6% 上升到 1980 年的 12.3%。同一时期，政府还将工资税收入增加了 50%，扣除了通货膨胀因素。根据白宫管理和预算办公室的数据，1981 年联邦收入占 GDP 的比例达到了 19.1%。
55. *Jimmy Carter, Keeping Faith* (New York：Bantam, 1983), 541.
56. Haynes Johnson, *Sleepwalking Through History* (New York：Norton, 1991), 19–20.
57. "Legality of Certain DOD Support for Activities Associated with the Inauguration of President Ronald Reagan," General Accounting Office, July 1, 1983.
58. 最高税率在 1945 年达到了 94%，那一年的头 11 个月里根都是在军队度过的。第二年，当他重新开始有偿演戏时，最高的比例是 91%。而且，里根不是按部就班在每场电影中都收到片酬。1945 年，他与华纳兄弟公司签订了一份合同，在七年内支付给他 100 万美元。这段话摘自 1981 年的一次采访。在其他情况下，里根对同一观点做出了略有不同的解释：参见 Evans and Novak, *The Reagan Revolution*, 237。
59. 数据来自经济合作与发展组织。2017 年美国的数据是 27%。20 世纪 40 年代，一位名叫科林·克拉克的英国经济学家发表了一篇论文，声称如果公共支出超过经济总量的 25%，那么国家就会崩溃，不管是有意的还是无意的，里根都支持这一理论。克拉克是发展国民收入核算的先驱，但是他对他的衡量标准的使用有点过于兴奋。
60. Ronald Reagan, "Reflections on the Failure of Proposition #1," *National Review*, December 7, 1973.
61. 达特娶了查尔斯·沃尔格林的女儿，并创办药店事业。他们离婚后，达特离开沃尔格林公司去管理雷克索尔公司。他的第二任妻子简·布莱恩是一名演员，曾与里根一起出演过几部电影，两对夫妇成为好朋友。
62. Ronald Reagan, "Taxation," November 28, 1978, reprinted in Reagan, *in His Own Hand*, ed. Kiron K. Skinner et al. (New York：Free Press, 2001).

63. David Stockman, The Triumph of Politics (1986; repr., New York: PublicAffairs, 2013), 53.

64. Evans and Novak, The Reagan Revolution, 97. 杜尔被任命为税务部副部长；保罗·克雷格·罗伯兹被任命为经济政策部助理部长；斯蒂芬·J. 恩廷，另一位芝加哥毕业生，被任命为罗伯特的副手。

65. 在 1988 年出版的《革命：里根的遗产》(*Revolution: The Reagan Legacy*, Stanford, Calif.: Hoover Institution Press, 1990) 一书中，安德森在提到里根的经济顾问时写道："他们、里根以及里根的任何高级助手都没有做出过这样离奇的断言。" 保罗·克雷格·罗伯兹是供给学派的创始人之一，同时也是里根政府财政部负责经济政策的助理部长，他在 2017 年写道："里根政府的经济政策当然不是基于减税以增加财政收入来弥补的。" 里根的这句话来自他在伊利诺伊州芝加哥市的一次演讲。这也许是能够想象到的对他的助手所提供的说法最清楚的反驳。

66. Ronald Reagan, *The Reagan Diaries*, ed. Douglas Brinkley (New York: Harper, 2007), 34.

67. 20 世纪 80 年代初对于具有科学头脑的宏观经济学家来说是一个艰难的时期。没有一个主要学派正确地预见到里根政策的广泛影响，更不用说细节了。供给学派和货币主义的失败在这些书中都有描述，但凯恩斯主义者并没有把自己包装得光彩照人。詹姆斯·托宾在 1981 年坚称，里根的政策将导致一场灾难。他写道："如果美国铁路公司在纽黑文火车站的一列车厢两端套上引擎——我们在那里确实还有一条铁路——一个引擎向西开往纽约，另一个引擎向东开往波士顿，并且宣传火车将同时开往两个目的地，大多数人都会持怀疑态度。""里根一头搭乘的是沃尔克发动机，另一头搭乘的是斯托克曼—肯普火车头，他告诉我们，经济列车将同时带领我们实现充分就业和通货紧缩。" [这句话最早出现在托宾 1981 年 5 月为旧金山联邦储备银行的《经济评论》撰写的一篇文章中，参见 James Tobin, *Policies for Prosperity* (Cambridge: MIT Press, 1989), 113。] 结果，货币主义者和供给政策的短期成本比凯恩斯主义者预测的要低，尽管长期损害更为严重。

68. Alan Blinder, *Hard Heads, Soft Hearts* (Reading, Mass.: Addison-Wesley, 1987), 21. 税率影响人类行为是完全合乎逻辑的。但有证据表明，这种影响的规模并不大，而且其影响是复杂的。例如，较高的税率可能会促使一些人更努力地工作，以维持他们的收入或履行先前的义务。出于同样的原因，较低的税率可能会导致一些人减少工作。

69. 企业所得的平均实际税率从 1960 年的 51% 降至 1985 年的 24%，但 1985 年的计算反映了财产税和个人所得税的 35%，以及企业所得税的 −9%。"换句话说，1981 年法律规定的公司税制提供了一种净补贴，即取消这种税制将导致总实际税率从 26% 提高到 35%。" 参见 Don Fullerton, "Tax Policy," *in American Economic Policy in the 1980s*, ed. Martin Feldstein (Chicago: University of Chicago Press, 1994), 172。

70. Robert S. McIntyre and Robert Folen, "Corporate Income Taxes in the Reagan Years: A Study of Three Years of Legalized Tax Avoidance," 1984, Citizens for Tax Justice. 从 20 世纪 50 年代早期开始，里根通过主持一个名为通用电气剧院的电视节目，延长了他的演艺生涯近十年。作为交易的一部分，他定期参观通用电气的工厂，向工人们发表演讲，宣传自由市场原则的重要性。这段经历是里根政治形象形成的严峻考验。

71. National Research Council, "Understanding the U.S. Illicit Tobacco Market: Characteristics, Policy Context, and Lessons from International Experiences," 2015, National Academies Press; available at https://doi.org/10.17226/19016.

72. Friedman and Friedman, *Two Lucky People*, 171.

73. Phillips-Fein, Invisible Hands, 261.

74. 20 世纪 80 年代，如果不对人口统计数量进行调整，情况看起来会更糟。20 世纪 70 年代年均 GDP 增长率为 3.2%，80 年代为 3.1%。正如美国国会研究服务部在 2012 年得出的结论："过去 65 年来，最高边际税率和最高资本利得税率的变化似乎与经济增长没有关联。" Thomas L. Hungerford, "Taxes and the Economy：An Economic Analysis of the Top Tax Rates Since 1945," December 2012, Congressional Research Service.

75. Barton Gellman, *Angler：The Cheney Vice Presidency*（New York：Penguin Press, 2008）, 259.

76. 里根政府的第一份预算案估计，减税带来的经济增长将抵销大约 20% 的初始收入损失。当然，这一评估与总统自己的言论大相径庭。

77. Stockman, *The Triumph of Politics*, 31.

78. 路德维希·埃哈德于 1949—1963 年担任联邦德国经济部长，1963—1966 年担任总理，引领了联邦德国的"德国经济奇迹"，或可说经济复苏。他是最早接受经济增长应该成为公共政策主要焦点的西方政策制定者之一。他的改革措施包括结束战后的价格管制，以及建立一个独立的中央银行——德国央行。德国央行受命专注于防止通货膨胀。

79. "Jim Miller, Oral History," November 4, 2001, Miller Center of Public Affairs, University of Virginia. 1981 年立法的根本性变化加剧了财政问题，当时引起的注意相对较少。美国采用了与通货膨胀挂钩的税率等级，正如加拿大在 20 世纪 70 年代所做的那样，这意味着更高税率的收入阈值随着通货膨胀而上升。在改革之前，通货膨胀将人们推入更高的税率档次，从而增加了联邦实际收入。这使得政府能够在不提高税率的情况下增加支出，或者在不限制支出的情况下降低税率。但是，1981 年的法律是这场长期演出的最后一场。在 20 世纪 80 年代，联邦政府面临着一个不那么令人愉快的现实：控制赤字现在需要真正的开支削减或真正的税收增加。

80. David Espo, "Senate Republicans Urge Economic Adviser to Quit," Associated Press, December 11, 1981. 奥巴马总统在日记中写道："经济衰退已经恶化，我们早先的数据付诸东流了。""现在，我的团队正在推动增加税收，以帮助遏制赤字。我认为我们的减税将通过刺激经济产生更多的收入。我打算等一等，看看有什么结果。"这是他在日记中表达强烈感情的唯一经济问题，日记主要是关于政治和外交政策的。包括弗里德曼和拉弗在内的保守派经济学家的顾问团偶尔开会，他得到了支持。经济学家赞扬了总统，总统讲述了好莱坞的故事。组织会议的马丁·安德森说，"他们为他所做的一切，比其他任何事情都重要，就是向他保证，他所遵循的路线是正确的"。

81. 蒙代尔的经济计划要求高利率，他认为这对吸引外国投资者很重要。例如，20 世纪 80 年代上半期的美国国债价格比同期的日本国债高出约 5% 。但时间会证明，即使利率很低，外国人也乐于在美国投资。

82. Kenneth D. Garbade, *Treasury Debt Management Under the Rubric of Regular and Predictable Issuance, 1983–2012*（New York：Federal Reserve Bank of New York, 2015）.

83. William Greider, *Secrets of the Temple*（New York：Simon and Schuster, 1981）, 424.

84. Richard Ben Cramer, *What It Takes*（New York：Vintage, 1992）, 66.

85. 在 1986 年的法律中，最高税率通常被报道为 28%，但是该法律包括了对一些按 28% 税率征税的收入征收 5% 的附加税。这项立法被誉为效率和公平的胜利。正如威尔伯·米尔斯在

20 世纪 50 年代提出的那样，该法案在降低税率的同时，扩大了税基，既保留了联邦收入，又保留了税收的分配。税法的简化适应了时代潮流：两党成员都表示，政府应该尽量少干预市场，以满足其资金需求。正如美国财政部在 1984 年的一份报告中所写的那样，"任何偏离这一原则的行为，都暗含着对政府干预经济的认可——这是一种阴险的产业政策，其基础是这样一种信念：负责税收政策的人能够比市场更好地判断消费者想要什么，商品和服务应该如何生产，以及企业应该如何组织和融资"。但随后的庆祝活动夸大了新税法的纯粹性。该法案的一个影响是将税收优惠从旧的制造业经济转移到新的技术和服务业经济。例如，机械设备的实际税率反弹至 39%。许多不那么合理的漏洞也幸存了下来。特殊利益集团正在学习讲经济学的语言。一位经济学家在被一位客户问及自己的观点时回答说，他没有得到报酬。这位客户是一位房地产开发商的说客，他付了钱，又问了一次。这一次，经济学家回答说："你想让我们意识到什么？" 参见 Jeffrey H. Birnbaum and Alan S. Murray, *Showdown at Gucci Gulch：Lawmakers, Lobbyists, and the Unlikely Triumph of Tax Reform*（New York：Vintage, 1988）, 111。

86. "The Distribution of Household Income, 2015," November 8, 2018, Congressional Budget Office.
87. 作为衡量收入不平等程度的标准指标，基尼系数收入差距指数在 1983—1988 年上升了 5.17%，这是自第二次世界大战以来五年间增幅最大的一次。参见 Wojciech Kopczuk, Emmanuel Saez, and Jae Song, "Earnings Inequality and Mobility in the United States：Evidence from Social Security Data Since 1937," Quarterly Journal of Economics 125, no. 1（February 2010）。
88. Keith Joseph, "Monetarism Is Not Enough," London, April 5, 1976；available at margaretthatcher.org/document/110796.
89. Alan Reynolds, "Marginal Tax Rates," *The Concise Encyclopedia of Economics*；available at econlib.org/library/Enc/MarginalTaxRates.html.
90. Robert Mundell, "Supply-Side Economics：From the Reagan Era to Today," March 24, 2011, Ronald Reagan Presidential Foundation, Simi Valley, Calif.；available at https：// youtu.be/drvRxf-Kxf0.
91. "Historical Tables, Fiscal Year 2019 Budget," White House Office of Management and Budget.
92. Paul Blustein, "Supply-Side Theories Became Federal Policy with Unusual Speed," *Wall Street Journal*, October 8, 1981.
93. 杜尔选择辞职以抗议 1982 年的法律。到了 1986 年，企业税减税政策几乎完全逆转。参见 Dennis S. Ippolito, *Deficits, Debt and the New Politics of Tax Policy*（Cambridge, Eng.：Cambridge University Press, 2012）, 122。
94. 说客查尔斯·沃克被自己的一位同事形容为"一个抽着雪茄的超级说客开着豪华轿车的经典漫画人物"。作为一名受过培训的经济学家，他在宾夕法尼亚大学获得了博士学位，在尼克松政府时期就开始研究税收政策，从一开始，他就毫不掩饰对企业的同情。他告诉《国会季刊》，当他去私人诊所工作时，尼克松告诉他，"你将要做你一直在做的事情，但现在你要靠它赚钱。" 在 1980 年竞选期间，沃克担任里根总统税收政策的首席顾问，推动企业减税。然后，他回归到说客的工作岗位，从外部推动相同变革。参见 Charls Walker, "Comment on Tax Policy," in *American Economic Policy in the 1980s*, ed. Feldstein, 209。
95. 在 1982 年的法律中，75% 的福利来自增税；在 1984 年的法律中，82% 来自增税；在 1987 年，这个数字只有 39%。参见 Kathy Ruffing, "The Composition of Past Deficit Reduction Packages,"

2011, Center on Budget and Policy Priorities。

96. Jack Kemp, "Shaping America's Economic Course," Colorado Springs, April 16, 1993.
97. David Maraniss, "Armey Arsenal : Plain Talk and Dramatic Tales," *Washington Post*, February 21, 1995.
98. Ibid.
99. Jason Horowitz, "Grover Norquist, the Anti-tax Enforcer Behind the Scenes of the Debt Debate," *Washington Post*, July 12, 2011.
100. 这些数字来自 2019 财政年度联邦预算的"历史表"。联邦支出继续增长，即使在对通货膨胀进行调整后也是如此。但是，支出占 GDP 的比例的下降仍然与其他发达国家的模式大相径庭。除去国防和医疗保健，美国政府开支在经济活动中所占的比例仍然比其他发达国家的平均水平低 30% 左右（除了以色列，美国的国防开支比其他任何一个发达国家都多。引人注目的是，尽管美国是发达国家中唯一允许多数公民在没有可靠医疗保健的情况下生活的国家，但中国在医疗保健方面的支出占国民收入的比例更大）。
101. 省略部分是引用的原始版本。参见 Rick Weiss, "NIH Cancer Chief Vents Frustration," *Washington Post*, December 24, 1994. The declines in federal spending on research, infrastructure, and social welfare are measured as shares of GDP。
102. 他是曾在 20 世纪 90 年代末辅导得克萨斯州州长有关经济问题的经济学家劳伦斯·B. 林赛，后来成为布什总统竞选的首席经济顾问。林赛的职业生涯是在经济和政治的交叉点上度过的。他在哈佛大学师从马丁·费尔德斯坦，在里根政府效力于费尔德斯坦，然后回到华盛顿担任乔治·赫伯特·沃克·布什的顾问。1991—1997 年，他担任美联储理事，随后加入美国企业研究所。乔治·W. 布什的首席政治顾问卡尔·罗夫很欣赏林赛写的一本颂扬里根减税政策的书，并邀请林赛前往奥斯汀访问布什。2000 年大选后，林赛成为国家经济委员会主席，帮助推动布什 2001 年的减税计划。
103. 奥尼尔向记者罗恩·萨斯金德讲述了自己的故事。参见 Suskind's The Price of Loyalty : *George W. Bush, the White House and the Education of Paul O'Neill*（New York : Simon and Schuster, 2004）。
104. 反对或有减税的经济理由与反对一次性退税的理由相同。许多经济学家认为，米尔顿·弗里德曼最重要的学术贡献是一篇论文。在这篇论文中，弗里德曼认为，支出的变化与收入的持续变化有关，而非短期波动。这表明，减税持续时间的不确定性将削弱部分刺激效益。众议院多数党领袖迪克·阿梅表示："这是糟糕的经济学，尤其是当你在试图影响经济增长的情况下。"
105. Greenspan, *The Age of Turbulence*, 221.
106. Gellman, *Angler*, 265.
107. Richard Cheney, *In My Time*（New York : Threshold, 2011）, 308.
108. Gellman, *Angler*, 274.
109. The quotes are from Suskind, *The Price of Loyalty*, 284–291. 切尼在他的回忆录中承认并试图解释这一言论。"当然，我认为赤字很重要。我只是认为有必要联系当时的背景来看待这些问题，虽然罗纳德·里根戏剧性地增加国防预算和他历史性的减税措施确实将赤字从 1980 财政年度国内生产总值的 2.7% 推到了 1983 财政年度的 6%，但是他的国防开支帮助苏联破产，他的减税措施帮助刺激了我国历史上持续时间最长的繁荣浪潮之一。结果是和平红利、联邦财政收入增加，最终赤字降低。”参见 Cheney, *In My Time*, 311。

110. “这是 20 世纪末信息革命的最大讽刺之一，公众提供越来越多的数据集，同时越来越无法判断数据的真实性并有效地使用它们。”参见 Michael A. Bernstein, *A Perilous Progress : Economists and Public Purpose in Twentieth-Century America* (Princeton, N.J. : Princeton University Press, 2001), 191。
111. 2003 年 2 月 11 日，格林斯潘向美国国会表示：“我是为数不多的仍然不相信刺激计划是当前一项可取政策的人之一。”
112. 该分析报告随后发表于：Thomas Laubach, “New Evidence on the Interest Rate Effects of Budget Deficits and Debt,” May 2003, Federal Reserve Board. In 2015, Laubach was named the Fed's top staff economist, director of the Division of Monetary Affairs.
113. Interview with Cesar Conda, September 28, 2017.
114. John Cassidy, “Tax Code,” *The New Yorker*, September 6, 2004.
115. William G. Gale and Andrew A. Samwick, “Effects of Income Tax Changes on Economic Growth,” 2016, Brookings Institution.
116. 这些数据来自 2018 年发表的一项突破性的研究。收入最高的群体是指人口中最高的 0.1%，2011 年的人口大约是 1961 年的两倍。所得税税率的降低只是其中一个因素。税收组合也发生了变化：个人所得税和所得税都有所下降，而累退税，如联邦工资税和州及地方销售税，则有所增加。参见 Thomas Piketty, Emmanuel Saez, and Gabriel Zucman, “Distributional National Accounts : Methods and Estimates for the United States,” *Quarterly Journal of Economics* 133, no. 2 (May 2018)。这项研究没有考虑 2013 年奥巴马总统通过的增税法案和 2017 年特朗普总统通过的减税法案的影响。然而，其他估计数据表明，这种综合效应使税收分配进一步趋于平缓。
117. 数据来自盖洛普。2018 年 4 月，这一数字保持在 62%，本文撰写时采用了最新数据。参见 https : //news.gallup.com/poll/1714/Taxes.aspx。
118. For the most recent available data — from 2012 —参见 Tax Foundation, “Facts and Figures 2018.”

第五章 我们信任的企业

1. Peck is quoted in Paul MacAvoy, *Unsettled Questions on Regulatory Reform* (Washington, D.C. : American Enterprise Institute, 1978), 13.
2. Michael Riordan and Lillian Hoddeson, *Crystal Fire : The Birth of the Information Age* (New York : Norton, 1997), 195–224.
3. 三年前，美国政府对 AT&T 提起诉讼，要求出售其制造业子公司西部电气。该公司决定授予晶体管使用权是出于一种示好，意在表明 AT&T 没有利用其电话垄断的利润来追求在其他行业的主导地位。事实证明这是不够的。1956 年，AT&T 同意以合理的价格免费授权其所有现有的专利和未来的专利。
4. “I.B.M. Trust Suit Ended by Decree ; Machines Freed,” *New York Times*, January 26, 1956. 经济历史学家阿尔弗雷德·D. 钱德勒在他的书 *Inventing the Electronic Century* (New York : Free Press, 2001) 中描绘了反托拉斯政策在计算机革命中的作用。
5. F. M. Scherer, “The Political Economy of Patent Policy Reform in the United States,” *Journal on*

Telecommunications and High Technology Law 7, no. 2（Spring 2009）.

6. Eli Cook, *The Pricing of Progress*：*Economic Indicators and the Capitalization of American Life*（Cambridge：Harvard University Press, 2017）, 232.
7. 21 Cong. Rec. 2457（1890）. 谢尔曼参议员的兄弟，威廉·特库姆塞·舍曼将军下令将 40 万英亩的沿海种植园重新分配给获得自由的 40 英亩的奴隶。谢尔曼还授权军队把骡子借给农民，这项政策被永远铭记为“40 英亩和一头骡子”，这种努力带来的效果并没有持续多久。安德鲁·约翰逊总统扭转了这一进程，在 1865 年秋将大部分土地归还给了它以前的所有者。
8. 路易斯·布兰代斯是保护小企业的伟大倡导者之一，他在 1911 年对国会表示：“我认为，在过去 20 年的经验之后，我们可以说两件事：第一，一家公司可能太大了，不足以成为最有效的生产和分配工具；第二，不管它是否超过了最大的经济效率点，它都可能过于庞大，以至于让渴望自由的人无法容忍。”参见“Control of Corporations, Persons, and Firms Engaged in Interstate Commerce,” Senate Committee on Interstate Commerce, November 29, 1911, 1174。
9. 众所周知，揭发丑闻的记者艾达·塔贝尔曾把标准石油公司描绘成一家掠夺性垄断企业。塔贝尔在宾夕法尼亚州的油田长大，父亲是一个三流的石油商，被洛克菲勒赶下了台。最高法院接受了塔贝尔的描述并下令拆分洛克菲勒的石油公司，历史学家和经济学家不断争论洛克菲勒究竟是一个优秀的商人还是一个骗子。一个令人信服的证据表明，分拆公司是合理的，至少从经济角度来看是合理的，那就是公司拆分后各组成部分的总市值大约翻了四倍。
10. *Mary Pilon's The Monopolists*（New York：Bloomsbury, 2015）narrates the game's surprisingly tangled history.
11. “Amending Sections 7 and 11 of the Clayton Act：Hearings Before Subcommittee No. 2 of the Committee on the Judiciary,” March 19, 1947, 7.
12. Lawrence J. White, “Economics, Economists and Antitrust：A Tale of Growing Influence,” in *Better Living Through Economics*, ed. John J. Siegfried（Cambridge：Harvard University Press, 2010）, ebook loc. 2945.
13. *Brown Shoe Co. v. United States*, 370 U.S. 344（1962）.
14. *United States v. Von's Grocery Co.*, 384 U.S. 270（1966）. 罗伯特·博克在他的《反托拉斯悖论：自相残杀的政策》[*The Antitrust Paradox*：*A Policy at War with Itself*（New York：Basic Books, 1978）] 一书中也提出了同样的观点。他写道，反托拉斯执法“遵循了美国传统，即边远城镇的治安官：他不筛选证据、区分嫌疑人和破案，只是在大街上走走，偶尔还会用手枪打几个人”。
15. Mark J. Green et al., *The Closed Enterprise System*：*The Nader Study Group Report on Antitrust Enforcement*（New York：Grossman, 1972）, 128–129.
16. Craig Freedman, “Insider's Story：Notes on the Claire Friedland and George Stigler Partnership,” *History of Economics Review*, no. 55（Winter 2012）：1–28.
17. George J. Stigler, *Memoirs of an Unregulated Economist*（New York：Basic Books, 1985）, 6.
18. George J. Stigler, “The Economies of Scale,” *Journal of Law and Economics* 1（October 1958）.
19. 斯蒂格勒的论文“追溯了 1870—1895 年分配理论的演变”。这反映了他对经济思想史的深刻而持久的兴趣，这是一个过去和现在许多经济学家漠不关心的问题。参见 George J. Stigler, *Production and Distribution Theories*：*The Formative Period*（New York：Macmillan, 1941）。

20. Interview with George Shultz, April 19, 2018.
21. 我第一次看到这封信是在经济历史学家比阿特丽斯・切里尔的推特上，她好心地给我发了一份电子版。资料来源：Robert Solow to Paul Samuelson, n.d., Paul Samuelson Papers, box 70, folder "Solow, 46-2007," Rubinstein Library, Duke University, Durham, N.C.
22. Claire Friedland, "On Stigler and Stiglerisms," *Journal of Political Economy* 101, no. 5 (October 1993) : 780–783.
23. 斯蒂格勒对经济学家影响力的公开评论令人恼火地前后矛盾。众所周知，他对经济学家在19世纪终结英国《谷物法》中所扮演的角色不屑一顾。他写道，“经济学家对他们所生活的社会产生的影响微乎其微，几乎察觉不到”。他还坚称，这个问题是由历史潮流决定的。另外，他在1964年向美国经济协会发表的题为“经济学家与国家”的总统演讲中有这样一段话：“我们不断扩大的理论和实证研究将不可避免地不可抗拒地进入公共政策的主题，我们将发展一套对明智的政策制定至关重要的知识体系。”
24. Craig Freedman, In Search of the Two-Handed Economist : Ideology, *Methodology and Marketing in Economics* (London : Palgrave Macmillan, 2016), 25.
25. Stigler, *Memoirs of an Unregulated Economist*, 211.
26. 当他赴伦敦讲座的消息传到芝加哥时，弗里德曼向他表示祝贺。“我写这封信主要是为了让你头脑膨胀，不过上帝知道，你的头脑肯定已经够膨胀了。” Milton Friedman and George Stigler, *Making Chicago Price Theory* : *Friedman–Stigler Correspondence*, 1945–1957, ed. J. Daniel Hammond and Claire H. Hammond (London : Routledge, 2006), 80.
27. George J. Stigler, "The Case Against Big Business," Fortune, May 1952. 斯蒂格勒及其盟友并不像反垄断支持者那样担心企业集中化的经济成本。斯蒂格勒的一位同事阿诺德・哈柏格・斯蒂格勒，研究了20世纪20年代的企业利润，得出结论：企业集中使得企业能够从美国人平均每年榨取最多2.25美元（以1952年美元计算），或者以当前（2018年）美元计算，每年榨取约21美元。参见 Arnold C. Harberger, "Monopoly and Resource Allocation," *American Economic Review* 2, no. 44 (1954) : 77–87。
28. Friedman, who outlived most of his peers, offered an account of the friendship in "George Stigler : A Personal Reminiscence," *Journal of Political Economy* 101, no. 5.
29. 斯蒂格勒受雇于沃利斯，沃利斯是斯蒂格勒和弗里德曼在研究生院时的朋友，第二次世界大战期间他们在哥伦比亚大学的老板，当时担任芝加哥商学院院长。
30. Edward Nik-Khah, "George Stigler, the Graduate School of Business and the Pillars of the Chicago School," in *Building Chicago Economics* : *New Perspectives on the History of America's Most Powerful Economics Program*, ed. Robert Van Horn et al. (Cambridge, Eng. : Cambridge University Press, 2011), 121.
31. 他的这种观点得到了广泛支持，包括诺贝尔奖委员会，该委员会在1982年使斯蒂格勒成为诺贝尔文学奖得主时引用了该论文。
32. George J. Stigler, "The Economics of Information," *Journal of Political Economy* 69, no. 3 (1961).
33. George J. Stigler, "Monopoly," in The Fortune Encyclopedia of Economics, ed. David R. Henderson (New York : Warner, 1993). 斯蒂格勒承认，在有标准化产品的市场，监管成本可能会更低，因此企业联盟的可能性会更大。警察的成本也随着卖家的减少或者买家的增多而降低。很明显，对少量的卖家进行管制要容易得多。关于买家的观点更加微妙。斯蒂格勒认为，作弊公司在每笔交易中都承担一定的风险。在一个有许多小买家的市场中，被揭露风险的价格（概率乘以成本）可能超过每笔小买卖的利润。斯蒂格勒理论的另一个有趣的含义是，如果销售被公开记录，共谋更容易实施。这使得政府特别容易被串通，因为投标通常是公开披露的。参见 George J. Stigler，"A Theory of Oligopoly，" *Journal of Political Economy* 72，no. 1（1964）。

34. 迪雷克托被耶鲁大学录取是一件侥幸的事。20 世纪 20 年代初，西方校友要求耶鲁大学录取更多西方公立学校毕业生的压力越来越大。耶鲁大学负责新生的院长罗斯维尔·P. 安吉尔在迪雷克托大四时访问了位于波特兰的林肯高中，作为鼓励申请的新举措之一。迪雷克托抓住了这个机会，在耶鲁大学的历史老师诺曼·C. 索恩的帮助下获得了奖学金。但是，耶鲁大学和其他精英机构很快开始积极限制犹太人入学。结果，迪雷克托在耶鲁大学读完第一年后就失去了奖学金。很有可能，1921 年是那个时代波特兰公立学校的犹太学生能够被录取的唯一年份。参见 Robert Van Horn，"The Coming of Age of a Reformer Skeptic（1914–1924），" *History of Political Economy* 42，no. 4（2010）：601–630。

35. 迪雷克托不是芝加哥法学院的第一位经济学家。他取代了亨利·西蒙斯，后者在迪雷克托、弗里德曼和斯蒂格勒的职业生涯中扮演了重要角色。参见 Rob Van Horn and Philip Mirowski，"The Rise of the Chicago School of Economics and the Birth of Neoliberalism，" in *The Road from Mont Pèlerin*，ed. Philip Mirowski and Dieter Plehwe（Cambridge：Harvard University Press，2009），155。

36. Edmund W. Kitch，"The Fire of Truth：A Remembrance of Law and Economics at Chicago，1932–1970，" *Journal of Law and Economics* 26，no. 1. 科斯的述评特别有意思，因为他 1961 年关于交易成本的论文常常被认为是"法律和经济学"分析的开端。另一个受欢迎的是耶鲁大学法学院教授盖多·卡拉布雷西在 1961 年发表的一篇类似的论文。那时，迪雷克托已经教授这种方法十多年了。

37. 迪雷克托具有影响力的证据保存在他的学生的回忆录和口述历史中，有时更明确地体现在受他启发的论文中。麦基的第二个注脚是这样写的："我深深地感谢亚伦·迪雷克托……"参见 John S. McGee，"Predatory Price Cutting：The Standard Oil（N.J.）Case，" Journal of Law and Economics 1（October 1958）；For a recent critique of McGee's work，see Christopher R. Leslie，"Revisiting the Revisionist History of Standard Oil，" *Southern California Law Review* 85，no. 3（2012）。

38. Utah Pie v. *Continental Baking Co.*，380 U.S. 685（1967）. The decision did not save the smaller company. Utah Pie filed for bankruptcy in 1972.

39. Bork，*The Antitrust Paradox*，387.

40. Stigler，*Memoirs of an Unregulated Economist*，127.

41. William Domnarski，*Richard Posner*（New York：Oxford University Press，2016），55.

42. Ibid.

43. Arthur Leff，"Economic Analysis of Law：Some Realism About Nominalism，" *Virginia Law Review* 60（1974）.

44. Richard Posner，Economic Analysis of Law，2nd ed.（Boston：Little，Brown，1977），22. 举个例子来说明波斯纳的意思，考虑一下 20 世纪早期美国大多数州的一项法律，该法律允许对"毁弃婚约结婚"提起诉讼——这类案件通常涉及同意与同意结婚的男性发生性关系的女性。当男人食言时，女人起诉了他。这些法律是以正义的名义通过的，但是法律和经济学运动从经济的角度看到了动机。1990 年的一份报告指出，随着各州废除这些法律，夫妻用一种新的激励措施来鼓励忠诚：钻石戒指的销售量显著增加。Margaret F. Brinig, "Rings and Promises," *Journal of Law, Economics and Organization* 6, no. 1 (1990).

45. Steven M. Teles, *The Rise of the Conservative Legal Movement* (Princeton, N.J.: Princeton University Press, 2008), 99–100. 1999 年的一项研究发现，波斯纳在 20 世纪后半叶被引用的次数是其他法律学者的两倍。

46. U.S. v. *Pabst Brewing Co.*, 384 U.S. 546 (1966).

47. David G. Moyer, *American Breweries of the Past* (AuthorHouse, 2009), 9–11.

48. *Antitrust and Trade Regulation Reports*, April 17, 1973.

49. Lester G. Telser, "Why Should Manufacturers Want Fair Trade?" *Journal of Law and Economics* 3 (October 1960): 86–105。

50. Richard A. Posner, *Antitrust Law: An Economic Perspective* (Chicago: University of Chicago Press, 1976), 164. 波斯纳对该判决的谴责 [U.S. v. *Arnold, Schwinn & Co.*, 388 U.S. 365 (1967)] 尤其令人震惊，因为他在批评自己的作品。他曾作为美国英格兰及威尔斯副总检察长办公室的一名律师为美国辩护，最终他赢了。

51. 这些细节来自鲍威尔的论文，1998 年鲍威尔去世后，这些论文被提供给学者，并在 2002 年的一篇文章中首次描述。参见 Andrew I. Gavil, "Sylvania and the Process of Change in the Supreme Court," *Antitrust 17*, no. 1 (2002)。

52. 这个案件是 *Continental T.V. v. GTE Sylvania*, 433 U.S. 36 (1977)。1974 年的案例是一个重要的前兆。工业巨头通用动力集团收购了伊利诺伊州的一家煤矿公司。法院不顾政府的反对，同意了这笔交易，裁定该公司的市场份额不如该公司煤矿中剩余煤炭所剩不多这一事实重要。这是法院第一次认为市场份额不是充分的证据，但它还没有把效率作为一个替代标准。参见 *U.S. v. General Dynamics Corp.*, 415 U.S. 486 (1974)。

53. Henry G. Manne, "How Law and Economics Was Marketed in a Hostile World: A Very Personal History," in *The Origins of Law and Economics: Essays by the Founding Fathers*, ed. Francesco Parisi and Charles K. Rowley (Cheltenham, Eng.: Edward Elgar, 2005), 315.

54. Gregory C. Staple, "Free-Market Cram Course for Judges," *The Nation*, January 26, 1980.

55. Manne, "How Law and Economics Was Marketed in a Hostile World," 320.

56. 第一批到达最高法院的校友是克拉伦斯·托马斯和鲁思·金斯伯格。参见 Elliott Ash, Daniell L. Chen, and Suresh Naidu, "Ideas Have Consequences: The Impact of Law and Economics on American Justice," November 2, 2017, National Bureau of Economic Research。

57. 《华盛顿邮报》的一篇报道援引豪克法官的话称，这些司法研讨会是由企业捐赠者资助的。曼恩说，这份报告是不准确的，他坚持认为另一笔钱被用于司法程序。后来，他把自己的项目迁移到了佐治亚州的艾默理大学，然后又迁移到了弗吉尼亚州的乔治梅森大学，在那里他成了法学院的院长。参见 Fred Barbash, "Big Corporations Bankroll Seminars for U.S. Judges," *Washington Post*, January 20, 1980。

58. Ethan Bronner, "A Conservative Whose Supreme Court Bid Set the Senate Afire," *New York Times*, December 19, 2012.

59. 博克在 1966 年的论文《谢尔曼法案的立法意图和政策》中首次提出了这一论点，该论文发表在《董事会杂志》上。他作为美国企业研究所的访问学者撰写了这本书，该研究所提供资金支持。在开篇，他向董事长致敬。“这里所说的大部分内容出自亚伦·达夫尔的研究工作，他是反垄断经济学和产业组织领域开创性的思想家，长期以来，我和许多其他人一样，都认为他是这样的人。”在回顾了历史记录之后，博克总结道，“因此，反托拉斯法的立法历史表明，并不支持任何国会打算让法院牺牲消费者福利来实现其他目标的说法。”参见 Bork, *The Antitrust Paradox*, 66。

60. 梅森也提出过类似的立法，他在参议院辩论结束时发言，总结了立法支持者的观点。参见 21 Cong. Rec. 4100（1890）。用哥伦比亚大学历史学家理查德·约翰的话来说，“很少有历史学家（如果有的话）认同罗伯特·博克的观点，即反垄断法的初衷可以从立法者最大化消费者福利的决心中找到。这根本不是真的”。参见 Richard John, “What Does History Tell Us? The Development of Antitrust in America”（presentation at Is There a Concentration Problem in America? [conference], Stigler Center for the Study of the Economy and the State, University of Chicago, March 27–29, 2017）; the judgment of Herbert Hovenkamp, a University of Pennsy-lvania law professor and a leading authority on antitrust law："Not a single statement in the legislative history comes close to stating the conclusions that Bork drew."

61. Stephen G. Breyer, “Judicial Precedent and the New Economics,” in Antitrust Forum1983—*Antitrust Policy in Transition*：*The Convergence of Law and Economics*（New York：Conference Board, 1983）, 9.

62. 最高法院在 1977 年的 *Brunswick Corp. v. Pueblo Bowl-O-Mat* 一案中首次阐述了类似的观点，在该案中，自由派最高法官瑟古德·马歇尔写道，对合并的限制“主要是作为‘美国人作为个人’，尤其是消费者的一种补救措施”（429 U.S. 477, fn. 10）。The decision in the hearing aid case, Reiter v. Sonotone Corp., 442 U.S. 330（1979）, affirmed the conclusion.

63. 《垄断改革法》规定，公司不能为垄断权辩护，因为这是“优越的产品、商业头脑或历史性事故”的结果。哈特在审议中去世，但这可能无助于其发生。

64. 这种转变在一定程度上可能反映了卡特政府相对于前任共和党政府日益增强的攻击性。参见 Marc Allen Eisner, *Antitrust and the Triumph of Economics*（Chapel Hill：University of North Carolina Press, 1991）, 179。

65. 一些学者认为 1984 年对反垄断指南的第二次修订更加重要。结合起来，这些变化清楚地表明，经济效率是公司集中的一个可接受的理由。

66. William Robbins, “A Meatpacker Cartel Up Ahead？” *New York Times*, May 29, 1988.

67. 平均时薪从 1982 年的 9.06 美元下降到 1992 年的 8.56 美元。扣除通货膨胀因素，则下降了 35%。有助于企业降低工资的一个因素是向雇佣移民的转变。参见 James M. MacDonald et al., “Consolidation in U.S. Meatpacking,” February 2000, Department of Agriculture, Agricultural Economic Report no. 785, table 4-7。

68. Eisner, *Antitrust and the Triumph of Economics*, 214.

69. “Share of Federal Judges Appointed by Republican and Democratic Presidents Since Reagan,” *Washington Post*, *September 4*, 2018.

70. Tamar Lewin, “The Noisy War over Discounting,” New York Times, September 25, 1983. 关于经济学家在 AT&T 事件中扮演的关键角色，请参见 Robert Litan, *Trillion-Dollar Economists*：*How Economists and Their Ideas Have Transformed Business*（Hoboken, N.J.：John Wiley, 2014）。

一些学者认为，AT&T 的解体解释了为什么美国的互联网使用比日本等其他发达国家增长得更快。巴克斯特曾对反垄断持有截然不同的观点。20 世纪 60 年代，他撰写了立法范本，增加了政府拆分大公司的权力。20 世纪 70 年代中期，他公开表示忏悔，在一次律师人会上发表讲话，宣布："作为《分权法》的最初起草者之一，我撤回这项法案似乎特别合适。自 1968 年以来，经济的发展状况发生了一些变化。"参见 Eisner，*Antitrust and the Triumph of Economics*，109。

71. For reassignment，see "Interview with William F. Baxter，" Antitrust Law Journal 52，no. 1（1983）. For reeducation，see Eisner，*Antitrust and the Triumph of Economics*，190. For private practice，see "Program of the 50th Anniversary Meeting of the Section of Antitrust Law，" American Bar Association，2003.
72. Michael Isikoff，"Chicago School Catches a Taxi，" *Washington Post*，June 17，1984.
73. 在华盛顿特区，穷人阶层代表律师的时薪在 1993 年提高到每小时 50 美元，2002 年提高到每小时 65 美元，2009 年提高到每小时 90 美元。到 2018 年，扣除通货膨胀因素，这个数字是 1970 年小时工资的 45%。
74. *United States v. American Airlines*，Inc.，no. CA3 83-032，filed February 23，1983.
75. Kurt Eichenwald，The Informant（New York：Crown，2001），48–51.
76. Interview with Robert Litan，March 8，2018.
77. William G. Christie and Paul H. Schultz，"Why Do NASDAQ Market Makers Avoid Odd-Eighth Quotes？" *Journal of Finance* 49，no. 5（1994）.
78. 此前，司法部每年都会收到一家愿意承认参与卡特尔的公司的主动告密书。根据新的政策，每个月都会有超过一份告密书。参见 Janet Novack，"Fix and Tell，" Forbes，May 4，1998。
79. 1998 年 1 月 29 日，美国司法部反垄断部门负责人乔尔 · 克莱因在纽约发表题为"新经济中反垄断执法的重要性"的演讲时说："我们的经济现在比以往任何时候都更具竞争力。"参见 justice.gov/atr/speech/importance-antitrust-enforcement-new-economy。
80. Richard A. Posner，*Antitrust Law*，2nd ed.（Chicago：University of Chicago Press，2001），vii.
81. Linda Greenhouse，"Cigarette Antitrust Suit Is Rejected，" *New York Times*，June 22，1993.
82. *Brooke Group Ltd. v. Brown & Williamson Tobacco Corp.*，509 U.S. 209（1993）.
83. James V. Grimaldi and Juliet Eilperin，"After Verdict，a Capital Welcome，" *Washington Post*，April 6，2000. 2001 年，布什政府与微软达成和解。该公司同意与竞争对手共享为其操作系统编写软件所必需的信息，并接受被监控。
84. "Milton Friedman on Business Suicide，" Cato Policy Report，March/April 1999，Cato Institute.
85. Is There a Concentration Problem in America?（conference），Stigler Center for the Study of the Economy and the State，University of Chicago，March 27–29，2017.
86. 在过去的半个世纪里，支付给工人的工资在经济产出中所占的份额已经下降。在 2017 年的一篇题为"劳动力和资本份额的下降"的论文中，经济学家辛查 · 巴尔凯发现，这种下降可以归因于企业集中度的提高；参见 http：//home.uchicago.edu/~barkai/doc/BarkaiDecliningLaborCapital.pdf。
87. James B. Stewart，"Steve Jobs Defied Convention，and Perhaps the Law，" *New York Times*，May 2，2014. 企业通常会通过强制实施被称为非竞争协议的合同条款来限制工人的流动。
88. Milton Friedman to George Stigler，November 15，1950，Milton Friedman Papers，box 33，folder

36, Hoover Institution Archives, Stanford, Calif.

89. Lina M. Khan, "Amazon's Antitrust Paradox," *Yale Law Journal* 26, no. 3 (January 2017) .

90. 哥伦比亚大学法学院教授吴·提姆认为，改进反垄断法的最佳方式不是让法院考虑更广泛的后果。相反，他认为法院应该关注一个更基本的问题：一个公司行为的例子是促进还是限制竞争？法律体系应该关注过程，而不是结果。正如最高法院大法官小奥利弗·温德尔·霍姆斯在 1905 年写道："宪法不是为了体现某一特定的经济理论，无论是家长式作风、公民与国家的有机关系，还是自由放任。"卡恩的引用来自 2018 年 3 月 26 日的一次采访。

第六章　免于监管

1. Marion Fourcade, *Economists and Societies : Discipline and Profession in the United States, Britain, and France, 1890s to 1990s* (Princeton, N.J. : Princeton University Press, 2009), ebook loc. 920.

2. 反对监管的人把他们中的著名人物带到了华盛顿，尤其是阿米莉亚·埃尔哈特。参见 Lucile Sheppard Keyes, *Federal Control of Entry into Air Transportation* (Cambridge : Harvard University Press, 1951), 86–87。

3. 1950—1977 年，有八十家申请成立大型航空公司。所有人都被拒绝了。政府的确向新的地区性航空公司颁发了许可证，允许它们在较短的航线上运营小型飞机。到 1978 年，这些旅客占空中旅行的 9%。以太平洋西南航空公司为代表的未经许可的州内航空公司，占航空旅行的 2.4%。参见 "Air Carrier Traffic Statistics," 1978, Civil Aeronautics Board。

4. 民用航空局在 1940 年分为民用航空委员会航空管理局和交通部民用航空局航空管理局，前者负责管理经济法规，后者负责管理安全法规。后者在 1966 年成为联邦航空管理局。参见 "Annual Report of the Civil Aeronautics Authority," 1940, 2。

5. 经济管制的出现有时被认为是对大萧条的回应，尤其是对政府管制的批评。但是作为对 19 世纪末 20 世纪初资本主义过度行为的回应，管制的兴起要早得多。参见 William J. Novak, "A Revisionist History of Regulatory Capture," in *Preventing Regulatory Capture : Special Interest Influence and How to Limit It*, ed. Daniel Carpenter and David A. Moss (New York : Cambridge University Press, 2013)。

6. 参见 Philip M. Crane, "Regulatory Agencies," *Journal of Social and Political Affairs* 1 (January 1976): 21–42。

7. 虽然这个 1951 年的案件在美国悠久的法理学史上享有最好的名声，但是一个更重要的案件是 1934 年的内比亚诉纽约州案 [*Nebbia v. New York* (1934)]，它确立了包括价格管制在内的经济管制的合法性，只要经济管制不是反复无常或歧视性的。在此之前，法院只对公共明显重要的行业进行监管，包括铁路行业。

8. Alfred Kahn, "Reflections of an Unwitting 'Political Entrepreneur,'" *Review of Network Economics* 7, no. 4 (2008) .

9. 在放松管制之前的十年里，平均航班是 52.8%；2007—2016 年，平均航班是 82.6%。"航空公司放松管制之父"阿尔弗雷德·卡恩认为，这是对放松管制所带来的变化的最好总结，无论是好还是坏。

10. 1960 年，美国航空运输协会报告称，在一个拥有 1.8 亿人口的国家，美国航空公司载客量为

5 770 万人次。2017 年，联邦航空管理局公布的最新数据显示，在一个拥有 3.2 亿人口的国家，航空公司载客量达 7.99 亿人次。

11. George J. Stigler and Claire Friedland, "What Can Regulators Regulate? The Case of Electricity," *Journal of Law and Economics* 5, no. 2 (October 1962): 1–16.
12. George J. Stigler, "Public Regulation of the Securities Markets," *Journal of Business* 37, no. 2 (1964): 117–142.
13. 弗里德兰说，当她从凯文 · J. 墨菲那里得知这个错误后，她把这个消息告诉了斯蒂格勒。墨菲当时是芝加哥大学的博士后。"乔治的回答是，没有必要对这个错误大惊小怪，因为那是二十年前的事了，没有人再在乎了。" 参见 Craig Freedman, *In Search of the Two-Handed Economist: Ideology, Methodology and Marketing in Economics* (London: Palgrave Macmillan, 2016), 108。这个错误最早在 1986 年的一篇文章中被报道，这篇文章也批评了原始研究的方法选择。参见 Amitai Etzioni, "Does Regulation Reduce Electricity Rates? A Research Note," Policy Sciences 19 (1986): 349–357。
14. 斯蒂格勒给了佩尔茨曼 1.2 万美元的沃尔格林基金。这段话摘自斯蒂格勒 1972 年写给佩尔茨曼的一封信。参见 Edward Nik-Khah, "George Stigler, the Graduate School of Business and the Pillars of the Chicago School," in *Building Chicago Economics: New Perspectives on the History of America's Most Powerful Economics Program*, ed. Robert Van Horn et al. (Cambridge, Eng.: Cambridge University Press, 2011), 148。
15. Freedman, *In Search of the Two-Handed Economist*, 386.
16. James Allen Smith, *Brookings at 75* (Washington, D.C.: Brookings Institution, 2010), 89.
17. Martha Derthick and Paul J. Quirk, *The Politics of Deregulation* (Washington, D.C.: Brookings Institution, 1985), 34, 56.
18. Sam Peltzman, "Entry in Commercial Banking," *Journal of Law and Economics* 8 (October 1965): 11–50. 这篇论文是佩尔茨曼博士论文的浓缩版。佩尔茨曼后来回忆说，斯蒂格勒告诉他，他不喜欢这个结果，但是找不到任何错误。参见 Freedman, In Search of the Two-Handed Economist, 380。The observation about taxi medallions was made by the economist Alfred Kahn.
19. George J. Stigler, "The Theory of Economic Regulation," *Bell Journal of Economics and Management Science* 2, no. 1 (Spring 1971): 3–21. 斯蒂格勒对监管的角色塑造经常被形容为一种重要的洞察力，但他本人在论文中承认，这已经是一种 "陈词滥调"。
20. 值得注意的是，这个过程并不是进化的。新的解决办法不时地重提旧的解决办法，如美国第一和第二国家银行的相继建立以及联邦储备银行的建立。
21. "A Conversation with Michael E. Levine," International Aviation Law Institute, April 17, 2006, DePaul University College of Law, Chicago.
22. 露西尔 · 谢泼德 · 凯斯是第一批质疑保护企业免受过多竞争优势的经济学家之一。她是哈佛大学的教授爱德华 · 钱柏林的学生，爱德华 · 钱柏林认为垄断无处不在，也认为随着时间的推移，竞争趋于僵化。在 1951 年的哈佛大学博士论文中，凯斯表示对航空业的监管加快了这一进程。通过限制竞争，政府抬高了价格，限制了服务。在她的博士论文中，以及随后整个 20 世纪 50 年代的论文中，凯斯嘲笑限制航空公司的数量对于保护空中旅行是必要的这一观点，"就像保证肥皂、门把手或汽车的充足供应一样"。参见 Lucile Sheppard Keyes, "A Reconsideration of Federal Control of Entry into Air Transportation," *Journal of Air Law*

and Commerce 22（1955）：197。

23. 1964 年，加利福尼亚超过了纽约，尽管《纽约时报》相当暴躁地承认这一里程碑事件时，指出纽约仍然有更多的平民人口。"California Takes Population Lead," *New York Times*, September 1, 1964.

24. Michael Levine, "Is Regulation Necessary? California Air Transportation and National Regulatory Policy," *Yale Law Journal*, July 1965. 讽刺的是，就在莱文的文章发表前不久，西南太平洋航空公司说服加利福尼亚州限制州内竞争。参见"Conversation with Michael E. Levine"。

25. Derthick and Quirk, *Politics of Deregulation*, 76.

26. Todd E. Fandell, "Aerial 'Happenings' Planned by United Air in Lounge War Sequel," *Wall Street Journal*, July 13, 1972.

27. George W. Douglas and James C. Miller, *The CAB's Domestic Passenger Fare Investigation*（Washington, D.C.：Brookings Institution, 1974）, 220.

28. Merton J. Peck, "Deregulation of the Transportation Industry," in *Effective Social Science*, ed. Bernard Barber（New York：Russell Sage Foundation, 1987）, 105–106.

29. Peter H. Schuck, *The Judiciary Committees*（New York：Grossman, 1975）, 221.

30. Derthick and Quirk, *Politics of Deregulation*, 41. 布雷耶在哈佛法学院的一位同事曾与迈克尔·莱文共事，他知道布雷耶正在寻找灵感，于是让两人取得了联系。第二次莱文经过波士顿时，他在洛根机场的美国航空公司休息室与布雷耶交谈了几个小时。参见"Conversation with Michael E. Levine"。

31. Stephen Breyer, "Working on the Staff of Senator Ted Kennedy"（speech at New York University, February 1, 2011）. 布雷耶后来暗示，肯尼迪的动机是吉米·卡特对放松管制的兴趣，他认为卡特是 1976 年民主党总统初选的潜在对手。"他曾经说过一件我很感兴趣的事，" 布雷耶回忆道，"他说，'嗯，你知道，这位卡特州长到处说政府管得太多了，他得到了很好的回应。'" 参见"Stephen Breyer Oral History," June 17, 2008, Edward M. Kennedy Institute for the United States Senate, Boston。

32. Barbara Sturken Peterson and James Glab, *Rapid Descent：Deregulation and the Shakeout in the Airlines*（New York：Simon and Schuster, 1994）, 34.

33. Laker, who operated a successful charter airline, wanted a license to offer scheduled service.

34. Stephen Breyer, *Regulation and Its Reform*（Cambridge：Harvard University Press, 1982）, 330.

35. "Stephen Breyer Oral History."

36. Gerald R. Ford, *A Time to Heal*（New York：Harper and Row, 1979）, 271.

37. Stuart Eizenstat, *President Carter：The White House Years*（New York：St. Martin's, 2018）, 385–386. 每一位民主党总统候选人都参加了劳动节的集会。接下来的两位提名者向传统致敬。1968 年休伯特·汉弗莱选择参加纽约的劳动节游行；1972 年乔治·麦戈文在俄亥俄州和加利福尼亚州的工会集会上露面。1976 年劳动节，卡特在富兰克林·德拉诺·罗斯福去世的佐治亚州的家中举行了一场新闻发布会，然后在达灵顿的纳斯卡赛车比赛中露面。

38. Alfred E. Kahn, *The Economics of Regulation*（New York：Wiley and Sons, 1971）, 2：191.

39. "我们召开了一次关于航空业放松管制的会议，这将是第一个判例。之后我希望进一步放松对其他行业的管制。这并不容易。" 卡特总统在 1977 年 6 月 20 日的日记中写道。参见 Jimmy Carter, *White House Diary*（New York：Farrar, Straus and Giroux, 2010）, 65。

40. 政府审计署的报告于 1977 年 2 月 23 日发表，日期为 2 月 25 日。这是对一个行业贸易组织发布的一项研究的反驳，该研究认为，放松管制将导致航空服务的急剧减少。参见 “Comments on the Study：Consequences of Deregulation of the Scheduled Air Transportation Industry,” February 25, 1977, General Accounting Office。
41. 当总统办公厅主任汉密尔顿·乔丹打电话给玛丽·舒曼，告诉她卡特已经选择了第二个选择时，她回答说：“我会亲自选择这个人。”参见 Eizenstat, President Carter, 363。
42. Jonathan Rubin, “The Premature Post-Chicagoan：Alfred E. Kahn,” *Antitrust* 25, no. 3（2011）.
43. Robert Sobel, *The Worldly Economists*（New York：Free Press, 1980）, 236。
44. Alfred Kahn, “Fundamental Deficiencies of the American Patent Law,” *American Economic Review*, September 1940, 485.
45. Joel B. Dirlam and Alfred Kahn, *Fair Competition：The Law and Economics of Antitrust Policy*（Ithaca, N.Y.：Cornell University Press, 1954）, 18.
46. Kahn, *Economics of Regulation*, 1:15.
47. Thomas K. McCraw, *Prophets of Regulation*（Cambridge：Belknap Press, 1984）, 244.
48. Douglas D. Anderson, *Regulatory Politics and Electric Utilities*（Boston：Auburn House, 1981）, 127.
49. 布雷耶说，联邦调查局 60% 的执法行动是对非法折扣的罚款。参见 Derthick and Quirk, Politics of Deregulation, 44。
50. Robert Lindsey, “Airlines in Bitter Struggle on Atlantic Charter Rates,” *New York Times*, January 31, 1971.
51. McCraw, *Prophets of Regulation*, 274.
52. 卡恩在 1978 年 2 月 2 日的一次演讲中说：“在外行人看来，正当程序的定义本质上是不对称的。”“这似乎从本质上保护了从拖延中受益的当事方，并对受到拖延不利影响的当事方（通常是广大公众）造成了伤害……简言之，关于法律正当程序的要求，是将政府的重拳置于一个观念和市场应用之间，这与竞争是直接对立的。”
53. “A Conversation with Alfred E. Kahn,” International Aviation Law Institute, October 27, 2006, DePaul University College of Law.
54. Ernest Holsendolph, “When Rules Work；When They Don't,” *New York Times*, August 21, 1977.
55. Alfred Kahn, “Memo to Bureau and Office Heads, Division and Section Chiefs,” June 16, 1977；available at lettersofnote.com/2011/04/on-bureaucratese-and-gobbledy gook.html.
56. Susan Trausch, “The Demise of ‘Whereas,’” *Boston Globe*, July 18, 1977.
57. David Hummels, “Transportation Costs and International Trade in the Second Era of Globalization,” *Journal of Economic Perspectives* 21, no. 3（2007）: 131–154.
58. Penelope Overton, “Asians Help to Fill Sales Gap as Europe Eats Less Maine Lobster,” *Portland*［Maine］Press Herald, February 16, 2018.
59. Richard E. Cohen, “The CAB's Kahn on Aggravations of Airline Deregulation,” *National Journal*, January 14, 1978, 50. 1978 年 11 月，《新闻周刊》刊登了一篇关于卡恩的人物简介，当时他正准备离开航空委员会，文中援引卡恩的话说：当他一年前上任时，“如果我离开时没有工作，我会认为这是这份工作的某种程度的成功”。但是没有早期的记录，而且卡恩在后来的几年里坚持说他是带着开放的心态来到这里的。他在 2008 年写道：“任何暗示我是以机会主义的方式来到 CAB 的，并且带着一个先入为主的、坚定不移的、全面放松经济管制的承诺，都是对这个问题的复杂性的不公正。”参见他的“Reflections of an Unwitting Political Entrepreneu”。事实上，卡恩在 1971 年出版的关于监管的书中对航空业进行了简短的讨论，其中他总结了莱文的相关论文，但得出的结论是，他不确定航空公司是否是自然垄断的一个例子。卡恩认为航空业可能与汽车业相似，汽车制造商通过增加功能和提高价格来竞争。（1971 年，低价的日本进口商品刚刚开始涌入国内市场。）参见 Kahn，*Economics of Regulation*，2：209–220. A number of Kahn's colleagues，notably Elizabeth Bailey，also have said or written that Kahn had to be talked into deregulation.

60. Carole Shifrin，"Airbus Debuts Here，" *Washington Post*，April 13，1978.
61. McCraw，*Prophets of Regulation*，278.
62. Ernest Holsendolph，"C.A.B. Bids Airlines Pick Own Routes，" *New York Times*，May 31，1978.
63. "Alfred Kahn，Oral History，" December 10–11，1981，Miller Center of Public Affairs，University of Virginia，Charlottesville.
64. W. T. Beebe to Burt Lance，March 8，1977；available at jimmycarterlibrary.gov/ digital_library/ sso/148878/11/SSO_148878_011_03.pdf.
65. 肯尼迪的首席法案助理大卫·博伊斯和卡特的关键人物玛丽·舒曼之间萌生的爱情促成了这次谈判。他们于 1982 年结婚。
66. "The Line Forms Here for Air Routes，" *Business Week*，November 6，1978，66.
67. Derthick and Quirk，*Politics of Deregulation*，129.
68. 几十年前，麦金农曾为雷伯恩工作；雷伯恩于 1961 年去世。这个报道是基于报纸的报道以及美国公共广播公司《指挥高地》节目“第一集：思想之战”中最后一次会议的镜头。参见“Episode One：The Battle of Ideas." See Stuart Auerbach，"46-Year-Old CAB Goes out of Existence，" Washington Post，January 1，1985；and Irvin Molotsky，"C.A.B. Dies After 46 Years，" *New York Times*，January 1，1985。
69. Dorothy Robyn，*Braking the Special Interests*（Chicago：University of Chicago Press，1987），17.
70. Quoted in Michael J. Towle，*Out of Touch*：*The Presidency and Public Opinion*（College Station：Texas A&M Press，2004），51.
71. 参见 W. Bruce Allen，Steven Lonergan，and David Plane，"Examination of the Unregulated Trucking Experience in New Jersey，" July 1978，U.S. Department of Transportation。另一项研究发现，在 20 世纪 50 年代的一个短暂时期内，鸡肉的运输率下降了 33%，此前法院裁定鸡肉属于“未加工的农产品”，不受联邦监管。当国会恢复原状时，价格也恢复了。
72. "Oral History：Alfred E. Kahn，Ron Lewis and Dennis Rapp，" December 10–11，1981，Miller Center of Public Affairs，University of Virginia.
73. Derthick and Quirk，*Politics of Deregulation*，71.
74. 加斯金斯被任命为董事长。卡特还任命了两位新的委员：同样是经济学家的马库斯·亚历克西斯和在监管问题上为加斯金斯提供可靠支持的投资银行家托马斯·特兰顿。
75. Packwood resigned from the Senate in 1995 after it emerged that he had failed to adhere to the "consenting adults" standard in his personal relations.
76. Derthick and Quirk，*Politics of Deregulation*，29.
77. "2018 State of Logistics Report，" Council of Supply Chain Management Professionals.

78. 根据美国航空行业协会的数据，经过 2017 年的美元调整，“全包”机票的平均价格从 1979 年的 632.92 美元下降到 2005 年的 350.41 美元，下降了 45%，该数据来源于美国航空行业协会的数据，参见 http：//airlines.org/dataset/annual-round-trip-fares-and-fees-domestic/。放松管制的支持者倾向于将机票价格的下降作为净收益；事实上，在放松管制之前，实际票价已经在下降。其中一个原因是越来越多的更大、更快、更省油的飞机。20 世纪 70 年代也是燃料价格相对较高的时期，相比之下，随后的几十年看起来更好。参见 Paul Stephen Dempsey and Andrew R. Goetz, *Airline Deregulation and Laissez-Faire Mythology*（Westport, Conn.：Greenwood, 1992）, who argue that deregulation did not significantly reduce fares。

79. Stuart Jeffries, “The Saturday Interview：Ryanair Boss Michael O'Leary,” *The Guardian*, November 18, 2011.

80. Kahn, “Oral History.”

81. Paul Solman, “Why Airline Profits Are Flying High,” *PBS NewsHour*, PBS, April 20, 2017.

82. Michael Levine, “Why Weren't the Airlines Reregulated ?” *Yale Journal on Regulation* 23, no. 2（2006）.

83. 撒切尔的沉默使得一些历史学家得出结论，认为私有化不是保守党最初议程的一部分。保守党政府中的关键人物，包括奈杰尔·劳森和杰弗里·豪，坚持认为这个目标已经在脑海中了，而且在竞选期间没有强调这个目标，因为撒切尔担心这个目标的政治吸引力。参见 Nigel Lawson, *The View from No. 11*（London：Bantam, 1992）。

84. “Interview with Lord Ralph Harris,” *Commanding Heights*, July 17, 2000；available at pbs.org/wgbh/commandingheights/shared/minitext/int_ralphharris.html.

85. Ralph Harris, “Memorandum to：John Wood, Arthur Seldon,” March 14, 1974, Archive of the Margaret Thatcher Foundation；available at margaretthatcher.org/ document/114757.

86. James Landale, “Thatcher's Mad Monk or True Prophet ?” BBC Radio 4, April 7, 2014.

87. Daniel Yergin and Joseph Stanislaw, *The Commanding Heights*（New York：Free Press, 1998）, 130.

88. “Interview with Kenneth Baker,” *Commanding Heights*, September 19, 2000；available at pbs.org/wgbh/commandingheights/shared/minitext/int_kennethbaker.html.

89. Madsen Pirie, *Privatization*（Aldershot, Eng.：Wildwood House, 1988）, 4.

90. Richard Green and Jonathan Haskel, “Seeking a Premier-League Economy,” in *Seeking a Premier Economy：The Economic Effects of British Economic Reforms*, 1980–2000, ed. David Card et al.（Chicago：University of Chicago Press, 2004）, 48–49.

91. Sean D. Barrett, “Exporting Deregulation：Alfred Kahn and the Celtic Tiger,” *Review of Network Economics* 7, no. 4（2008）.

92. 1971 年，美国民用航空委员会管理局也曾提议将打折机票定为犯罪行为。国会拒绝采用这个提议。

93. 瑞安在 1971 年偶然想到了在冬季把爱尔兰航空公司的飞机和机组人员租给其他国家的航空公司，当时想去爱尔兰旅游的人很少。四年后，他自己开始了租赁生意。由于新的航空公司需要飞机，美国的去监管化为航空业提供了巨大的推动力。当瑞安与一家名为美国西部的新兴航空公司签订了一份提供七架飞机的协议时，他派他的儿子一起去了。两年后，他的儿子回到瑞安，帮助父亲创办了瑞安航空。参见 Richard Aldous, *Tony Ryan: Ireland's*

Aviator(Dublin : Gill and Macmillan, 2013)。

94. Siobhan Creaton, *Ryanair* : *How a Small Irish Airline Conquered Europe* (London: Aurum Press, 2014) .

95. 阿尔弗雷德·卡恩在 1977 年的一次听证会上表示:“老实说,我不相信大型航空公司能够消灭规模较小的航空公司,因为我们所做的每一项研究似乎都表明,这里没有规模经济。”

96. 考虑到联邦法院对反垄断诉讼的敌意,奥巴马政府在一个困难的法律环境中运作。特别是,法院不允许监管机构以合并将减少可能进入新市场的竞争者数量为由阻止合并。尽管如此,奥巴马政府还是做出了不追究这些案件的政治决定。参见 Justin Elliott, “The American Way,” *ProPublica*, October 11, 2016。

97. 根据 Airlines.org. 汇编的联邦数据,以 2017 年美元计算,2005 年国内航班的平均价格为 350.41 美元,2017 年为 362.61 美元。

98. “Internet Access Services,” February 2018, Federal Communications Commission.

99. Karl Ritter and Nathalie Rothschild, “Nobel Prize for Economics Goes to France's Tirole,” Associated Press, October 13, 2014.

100. “OECD Broadband Basket,” June 2017, OECD Broadband Portal.

101. 经济学家阿尔文·罗斯或许是世界上最杰出的市场设计师,他说,市场就像轮子:自由运动需要车轴。Alvin Roth, *Who Gets What and Why*(New York : Houghton Mifflin, 2012), 13.

第七章 生命的价值

1. Jean-Baptiste Say, “Author's Note,” *Catechism of Political Economy*, 3rd ed. (1815); available in the original French at https : //fr.wikisource.org/wiki/Cat%C3%A9chisme _ d%E2%80%99%C3%A9conomie_politique/1881/Avertissement.

2. Ira C. Eaker, “Weapons Selection Importance,” *Los Angeles Times*, August 22, 1965.

3. 在接下来的十年里,美国国会继续资助这两个导弹项目——空军的“波马克”和陆军的“奈基大力神”。国会同样在 20 世纪 50 年代资助了两个中程弹道导弹的研发:陆军的朱庇特和空军的雷神。参见 Ralph Sanders, *The Politics of Defense Analysis* (New York : Dunellen, 1973), 40。

4. Alain C. Enthoven and K. Wayne Smith, *How Much Is Enough? Shaping the Defense Program, 1961–1969*(New York : Harper and Row, 1971), 339.

5. Alain C. Enthoven, “Tribute to Charles J. Hitch,” *OR/MS Today* 22, no. 6(December 1995) . 麦克纳马拉的副手罗斯维尔·L. 吉尔帕特里克在 1970 年的口述历史中说,麦克纳马拉让他联系希奇,并在纽约采访了他。这篇文章是基于国防部关于麦克纳马拉任期的官方历史,而这段历史又借鉴了诺曼·莫斯 1968 年出版的一本书。据说希奇在丹佛参加完一个经济学会议,在回家的路上停了下来。美国经济协会的记录显示,希奇是在圣路易斯参加年会的。参见 Norman Moss, *Men Who Play God*(New York : Harper and Row, 1968), 268。

6. Fred Kaplan, *The Wizards of Armageddon* (Stanford, Calif. : Stanford University Press, 1983), 254.

7. Enthoven and Smith, *How Much Is Enough?* 41.

8. Charles J. Hitch, *Decision-Making for Defense* (Berkeley : University of California Press, 1965),

46.

9. David Jardini, *Thinking Through the Cold War*(Seattle : Amazon, 2013), 167.

10. 这段话摘自约翰逊1965年8月25日的新闻发布会。恩多芬说，希奇后悔地回顾了这个决定，称它是“愚蠢的”。希奇认为，五角大楼的成功是建立在兰德在军费开支方面的工作基础上的，而政府的其他部门并没有准备好使用同样的工具。

11. 这项立法由俄亥俄州众议员西奥多·伯顿发起，指示陆军工兵兵团考虑“商业活动的数量和性质，以及这些活动的最终成本，包括建设和维护费用，与公共商业利益的关系，以及工程的公共必要性”：参见 U.S. Statutes at Large, 57th Congress, sess. 1 (1902), ch. 1079, p. 372. Burton, a lawyer by training, was ahead of his time as an economic policy maker。伯顿是一名受过专业训练的律师，在经济政策制定方面走在了时代的前列。他还支持与地方政府达成的成本分担协议，希望改善水路，他认为这比新的审查程序更有可能检查可疑的水路项目。结果，两者都没有太大的限制性影响力，但在1914年，成为参议员的伯顿通过21小时的拖延战术，成功阻止了一项7 300万美元的特别令人反感的水路项目。不出所料，美国人确信成本－收益分析的想法最初是美国的想法。这项技术的早期历史将其描述为“独特的，也许是独特的，美国式的”。参见 Richard J. Hammond, “Convention and Limitation in Benefit-Cost Analysis,” in *Benefit-Cost Analysis and Water-Pollution Control*(Stanford, Calif. : Stanford University Press, 1960)。然而，第一个例子可能发生在1901年，当时一位名叫科尼利斯·莱利的荷兰工程师公布了一份成本和收益表，提议建造荷兰历史上最大的海堤。莱利的表格包括渔业工作岗位的减少和新农田的价值。参见 Frits Bos and Peter Zwaneveld, “Cost-Benefit Analysis for Flood Risk Management and Water Governance in the Netherlands,” 2017, Netherlands Bureau for Economic Policy Analysis。一些历史学家在19世纪中叶法国工程师的工作中发现了现代成本－效益分析的早期实例，尤其是朱尔斯·杜普伊特，他认为收费收入低估了桥梁的经济价值，因此政府应该修建更多的桥梁，降低旅客的通行费。然而，历史学家西奥多·M. 波特认为，法国的分析是截然不同的，因为它们不是为公众消费和辩论而设计的。

12. Theodore M. Porter, *Trust in Numbers : The Pursuit of Objectivity in Science and Public Life* (Princeton, N.J. : Princeton University Press, 1995), 162–165.

13. Ibid.

14. Nicholas Kaldor, “Welfare Propositions of Economics and Interpersonal Comparisons of Utility,” *Economic Journal* 49, no. 195 (1939) .

15. 肯尼斯·阿罗已经证明，福利经济学的新版本在理论上存在缺陷。阿罗1950年的博士论文《社会选择与个人价值观》是在兰德完成的，当时阿罗正在兰德研究“冷战”时期的博弈论。他在论文中指出，以排序的形式表达个人偏好，不可能可靠地转化为准确的集体偏好陈述。这个“不可能性定理”仍然是对经济理论的里程碑式的贡献，但它对公共政策没有明显的影响。正如阿罗所说，“大多数系统不会一直工作得很糟糕。我所证明的只是，有时候一切都会运转不良”。

16. Martin Reuss, “Coping with Uncertainty : Social Scientists, Engineers, and Federal Water Resources Planning,” *Natural Resources Journal* 32, no. 1 (1992) .

17. A. Allan Schmid, “My Work as an Institutional Economist,” January 31, 2008 ; available at canr.msu.edu/afre/uploads/files/Schmid/My_work_as_an_Insitutional_Econo mist.pdf.

18. A. Allan Schmid, “Effective Public Policy and the Government Budget : A Uniform Treatment of

Public Expenditures and Public Rules," in *The Analysis and Evaluation of Public Expenditures*, Joint Economic Committee, 1969.

19. Interview with Jim Tozzi, March 26, 2018.

20. J. Ronald Fox, *Defense Acquisition Reform : 1960–2009*(Washington, D.C. : Center of Military History/U.S. Army, 2012), 44–45.

21. 例如，美国工程兵团在 1963 年雇用了 51 名经济分析师，其中大约一半是有资格证书的经济学家；到 1967 年 8 月，它雇用了 119 名经济学家，并正在招聘另外 30 名。军团也开始接待客座教授，并资助大学的研究。参见 Gregory Graves, "Pursuing Excellence in Water Planning and Policy Analysis : A History of the Institute for Water Resources," 1995, Army Corps of Engineers。

22. 从 20 世纪 30 年代到 60 年代，工作、家庭和旅途中的死亡率每 10 年都在下降。但是进展在 20 世纪 60 年代放缓，这加大了采取行动的压力。参见 W. Kip Viscusi, "The Misspecified Agenda," in *American Economic Policy in the 1980s*, ed. Martin Feldstein(Chicago : University of Chicago Press, 1994), 497。

23. *Regulation : Process and Politics*(Washington, D.C. : Congressional Quarterly, 1982) .

24. 第一艘商业蒸汽船，罗伯特·富尔顿的北江汽船于 1807 年下水，在纽约和奥尔巴尼之间仅用 32 个小时就载客 150 英里。现在开车大约需要 3 个小时。

25. 汽车制造商协会已经向国会请愿，要求新法规的成本必须"与实现的利益相称"。在这场立法之战中失败后，汽车公司提起诉讼，坚称这样的分析是必要的，然后再次败诉。第六巡回上诉法院说："我们必须拒绝写入法案，这与国会也拒绝写入法案的建议一致。"然而，法院裁定，该法案的语言确实允许使用这种技巧。参见 *Chrysler Corp. v. NHTSA*, 472 F.2d 659(1972)。

26. 116 Cong. Rec. 37345.

27. 尼克松在环境保护方面留下的重要遗产并不是源于他对户外活动的热爱激励了他。他在环境问题上最亲密的顾问普遍认为，他对大自然没什么兴趣。与大多数国内政策问题一样，尼克松的算盘是政治性的——这并不意味着诽谤。他支持监管是因为人们想要更多的监管。他试图取得平衡，因为存在利益冲突。他向亨利·福特二世吐露："坦率地说，在许多情况下，我们正在与拖延行动做斗争。"但底线是，他在保护环境方面比其他任何一位美国总统都做得更多。

28. "Interview with Christopher B. Demuth," January 14, 2008, Richard Nixon Oral History Program, Richard Nixon Presidential Library, Yorba Linda, Calif.

29. 政府最初的计划是建立一个环境融资机构，为清理工作提供资金。当国会坚持污染者应该为清理污染买单时，政府接下来转向了征收污染税的想法。尼克松实际上在 1970 年的一次演讲中提出了这样的税收，但是白宫找不到一个国会议员愿意提出立法。国会中的民主党人更喜欢强制性监管模式，尤其是因为它提供了政治掩护。当企业提出抱怨时，国会可以将矛头指向相关的独立监管机构。

30. George P. Shultz, "Agency Regulations, Standards, and Guidelines Pertaining to Environmental Quality, Consumer Protection and Occupational and Public Health and Safety," October 5, 1971, Office of Management and Budget. 虽然芝加哥学派的经济学家在这一章中扮演了次要的角色，特别是与本书中讲述的其他故事相比，他们无疑是成本－收益分析的支持者。芝加哥大学

社会科学大楼上雕刻着开尔文勋爵的一段名言。“当你不能衡量时，你的知识就是贫乏和不令人满意的。”

31. Richard L. Revesz and Michael A. Livermore, *Retaking Rationality : How Cost-Benefit Analysis Can Better Protect the Environment and Our Health* (Oxford : Oxford University Press, 2008), 135.
32. H. Spencer Banzhaf, “The Cold War Origins of the Value of Statistical Life,” *Journal of Economic Perspectives* 28, no. 4 (2014) .
33. H. Spencer Banzhaf, “Consumer Surplus with Apology : A Historical Perspective on Nonmarket Valuation and Recreation Demand,” *Annual Review of Resource Economics* 2 (2010) : 183–207.
34. 这是对“消费者剩余”这一经济概念的粗略简化，花钱最多的客人可能愿意花更多的钱，而其他人可能不愿意花那么多。但这并不是我描述得过于简单化：这是霍特林在原始信件中概述的方法论。他在信中写道：“如果我们假设，无论距离多远，收益都是一样的，那么对于那些住在公园附近的人来说，我们就拥有了由交通成本差异构成的消费者剩余。”参见 Harold Hotelling to Newton B. Drury, Director, National Park Service, June 18, 1947, in U.S. National Park Service, *The Economics of Public Recreation : An Economic Study of the Monetary Evaluation of Recreation in the National Parks* (Washington, D.C. : National Park Service, 1949)。
35. W. Michael Hanemann, “Preface,” in *Pricing the European Environment*, ed. Stale Navrud (New York : Oxford University Press, 1992), 17.
36. Interview with Daniel Benjamin, March 22, 2018. 盖茨在接受《华盛顿邮报》采访时提出了类似的观点：“当我提出这个想法时，委员会其他成员都感到震惊。但他们逐渐接受了这个想法。”参见 William Greider, “The Economics of Death,” *Washington Post*, April 9, 1972。
37. The quotes and details in this paragraph are drawn from Viviana Rotman Zelizer, Morals and Markets : *The Development of Life Insurance in the United States* (New York : Columbia University Press, 2017), 69–71.
38. “Cumulative Regulatory Effects on the Cost of Automotive Transportation,” February 28, 1972, White House Office of Science and Technology. 1972 年 2 月 28 日，白宫科技办公室。尼克松汽车监管特别工作组主席劳伦斯 · A. 戈德曼茨通过引用人寿保险的例子明确地证明了这种方法的正确性。“你有人寿保险吗？”他问一个记者，“它代表了你对自己生活的价值吗？当然不是。另一方面，它确实代表了你资源的某种分配，你愿意花多少钱。这就是我们所说的——资源的分配。”参见 Greider, “The Economics of Death.”
39. “Social Costs of Motor Vehicle Accidents : Preliminary Report, April 1972,” National Highway Traffic Safety Administration.
40. 政府得出结论，这些酒吧将花费 3.1 亿美元，而收益只有 3 600 万美元。参见 Joanne Linnerooth, “The Evaluation of Life-Saving : A Survey,” 1975, International Atomic Energy Agency。尼克松政府在 1971 年拒绝了早期版本的规定，发现成本超过收益，但没有使用生命价值的具体数字。负责该决定的官员罗伯特 · 卡特后来做证说，这是美国运输部第一次使用成本 – 收益分析作为评估一项规定的主要依据。参见“Federal Regulation and Regulatory Reform,” House Committee on Interstate and Foreign Commerce, 1976, fn. 73。
41. Thomas Schelling, “The Life You Save May Be Your Own,” *in Problems in Public Expenditure Analysis*, ed. Samuel B. Chase Jr. (Washington, D.C. : Brookings Institution, 1966) .
42. 早期的估计人员包括康奈尔大学的经济学家罗伯特 · 史密斯，哈佛大学的研究生 W. 基普·伟斯库诗，以及罗彻斯特大学的研究生理查德·塞勒。塞勒的父亲是一名精算师，他向塞勒提供了职业死亡率的数据，塞勒将这些数据与工资数据结合起来，分析哪些工人被支付了更大的风险。他的结论发表在他 1974 年的博士论文中：工人对自己生命的估价约为 20 万美元。但是塞勒对自己的研究结果持怀疑态度。他开始调查人们，看看他们的风险评估是否与他们的工作选择所隐含的价值观相一致。结果显示了一个很大的差距。塞勒的导师“告诉我不要再浪费时间，回去写论文，”塞勒在他的回忆录《行为不端》中写道，“但我被迷住了。”他继续研究经济学和心理学的交叉学科，为此他在 2017 年获得了诺贝尔奖。

43. “William Ruckelshaus Oral History,” April 12, 2007, Nixon Library ; available at nix onlibrary.gov/sites/default/files/forresearchers/find/histories/ruckelshaus-2007-04 -12.pdf.
44. Interview with Warren Prunella, March 29, 2018.
45. Jim Morris, “How Politics Gutted Workplace Safety,” July 7, 2015, Center for Public Integrity.
46. “Eula Bingham Administration, 1977–1981,” U.S. Department of Labor ; available at dol.gov/general/aboutdol/history/osha13bingham.
47. Charles L. Schultze, “The Role and Responsibilities of the Economist in Government,” *American Economic Review* 72, no. 2 (1982).
48. Paul Sabin, “ ‘Everything Has a Price’: Jimmy Carter and the Struggle for Balance in Federal Regulatory Policy,” *Journal of Policy History* 28, no. 1 (2016).
49. Margot Hornblower, “Muskie Criticizes White House Meddling with EPA Rules,” *Washington Post*, February 27, 1979.
50. Edmund S. Muskie, “Remarks at the University of Michigan” (speech, University of Michigan, Ann Arbor, February 14, 1979).
51. “Use of Cost-Benefit Analysis by Regulatory Agencies : Joint Hearings Before the Subcommittee on Oversight and Investigations and the Subcommittee on Consumer Protection and Finance,” July 30, October 10 and 24, 1979.
52. Milton Friedman and Rose Friedman, *Free to Choose* (New York : Harcourt Brace Jovanovich, 1980), 225.
53. 美国国会研究服务部认为韦登鲍姆的工作“值得怀疑，其有效性也值得怀疑”。参见 Julius W. Allen, “Estimating the Costs of Federal Regulation : Review of Problems and Accomplishments to Date,” September 26, 1978, Congressional Research Service。
54. Interview with James C. Miller, March 21, 2018. Contemporary accounts include Peter Behr, “OMB Now a Regulator in Historic Power Shift,” *Washington Post*, May 4, 1981.
55. Colman McCarthy, “Consumers According to Miller,” *Washington Post*, November 8, 1981. 米勒表示：“消费者并不像许多监管机构认为的那样容易受骗。他们做出明智的选择。让我担心的是，如果我们的监管如此严格，只能生产最高端的产品……那么那些想要购买价格低得多，或许质量不高的产品的人就会失去这个机会。我希望确保这种情况不会发生。”
56. 米勒解释说：“纽约对每个人来说都是特别的。”参见 Clyde H. Farnsworth, “Neckties with an Economics Lesson,” *New York Times*, July 7, 1982。
57. Miller interview. Miller was born on June 25, 1942, so he was actually thirty-eight at the time.
58. Dan Davidson, “Nixon's ‘Nerd’ Turns Regulations Watchdog,” *Federal Times*, November 11, 2002.

59. Stuart Auerbach, "Seattle Fisherman Bobs Up at FTC Hearing," *Washington Post*, December 14, 1982.

60. 乔伊·格里菲斯的案件引起了特别的关注，因为这个昏迷的孩子于 1985 年 6 月在迈阿密的一家医院被她的父亲杀害，就在消费品安全委员会发布警告的一周后。格里菲斯告诉警方，他无法忍受他女儿遭受的痛苦。他被判谋杀罪。

61. Bill McAllister, "Formula for Product Safety Raises Questions About Human Factor," *Washington Post*, May 26, 1987.

62. Bill Billiter, "Family Settles for $5 Million in Recliner Suit," *Los Angeles Times*, September 7, 1991.

63. Cass Sunstein, *The Cost-Benefit Revolution*（Cambridge：MIT Press, 2018）, ebook loc. 932. 1981 年，当时还是司法部的一名年轻律师桑斯坦受命准备一份官方意见，该意见是关于里根命令的合法性，需要成本－收益分析。他同意了。

64. William R. Greer, "Value of One Life? From $8.37 to $10 Million," *New York Times*, June 26, 1985.

65. Clyde H. Farnsworth, "Move to Cut Regulatory Costs Near," *New York Times*, February 14, 1981.

66. 参见 "Role of OMB in Regulation," House Committee on Energy and Commerce, June 18, 1981。

67. 纺织工业提起诉讼，要求阻止这项规定。这个案子在里根总统就职后的第二天提交到了最高法院，政府的律师按照旧的指示行事，支持这个规定。两个月后，佛罗里达州一位名叫索恩·G. 奥克特的主要建筑承建商被任命为职业安全与健康管理局的新负责人，他的第一个行动就是要求法院不要对此案做出裁决。奥克特宣布他的机构现在同意成本－收益分析的必要性，并打算发布一个新的和改进的规则。奥克特还下令销毁了数千份《棉尘：工人健康警报》，这是一本关于褐肺病（正式名称）危害的小册子，因为封面上的人物是路易斯·哈勒尔，他是北卡罗来纳州的一名纺织工人，1978 年死于褐肺病。"这张照片是一个戏剧性的声明，清楚地建立了一个在棉尘问题上有偏见的观点。"奥克特解释说。最高法院拒绝合作。1981 年 6 月，它支持卡特的褐肺病规定。针对美国职业安全与卫生管理局（OSHA）的法律规定，法院说，国会已经决定，工人的健康是工作场所有害物质管理的首要考虑因素。报告说，没有要求该机构平衡收益和成本。奥克特不愿意承认失败，接下来他又提出了修改的想法，以更低的成本获得同样的好处。但该行业不再需要救济。大多数公司已经花了必要的钱来遵守新的规则；他们现在希望竞争对手面临同样的费用。奥克特还没说完。他授权北卡罗来纳州一家没有安装过滤器的公司试验替代安全措施。科学证据证实了这个实验的前提，即褐肺病是由细菌引起的，而不是由灰尘本身，可以通过洗涤原棉来缓解。但政治上是不可能的。这家公司很快放弃了这项实验，并为过滤器付了钱。

68. W. Kip Viscusi, "Health and Safety Regulation," *in American Economic Policy in the 1980s*, ed. Feldstein, 460–461.

69. 1981 年 4 月，一家联邦法院在 *Sierra Club v. Costle* 一案中裁定，即便没有要求，审查程序也是合法的。

70. Robert Pear, "Fiscal Plans Bear the Telltale Signs of Cost-Benefit Analysis," *New York Times*, February 14, 1982. 离开尼克松政府后，德莫思被芝加哥大学法学院的经济学所吸引，并进入该校就读。在私营部门工作了几年后，他成为哈佛大学一个致力于监管研究的中心主任。回到华盛顿后，他决心"通过尽可能多地考虑经济问题来提高监管项目的效率"，并渴望向持怀疑态度的公众展示这种方法的价值。他认为，成本－收益分析有时会导致里根政府支持更严格的监管。一个值得注意的例子是政府决定大幅降低汽油中的铅的允许含量，这是环境保护局分析的结果，该分析发现，这样做的好处将大大超过成本。

71. Sunstein, *Cost-Benefit Revolution*, ebook loc. 149.

72. Richard L. Berkman and W. Kip Viscusi, *Damming the West*(New York : Grossman, 1973), 242.

73. W. Kip Viscusi, *Pricing Lives : Guideposts for a Safer Society* (Princeton, N.J. : Princeton University Press, 2018), 1.

74. Pete Earley, "What's a Life Worth ?" *Washington Post*, June 9, 1985.

75. 总统总是为联邦官僚机构的独立性而感到沮丧，据说肯尼迪总统曾对一位请愿者给出这样的回答："我同意你的看法，但我不知道政府是否会这样做。"埃琳娜·卡根在《哈佛法律评论》2000 年发表的一篇经典文章《总统管理》中描述了克林顿对成本－收益分析的支持。卡根后来成为最高法院大法官，他将监管审查描述为克林顿用来维护控制权的"最不重要也是最基本的"技巧。这可能是真的，因为克林顿的其他技巧包括简单的权宜之计，告诉机构做什么。

76. Sally Katzen, "Perspectives on Modern Regulatory Governance : Oral History Project," 2012, Kenan Institute, Duke University, Durham, N.C.

77. Douglas Jehl, "Regulations Czar Prefers New Path," New York Times, March 25, 2001.

78. John H. Cushman Jr., "Congressional Republicans Take Aim at an Extensive List of Environmental Statutes," *New York Times*, February 22, 1995.

79. Revesz and Livermore, *Retaking Rationality*, 35.

80. Katharine Q. Seelye and John Tierney, "E.P.A Drops Age-Based Cost Studies," *New York Times*, May 8, 2003. 2003 年 5 月 8 日，政府继续努力应对年龄的影响，但最近的努力采取的形式是强调儿童生命的价值，而不是低估老年人的价值。因此，举例来说，交通部强调，要求汽车上安装后视摄像头的规定具有更大的价值，因为它可以拯救儿童的生命。同样，消费者产品安全委员会雇用了一位顾问来研究儿童的价值。2018 年的报告得出结论，儿童的价值大约是成年人的两倍，但美国消费品安全委员会在 2018 年中期的一份成本－收益分析报告中没有使用这一结论。参见"Valuing Reductions in Fatal Risks to Children"(Industrial Economics report), 2018, Consumer Product Safety Commission。

81. W. Kip Viscusi, "The Devaluation of Life," *Regulation and Governance*, no. 3(2009) .

82. Sunstein, *Cost-Benefit Revolution*, ebook loc. 230. 如果国会没有明确指示某个机构忽略成本问题，那么法院似乎也在朝着要求法规成本－收益分析的方向发展。在密歇根州诉环境保护局（Michigan v. EPA(2015)）一案中，最高法院以 5 : 4 的多数判决认为，环境保护局在没有考虑成本的情况下提议管制某些类型的空气污染是不合理的。少数人同意环境保护局需要考虑成本，但表示已经满足了这一负担。实际上，九位法官都签署了一份对《清洁空气法》的解释，这份解释与 20 世纪 70 年代的主流观点大相径庭。

83. Stanley Johnson, *The Politics of Environment*(London : Tom Stacey, 1973), 172. 提倡加强环境监管的约翰逊认为，他的同胞总的来说太谨慎了。他的儿子鲍里斯成为著名的保守党政治家。

84. 政治压力最终迫使布什政府采取了更严格的标准。参见 Cindy Skrzycki, *The Regulators : Anonymous Power Brokers in American Politics* (Lanham, Md. : Rowman and Littlefield, 2003),

213。

85. Brandon Mitchener, "Rules, Regulations of Global Economy Are Increasingly Being Set in Brussels," *Wall Street Journal*, April 23, 2002.
86. Samuel Loewenberg, "Old Europe's New Ideas," *Sierra Magazine*, January–February 2004.
87. 我对这一趋势的处理借鉴了 avid Vogel, *The Politics of Precaution: Regulating Health, Safety and Environmental Risks in Europe and the United States* (Princeton, N.J.: Princeton University Press, 2012)。
88. Pfizer's full-page ad was published in *European Voice* the week of February 17, 2000. See Andrew Jordan, "The Precautionary Principle in the European Union," in *Reinterpreting the Precautionary Principle*, ed. Tim O'Riordan, James Cameron, and Andrew Jordan (London: Cameron May, 2001), 154.

第八章　金钱，是个难题

1. F. A. Mackenzie, *The American Invaders: Their Plans, Tactics and Progress* (London: Grant Richards, 1902), 142–143.
2. 贸易会消减军事冲突的观点在 20 世纪 30 年代和 40 年代广泛流传。IBM 首席执行官托马斯·沃森在公司曼哈顿总部的入口处挂了一块于 1938 年开启的牌子，上面写着"通过世界贸易实现世界和平"。有关于美国国务院的想法，参见"Proposals for Expansion of World Trade and Employment," November 1945, U.S. State Department。
3. 经济历史学家继续辩论贸易政策在全球经济崩溃中的作用。最近学术研究倾向于把 20 世纪 30 年代早期的货币贬值看作其他经济问题的结果或催化剂，而不是大萧条的主要原因。参见 Douglas Irwin's *Peddling Protectionism: Smoot-Hawley and the Great Depression* (Princeton, N.J.: Princeton University Press, 2011)。
4. 怀特是一个复杂的人物，在他看来，他既是美国国家利益的忠实拥护者，也是苏联的间谍。约翰·梅纳德·凯恩斯通常被认为是协议的主要设计者，或者至少是怀特的合作伙伴。事实上，凯恩斯在公共生活的最后一次行动中，几乎没有获得任何关于他试图限制美国权力的让步，参见 Benn Steil, *The Battle of Bretton Woods* (Princeton, N.J.: Princeton University Press, 2013)。
5. The rules allowed other nations to fix their currencies in dollars or gold. No one chose gold.
6. 1949 年 4 月，道格拉斯·麦克阿瑟将日元对美元的汇率设定为 360 日元兑 1 美元，这一汇率持续了将近 25 年。对于联邦德国来说，1949 年的汇率是 4.2 德国马克兑 1 美元。1961 年和 1969 年，美元汇率分别小幅调整至 3.66 马克和 3.66 马克。
7. "The Balance of Payments Mess," Joint Economic Committee, June 1971, 246.
8. Judith Stein, *Pivotal Decade* (New Haven: Yale University Press, 2010), ebook loc. 246.
9. 在金本位制度下，理论上各国会在汇率保持不变的情况下进行调整：为了增加出口，各国需要压低国内工资和物价。在布雷顿森林体系下，这种痛苦的选择仍然存在，但在政治上已经站不住脚。普选权和工会的扩大，以及其他趋势，改变了整个发达国家的政治力量平衡。固定汇率的支持者认为，其严格性促进了长期经济增长。按照这种观点，那些选择调整汇率而不是调整国内经济状况的国家，正在拒绝服药。经济历史学家艾伦·梅尔策在一篇墓志铭中写道："汇率稳定是一种公共利益，没有哪个国家愿意为此付出太多。"参见 Allan H. Meltzer，*A History of the Federal Reserve*，vol. 2，book 2，1970–1986（Chicago：University of Chicago Press，2009），754。

10. 单边贬值的问题在于，贸易伙伴可能会以牙还牙。事实上，这正是 20 世纪 30 年代初发生的情况。约翰·加尔布雷斯在 1964 年的一篇文章中提到，他问一位瑞士银行家，瑞士什么时候会对美元贬值做出回应，这位银行家回答说，"可能是当天下午晚些时候"。参见"The Balance of Payments：A Political and Administrative View，" *Review of Economics and Statistics* 46，no. 2（May 1964）：115–122。美国还希望其他国家提高本国货币的美元价值，而不是降低美元在黄金中的价值，因为美国不愿惩罚持有美元的盟友，更不愿意把一笔意外之财交给两个主要的黄金生产国——苏联和南非。

11. 该项目被称为"贸易调整援助"，最终在 20 世纪 70 年代初开始支付少量款项，但在 1973 年仍被美国劳工联合会—产业工会联合会（AFL-CIO）主席斥为"丧葬保险"。当年晚些时候，国会扩大了总统就贸易协定进行谈判的权力，这也使得补偿收入计划更加慷慨。到 1980 年，这个项目已经帮助了 60 万工人。第二年，里根政府说服国会大幅削减补偿资格和福利。

12. 1960 年外国持有的黄金总量超过了美国的黄金供应量。三年后，政府持有的股份越过了底线。参见 Barry Eichengreen，*Exorbitant Privilege：The Rise and Fall of the Dollar and the Future of the International Monetary System*（Oxford：Oxford University Press，2011），50。

13. 约翰逊倾向于采取一个更强硬的提议，通过援引美国 1917 年对敌贸易法来限制国外旅行。从政治角度来看，打击过蜜月的新人似乎不是什么好主意，但是财政部长亨利·福勒不得不写一份备忘录来解释为什么这个计划是非法的，然后约翰逊才勉强把它搁置一边。

14. 在夏尔·戴高乐的领导下，法国继续以最快的速度将美元兑换成黄金，这主要是为了惹恼美国。参见 Meltzer，*History of the Federal Reserve*，vol. 2，book 2，719。

15. "A-Blasts Studied as Way to Expand U.S. Gold Output，" *New York Times*，February 26，1968，53.

16. James Ledbetter，*One Nation Under Gold*（New York：Liveright/Norton，2017），183.

17. Milton Friedman，Donald Gordon，and W. A. Mackintosh，"Canada and the Problems of World Trade，" University of Chicago Round Table 526，April 18，1948；available at https：//miltonfriedman.hoover.org/friedman_images/Collections/2016c21/ UCR_04_18_1948.pdf. 弗里德曼在回忆录中声称，加拿大央行副行长唐纳德·戈登此前从未听说过有关浮动利率的重要案例。无线电广播的文字记录不支持这种说法，第一个提到这个想法的是戈登。但是，加拿大央行前行长戈登·泰森在 2000 年的一次演讲中说，弗里德曼激发了内部讨论，值得赞扬，他引用了广播后准备的一些关于浮动利率的备忘录。两年后，也就是 1950 年，加拿大违反《布雷顿森林协议》，实行了汇率浮动。

18. Milton Friedman，"The Case for Flexible Exchange Rates，" in *Essays in Positive Economics*（Chicago：University of Chicago Press，1953），157–203. 这篇论文起源于 1950 年，当时弗里德曼被聘为马歇尔计划的顾问，并被指派为联邦德国提供建议。当时，德国正在努力从出口中赚取足够的钱来支付所需的进口。弗里德曼建议马克贬值。他说，贸易逆差表明一个国家的货币过于昂贵。德国人对此提出异议。1953 年的论文概括了这个建议。

19. 对于美国企业研究所来说，弗里德曼成为决策精英中的一员是一记妙招。在 20 世纪 60 年代的美国，美国企业研究所一直在努力摆脱保守派智囊团的默默无闻。该研究所于 1938 年由世界上最大的石棉公司的首席执行官创立，因为他不喜欢新政。在威廉·J. 巴鲁迪的领导下，该研究所开始寻求更广泛的受众。巴罗迪在经济大萧条时期靠政府的工资维持生活，在新罕布什尔州失业补偿局和退伍军人管理局工作，1954 年加入美国企业研究所，开始了第二个职业生涯，并成为对前扉丰最有力的批评者之一。巴罗迪的标志性策略是将自由派和保守派专家结合起来，以赢得保守派的听众。例如，该研究所发布了对即将通过的立法的广受欢迎的分析，其中既包括自由派观点，也包括保守派观点。巴鲁奥迪说服了捐助者，宣传自由派观点是让国会自由派议员也读一些保守派观点的最好机会。

20. Milton Friedman and Robert Roosa, *The Balance of Payments*：*Free Versus Fixed Exchange Rates*（Washington, D.C.：American Enterprise Institute for Public Policy Research, 1967）, 185.

21. Robert Leeson, *Ideology and the International Economy*（Basingstoke, Eng.：Palgrave Macmillan, 2003）, 114. 弗里德曼的传记作者爱德华·纳尔逊明确表示，萨缪尔森将这一转变归功于弗里德曼："我愿以个人名义向米尔顿·弗里德曼致敬。""他是发出了孤独的声音，在旷野中哭泣。"他说，弗里德曼的观点"现在已经成为学术界新的正统观念"。参见 Nelson, "Milton Friedman and Economic Debate in the United States, 1932–1972," 2018, book B, p. 476；available at https：//sites.google.com/site/edward nelsonresearch。

22. Anthony Lewis, "Commons Backs Wilson on Pound," *New York Times*, November 23, 1967, 17.

23. Meltzer, *History of the Federal Reserve*, vol. 2, book 2, 733.

24. Paul Volcker and Toyoo Gyohten, *Changing Fortunes*：*The World's Money and the Threat to American Leadership*（New York：Times Books, 1992）, 144–145.

25. Milton Friedman, "A Proposal for Resolving the U.S. Balance of Payments Problem：Confidential Memorandum to President-Elect Richard Nixon," October 15, 1968, reprinted in *The Merits of Flexible Exchange Rates*, ed. Leo Melamed（Fairfax, Va.：George Mason University Press, 1988）, 429–438.

26. 在国内方面，尼克松写道，他对经济问题的兴趣仅限于"决策影响经济衰退或通货膨胀的情况"。参见 Richard M. Nixon, "Memorandum for Mr. Haldeman, Mr. Ehrlichman, Dr. Kissinger," March 2, 1970；available at https：//2001-2009.state.gov/r/pa/ho/frus/nixon/e5/55018.htm。

27. Canada previously had floated its currency between 1950 and 1962.

28. Leeson, *Ideology and the International Economy*, 132.

29. 威廉·萨菲尔在他的回忆录 *The President Falls in Love* 中的一个章节中简述了这种关系，他引用了尼克松对康纳利的评价："每个内阁至少应该有一位潜在的总统继任者。"参见 Safire, *Before the Fall*：*An Inside View of the Pre-Watergate White House*（New York：Doubleday, 1975）, 498。康纳利公开表示怀疑经济学。他毫不脸红地告诉国会，他不理解李嘉图的贸易理由，但这显然是错误的。康纳利说："这就是比较优势理论。首先，我不理解它的原因是我不是一个经济学家。但如果我是一名经济学家，我就不会想去理解它，因为我不相信它会奏效。"同样，他最初将货币贬值斥为"货币魔术"，坚持认为美元价值的唯一解药是加强国内经济。其余的，他说会自己照顾自己。

30. Richard Nixon, *RN*：*The Memoirs of Richard Nixon*（New York：Grosset and Dunlap, 1978）, 518.

31. George P. Shultz and Kenneth W. Dam, *Economic Policy Beyond the Headlines*（Stanford, Calif.：Stanford Alumni Association, 1977）, 115.

32. Richard Reeves, *President Nixon*：*Alone in the White House*（New York：Touchstone/ Simon and

Schuster, 2001), 356.

33. 8 月 12 日星期四，康纳利和尼克松在椭圆形办公室会面，双方同意在“戴维营”举行讨论，就好像结果是个悬而未决的问题一样，从而让伯恩斯温和地回到谈判桌上。作为一家独立机构的负责人，伯恩斯有可能造成难题。参见 Douglas Brinkley, ed., *The Nixon Tapes*, 1971–1972 (New York : Houghton Mifflin Harcourt, 2014), 233–272。乔治·舒尔茨也提供了类似的解释:“那不是讨论什么的会议,”他告诉我,“这是一个会议使尼克松可以有一个舞台。”

34. Robert H. Ferrell, ed., *Inside the Nixon Administration : The Secret Diary of Arthur Burns, 1969–1974* (Lawrence : University Press of Kansas, 2010), 49–53.

35. Wyatt C. Wells, *Economist in an Uncertain World* (New York : Columbia University Press, 1994), 206.

36. Safire, *Before the Fall*, 518. 虽然沃尔克没有详细说明他的计划，但他大概指的是对资产价格走势下注的可能性。当时还没有货币期货市场，因此沃尔克需要预测总统演讲对其他金融市场的影响。

37. Ferrell, *Inside the Nixon Administration*, 53.

38. Eichengreen, *Exorbitant Privilege*, 59.

39. 德国人没有漏掉任何翻译上的东西。纽约州州长纳尔逊·洛克菲勒打电话向尼克松表示祝贺，他告诉总统，演讲后的第一个广告是为大众汽车公司做的，这是一个巧合，两人都认为这强调了尼克松决定的重要性。参见 H. R. Haldeman Diaries, National Archives, August 16, 1971 ; available at nixonlibrary.gov/sites/default/files/ virtuallibrary/documents/haldeman-diaries/37-hrhd-audiotape-ac12b-19710816-pa .pdf。

40. “The Dollar : A Power Play Unfolds,” Time, August 30, 1971, 17.

41. 《纽约时报》报道称，大主教发出祈祷呼吁之后“英镑汇率的下跌立即停止”，不过文章指出“大多数观察人士认为，这是交易员的观望态度，他们在等待英国内阁会议的结果”。参见“Notes on People,” *New York Times*, July 2, 1975。

42. Robert Solomon, *The International Monetary System*, 1945–1981 (New York : Harper and Row, 1982), 2.

43. John S. Odell, *U.S. International Monetary Policy* (Princeton, N.J. : Princeton University Press, 1982), 262.

44. Ferrell, *Inside the Nixon Administration*, 66.

45. Henry Kissinger, *Years of Upheaval* (New York : Simon and Schuster, 2011), 80–81.

46. “George Shultz : Looking Back on Five Years in Government,” *Washington Post*, April 14, 1974.

47. 舒尔茨喜欢讲一个他 12 岁时开办社区报纸的故事。价格是 5 美分。他从敲邻居家的门开始推销商品。这个人回到屋里，拿着一份《星期六晚邮报》回来，告诉舒尔茨，这是一个花 5 美分就能得到的东西。舒尔茨说，这给他留下了深刻的市场逻辑印象。

48. 作为麻省理工学院的一名年轻教授，舒尔茨还帮助萨缪尔森编写了著名的经济学教科书。教员在课堂上使用课文的草稿，然后向萨缪尔森汇报学生难以理解的部分。参见“Problems and Principles : George P. Shultz and the Uses of Economic Thinking,” conducted by Paul Burnett in 2015, Oral History Center, Bancroft Library, University of California, Berkeley。

49. Interview with George Shultz, April 19, 2018.

50. A. H. Raskin, “Said Nixon to George Shultz : ‘I Track Well with You,’ ” *New York Times*, August

23, 1970.

51. Rowland Evans and Robert Novak, *Nixon in the White House*; *The Frustration of Power* (New York: Random House, 1971), 369.

52. 1971 年 2 月，康纳利开始担任财政部长后不久，弗里德曼试图介绍他。他带了一份 1968 年的备忘录给尼克松，告诉康纳利："这是我两年前写给你的备忘录。" 1971 年 9 月 30 日和 1971 年 12 月 3 日写给康纳利的两封信，参见 Milton Friedman Papers, box 24, Hoover Institution Archives, Stanford, Calif。

53. 这次谈话由丰田章男报道，他是水田的翻译。水田的说法有误导性。被谋杀的财政大臣井上纯之助是在 1932 年被极端民族主义者杀害，这是针对政治温和派的恐怖运动的一部分。但是那时，井上已经不再是财政部长了，这起谋杀案与金本位制并没有直接关系。参见 Volcker and Gyohten, *Changing Fortunes*, 97。

54. Ibid., 90.

55. Britain floated the pound on June 23, 1972, the first formal break.

56. Volcker and Gyohten, *Changing Fortunes*, 104.

57. "Transcript of a Recording of a Meeting Between the President and H. R. Haldeman in the Oval Office on June 23, 1972, from 10: 04 to 11: 39," White House Tapes, Richard Nixon Presidential Library, Yorba Linda, Calif.

58. Solomon, *The International Monetary System*, 336.

59. Harold James, *International Monetary Cooperation Since Bretton Woods* (New York: Oxford University Press, 1996), 242.

60. 舒尔茨在会议召开前的一次会议上得到了尼克松的许可，他告诉总统，美国面临着在浮动利率和继续大规模干预货币市场之间的选择。舒尔茨说："不管怎样，你必须全力以赴。"参见 Odell, U.S. International Monetary Policy, 321。舒尔茨告诉我，在飞往巴黎的大部分航程中，他和伯恩斯都在为这个计划争论不休。当他们到达会场时，舒尔茨说，看到伯恩斯保持着统一战线，他松了一口气。

61. 全球贸易激增有许多原因。集装箱的发明无疑是最不引人注目的技术革命之一，在降低运输成本方面发挥了主导作用。互联网的发明无疑是最先进的技术革命，在降低通信成本方面发挥了主导作用。苏联解体，中国开始对外开放。至于浮动汇率，也许新制度最重要的贡献是，它允许美国几乎无限制地保持贸易赤字。1971 年和 2008 年的数据来自宾夕法尼亚大学的全球列表：参见 rug.nl/ggdc/productivity/pwt/. The World Bank estimates the change was from 27 percent to 61 percent over the same period。

62. This paragraph is drawn from Leo Melamed's memoir, *Escape to the Futures* (New York: Wiley, 1996).

63. Ibid., 177. Melamed has sometimes given $7500 as the sum paid to Friedman. Either way, the Merc got good value for its money.

64. 在 1980 年，经济学家拉尔斯·彼得·汉森和罗伯特·霍德里克最终将理论与现实相匹配，表明投机可以获利，因为人们是非理性的。当汉森在 2013 年获得诺贝尔经济学奖时，这篇论文属于他的重要贡献之一。参见 Lars Peter Hansen and Robert J. Hodrick, "Forward Exchange Rates as Optimal Predictors of Future Spot Rates: An Econometric Analysis," *Journal of Political Economy* 88, no. 5 (October 1980)。

65. For 1985, see Susan Strange, Casino Capitalism (Oxford : Basil Blackwell, 1986), 11. For the 1995 and 2007 figures, see "Triennial Central Bank Survey," March 2005 and July 2016 (respectively), Bank for International Settlements.
66. Marc Levinson, *An Extraordinary Time* (New York : Basic Books, 2016), 89.
67. 这些银行——包括花旗集团、摩根大通、巴克莱和苏格兰皇家银行——参与了一场规模巨大的价格操纵阴谋。这个计划之所以成为可能，只是因为罗伯特·鲁萨被证明是正确的：外汇市场不会围绕一个单一的价格联合起来。为了解决这个问题，银行家通过对伦敦时间下午 4 点左右两边 30 秒内的交易进行平均，创建了一个每日基准利率。外汇指令通常按照这一基准利率执行，投资者通常使用这一利率来计算其资产价值。但是这个比率是受到操纵的。大型银行的交易员在网上聊天室串通一气，"敲破收盘价"，这是业内的术语，指在基准期间向市场发出大量订单，以推动收盘价。一位巴克莱银行的交易员写道："如果你没有欺骗，你就没有在尝试。"
68. 在 1996 年的一次采访中，弗里德曼承认波动性"比我预期的要大得多"，但他坚持认为波动性没有"任何严重的负面影响"。他没有活到大型银行以牺牲自己的客户为代价来操纵市场那个时候。参见 Brian Snowden and Howard R. Vane, *Conversations with Leading Economists : Interpreting Modern Macroeconomics* (Cheltenham, Eng. : Edward Elgar, 1999), 124–144。
69. Michael Hirsh, *Capital Offense* (Hoboken, N.J. : John Wiley, 2010), 46.
70. 艾肯格林，最接近美元的官方传记作者，他淡化了网络效应的重要性。在他看来，美元之所以仍占主导地位，是因为美国仍然是世界上最大的经济体，而其他显而易见的替代货币，如欧元和人民币，都存在明显的缺陷。他指出，在 1914 年至 1925 年的大约 10 年时间里，美元占据了主导地位。他认为，美元也可以同样迅速地被取代。看看他关于美元的历史，《嚣张的特权》。然而，美元却根深蒂固。例如，在 2002 年至 2009 年，加拿大从美国以外的国家进口的所有货物中，有 72% 是用美元支付的。参见 Linda S. Goldberg and Cedric Tille, "Micro, Macro, and Strategic Forces in International Trade Invoicing," November 2009, Federal Reserve Bank of New York. See also John M. Geddes, "Bundesbank Opposes Wider Role for Mark," *New York Times*, November 20, 1976。
71. 这可不是什么锅碗瓢盆的例子，因为尽管德国人没有表现出对全球经济健康发展的任何责任感，但他们也没有自愿接受这份工作。参见 Eichengreen, *Exorbitant Privilege*, 63。
72. 美元的汇率最好是在"贸易加权"的基础上计算，也就是说，美元对每种外币的汇率乘以美国与使用这种货币的国家之间的贸易份额。这里的计算是基于美联储主要货币贸易加权指数的数据。
73. 一些保守派经济学家坚决反对向浮动利率的转变，认为新体系的失败并不令人意外。一位来自芝加哥家族的诺贝尔奖得主詹姆斯·布坎南在 1977 年写道，浮动利率"切断了对内部货币扩张的一种约束。自从转向自由汇率以来，赤字支出和通胀有所加剧，这似乎并非完全是巧合"。他补充说，浮动汇率"使经济更容易受到国内政客不明智的操纵"。参见 James M. Buchanan and Richard E. Wagner, *Democracy in Deficit : The Political Legacy of Lord Keynes* (1977 ; repr., Indianapolis : Liberty Fund, 2000), 75。
74. Richard Friberg, *Exchange Rates and the Firm* (New York : St. Martin's, 1999), 41.
75. 许多经济学家仍然认为，美国制造业的衰退是由其他因素造成的，而强势美元至多影响了这一时机。国际货币基金组织首席经济学家莫里斯·奥布斯费尔德在 2017 年表示："汇率是经济中各种力量的表现，说你希望它不同是没有用的。”他说，汇率“作为一个政策变量被高估了”。然而，一些关于20世纪80年代美国制造业衰退的研究认为，那个10年里失业人数的一半以上是由贸易不平衡造成的。经济历史学家道格拉斯·欧文写道：“制造商面临的主要问题，不是某种根深蒂固的结构性问题，而是汇率问题。汇率问题对中国在国内外市场的竞争能力构成了巨大障碍。”在21世纪头十年，汇率对美国制造业造成损害的证据更加充分。

76. John M. Berry and Jane Seaberry, "Regan, Feldstein in Opposition on Deficits' Impact," *Washington Post*, September 15, 1983. 克莱斯勒傲慢的首席执行官李·亚科卡在1985年哀叹，很难为货币贬值争取到政治支持，因为这个问题很难解释。货币无处不在，也很神秘——既太普通，又太复杂，难以引起人们的注意。他表示：“人们不会对美元高企感到兴奋。”“人们并不真正理解这一点，所以没有人会对此表示愤怒。”参见 Yoichi Funabashi, *Managing the Dollar: From the Plaza to the Louvre* (Washington, D.C.: Institute for International Economics, 1989), 73。亚科卡使用“高”一词是有目的的，因为同样令人痛苦的是，政客喜欢谈论“强势”美元。“美元的强势，”沃尔克后来尖锐地指出，“被一些官员称为市场提供的一种良好的内部管理的认可印章，是对里根良好经济政策的表彰。”

77. 1981年12月，纽约联邦储备银行——美联储的业务部门发布了一份新闻稿，宣布过去6个月没有干预外汇市场，这是布雷顿森林体系结束以来的首次干预。美联储通常在外汇政策上听命于财政部，执行行政部门的指示，但沃尔克并不打算改变美元汇率。他比大多数美国官员更担心制造业工作岗位的流失，但他认为财政赤字是问题的根源，财政清廉是解决问题的办法。参见 Robert Solomon, *Money on the Move* (Princeton, N.J.: Princeton University Press, 1999), 15。

78. Funabashi, *Managing the Dollar*, 70.

79. Stephen Axilrod, *Inside the Fed: Monetary Policy and Its Management* (Cambridge: MIT Press, 2011), 103–104.

80. "Beryl W. Sprinkel Alive and Thriving in Economic Advice," *New York Times*, August 9, 1985.

81. "Why Reagan Bought Intervention in the Currency Markets," *Business Week*, June 28, 1982, 102–103. 斯普林克尔相信了他的话。1984年，他说服里根政府取消了他作为财政部负责货币事务的副部长的职务。5年后，美国乔治·赫伯特·沃克·布什在财政部设立了一个新职位——负责国际事务的副部长——这是一个有效的继任者，反映出美国正在回归对浮动汇率的谨慎管理。

82. Solomon, *International Monetary System*, 365.

83. Paul Volcker and Christine Harper, *Keeping at It: The Quest for Sound Money and Good Government* (New York: PublicAffairs, 2018), 131.

84. "Latin IOU Struggle Is Triggering Jitters," *Miami Herald*, April 18, 1983.

85. "The LDC Debt Crisis," History of the Eighties — Lessons for the Future, vol. 1, *An Examination of the Banking Crises of the 1980s and Early 1990s* (Washington, D.C.: Federal Deposit Insurance Corporation, 1997).

86. Ha-Joon Chang, Bad Samaritans: *The Myth of Free Trade and the Secret History of Capitalism* (New York: Bloomsbury, 2008), 94.

87. 沃尔特·蒙代尔在1984年的一次演讲中指责里根“把我们伟大的中西部工业和这个国家的

工业基地变成了一个生锈的碗”，摆脱了大萧条时期的沙尘暴提法。记者很快开始提到“铁锈地带”，他们更喜欢与南部的“阳光地带”作对比。

88. Chieko Kuriki, “ ‘Made in U.S.A.’ Doesn’t Sell,” *Chicago Tribune*, April 22, 1985.

89. Douglas Irwin, *Clashing over Commerce: A History of U.S. Trade Policy* (Chicago: University of Chicago Press, 2017), ebook loc. 9908.

90. 鲍尔也许因为他反对越南战争而被人们记住，但是他在那场战争中失败了。他对美国在贸易领域的政策做出了更重要的贡献，他坚持传统的自由主义观点，即贸易是好的，贸易越多越好。鲍尔说：“我们必须保护每一个美国工业免受竞争所需的调整的观念，与我们的经济精神格格不入。”参见 Stein, *Pivotal Decade*, ebook loc. 296。

91. 关于对华贸易增长的一些报道淡化了美国政策的作用，而是将中国的工业化视为一种不可阻挡的力量。然而，贾斯汀 · R. 皮尔斯和彼得 · K. 肖特在 2016 年发表的一篇论文提供了令人信服的证据，证明一个决定确实很重要。直到世纪之交，美国还定期审查中国享受优惠关税待遇的资格。皮尔斯和肖特认为，2000 年永久授予这一地位的决定消除了一个重要的不确定性，促进了资本和贸易流动的增加。参见 their “The Surprisingly Swift Decline of U.S. Manufacturing Employment,” *American Economic Review* 106, no. 7 (2016)。

92. 在 21 世纪初，美联储压低利率以刺激经济增长，美元对大多数外国货币贬值。但是这种均衡的过程并没有影响美元对人民币的汇率，也没有影响美元对其他亚洲货币的汇率。

93. 其他因素当然也导致了制造业就业的下降，包括自动化和全球化。2012 年的一项研究估计，二十个国家操纵货币，这使美国失去了 100 万到 500 万个工作岗位。参见 C. Fred Bergsten and Joseph E. Gagnon, “Currency Manipulation, the U.S. Economy and the Global Economic Order,” December 2012, Peterson Institute for International Economics。

94. 哈菲仍在代顿进行生产工作，距离塞莱纳大约两小时车程，在那里雇用了大约 120 名经理和白领员工，从事市场营销和产品开发等领域的工作。有关沃尔玛与哈菲和其他美国制造商的关系，请参见 Michael Spence and Sandile Hlatshwayo, “The Evolving Structure of the American Economy and the Employment Challenge,” 2011, Council on Foreign Relations。

95. Friedman and Roosa, *Balance of Payments*, 92, 118.

96. 包括大卫 · 奥特、戈登 · 汉森和大卫 · 多恩在内的一群经济学家的一系列论文，重塑了对华贸易影响的学术理解。参见 ddorn.net/research.htm。

97. Lori G. Kletzer, “Job Loss from Imports: Measuring the Costs, 2001,” Peterson Institute for International Economics.

98. Binyamin Appelbaum, “Perils of Globalization When Factories Close and Towns Struggle,” New York Times, May 18, 2015.

99. 本书中出现的其他经济学家也有类似的遗憾。例如，里芙林告诉我，“我们关注的是技术变革和贸易带来的好处，而不是如何适应它们。我们只是没有。经济学家过于关注我们都能从技术变革中受益的平均水平。很多人没有这么做——我们也没有做我们可能需要帮助的事情”。

100. Appelbaum, “Perils of Globalization.” 美国贸易支持者由于未能确保贸易收益得到广泛分享而引发了自己的问题。但是，反对贸易的声音也从情绪战胜理性的胜利中汲取了力量，因为失业的痛苦是集中的，受害者是显而易见的，而较低价格的好处是分散的。道格拉斯 · 欧文写道，1956 年，一位名叫约翰 · 雷的纽约国会议员投票反对降低关税的立法。雷解释说，他的选区包括一家面临外国竞争的鸟笼工厂，而且他几乎与工厂 50 名工人中的每一个都有联系。雷的选区还包括纽约滨水区的一大块地方，那里有数千人从事与贸易有关的工作，但雷说，他没有听到任何支持降低关税的人的信息。

101. 舒曼的父亲是出生在洛林的法国人，1871 年该地区被吞并后，他成为德国公民，然后搬到了邻近的卢森堡，舒曼 1886 年出生在那里。舒曼移居法国，实现了一个循环。欧洲煤钢共同体的其他原始成员国是比利时、卢森堡和荷兰。

102. 货币贬值不是免费的。它降低了国家货币的购买力，从而降低了工人工资的价值。但与通胀一样，它避免了降低名义工资的必要。虽然米德和弗里德曼在这个机制上意见一致，但他们在目标上意见不一。米德认为，浮动利率将允许欧洲国家对国内经济状况实施更大的控制；当然，弗里德曼认为政府也应该置身于经济政策的其他方面。参见 James Meade，“The Case for Variable Exchange Rates，” in *The Collected Papers of James Meade*，vol. 3，*International Economics*，*ed. Susan Howson*（London：Unwin Hyman，1988）。

103. Howard R. Vane and Chris Mulhearn，“Interview with Robert A. Mundell，” *Journal of Economic Perspectives* 20，no. 4（Fall 2006）：89–110.

104. Robert Mundell，“A Theory of Optimum Currency Areas，” *American Economic Review* 51，no. 4（September 1961）.

105. See Rudiger Dornbusch，“The Chicago School in the 1960s，” Policy Options 22，no. 5（2001）. See also Thomas J. Courchene，*Money*，*Markets and Mobility*：*Celebrating the Ideas of Robert A. Mundell*（Montreal：Institute for Research on Public Policy，2002），3.

106. Vane and Mulhearn，“Interview with Robert A. Mundell，” 89–110.

107. Robert A. Mundell，“A Plan for a European Currency”（speech at the American Management Association Conference on the Future of the International Monetary System，New York，December 10–12，1969），reprinted in *The Economics of Common Currencies*：*Proceedings of the Madrid Conference on Optimum Currency Areas*，ed. Harry G. Johnson and Alexander K. Swoboda（London：Allen and Unwin，1973）.

108. 沃尔克在 1992 年的一本书中讲述了这个故事，但他没有指明这位官员的身份。在 2018 年出版的回忆录中，沃尔克确认了发言人的身份，并报道了一个略有不同的版本。参见 Volcker and Gyohten，*Changing Fortunes*，68。

109. Michael Dobbs，“Socialist Metamorphosis，” *Washington Post*，March 16，1986.

110. 20 世纪 80 年代初，帕多亚 – 斯基奥帕向德国政策制定者抱怨称，他们是在煽动公众反对的火焰，而不是站在反对的立场上，这充分说明了他对公众舆论的重视。参见 Ivo Maes，“Tommaso Padoa-Schioppa and the Origins of the Euro，” March 2012，National Bank of Belgium Paper 222，15。

111. 与蒙代尔一样，帕多亚 – 斯基奥帕也提出了一个重要的警告，即对国际资本流动的监管可以让各国维持固定汇率和独立的货币政策。但是欧洲项目的参与者已经在拆除这些控制，这个过程在接下来的 10 年中基本完成了。参见 Tommaso Padoa-Schioppa，“Capital Mobility：Why Is the Treaty Not Implemented?，” in *The Road to Monetary Union in Europe*（Oxford：Clarendon Press，1994）。

112. 供给学派批评监管阻碍了经济增长，这也在欧洲的辩论中留下了印记。多国货币的支持者认为，对财政政策的约束是该体系的好处之一，因为它将迫使人们关注供应方面的改革，比如放松管制。参见 David Marsh, *The Euro: The Battle for the New Global Currency*(New Haven: Yale University Press, 2009), ebook loc. 4241。

113. 帕多亚-斯基奥帕曾担任欧盟委员会的主要技术官僚之一，负责制订创建欧洲货币的计划。这是他的建议，新制度应从 1999 年 1 月 1 日开始实施。参见 Maes, "Padoa-Schioppa and the Origins of the Euro," 30。
114. Lubbers's phrases were "*de BV Nederland*" and "*meer markt, minder overheid.*"
115. Neil Irwin, *The Alchemists: Three Central Bankers and a World on Fire*(New York: Penguin Press, 2013), 77.
116. Eduardo Porter, "A Tempting Rationale for Leaving the Euro," *New York Times*, May 15, 2012.
117. 一些欧洲官员，尤其是前欧洲央行行长让-克洛德·特里谢，将蒙代尔描述为对欧元创立产生重要影响的知识分子。蒙代尔自己也认为自己也值得称赞。例如，参见 Vane and Mulhearn, "Interview with Robert A. Mundell," 89–110。
118. "The Euro's Arrival at a Glance," BBC, January 3, 2002.
119. 马斯特里赫特条约时期的法国央行行长德拉罗西埃指出，新的中央银行是对现状的改进。他对一名记者表示："今天，我是一家央行的行长，我已经决定与他的国家一道，在没有投票的情况下，全面遵循德国的货币政策。""至少，作为欧洲央行的一部分，我有投票权。"参见 Hobart Rowen, "Of European Unity," *Washington Post*, October 25, 1990。
120. 在一篇被广泛引用的 2000 年论文中，安德鲁·罗斯估计，共享一种货币可能会使参与者之间的贸易增长三倍。对欧元区的研究普遍发现，影响虽小，但仍很显著。非洲尤其聪明，因为除了决定使用欧元，这些国家与欧洲之间的关系没有改变。参见 Jeffrey Frankel, "The Estimated Effects of the Euro on Trade," 2008, National Bureau of Economic Research。
121. 德国之所以能够成功地向其他欧元区国家出口商品，是因为该国在抑制工资和消费增长方面表现出色，这实际上延缓了德国经济成功带来的好处。
122. Arnold Harberger, "Sense and Economics: An Oral History with Arnold Harberger," conducted by Paul Burnett in 2015 and 2016, Oral History Center, Bancroft Library, University of California, Berkeley.
123. Neil Irwin, "Finland Shows Why Many Europeans Think Americans Are Wrong About the Euro," *New York Times*, July 20, 2015.

第九章 智利制造

1. Charles J. Hitch, "The Uses of Economics," November 17, 1960, Rand Corporation.
2. 对拉丁美洲提供的技术援助主要是在农业、地质、航空和儿童福利领域，由总统富兰克林·罗斯福发起，并主要由杜鲁门和艾森豪威尔发展。杜鲁门在 1949 年的就职演说中说："我们必须开展一项大胆的新计划，以使我们的科学进步和工业进步的收益可用于欠发达地区的改善和增长。""世界上有一半以上的人生活在近乎痛苦的境地，他们的食物不足，他们是疾病的受害者，他们的经济生活是原始的和停滞的。他们的贫穷既是他们的障碍，也是对他们以及更富裕地区的威胁。人类历史上第一次拥有减轻这些人苦难的知识和技能。在工业和科学技术的发展中，美国在国家间处于领先地位。我们可以用来帮助其他人民的物质资源是有限的。但是，我们在技术知识方面的无穷资源正在不断增长，并且用之不竭。"

很难想象一位传教士会有比阿尔比昂更好的名字。

3. Juan Gabriel Valdes, *Pinochet's Economists : The Chicago School in Chile* (Cambridge, Eng. : Cambridge University Press, 1995), 110.
4. 同上。
5. 同上，113。
6. Theodore W. Schultz, "Human Wealth and Economic Growth," *The Humanist*, no. 2 (1959) : 71–81.
7. Valdes, Pinochet's Economists, 88.
8. Veronica Montecinos, "Economics : The Chilean Story," in *Economists in the Americas*, ed. Veronica Montecinos and John Markoff (Cheltenham, Eng. : Edward Elgar, 2009), 167–168.
9. Valdes, Pinochet's Economists, 116.
10. 智利北部发现了世界上最大的硝酸钠矿床，也称为智利硝石。直到第一次世界大战期间德国开始大量生产合成硝石为止，它一直是肥料和炸药中的关键成分。19 世纪 40 年代，铜取代了硝酸盐成为智利的主要出口商品。
11. Jose De Gregorio, "Economic Growth in Chile : Evidence, Sources and Prospects," November 2004, Banco Central de Chile.
12. 普选是一个相对较新的现象。最初，包括美国在内的共和国只对少数白人、男性、有文化背景的财产拥有者进行投票。在智利，选民在 1958—1970 年从人口的 15%扩大到人口的 30%。参见 Valdes, *Pinochet's Economists*, 243。
13. Friedrich List, *The National System of Political Economy*, trans. Sampson S. Lloyd (London : Longmans, Green, 1916), 295.
14. 经济学家之间对于保护年轻产业的好处存在很大分歧。贸易史学家道格拉斯·欧文在 *Clashing over Commerce : A History of U.S. Trade Policy* (Chicago : University of Chicago Press, 2017) 中讲述了一个故事，传统观点认为，尽管采取了贸易保护主义政策，美国仍然繁荣昌盛。其他人则将汉密尔顿的战略视为影响美国崛起的重要因素，其中包括 Ha-Joon Chang in *Bad Samaritans : The Myth of Free Trade and the Secret History of Capitalism* (New York : Bloomsbury, 2008)。
15. Arnold Harberger, "Interview with Arnold Harberger," conducted by David Levy, *The Region*, Federal Reserve Bank of Minneapolis, March 1, 1999. 弗里德曼赞同哈伯格的将经济学作为一门应用科学的观点。当问及那些年芝加哥学派经济学方法的与众不同之处时，弗里德曼回答说："当时芝加哥和哈佛之间的根本区别在于，在芝加哥，经济学是讨论实际问题的严肃主题，你可以得到一些知识和一些答案。对于哈佛来说，经济学是一门与数学相提并论的学科，它令人着迷，但你不能从中得出任何结论。"参见 J. Daniel Hammond, "An Interview with Milton Friedman on Methodology," in *Research in the History of Economic Thought and Methodology*, ed. W. J. Samuels and J. Biddle (Greenwich, Conn. : JAI Press, 1992)。
16. Leonidas Montes, "Friedman's Two Visits to Chile in Context," 2015, University of Richmond Summer Institute for the Study of the History of Economics.
17. 2018 年 6 月 26 日对罗尔夫·勒德斯的采访。
18. Valdes, Pinochet's Economists, 140.
19. 同上，169。

20. 《芝加哥男孩》(电影),由卡罗拉·富恩特斯和拉斐尔·瓦尔德维尔拉诺导演,2015 年。
21. 同上。
22. 例如,美国试图切断阿连德政府获得信贷的途径,包括对美国银行施加压力。但是智利政府得以在西欧找到新的贷款人。
23. Chicago Boys. 芝加哥男孩。
24. 智利海军负责人何塞·托里比奥·梅里诺上将鼓励创造"砖头",最初是最同情芝加哥男孩的军政府成员。他在 1992 年的一次采访中说,他努力赢得皮诺切特和空军将军古斯塔沃·利的支持。他说:"在我看来,皮诺切特和雷的初衷是维持国家控制的经济。"这个被镜头呈现在《芝加哥男孩》中。
25. Heraldo Munoz, *The Dictator's Shadow*(New York:Basic Books, 2008), 67–68.
26. 勒德斯在 2018 年 6 月 26 日的一次采访中告诉我,他听取了皮诺切特的解释:"我曾经听他说,'如果您回顾我们的历史,我们在阿列山德里的统治下尝试了混合经济,但失败了,然后我们尝试了基督教民主主义者,进行了许多改革,但同样的事情发生了,然后我们尝试了社会主义'。"
27. 这封信转载于弗里德曼的回忆录中:参见 Milton Friedman and Rose Friedman, *Two Lucky People*(Chicago:University of Chicago Press, 1998), 592。
28. "A Draconian Cure for Chile's Economic Ills?," *Business Week*, January 12, 1976.
29. Simon Collier and William F. Sater, *A History of Chile*, 1808–2002(Cambridge, Eng.:Cambridge University Press, 2012), ebook loc. 3176.
30. "Dr. Julius Klein, an Economist, 74," *New York Times*, June 16, 1961.
31. 帮助安排弗里德曼之行的勒德斯说,他不认为弗里德曼对皮诺切特有重要影响,因为他认为将军已经决定采用"砖头"作为国家的经济政策。一些研究过这一事件的智利历史学家也认同这一判断。
32. 福特政府意识到,智利的军事独裁政权与南美其他国家的政权正在合作暗杀政治对手的计划。国务院已准备向这些政权发出警告,但在 9 月 16 日,勒特里耶被谋杀前五天,国务卿亨利·基辛格决定不予发送。参见 Peter Kornbluh, *The Pinochet File:A Declassified Dossier on Atrocity and Accountability*(New York:New Press, 2004)。
33. Chicago Boys.
34. 智利的历史学界经常援引国际联盟的一份报告,该报告得出结论认为,大萧条对该国的打击比其他任何国家都要大。最佳的可获得数据表明这被夸大了。参见 Thilo Albers and Martin Uebele, "The Global Impact of the Great Depression," 2015, London School of Economics, Economic History Working Paper 218。
35. 2018 年 6 月 25 日,Patricia Arancibia Clavel 访谈。另见 Patricia Arancibia Clavel and Francisco Balart Paez, *Sergio de Castro:El arquitecto del model económico chileno*(Santiago, Chile:Editorial Biblioteca Americana, 2007)。
36. Munoz, Dictator's Shadow, 72.
37. 出口从 1975 年的 18 亿美元增加到 1980 年的 60 亿美元。进口也增加了一倍多。参见 Patricio Silva, "Technocrats and Politics in Chile:From the Chicago Boys to the CIEPLAN Monks," *Journal of Latin American Studies* 23, no. 2(1991)。
38. Albert O. Hirschman, "The Political Economy of Latin American Development," 1986, Center for

U.S.-Mexican Studies, 12.

39. Juan De Onis, “Chile's Open-Door Economic Policy Admits a Flood of Luxury Goods, While Millions Live Hand to Mouth,” New York Times, September 10, 1977.

40. Victor Perera, “Law and Order in Chile,” *New York Times*, April 13, 1975.

41. Peter Dworkin, “Chile's Brave New World,” *Fortune*, *November* 2, 1981.

42. Friedrich Hayek, letter to the editor, *The Times*(London), July 11, 1978.

43. Angus Maddison, *The World Economy*: *A Millennial Perspective*(Paris: Development Center of the OECD, 2001), 284–291.

44. 资本的自由流动是大萧条之前几十年的常态。凯恩斯在1941年9月8日写的备忘录中做了上述表述，概述了他对战后金融监管的看法。参见 *The Collected Writings of John Maynard Keynes*(Cambridge, Eng.: Cambridge University Press, 1980), 25: 26。三年后，凯恩斯的观点被写入战后货币秩序的框架，他告诉上议院：“以前是异端的东西现在被认为是正统的。”

45. Milton Friedman to Barry Goldwater, December 12, 1960, Milton Friedman Papers, box 27, folder 24, Hoover Institution Archives, Stanford, Calif.

46. Edwin L. Dale Jr., “U.S. Terminates Curb on Lending Dollars Abroad,” *New York Times*, January 30, 1974.

47. John Campbell, *Margaret Thatcher*, vol. 1, The Grocer's Daughter(London: Jonathan Cape, 2000), 366.

48. Rudiger Dornbusch et al., “Our LDC Debts,” in *The United States in the World Economy*, ed. Martin Feldstein(Chicago: University of Chicago Press, 1988), 166.

49. Jackson Diehl, “Fall of the ‘Piranhas,’” *Washington Post*, April 17, 1983.

50. 第二次世界大战后移民到美国的德国犹太人安德烈·冈德·弗兰克以弗里德曼为导师在芝加哥大学获得经济学博士学位，然后在芝加哥大学成为“左倾”经济学教授。1974年8月6日，他在“致阿诺德·哈伯格和米尔顿·弗里德曼的关于智利的公开信”中叙述了枪击事件。阿奎尔也回顾了这一事件。

51. 在1983年至1985年，智利平均每年从国际机构获得7.14亿美元的财政支持，约占国民生产总值的4%。参见 John Williamson, ed., *The Political Economy of Policy Reform*(Washington, D.C.: Institute for International Economics, 1994), 566。

52. 朱迪思·蒂希曼得出结论，在智利的案例中，基金组织和世界银行尤其教条。“世界银行执行委员会的某些成员由于其人权状况不佳而不愿向智利提供贷款，这增强了世界银行和国际货币基金组织确保正统的能力。除非与智利的协议在经济条款上是完美无缺的，银行高层官员才愿意冒险与智利打交道。”参见 Judith A. Teichman, *The Politics of Freeing Markets in Latin America*(Chapel Hill: University of North Carolina Press, 2001), 81。

53. Rawi Abdelal, *Capital Rules*: *The Construction of Global Finance*(Cambridge: Harvard University Press, 2007).

54. 第二次世界大战后德国复兴的建筑师路德维希·艾哈德强烈反对资本管制。“在20世纪三四十年代，艾哈德在欧洲，尤其是德国已经看到，如果资本管制允许政府为政治目的操纵货币，将会发生什么。”德国央行前行长汉斯·蒂特迈耶告诉拉维·阿卜杜拉。参见同上，49。

55. Michel Camdessus, “Drawing Lessons from the Mexican Crisis,” Washington, D.C., May 22,

1995；available at imf.org/en/News/Articles/2015/09/28/04/53/spmds9508.

56. “更多地从国外借钱的发达经济体没有比那些不尽可能多依赖外国资金的国家增长更迅速。”经济学家埃斯韦尔·普拉萨德在一份 2017 年知识状态总结中写道。参见他的 *Gaining Currency：The Rise of the Renminbi*（New York：Oxford University Press，2017），45。至于不平等，资本的自由流动可能是通过促进金融业的发展以及通过破坏税收使问题加剧。有显著证据表明，没有资本管制是 OECD 经济体——包括智利，其已在 2010 年加入这个独家俱乐部——被限制在为公司提供最低税率的竞赛制中的原因。参见 Michael P. Devereux et al.，“Do Countries Compete over Corporate Tax Rates?，” *Journal of Public Economics* 92，no. 5（June 2008）：1210–1235。

57. 经济学家约翰·威廉姆森于 1998 年与他人合著了第一本关于自由资本流动对金融稳定的影响的系统研究，他以 1989 年创造“华盛顿共识”一词来形容美国定期为有经济问题的发展中国家制定的自由资本流动市场政策而知名。威廉姆森明确地从他的原始列表中删除了自由资本流动。他和其他一些一流发展经济学家从未接受过这个想法。贾格迪什·巴格瓦蒂是该行业最有力、最坚定的自由贸易倡导者之一，也是长期以来资本自由流动的反对者。参见 John Williamson and Molly Mahar，*A Survey of Financial Liberalization*，Essays in International Finance（Princeton，N.J.：Princeton University Department of Economics，1998）。

58. Ronald Reagan，“Milton Friedman and Chile，” December 22，1976. See Kiron K. Skinner et al.，*Reagan's Path to Victory：The Shaping of Ronald Reagan's Vision；Selected Writings*（New York：Simon and Schuster，2004），98.

59. 经济学家，即使是那些不赞成弗里德曼政治主张的人，也普遍认为他的学术工作值得褒奖。1976 年 10 月 24 日，《纽约时报》刊登了两封反对弗里德曼获选的信，这些信是其他学科的获奖者所写。第一封信是乔治·沃尔德和莱纳斯·鲍林签署的。第二封信是戴维·巴尔的摩和 S. E. 卢里亚签署的。弗里德曼最初为他的智利之行辩护，以表示他愿意向希望听取意见的任何人提供经济建议，事实上，他确实对巴西和西班牙的右翼独裁政权以及中国和南斯拉夫的“左”翼独裁政权进行了类似的访问。弗里德曼于 1976 年访问智利后不久在《新闻周刊》的专栏中写道：“尽管我对智利的威权主义政治制度深有不同意见，但我不认为经济学家向智利提出技术经济建议是邪恶的。智利政府，除了我认为医师向智利政府提供技术医疗建议以帮助结束医疗瘟疫，这都是邪恶的。”后来，弗里德曼也辩称，在自由市场政策扎根的地方，民主倾向于遵循——他和他的支持者抓住智利向民主的转变，以此证明了这一理念。资本主义导致民主的观念在 1990 年和 2000 年非常流行，当时经常被认为是西方与中国接触的理由。

60. John Foran，*Taking Power：On the Origins of Third World Revolutions*（Cambridge，Eng.：Cambridge University Press，2005），180.

61. Karl Schoenberger，“Berkeley-Trained Group Plays Key Role，” *Los Angeles Times*，June 1，1992.

62. 这个名为“经济学高级培训”的计划在里根第二任期末推出，历时约 10 年。参见 Arnold Harberger，“Sense and Economics：An Oral History with Arnold Harberger，” conducted by Paul Burnett in 2015 and 2016，Oral History Center，Bancroft Library，University of California，Berkeley。

63. Margaret Thatcher to Friedrich Hayek，February 17，1982，Margaret Thatcher Foundation；available at margaretthatcher.org.

64. Maddison, The World Economy.
65. 巴登的西班牙原文是："Si las ventajas comparativas determinan que Chile solo tiene ventajas comparativas en la producción de melones, bueno, entonces tendremos que producir melones, y nada más." 参见 Stefan De Vylder, "Chile 1973–84 : Auge, Consolidacion y Crisis Del Modelo Neoliberal," Ibero-Americana 15, nos. 1–2(1985): 5–49。
66. 1987 年，智利 29% 的人口每天的收入不足 3.20 美元。根据世界银行最新数据，到 2013 年，这一比例为 3%。
67. Alessandro Bonanno and Joseph Cavalcanti, "Globalization and the Time-Space Reorganization," 2011, Emerald Group, 185.
68. Nutreco 公司解雇了该工厂 560 名工人中的 55 名，"原因是失去信任"。参见 Sarah K. Cox, "Diminishing Returns : An Investigation into the Five Multinational Corporations That Control British Columbia's Salmon Farming Industry," 2004, Coastal Alliance for Aquaculture Reform, 51。
69. 根据经合组织的数据，智利在研究和开发方面的投资大大少于其他具有可比经济资源的国家。智利人还拥有相对较少的专利，而这是创新的重要手段。
70. Interview with Patricio Meller, June 26, 2018.
71. 2018 年 6 月 26 日，对帕特里西奥·梅勒的访谈。
72. Alice Facchini and Sandra Laville, "Chilean Villagers Claim British Appetite for Avocados Is Draining Region Dry," *The Guardian*, May 17, 2018.
73. 本文是根据 2017 年经合组织数据得出的；然而，不平等的衡量标准是不精确的。数据的质量会随着时间的推移以及国家或地区的不同而变化，并且方法也存在差异。
74. 智利中央银行计算出，政府支出占 GDP 的比重比"人们对一个有着智利这样人均收入国家的预期水平"低大约 5%。该银行得出结论，这是政府规模不妨碍经济增长的证据。相反的结论似乎至少同样可行。参见 De Gregorio, "Economic Growth in Chile."
75. 根据世界银行的数据，古巴 1990 年的人均 GDP 为 2 707 美元。智利 1990 年的人均 GDP 为 2 501 美元。
76. Interview with Alejandro Foxley, June 21, 2018.
77. 2018 年 6 月 21 日对亚历杭德罗·福克斯利的采访。
78. "Interview with Ricardo Lagos," *The Commanding Heights*, PBS, January 19, 2002.
79. 同上。
80. Enrique Donoso, "Desigualdad en mortalidad infantil entre las comunas de la provincia de Santiago," Revista Médica de Chile 132(2004): 461–466.
81. 20 世纪 80 年代初访问智利的经济学家，政府顾问 Chen Yizi 对智利的官僚政府印象深刻。他赞美地表示，皮诺切特曾说："凡是能从著名的欧洲或美国大学获得博士学位的人都可以当部长。"这句话可能是伪造的（我一直找不到原始出处），但它确实展现了皮诺切特对官僚的品位。参见 Julian Gewirtz, *Unlikely Partners : Chinese Reformers, Western Economists, and the Making of Global China*(Cambridge : Harvard University Press, 2017), 199。
82. Jose Pinera, "How the Power of Ideas Can Transform a Country," 2001, JosePinera.org.
83. Pascale Bonnefoy, "With Pensions Like This, Chileans Wonder How They'll Ever Retire," *New York Times*, September 11, 2016.
84. 比较是将国内生产总值除以人口并按购买力进行调整。尽管购买力的计算不精确，但这一概念很重要：正如布法罗的 1 美元比纽约市的 1 美元更有价值，生活成本也因国家而异。1950 年到 1990 年的 10 年数据来自 Maddison，*The World Economy*。1980—2010 年的 10 年数据来自国际货币基金组织。尽管方法上存在差异，但结果非常相似。国际货币基金组织 2017 年的最新数据显示 2∶1 比率保持稳定。

85. 比较是在 1952 年（可获得数据的最早年份）和 2014 年（最近的年份）之间进行的。参见 2016 *Taiwan Statistical Data Book*, National Development Council, Republic of China。

86. 艾伦 P.L. 刘调查了国民党统治的前三个 10 年中 44 位主要经济政策官员的背景，发现 21 个拥有工程学学位，15 个拥有社会科学学位，包括经济学。此外，经济学家倾向于为工程师工作。"1949 年至 1985 年，中国台湾 14 位经济部门负责人中，10 位接受过工程技术培训。"参见 Alan P. L. Liu, Phoenix and the Lame Lion：Modernization in Taiwan and Mainland China, 1950—1980（Stanford, Calif.：Hoover Institution, 1987）。

87. 此言论来自 20 世纪 60 年代"经济部长"李国鼎，他是接受过专业培训的物理学家。参见 Fred Robins, "Taiwan's Economic Success," in *Emerging Economic Systems in Asia*, ed. Kyoko Sheridan（St. Leonards, N.S.W.：Allen and Unwin, 1998）, 52。

88. 日本在朝鲜半岛击败中国后，于 1895 年根据《马关条约》控制了中国台湾。日本人在基础设施上进行了大量投资，但是在第二次世界大战期间，这一进展被基本上抹去了。在 20 世纪的前 30 年中，农业生产力大约翻了一番。到 1945 年，生产力恢复到 1910 年的水平。参见 Tai-chun Kuo and Ramon H. Myers, *Taiwan's Economic Transformation*：*Leadership*, *Property Rights and Institutional Change*, 1949—1965（London：Routledge, 2012）。

89. Kuo-Ting Li, The Evolution of Policy Behind Taiwan's Development Success（Singapore：World Scientific, 1995）, 68.

90. Robert N. Gwynne, Thomas Klak, and Denis J. B. Shaw, *Alternative Capitalisms*：*Geographies of Emerging Regions*（Abingdon, Eng.：Routledge, 2014）, 99.

91. 美国经济学家沃尔夫·拉德金斯基于 1921 年逃离苏联，逃脱了共产主义社会，然后全心投入与共产主义的斗争。参见 Joe Studwell, How Asia Works（London：Profile, 2013）, 67。

92. 关于这一论点的更详细版本，请参见同上。除其他证据外，Studwell 引用了 1960—1992 年对经济增长的研究，该研究仅确定了少数国家在土地所有权模式集中的情况下仍保持了强劲的经济增长：随后就停滞不前的巴西，以及以色列。该研究为 Klaus Deininger and Lyn Squire, "New Ways of Looking at Old Issues：Inequality and Growth," *Journal of Development Economics* 57, no. 2（1998）.

93. 美国农民生产的粮食的确是中国台湾农民的 8 倍。中国台湾在充分利用丰富的劳动力，而美国在充分利用丰富的土地。参见 Li, *Evolution of Policy Behind Taiwan's Development Success*, 223.

94. The details are drawn primarily from Alan Liu's biographical sketch of Yin. See Liu, *Phoenix and the Lame Lion.* 细节主要取材于艾伦·刘对尹的自传概略。参见 Liu, *Phoenix and the Lame Lion.*

95. 政府通过以市场价格出售大米来实现货币化的这种"大米税"，是政府在 1963 年之前最大的收入来源。这一早期事件的另一个有趣的方面是，美国在 1952 年迫使中国台湾采用了电力的边际定价。这个由阿尔弗雷德·卡恩等人倡导的想法是，在需求旺盛的时期（例如炎热的夏季），当发电成本上升时，公用事业公司应向电费收取更多的费用；而在需求低迷的时期（例如，在夜间当发电成本下降时），公用事业应收取的电费更低。这个理念在经济学家中很流行，但在美国却很少使用。参见 Kuo and Myers, *Taiwan's Economic Transformation*, 45–48。

96. Li, Evolution of Policy Behind Taiwan's Development Success, 269.

97. 20 世纪 40 年代，经济学家 S. C. Tsiang 和 T. C. Liu 曾作为学生在北京相见，然后定居美国。在美国，他们先后在国际货币基金组织和康奈尔大学一起工作。他们是终生的朋友和合作者——Tsiang 是更原始的思想家，Liu 是更好的作家和演说家。有关这两个人的关系和工作的说明，请参阅 Jia-dong Shea, "The Liu-Tsiang Proposals for Economic Reform in Taiwan：A Retrospective," in *Taiwan's Development Experience：Lessons on Roles of Government and Market*, ed. Erik Thorbecke and Henry Wan Jr.（Boston：Kluwer, 1999）。一个有趣的细节是，Liu 曾在美国学习铁路工程。

98. 美国的军事援助甚至更大，保证了蒋政权的生存。美国影响力之深的一个迹象是，国民党经常以英语召开会议，以方便美国顾问。参见 Neil H. Jacoby, *U.S. Aid to Taiwan*（New York：Praeger, 1966）, 38。

99. Shirley W. Y. Kuo, "Government Policy in the Taiwanese Development Process：The Past 50 Years," in *Taiwan's Development Experience：Lessons on Roles of Government and Market*, ed. Thorbecke and Wan, 118. 政府确实采纳了康奈尔大学教授 Tsiang 和 Liu 的一项重要建议。当时的传统观点认为，发展中国家应压低利率以刺激投资并最大限度地降低通货膨胀。Tsiang 长期以来一直主张相反的做法，坚持认为更高的利率会更好地实现两个目标。中国台湾第一任经济负责人——一位化学工程师——采纳了这一建议，指示银行对储蓄账户提供高利率。从 1946 年到 1948 年，通货膨胀率每年约为 500%，然后在 1949 年飙升到 3 000%的年化率高峰。1950 年 3 月实行该政策后，储蓄账户中货币供应量的份额从 0.5%上升至 1952 年的 44%，通货膨胀放缓。弗里德曼发展他的著名理论（即政府需要通过关注货币供应来控制通货膨胀）时，中国台湾的工程师却在通过降低速度来控制通货膨胀。参见 Kuo, "Government Policy in the Taiwanese Development Process," 48。Yin 在 1960 年恢复高利率政策。中国台湾人民在 1952 年节省了国民总收入的 4.6%。到 1963 年，这一数字为 11.6%，高于美国或英国的储蓄率。到 1973 年，储蓄率达到 29.6%。这些钱被投入中国台湾的发展中，从而使中国台湾对外国借款的依赖程度降到最低。反过来，由于浮躁的投资者涌入和涌出又使中国台湾免受席卷其他发展中国家的金融危机。参见 S. C. Tsiang, "Foreign Trade and Investment as Boosters for Take-Off：The Experience of Taiwan," in *Studies in United States–Asia Economic Relations*, ed. M. Dutta（Durham, N.C.：Acorn Press, 1984）, 381. Kuo, "Government Policy in the Taiwanese Development Process," 98。

100. 美国继续推动市场改革，援助的条件之一是建立股票市场。中国台湾证券交易所于 1962 年 2 月 9 日成立。有关 4 年计划的详细信息，请参阅 David W. Chang, "U.S. Aid and Economic Progress in Taiwan," Asian Survey 5, no. 3（1965）：152–160。

101. Li, Evolution of Policy Behind Taiwan's Development Success, 243.

102. 在台湾经济崛起的初期，岛内市场仍然是增长的主要动力。在 1950 年后期，出口对总增长的贡献为 22.5%，在 1960 年上半年为 35%，在 1960 年下半年为 46%，最后在 1970 年上半年为 68%。参见 Shea, "The Liu-Tsiang Proposals for Economic Reform in Taiwan."

103. 我感谢克里斯·霍顿提供的 Chu Chen 的例子。

104. 弗里德曼通过了这样的判断，但更仔细地研究中国台湾的当代学者广泛认同这一判断。参见 Milton Friedman, "Election Perspective," *Newsweek*, November 10, 1980。

105. 例如，李国鼎在他的回忆录中写道，中国台湾在 20 世纪 60 年代通过对货币供应量的增长保持坚定的控制来控制通货膨胀。实际上，从 1952 年到 1961 年，货币供应量增长了 23%，从 1962 年到 1972 年增长了 20.9%。在第一阶段，通货膨胀率平均每年为 12.3%。 在第二阶段，通货膨胀率平均每年为 2.9%。参见 Erik Lundberg, "Monetary Policies," in *Economic Growth and Structural Change in Taiwan : The Postwar Experience of the Republic of China*, ed. Walter Galenson (Ithaca, N.Y. : Cornell University Press, 1979), 271。相反，明显的区别是台湾对高利率的偏好——抑制了速度而不是数量。

106. 1955 年，53.4% 的进口份额要征收至少 30% 的关税，1973 年 60% 的进口份额要征收至少 30% 的关税。直到 20 世纪 80 年代初，进口份额才开始显著下降。一些学者认为，中国台湾在 20 世纪 70 年代放宽了其他种类的进口限制，但仅关税率就足以使有关自由贸易的主张符合条件。

107. 在中国台湾发展成功背后的政策演变过程中，李国鼎估计，公有企业的制造业产出所占的份额在 1953 年为 57%，在 1966 年为 38%，在 1976 年为 20%，在 1986 年为 15%，在 1991 年为 10%。

108. 尹的副手李国鼎更加恰当地指出了这一点。"作为政策制定者，我们在中国台湾所做的就是首先帮助经济的各个部分，再让其起步，然后我们放手。" 参见 Robins, "Taiwan's Economic Success," 52。

109. Jean Yueh, "Sun Yun-suan : The Architect of Taiwan's Science and Technology Industry," Taiwan Today, July 31, 2009.

110. "The Industrial Heritage in Taiwan," 2009, Ministry of Economic Affairs, Republic of China, Taipei. 经济学家丹尼·罗德里克估计，不论政策如何，发展中国家以每年约 3% 的速度向制造业的技术前沿发展。这表明中国台湾比当时被广泛赞赏的国家更接近前沿。

111. 没有单一的可重复的经济发展公式。条件各不相同，细节也很重要。巴西政府与中国台湾同时向美国无线电公司派遣了科学家，但巴西未能成功创建半导体产业。

112. Nicholas D. Kristof, "Taiwan's Embarrassment of Riches," *New York Times*, December 21, 1986.

113. 收入不平等的一种衡量标准是收入最高的五分位数与收入最低的五分位数之比。这个比例从 1952 年的 20.5 下降到 1980 年代初的 4.4。此后，该指数已攀升至 6 左右，仍然低于许多发达国家。在美国该比率在 2016 年为 8.5，在智利为 10。

114. Michael Hirsh, Capital Offense (Hoboken, N.J. : John Wiley, 2010), 117. 萨默斯回应 1991 年的一份内部报告，批评世界银行对经济发展的态度。该报告是受日本的坚持委托编写的，记录了东亚积极管理的成功。最近的警示吸引了更多的关注。经济学家达尼·罗德里克指出，自动化甚至在减少基础制造业所需的就业水平。 因此，在 20 世纪中叶进行工业化的经济体 (例如中国台湾) 经常看到制造业就业高峰达到劳动力总数的 30% 以上。然而，近年制造业就业高峰在巴西仅达到 16%，在墨西哥达到 20%，而且甚至可能没有达到下一代工业初创企业的水平。罗德里克在 2017 年的《贸易直言》一书中写道："这并不令人难以置信，东亚四小龙经济体将是经济史上以我们熟悉的方式经历工业化的最后的国家。"

115. 弗里德曼在 1978 年告诉一位采访者，"不该说中国台湾由于政府的计划而繁荣，而应该说它在政府的计划之下却仍然繁荣。" 贾格迪什·巴格瓦蒂对韩国的增长也持同样观点。

116. 2018 年 7 月 24 日对 Stephen Su 的采访。

117. 美国在研发方面的支出占 GDP 的比重一直保持稳定，但资金越来越多地来自私营部门。研发支出的公共份额从 1963 年的 65% 下降到 2003 年的 29%。有关比值，请参阅 Mariana Mazzucato, *The Entrepreneurial State*（London：Demos，2011），13。

第十章 纸做的鱼

1. Henry C. Simons，A Positive Program for Laissez Faire：Some Proposals for a Liberal Economic Policy（Chicago：University of Chicago Press，1934），16.

2. 这些例子摘自 1970 年 6 月 23 日星期二的《纽约时报》，其中包括提供来自十几家不同银行的免费礼物的广告。

3. 监管机构将银行存款的最高利率从 20 世纪 60 年代初的 2.5%提高到 21 世纪末的 7.5%，但这还不够。1966 年以后的每一年，三个月美国国债的实际收益都高于银行存款的最高收益率。

4. "Grassroots Hearings on Economic Problems，" House Committee on Banking and Currency，December 1，1969，373–378.

5. 例如 1970 年，宾夕法尼亚中央铁路发生故障后，监管机构紧急取消了费率上限。考虑到其他公司将难以进入短期信贷市场，监管机构允许银行为大额存款提供更高的利率，从而为公司获得融资提供了另一种中介程序。危机过去后，这项措施仍保留在书面上。

6. 这些账户的一个标志性特征是股票的定价恰好是 1 美元，从而产生了稳定价值的幻觉。货币市场基金从 1978 年的几乎未增加到 1982 年持有 2 000 亿美元，占所有存款美元的 15%。

7. 美林证券于 1977 年推出了"现金管理账户"，允许货币市场共同基金的投资者开出类似支票的票据。首席执行官唐纳德·里根成为里根的财政部长——并在此期间成为放松管制的主要倡导者。有关消费金融的兴起，请参阅 Joe Nocera，*A Piece of the Action：How the Middle Class Joined the Money Class*（New York：Simon and Schuster，1995）。

8. The details about Citicorp and South Dakota are drawn primarily from two accounts：Robert A. Bennett，"Inside Citicorp，" *New York Times*，May 29，1983；and Stu Whitney，"What Really Happened to Land Citibank，" *Argus*（S.D.）*Leader*，April 4，2015. 关于花旗集团和南达科他州的细节主要来自两个方面：Robert A. Bennett，"Inside Citicorp，" *New York Times*，May 29，1983；以及 Stu Whitney，"What Really Happened to Land Citibank，" *Argus*（S.D.）*Leader*，April 4，2015。

9. 在信用卡行业的早期，银行将卡寄给潜在客户——不是应用程序，是实际的卡，然后试图从任何上钩的人处收取款项。1969 年，一位艾奥瓦州居民从奥马哈第一国家银行收到一张卡后状告该银行，认为内布拉斯加州的公司收取高于艾奥瓦州法律所允许的费率是违法的。1978 年该案件上诉至最高法院时，明尼苏达州也提起了类似的诉讼。奥马哈银行聘请罗伯特·博克负责此案。他的工作很简单。法律很明确，法院一致裁定具有国家授权的银行可以合法地以本国现行利率贷款。消费者权益倡导者说，国会在制定法律时没有考虑到信用卡的出现。位于奥马哈的一家银行可以向路过自家门前的任何人提供贷款是一回事，但是说它可以向居住在其他州的人们提供贷款则是另一回事。这将意味着高利贷法律的事实终结。法官威廉·布伦南为法院致辞时说，这是国会要解决的问题。但它从来没有被解决。参见 *Marquette Nat. Bank of Minneapolis v. First of Omaha Service Corp.*，439 U.S. 299（1978）.

10. 时任州长比尔·扬克洛回忆说，该州最大的城市在 1979 年仅发放了 7 份住房许可证，因为银行拒绝以最高合法利率放贷。参见对 Bill Janklow 的采访 "The Secret History of the Credit Card," Frontline, PBS, November 23, 2004。

11. Diane Ellis, "The Effect of Consumer Interest Rate Deregulation on Credit Card Volumes, Charge-Offs and the Personal Bankruptcy Rate," March 1998, Federal Deposit Insurance Corporation no. 98-05.

12. Gretta R. Krippner, *Capitalizing on Crisis : The Political Origins of the Rise of Finance* (Cambridge : Harvard University Press, 2012), 80.

13. Edward Cowan, "How Regan Sees the Budget," *New York Times*, October 18, 1981.

14. 该大学利用美林证券的资金建立了数据库。这是第一个同类数据库。换句话说，尤金·法玛在正确的时间处于正确的位置。法玛的原始论文"股票市场价格行为"于 1965 年发表在《商业杂志》上。5 年后，他在一篇综合了类似研究的论文中提出了有效市场理论：参见 Eugene F. Fama, "Efficient Capital Markets : A Review of Theory and Empirical Work," *Journal of Finance* 25, no. 2 (1970)。

15. 该理论认为，无论多么聪明，都没有人能根据已经存在的信息预测股价的未来走势。变动将取决于接下来发生的事情。经济学家贝努瓦·曼德布洛特将市场与一块空地上的醉汉进行了比较：他可能会在任何方向上跌倒；他可能会重新回到自己的轨道上。关于他最终停在哪里的唯一有用信息是他起步时的位置。该理论实际上来自三个渐强的表述。最弱的版本表示过去的价格走势不能用于预测未来的价格走势。第二个版本将该原则扩展到所有公开信息。第三个版本包括了非公开信息。该理论，特别是最强的形式，具有许多重要含义。它建议人们应该购买指数基金，而不是试图打败市场。这有点违反直觉，它还暗示着市场受某种自然秩序的约束。真正随机事件的分布令人惊讶地有序，呈钟形曲线。另外，这表明可以量化和管理风险。但是市场并不总是有效的。这一点已经以各种有趣的方式被反复证明。例如，信息的获取需要时间和精力。桑福德·格罗斯曼和约瑟夫·斯蒂格利茨在 1975 年指出，仅凭这一点就意味着市场不能完全有效。即使是法玛，最终也承认他的理论是不准确的，尽管根据经验法则其仍然有价值。但是法玛并没有走得更远。即使在 2009 年危机之后，他仍然很难接受市场是严重错误定价的。真正的信念会在经验中持久。"我甚至都不知道泡沫意味着什么，"他在 2010 年告诉《纽约客》的约翰·卡西迪。

16. 信用衍生产品也可以押注中间事件，例如信用等级的变化或最终违约概率的某些其他度量。有关信用衍生产品市场的历史，请参阅 Gillian Tett, *Fool's Gold* (New York : Free Press, 2009)。

17. Gretchen Morgenson, "Credit Default Swap Market Under Scrutiny," *New York Times*, August 10, 2008.

18. Rob Wells, "New York Fed President Warns About Swaps Market," Associated Press, January 30, 1992.

19. 当时的保罗·沃尔克是三十人集团的主席，该团队发布了有关衍生工具的报告。他在回忆录中写道，他坚持淡化结论。但是，最终成果仍然坚持强硬路线："这项研究并未得出结论认为当前监管框架中的任何根本性变化都是有必要的，例如对此类活动的单独监管。"参见 Global Derivatives Study Group, "Derivatives : Practices and Principles," July 1993, G-30, Washington, D.C。这一事件在衡量沃尔克作为金融放松管制反对者的名声时值得纳入考虑。

20. Tett, Fool's Gold, 30.
21. Teri Sforza, "We're Out! Orange County Pays Final Bankruptcy Bill," *Orange County Register*, June 30, 2017.
22. Frank Partnoy, Infectious Greed: How Deceit and Risk Corrupted the Financial Markets (London: Profile, 2010), 55.
23. Paul Volcker and Christine Harper, *Keeping at It: The Quest for Sound Money and Good Government* (New York: PublicAffairs, 2018), 238.
24. Alan Greenspan, "Testimony Before the Telecommunications and Finance Subcommittee of the House Energy and Commerce Committee: Impact of Derivatives on Financial Markets," May 25, 1994.
25. 柯里根于 1994 年在国会发声，不仅声称该行业取得了重大进展，而且两年前他知名的警告也起了重要作用。他说："我的话'我希望这听起来像是个警告'，在集中注意力方面发挥了有益的作用。"参见 Saul Hansell, "Panel Is Told Derivatives Are No Cause for Alarm," New York Times, May 11, 1994。纽曼（时任美国财政部国内财政部秘书）写信给众议院金融服务委员会主席，代表亨利·冈萨雷斯于 1994 年 9 月 16 日提出建议，建议委员会"无限期推迟"对衍生产品的任何诉讼，因为"目前政府尚未确定有关衍生产品的立法的必要性。"次年 9 月，他加入了信孚银行，担任高级副董事长。参见 Lynn Stevens Hume, "House Banking Panel Shelves Derivatives Bill at Urging of Treasury, Committee Members," *The Bond Buyer*, September 20, 1994。
26. 布里克尔这一评论发表在 *The Charlie Rose Show*, PBS, February 27, 1995。
27. Richard L. Berke, "Tough Texan: Phil Gramm," *New York Times*, February 19, 1995.
28. Steven V. Roberts, "Phil Gramm's Crusade Against the Deficit," *New York Times*, March 30, 1986.
29. Karen Tumulty, "Gramm's Politics of Controversy," *Los Angeles Times*, November 13, 1985.
30. George Lardner, "Phil Gramm: Risk-Taking Striver Sometimes Stumbles," *Washington Post*, February 7, 1996.
31. Tumulty, "Gramm's Politics of Controversy."
32. Robert D. Hershey Jr., "Wendy Lee Gramm: That Other Gramm of Power and Sway," *New York Times*, February 26, 1986.
33. Judith Havemann, "Wendy Gramm: Czarina of Federal Rules, Information and Statistics," *Washington Post*, April 7, 1986.
34. Wendy Lee Gramm, "In Defense of Derivatives," *Wall Street Journal*, September 8, 1993.
35. Manuel Roig-Franzia, "Credit Crisis Cassandra," *Washington Post*, May 26, 2009.
36. 对布鲁克斯利·波恩的采访，"The Warning," *Frontline*, PBS, October 20, 2009.
37. Roig-Franzia, "Credit Crisis Cassandra." 格林斯潘和鲁宾的观点之间存在着显著的差异。用一位助手的话来说，"格林斯潘说我们不应该这样做。鲁宾说我们做不到。"有关辩论的回顾，请参见 Noam Scheiber, *The Escape Artists: How Obama's Team Fumbled the Recovery* (New York: Simon and Schuster, 2012)。
38. "Over-the-Counter Derivatives," Senate Committee on Agriculture, Nutrition and Forestry, July 30, 1998.
39. Justin Fox, *The Myth of the Rational Market* (New York: HarperCollins, 2009), 197. 萨默斯也

可以揽下大概是对有效市场群体第二佳的有力打击：1984 年，他将金融理论描述为，类似于认为番茄酱市场的运作规则与世界上其他市场不同。他称之为“番茄酱经济学”。参见 Lawrence H. Summers, “On Economics and Finance,” *Journal of Finance* 40, no. 3 (July 1985)。

40. “Hedge Fund Operations,” House Committee on Banking and Financial Services, October 1, 1998.
41. 多年后，克林顿总统说，他对市场的信任是错误的。他在 2010 年 4 月对美国广播公司新闻说：“有时候，有很多钱的人会做出愚蠢的决定。”换句话说，他应该听从萨默斯教授，而不是萨默斯部长。
42. Tett, Fool' s Gold, 75.
43. “对冲基金业务。”
44. John Redwood, “Tilting at Castles,” June 11, 1984；来自 nationalarchives.gov.uk/ documents/prem-19-1199-part.pdf。该智囊团由工党首相哈罗德·威尔逊于 1974 年创立。首任负责人是伦敦经济学院的经济学家。撒切尔的经济顾问是一个比较折中的团体，部分原因是英国没有像芝加哥大学这样的学术机构。雷德伍德拥有哲学博士学位。
45. Uri Gneezy and Aldo Rustichini, “A Fine Is a Price,” *Journal of Legal Studies* 29 (January 2000) .
46. John Reed, “We Were Wrong About Universal Banking,” *Financial Times*, November 11, 2015.
47. Jim Pickard and Barney Thompson, “Thatcher Policy Fight over ‘Big Bang’ Laid Bare,” Financial Times, December 30, 2014. 关于雷德伍德的观点，足以说明人们对金钱的理解与雷德伍德关于人的理解几乎一样精明谨慎。有趣的是，价格竞争已证明需要比价格控制更大的监管手段，强调更复杂的市场需要更复杂的监管。一项统计显示，监管机构与银行家的比例从 1979 年的 1：11000 上升到 2010 年的 1：300。当然，有证据表明，监管机构的人手不足。参见 Philip Booth, “Thatcher：The Myth of Deregulation,” May 2015, Institute of Economic Affairs。
48. 英国公司无法抵抗。他们相对较小，在全球市场上没有立足之地。当中间人试图说服一家英国公司的合伙人飞往纽约与潜在的追求者会面时，他被告知合伙人之一没有护照，因为他从未想过要去其他地方。Danny Fortson, “The Day Big Bang Blasted the Old Boys into Oblivion,” *The Independent* (London), October 29, 2006.
49. 在“大爆炸”之后的第一年，交易所的 300 名成员中有 1/4 归外国所属。
50. Julia Tanndal and Daniel Waldenstrom, “Does Financial Deregulation Boost Top Incomes? Evidence from the Big Bang,” *Economica* 85, no. 338 (2018) .
51. Jesse Eisinger, “London Banks, Falling Down,” *Portfolio*, August 1, 2008.
52. 在美国，金融利润的增长更为惊人，从 20 世纪 80 年代初期所有公司利润的约 15%到金融危机前夕的约 40%。有关英国的统计信息，请参阅 Michael P. Devereux et al., “Why Has the UK Corporation Tax Raised So Much Revenue ?” February 2004, Institute for Fiscal Studies。
53. 放松管制使交付给英国最富有的 10%人口的收入份额增加了约 20%。20 世纪 90 年代日本的金融管制放松产生了类似的结果。将英国公司出售给外国投资者为伦敦的银行家们带来了直接的意外收获，而那只是初尝甜头。对收入不平等的最终影响，大致相当于降低 30%的最高所得税率。参见 Tanndal and Waldenstrom, “Does Financial Deregulation Boost Top Incomes?”, 232–265。
54. Binyamin Appelbaum, “As Subprime Lending Crisis Unfolded, Watchdog Fed Didn't Bother Barking,” *Washington Post*, September 27, 2009.

55. 这句话是荷兰裔美国经济学家贾林·库普曼斯于 1947 年发表的论文的标题，他是数学和经济学交叉领域的主要人物。库普曼斯和弗里德曼大约在同一时间加入了芝加哥大学，成为激烈的竞争对手。库普曼斯在弗里德曼的前一年获得诺贝尔经济学奖（1975 年）。
56. John Cassidy, "The Fountainhead," *The New Yorker*, April 24, 2000.
57. Interview with Alice Rivlin, September 27, 2018.
58. Interview with Alan Greenspan, March 14, 2008.
59. Soma Golden, "Why Greenspan Said 'Yes,' " *New York Times*, July 28, 1974.
60. 演讲的语录和其他细节来自 Sebastian Mallaby, *The Man Who Knew*：*The Life and Times of Alan Greenspan*（New York：Penguin Press, 2016）, 90。
61. Mallaby, The Man Who Knew, 4.
62. Alan Greenspan, Capitalism：*The Unknown Ideal*, ed. Ayn Rand（New York：Signet, 1965）, 55. 他说："无论反垄断法可能对我们的经济造成多大损害，无论它们造成的国家资本结构如何扭曲，都没有这个事实更可怕：美国的反垄断法的有效目的、隐含意图和实际做法已导致我们社会的生产高效成员因为其生产高效而受谴责。"
63. Michael Hirsh, *Capital Offense*（Hoboken, N.J.：John Wiley, 2010）, 77.
64. Golden, "Why Greenspan Said 'Yes'."
65. 金·菲利普斯·费恩在 *Fear City*（New York：Macmillan, 2017）中证明，纽约的金融危机是经济保守主义兴起的决定性时刻，有助于明确政府过度扩张的观点。
66. 沃尔克在回忆录中写道，当时担任财政部长的詹姆斯·贝克说："我认为我会放慢将银行解放的势头。"贝克对沃尔克的货币政策处理也感到沮丧。1984 年夏，里根召集沃尔克参加一次会议，贝克指示美联储在大选前不加息。沃尔克很惊讶，没有回应。两年后，贝克向沃尔克施压，要求其通过压低利率来支持人民币升值。沃尔克再次拒绝合作，贝克很可能希望格林斯潘变得更加顺从。这当然是布什总统在 1991 年让格林斯潘连任时的希望。在这种情况下，格林斯潘降低利率太迟了，以至于无法使经济从衰退中复苏，而这可能使布什连任第二届总统。布什说："我再次任命他，他却使我失望。"
67. Mallaby, The Man Who Knew, 724.
68. Nathaniel C. Nash, "Treasury Now Favors Creation of Huge Banks," *New York Times*, June 7, 1987.
69. Nathaniel C. Nash, "Greenspan's Lincoln Savings Regret," *New York Times*, November 20, 1989.
70. "Hearing on the Nomination of Alan Greenspan," Senate Banking Committee, July 21, 1987, 48.
71. Alan Greenspan, "Remarks Before the Economic Club of New York," June 20, 1995.
72. 格林斯潘在 2007 年应瑞士报纸 *Tages-Anzeiger* 邀请，对即将举行的美国总统大选表达了特别鲜明的观点。格林斯潘说："我们很幸运，由于全球化，美国的政策决定已被全球市场力量所取代。除了国家安全方面，谁是下一任总统几乎没有区别。世界由市场力量统治。"另见 Alan Greenspan, *The Age of Turbulence*：*Adventures in a New World*（New York：Penguin Press, 2007）, 490。
73. Edward Gramlich, "Booms and Busts：The Case of Subprime Mortgages," Economic Policy Symposium, Federal Reserve Bank of Kansas City, August 31, 2007. 受白血病折磨的格拉姆利克病得太重，无法在美联储年会上发表演讲。但是他的演讲稿得以朗读。他在年会一周后去世。格拉姆利克经常被描绘成美联储的卡桑德拉，但他在 1998 年以联储理事会成员的身份投票通过了放任式监管政策。2000 年，他在一次私人会议上告诉格林斯潘，他认为应该重新考虑这一决定。但是格拉姆利克没有对此事发表评论。2007 年，《华尔街日报》报道会议后，格拉姆利克给格林斯潘写了一封便条，上面写着："发生的事是一个意外，而且我想你知道，如果我当时有那么强烈明确的立场，我会更加大吵大闹。"

74. Binyamin Appelbaum, Lisa Hammersly Munn, and Ted Mellnik, "Sold a Nightmare," *Charlotte Observer*, March 18, 2007.

75. 取消抵押品赎回权的早期浪潮集中在次级抵押贷款人中，但 2015 年的一项研究计算出，最终丧失住房的抵押贷款人是原来的两倍。次级抵押贷款人的市场份额从未超过 1/5，并且欺诈在所有类型的贷款中都很普遍。参见 Fernando Ferreira and Joseph Gyourko, "A New Look at the U.S. Foreclosure Crisis：Panel Data Evidence of Prime and Subprime Borrowers from 1997 to 2012," June 2015, National Bureau of Economic Research Working Paper 21261。

76. Sendhil Mullainathan and Eldar Shafir, *Scarcity*：*Why Having Too Little Means So Much*（New York：Times Books, 2013）, 13.

77. Ben S. Bernanke, *The Courage to Act*（New York：Norton, 2015）, ebook loc. 1547.

78. Mike Hudson, "IndyMac：What Went Wrong?," June 30, 2008, Center for Responsible Lending.

79. 格林斯潘的访谈。

80. Alan Greenspan, "Testimony Before the Joint Economic Committee, June 9, 2005," Joint Economic Committee.

81. 据估计，全球储蓄的流入使美国的利率降低了多达一个百分点。有关贸易失衡与金融危机之间相互作用的更多信息，请参见 Maurice Obstfeld and Kenneth Rogoff, "Global Imbalances and the Financial Crisis：Products of Common Causes," November 2009；来自 https：//eml.berkeley.edu/~obstfeld/santabarbara.pdf。

82. 大部分资金来自亚洲。亚当·托兹在他的著作《崩溃》中指出，欧洲也发挥了重要作用。一些经济学家认为，美联储本可以通过更快、更迅速地升息来限制信贷泡沫。尽管我不反对这种说法，但美联储试图提高利率，但并未降低借贷成本。我认为，监管失败比具体利率水平的影响更大。相反观点请参阅 Mallaby's Greenspan biography（The Man Who Knew）。

83. "General Discussion：Has Financial Development Made the World Riskier?，" Economic Policy Symposium, Federal Reserve Bank of Kansas City, August 27, 2005; available at kansascityfed.org/publicat/sympos/2005/pdf/GD5_2005.pdf. 当时，龃龉争端没有得到报道。最早的记录于 2009 年在《华尔街日报》上发表，引用萨默斯称拉詹为"铅眼"。幸运的是为了传承完整性，会议被记录下来并制作了笔录。

84. The airline merged with a state-owned airline in 1973, and was rebranded as Icelandair.

85. 在丹麦被德国征服之后，英国于 1940 年占领了冰岛，然后将该岛的防御权移交给美国，美国建立了一个大型空军基地，该空军基地一直持续使用到 21 世纪初。美国在基础设施和基础工作上的投资占经济总量的 1/4。

86. Michael Lewis, "Wall Street on the Tundra," *Vanity Fair*, April 2009.

87. 数据来自冰岛统计局。比较的参考年份是 1993 年和 2013 年。参见 Kristjan Skarphedinsson, "Fishing Rights in Iceland," Food and Agriculture Organization of the United Nations, Global Forum on User Rights, Siam Reap, Cambodia, March 2015。另见 Hannes Gissurarson, "Overfishing：The Icelandic Solution," June 2000, Institute of Economic Affairs。

88. David Oddsson, "Iceland's Economic Performance" (speech at the American Enterprise Institute, Washington, D.C., June 14, 2004); available at aei.org/publication/ icelands-economic-performance/.

89. 冰岛中央银行被指示专注于缓和通货膨胀。该银行需要一个模型来确定要流通多少货币,因此它向加拿大借来了模型。模型就是一台机器:你修改设置,弹出一些数据,它就能预测未来。加拿大人使用来自加拿大和美国的历史数据校准了他们的机器。冰岛人增加了英国和欧元区的数据。冰岛的经济特征与所选的四个基准完全不同。结果是一个显然错误的模型。参见 Philipp Bagus and David Howden, "Deep Freeze : Iceland's Economic Collapse," 2011, Mises Institute。

90. Armann Thorvaldsson, Frozen Assets : How *I Lived Iceland's Boom and Bust* (Hoboken, N.J. : John Wiley, 2009). 克伊普辛协助设计了冰岛的一些早期货币掉期交易,例如,一家冰岛捕捞公司在国外出售其渔获物并要求以克朗结算,而壳牌公司则以出售其在冰岛的石油并希望出手克朗。用处不大的是,克伊普辛引入了"绿票讹诈",即购买上市公司的少数股权然后威胁将其出售给敌对利益的做法。

91. "Iceland : Selected Issues," International Monetary Fund Country Report, April 2012, International Monetary Fund.

92. Statistics Iceland : see statice.is/statistics/business-sectors/transport/vehicles/.

93. Gylfi Magnusson, "What's the Lesson of Iceland's Collapse?," Yale Insights, May 22, 2009.

94. Niels Einarsson, "When Fishing Rights Go Up Against Human Rights," in *Gambling Debt : Iceland's Rise and Fall in the Global Economy*, ed. E. Paul Durrenberger and Gisli Palsson (Boulder : University Press of Colorado, 2015), 157.

95. 雕像的拥有者乔恩·阿斯吉尔·约翰内森说,他在滚石餐厅买了吉他,这并不能完全解释问题。参见 Kerry Capell, "The Icelander Who Wants Saks," *Bloomberg*, January 31, 2008。

96. Snorri Sturluson, *The Prose Edda* (Berkeley : University of California Press, 2012), 55.

97. Mar Wolfgang Mixa, "A Day in the Life of an Icelandic Banker," in *Gambling Debt*, ed. Durrenberger and Palsson, 34.

98. Sigridur Benediktsdottir et al., "The Rise, Fall, and Resurrection of Iceland : A Postmortem Analysis of the 2008 Financial Crisis," Brookings Papers on Economic Activity, Fall 2017, Brookings Institution.

99. Thorvaldur Gylfason, "Iceland : How Could This Happen?," February 20, 2014, CESifo Working Paper Series 4605.

100. Durrenberger and Palsson, Gambling Debt, xxxvii. Iceland guaranteed domestic deposits only. When the banks failed, the money disappeared. 英国和荷兰政府开始掩盖损失,最终——经过一场旷日持久的战争——得到了冰岛的部分补偿。

101. Jack Ewing, "Landesbank Losses May Bring Change to German Banking," *New York Times*, January 11, 2010.

102. Tett, Fool's Gold, 212.

103. 有关金融在现代经济中作为制造问题的角色的概述,请参见 Rana Foroohar, *Makers and Takers : How Wall Street Destroyed Main Street* (New York : Crown Business, 2017)。另请参见 Stephen G. Cecchetti and Enisse Kharroubi, "Why Does Financial Sector Growth Crowd Out Real

Economic Growth?," February 2015, BIS Working Paper 490。

104. 经济学家将外国旅游业视为一种出口产品：一个国家向外国购买者出售商品和服务，只不过这些服务是在国内消费的。同样，对外国学生进行教育是美国和其他发达国家出口收入的主要来源。最近的经济研究发现，货币贬值对出口量的影响相对较弱，因为很多国际贸易都以美元计价。因此，贬值比出口量更能增加出口商的获利能力。值得注意的例外是旅游业，因为通常以当地货币计价。参见 Camila Casas et al., "Dominant Currency Paradigm," December 2016, National Bureau of Economic Research Working Paper 22943。

结 论

1. Walter W. Heller, *The Economy*：*Old Myths and New Realities*（New York：Norton, 1976）, 197.
2. Ben S. Bernanke, "Remarks at a Conference to Honor Milton Friedman," November 8, 2002.
3. 在 2005 年的一次采访中，弗里德曼告诉传记作者，他想要一个刻有"通货膨胀无处不在，永远是一种货币现象"的墓碑。参见 Lanny Ebenstein, *Milton Friedman*（New York：St. Martin's, 2007）, 233。
4. 萨默斯在 2001 年发表的评论全文是："关于庞大的支出计划是刺激经济方式的观点，或者说使高科技变得更好的方式是政府接管技术产业的观点，这些想法基本上已经过时了，因为它们已经被证伪了。"参见 *The Commanding Heights*, PBS, April 24, 2001。For the 2009 comments, see Stuart Eizenstat, *President Carter*：*The White House Years*（New York：St. Martin's, 2018）, 285。
5. 凯恩斯的拥抱并不全心全意。刺激措施的规模小于某些奥巴马顾问的建议。此外，政府选择不花费数十亿美元专门用于帮助房主避免丧失抵押品赎回权。有关政府决策的说明，请参见 Noam Scheiber, *The Escape Artists*：*How Obama's Team Fumbled the Recovery*（New York：Simon and Schuster, 2012）。
6. Alberto F. Alesina and Silvia Ardagna, "Large Changes in Fiscal Policy：Taxes Versus Spending," October 2009, National Bureau of Economic Research Working Paper 15438. 阿莱西纳和阿达尼亚毕业于米兰博科尼大学经济学院，该学院由保守的经济学家和政治家路易吉·埃纳迪奥创立，他在 1948 年至 1955 年担任意大利总统。这所学校被认为与减少赤字可以刺激经济增长的经济理论关系密切。
7. Carmen M. Reinhart and Kenneth S. Rogoff, "Growth in a Time of Debt," January 2010, National Bureau of Economic Research Working Paper 15639.
8. 错误是马萨诸塞大学安姆斯特分校的研究生托马斯·赫恩登在做作业时发现的：他的任务是挑选一份已发表的经济学论文，并尝试复制结果。赫恩登和他的两位教授于 2013 年春季发表了一篇论文，指出了莱因哈特和罗格夫研究中的错误。随后发生了激烈的争执，主要是关于错误的严重性。至少，90%的门槛显然没有特殊意义。参见 Thomas Herndon, Michael Ash, and Robert Pollin, "Does High Public Debt Consistently Stifle Economic Growth? A Critique of Reinhart and Rogoff," University of Massachusetts, Amherst, April 15, 2013；来自 peri. umass.edu/fileadmin/pdf/ working_papers/ working_papers_301-350/WP322.pdf。
9. Peter Coy, "Keynes vs. Alesina," *Business Week*, June 30, 2010.
10. Peter Hetherington, "Outspoken Mayor Hits Out at Local Government Cuts," *The Guardian*,

January 19, 2011. 乔治·奥斯本很快成为卡梅伦的财政部长，他在2010年的一次演讲中表示，他接受这场危机是由私人部门造成的。他说，紧缩对于防止下一次危机是必要的。为了支持这一观点，他引用了哈佛大学的罗格夫的话："因此，尽管私营部门债务是这场危机的原因，但公共部门债务很可能是下一场危机的原因。正如罗格夫所说，'毫无疑问，当我们摆脱衰退时，最重要的脆弱部分就是飙升的政府债务。随着政府管辖范围的扩大，很有可能引发下一次危机'。"

11. Alan Greenspan, *The Map and the Territory*（New York：Penguin Press, 2013）, 269.
12. 格林斯潘在2018年的一次采访中告诉我，他此后得出的结论是，维持2%的通胀（美联储的既定目标）在经济上是有益的。
13. 本节的历史部分主要取材于 Julian Gewirtz, *Unlikely Partners：Chinese Reformers, Western Economists, and the Making of Global China*（Cambridge：Harvard University Press, 2017）以及弗里德曼对中国之行的叙述。
14. Gewirtz, Unlikely Partners, 138.
15. 同上，148.
16. 定罪的数量来自美国问题资产纾困计划检察长办公室（Sigtarp），这是一个小型联邦机构，旨在调查危机期间和危机后的不当行为。一些与其调查无关的案件也导致了刑事定罪。参见 Sigtarp, "Quarterly Report to Congress," October 30, 2018。
17. "SunTrust Mortgage Agrees to $320 Million Settlement," July 3, 2014, Department of Justice.
18. "Oversight of the U.S. Department of Justice," Senate Judiciary Committee, March 3, 2013.
19. Manuel Funke et al., "Going to Extremes：Politics After Financial Crises, 1870–2014," *European Economic Review* 88（September 2016）：227–260.
20. Emil Verner and Gyozo Gyonyosi, "Financial Crisis, Creditor-Debtor Conflict and Political Extremism," November 2018；来自 SSRN：https://ssrn.com/abstract=3289741。一项专门研究匈牙利极右翼的 Jobbik 党自2008年危机以来的崛起的发现，支持率在借入外币的匈牙利人中增加得最迅速，此后随着匈牙利货币的崩溃，他们面临更高的贷款偿还。
21. Michael Wolff, "Ringside with Steve Bannon at Trump Tower as the President-Elect's Strategist Plots 'An Entirely New Political Movement'," *Hollywood Reporter*, November 18, 2016.
22. 数据来自荷兰经济政策分析局，该局保留了一些有关全球贸易流量的最佳数据。荷兰人长期以来一直非常重视贸易。
23. Nelson D. Schwartz, "Trump Sealed Carrier Deal with Mix of Threat and Incentive," *New York Times*, December 1, 2016.
24. Bob Woodward, Fear：*Trump in the White House*（New York：Simon and Schuster, 2018）, 208.
25. 根据美国人口普查局的数据，2016年盖尔斯堡16~65岁的男性就业率为53%。排除既工作也不找工作的16~19岁年龄段的人，这一比率为56%。有关加勒斯堡的更多信息，请参阅 Chad Broughton, *Boom, Bust, Exodus：The Rust Belt, the Maquilas, and a Tale of Two Cities*（New York：Oxford University Press, 2015）。
26. 芝加哥联邦储备银行的经济学家威廉·施特劳斯计算出，平均而言，1950年需要1 000名工人的产出，在2010年仅需要183名工人即可完成。此外，美国的制造业已转向需要更多技术和更少人力的产品。在美国剩余的工厂工人中，越来越多的人拥有大学学历。因此，即使就业率下降，美国制造业产值在21世纪的头10年仍在继续增长。然而，大萧条也减少了产出。截至 2017 年，美国制造业产出仍略低于经济衰退前的峰值。

27. Derrick Z. Jackson, "Income Gap Mentality," *Boston Globe*, April 19, 2006.

28. 保罗·萨缪尔森 1989 年的经济学教科书说，工会和最低工资法都导致失业。这不是有争议的观点。1987 年《纽约时报》的社论呼吁终止最低工资法，理由是"经济学家之间的隐形共识是，最低工资是一个已经过去的想法。"普林斯顿大学经济学家戴维·卡德和艾伦·克鲁格于 1994 年发表的研究最低工资法实际效果的最早尝试之一发现，1992 年新泽西州最低工资的提高并未产生可衡量出的失业率增长。这是一个离经叛道的结论，而对此的反响被恰如其分地放大了。诺贝尔奖获得者詹姆斯·布坎南在《华尔街日报》上写道，允许证据与理论相矛盾是可耻的。在很大程度上，他将自己的意识形态反对者形容为"一群跟随营地的妓女"。参见 Jonathan Schlefer, *The Assumptions Economists Make*（Cambridge：Harvard University Press, 2012）, 4。

29. 工资取决于社会习俗的理念是由早期经济学家，尤其是大卫·里卡多提出的，在我看来，它仍然是最有说服力的工资确定理论。关于劳动政策是导致工资停止增长的主要驱动力的论点，请参见 Frank S. Levy and Peter Temin, "Inequality and Institutions in 20th Century America," 2007, MIT Department of Economics Working Paper 07-17。

30. 劳工统计局的预测期间为 2016—2026 年。这五个职业是：个人护理助手、注册护士、家庭保健助手、医疗助手和护理助手。

31. Moritz Kuhn, Moritz Schularick, and Ulrike I. Steins, "Income and Wealth Inequality in America, 1949–2016," June 2018, Opportunity and Inclusive Growth Institute, Federal Reserve Bank of Minneapolis, Working Paper 9.

32. George Stigler, *Five Lectures on Economic Problems*（London：Longmans, Green, 1949）.

33. 经济学家长期以来一直认为，不平等与增长之间存在权衡关系。标准理论认为增长会加剧不平等。经合组织的研究表明，这种关系并不是那么简单。参见 Federico Cingano, "Trends in Income Inequality and Its Impact on Economic Growth," 2014, OECD Social, Employment and Migration Working Paper 163。The International Monetary Fund has reached the same conclusion：see "Fostering Inclusive Growth"（IMF staff presentation for the G-20 Leaders' Summit, July 7–8, 2017）; available at imf.org/external/np/ g20/pdf/2017/062617.pdf.

34. National Socio-Economic Characterization Survey（CASEN）, 2017；available at http：// observatorio.ministeriodesarrollosocial.gob.cl/casen-multidimensional/casen/ docs/Resultados_educacion_casen_2017.pdf.

35. 1975—2006 年，美国平均家庭的实际收入增长为 32.2%，而同期法国为 27.1%。但是去掉最高 1% 的群体之后，美国的收入增长为 17.9%，法国为 26.4%。参见 Anthony B. Atkinson, Thomas Piketty, and Emmanuel Saez, "Top Incomes in the Long Run of History," *Journal of Economic Literature* 49, no. 1（2011）。

36. Karl Polanyi, The Great Transformation：The Political and Economic Origins of Our Time（1944；repr., Boston：Beacon Press, 2001）.

37. E. Ianchovichina, L. Mottaghi, and S. Devarajan, Inequality, Crisis, and Conflict in the Arab World：Middle East and North Africa（MENA）Economic Monitor（Washington, D.C.：World Bank Group, 2015）.

38. Amartya Sen, *Development as Freedom*（New York：Knopf, 1999）, 14.

39. Frank H. Knight, *Selected Essays by Frank H. Knight*, vol. 2, Laissez Faire：Pro and Con, ed. Ross B. Emmett（Chicago：University of Chicago Press, 1999）, 14.
40. Samuel Brittan, "The Economic Contradictions of Democracy," *British Journal of Political Science* 5, no. 2（1975）：129–159.
41. Richard H. Thaler, "Anomalies：The Ultimatum Game," *Journal of Economic Perspectives* 2, no. 4（1988）：195–206.
42. Milton Friedman, *Capitalism and Freedom*（Chicago：University of Chicago Press, 1962）, 24.